The Wealth of Nations
国富论

王全刚◎主编

团结出版社

图书在版编目（CIP）数据

国富论 / 王全刚主编. —北京：团结出版社，2018.8
ISBN 978-7-5126-6606-1

Ⅰ.①国… Ⅱ.①王… Ⅲ.①古典资产阶级政治经济学 Ⅳ.①F091.33

中国版本图书馆 CIP 数据核字（2018）第 206829 号

出　　版：	团结出版社
	（北京市东城区东皇根南街 84 号　邮编：100006）
电　　话：	（010）65228880　65244790（出版社）
	（010）65238766　85113874　65133603（发行部）
	（010）65133603　（邮购）
网　　址：	http://www.tipress.com
E－mail：	65244790@163.com（出版社）
	fx65133603@163.com（发行部邮购）
经　　销：	全国新华书店
印　　刷：	北京中振源印务有限公司
开　　本：	165 毫米×235 毫米　16 开
印　　张：	21
印　　数：	5000 册
字　　数：	320 千
版　　次：	2018 年 8 月第 1 版
印　　次：	2018 年 8 月第 1 次印刷
书　　号：	978-7-5126-6606-1
定　　价：	59.00 元

PREFACE

前　言

亚当·斯密的《国富论》发表于1776年，书中总结了近代初期各国资本主义发展的经验，批判吸收了当时的重要经济理论，对整个国民经济的运动过程做了系统的描述，为经济学确定了完整的架构，它的首次出版标志着经济学作为一门独立学科的诞生，是现代政治经济学研究的起点，因此《国富论》被誉为"第一部系统的伟大的经济学著作"、"经济学的百科全书"、"西方经济学圣经"，而亚当·斯密本人也赢得了"现代经济学之父"的美誉。

斯密的经济学体系几乎包括了我们今天所说经济学的全部内容，是一个逻辑井然、前后一贯的体系，其基本主题是国民财富的来源和增长。200多年以来，经济学家的任务就是在这个架构上做一些修补工作，完善、细化其分析，基本是用斯密的方法分析经济发展规律的。《国富论》也奠定了资本主义自由经济的理论基础，第一次提出了市场经济会由"看不见的手"自行调节的理论，后来的经济学家大卫·李嘉图进一步发展了自由经济自由竞争的理论；马克思则从中看出自由经济产生周期性经济危机的必然性，提出用计划经济理论解决的思路；凯恩斯则提出政府干预市场经济宏观调节的方法。目前的经济理论仍然处于不断探索不断完善的过程，尚没有任何一种尽善尽美可以完全解决经济发展的方法，但《国富论》仍然可以看作是用现代经济学研究方法写作的第一部著作，对经济学研究仍然起着重要作用，现代经济学研究都是在这部著作的基础上进行的，不论是发展它或反对它。今天，《国富论》中的许多学说虽已被后来的经济学家所突破，但斯密所确立的研究方向和方法影响深远，他富有预见性的洞察和诸多明确、实用的见解也总能引起后人的重新思考。

《国富论》不仅是经济学的奠基性著作，而且还广泛涉及经济学以外的诸多领域。在经济学各主题下，针对当时的社会状况，斯密的论述运用了大量的历史资料，涵盖了劳动史、货币史、银行史、制度史、贸易史、教会史、教育史、哲学史、军事史、殖民地史等诸多社会历史领域，这些如今或许要被分门别类的领域在斯密那里还是一个完整的整体。而且，对这些复杂的论述对象，斯密往往有着清晰明了的透彻分析。只是通过常识性的眼光和判断，有时再加上详尽的统计数据，他就使自己的论点具备了强大的说服力。作为道德哲学和经济哲学教授，同时在文学、修辞学、法学、语言学和科学等学科都有深厚造诣的斯密在每一个社会领域都有着出色的智慧和理解力。因此，《国富论》作为一部经典文化名著，具有一种"究天人之际，通古今之变，成一家之言"的雄厚魅力。《国富论》的编者马克斯·勒纳评论说："这是一本将经济学、哲学、历史、政治理论和实践计划以一种不可思议的方式综合在一起的书，是一本有着高深学问和深邃见解的人所撰写的书。这个人有强大的能力，能对他所收集到的所有材料进行筛选，又有强大的综合能力，能按照新的和引人注目的方式将其重新组合起来。他对当时的学术领域的各种思想是极为敏感的，像后来的马克思一样，不是一个关在自己房子里的与世隔绝的学者，而是仿佛全身装着天线的超人，能收到并吸取其所有能接触到的一切信息。他在封建欧洲解体之末、近代世界开始之时写作，在这个世界中，封建制度仍以既得利益集团经常表现的顽固性在坚持。他正是为反对这种利益集团而写作的。结果是，他的书不只是为图书馆馆藏而写的，也对经济理论和国家政策产生了深刻的影响，从而形成了我们今天身处其中的整个生活环境。"因此，不仅不同的人读《国富论》会有不同的收获，而且往往还会有意外收获。

CONTENTS

目 录

国 富 论

第一篇　论资财的性质、积累和用途 …………………………………… 1
- 第一章　论资财的划分 ……………………………………………………… 2
- 第二章　论作为社会总资财一个特殊部门的货币，或论维持国民资本的支出 …………………………………………………………………………… 7
- 第三章　论资本积累，或论生产性劳动与非生产性劳动 ………………… 32
- 第四章　论贷出取息的资财 ………………………………………………… 43
- 第五章　论资本的各种用途 ………………………………………………… 48

第二篇　论不同国家财富的不同发展 ………………………………… 58
- 第一章　论财富的自然发展 ………………………………………………… 58
- 第二章　论罗马帝国崩溃后农业在欧洲旧状态下所受的阻碍 …………… 61
- 第三章　论罗马帝国崩溃后城市的兴起及其进步 ………………………… 67
- 第四章　论城市商业对农村改良的贡献 …………………………………… 74

第三篇　论政治经济学体系 ……………………………………………… 83
- 第一章　论商业主义或重商主义的原理 …………………………………… 83
- 第二章　论限制进口国内能生产的商品 …………………………………… 96
- 第三章　论对来自贸易差额被认为于我不利的国家的各种商品进口实施特殊限制 ……………………………………………………………… 109
  - 第一节　论即便根据重商主义原则，这种限制也不合理 …………… 109
  - 第二节　论即便根据其他原则，这种特殊限制也不合理 …………… 118
- 第四章　论退税 ……………………………………………………………… 124
- 第五章　论奖金 ……………………………………………………………… 126

第六章　论通商条约 ································ 148

第四篇　论君主或国家的收入 ···················· 156
第一章　论君主或国家的开支 ···················· 156
第一节　论国防开支 ···························· 156
第二节　论司法开支 ···························· 166
第三节　论公共工程和公共机构的开支 ············ 174
第四节　论维护君主尊严的开支 ·················· 231
本章结论 ···································· 231
第二章　论一般收入或公共收入的来源 ············ 232
第一节　专属于君主或国家的资金或收入来源 ······ 232
第二节　论赋税 ································ 237
第三章　论公债 ································ 288

第一篇 论资财的性质、积累和用途

在原始社会，人们都是自己为自己提供一切需要的物品，必须预先准备好所需资财再去经营的社会事业，在那个时候是不存在的。因为那时，人们既没有劳动分工，也几乎没有物品的交换。人们都努力通过自身的劳动去满足自身随时的需要。饿了到森林去打猎；衣服破了就用他杀死的第一头大兽的皮来进行缝制；并尽可能地用附近的树木草皮修整将要倒塌的房屋。

可是一到社会上全面地实行了劳动分工的时候，一个人若要依靠自己的劳动满足自身需要的全部则不可能。他自己能够满足的只是其自身需要的极小一个部分，其余的部分有赖于他人劳动的产物来供给。为了换取其他人的劳动产品，他付出了自己的产品或者说他自己产品的价格（这两者其实是一回事）。不过，在他的劳动产品制成并且在市场上出售以前，他是无法取得他所需要的那些东西的。所以，他就必须在某处积蓄各种足以维持自己生活的存货，并为其工作提供原料与工具，至少直到其产品完成并售出之时。除非已经在自己或别人手中积蓄了一定的足以维持生活、并向他提供工作的原料与工具的资财，织匠无法在他完成并售出其织物之前全力工作。显然，他必须在从事这项专业劳动以前完成这一积蓄。

按照事物的本性，资财的蓄积必定先于劳动分工。积蓄的资财越来越多，分工就会变得越来越细密；分工越来越细密，同等数量的工人所能够加工的生产原料的数量也越来越大。工人的操作日益简单化，新的机器不断地得到发明，这又便利和简化了工人的操作。由于这个原因，随着劳动分工发展起来，要支持同数量的工人获得不断的工作，就必须先储备起同数量的食物和比原始状态中所需的数量更多的生产资料与工具。不过，每个业务部门的工人数量的增加，一般与该部门的劳动分工的发展成比例。换言之，劳动分工变得越来越细密，正是由于工人数量增加的缘故。

一个人如果依靠自己的私有资财去维持其他人的劳动，他当然希望自己的资财被用来完成最大量的工作。这样，他就会十分留意合理地安排工人的职务，又为他们创造或者购买最好的生产设备，而他在这方面的成效的大小，一般是和他所拥有的资财的数量或者他所雇佣的工人的数量成比例的。所以，要想使劳动生产力得到巨大的改进，就必须预先储蓄资财；储蓄自然就会引起改进。一国之产业量不但随支配劳动之资财的增加而增加，而且由于以上增加的结果，同量的劳动能够完成的工作量也大得多。

一般来讲，资财增加对劳动及其生产力的效果就是如此。

在本篇中，我将努力说明资财的性质、积累及其对各种资本所施加的影响，以及用在不同的方面时，各种资本所产生的效果。共分五章：第一章说明个人或社会的资财自然分成的不同部分或部门；第二章说明，作为社会总资财的一个特殊部门的货币的性质和作用。成为资本的资财可以由本人使用，也可以借给他人使用。在第三章和第四章，我试图考察在这两种情况下它的运作情况。第五章即最末一章里，我将探讨资本的不同用途对国民产业量和土地与劳动的年产量的直接影响。

第一章　论资财的划分

一个人不会指望从一笔仅够支持自己几天或者几周生活的资财中得到任何收入。他只能尽自己的所能，节约地使用它，在将这笔款子用尽之前，从自己的劳动中取得一些东西去为它作补充。在这种情况下，他的收入完全来自他的劳动。各国贫穷劳动者大都是这种状况。

但是这个人可能指望从一笔足够支持自己几个月或者几年生活的资财中取得某种收入。他会在这笔款中保留适当比例，用作自身的生活开支，余下的部分就被用来获取某种收入。他的全部资财就这样被一分为二。一部分他希望用来取得收入，称为资本；另一部分用作目前的消费，后者又包含三项：一是为这一目的而保留的那部分资财；二是逐渐得来的任何收入；三是用以上两项之一买进来但至今尚未用完的物品，如衣服和家具。人们普通积蓄以供自己直接消费的资财必包含三项中的部分或者全部。

资本为投资者提供收入或利润，其使用的方法有两种。

第一，资本可用来生产、制造或购买物品，然后出售取得利润。资本在留在所有者手中或保持原状时，对于投资者不能提供任何收入或利润。商人的货物在出售换得货币以前，这货物不能提供收入或利润；货币也是一样，在再次支付以换得货物以前，也不能提供收入或者利润。商人的资本，以一个形态付出，又以另一个形态收进，在这种持续的流通或者交换中，他才可以赚取利润。这样的资本是流动资本。

第二，资本又可以用来改良土地、购买机器和有用的工具，或用来置备无须易主或者再次流通即可提供利润的东西。这样的资本是固定资本。

固定资本与流动资本之间的比例依行业的不同而大不相同。

比如，商人的资本全部是流动资本。若非把商店或仓库也看做机器或工具，可以说他根本无需使用机器或工具。

手工业者和制造业者的资本的一部分就必须固定在生产工具上，只是这部分的大小各不相同。这部分的比例，在有的行业很小，在别的行业就很大。裁缝只需要一包针，鞋匠的工具稍微贵些，而从事织布业的人的工具就贵了许多。然而这后一类的手工业者的资本，大部分是流动资本，它们先以工人工资或者原料价格的形式流出，后作为产品价格的利润重新流入。

经营其它的事业所需要的固定资本就大得多。要办一个大型铁厂，要设置熔铁炉、锻冶场、截铁场，经费的需要就极大。至于开采煤矿所需的吸水机以及其他各种机械，花销还要更大。

农场主购买农具时所用的资本是固定的，他把这资本留在自己的手中以获取利润。他用以维持工人与支付工资的资本是流动的，从他的手中支付出去以获取利润。和农具一样，耕畜的价格或价值称为固定资本；和维持工人的费用一样，饲养牲畜的费用称为流动资本。农场主通过保有耕畜和支付饲养牲畜的费用获取利润。但是以出售而不是以代耕为目的的牲畜，农场主是在出卖牲畜时取得利润，其购买和饲养的费用应当归入流动资本的范围。在生产牲畜的国家，不以代耕或贩卖为目的，而是以剪毛、挤奶、配种求利润为目的而买入的羊或牛应当称为固定资本，因为在这里求利润的方法在于保有它们；它们的维持费是流动资本，利润是通过付出它来取得的。赚回维持费的时候，维持费的利润及牲畜全部价格的利润，都会通过羊毛价格、产奶价格、幼种价格提供。种子虽流动于土地与谷仓之间，但没有改变主人，即没有真正地流动过，农场主获取利润不是靠出售种子，而是靠种子进行繁殖，种子的全部价值也因此可称为固定资本。

一个国家或一个社会的总资财就是其全体居民的资财，按照功能和作用分，它由三个部分组成。

第一部分是本身不能提供收入或者利润，而仅仅供给直接消费的资财，这包括诸如消费者已经购买，而正处在消费过程当中的的食品、服装和家具等物。在一定意义上，它甚至也包括仅供居住的居民房屋。这是指屋主买来自己居住的房屋。从屋主开始入住该房屋的时候起，花费在这所房屋上面的款项就已经不再是资本，因为从这个时候算起，它不再能够为房屋的主人带来任何形式的收入。这时候，房屋便和衣服、家具一样，对于主人，它们都是有用而不能为他带来收入的东西，它们是纯粹的成本，而无关收入。屋主可以通过出租房屋取得利润，然而房屋本身不能为租户提供任何东西，租户要支付租金，仍须动用从劳动、资本或土地上取得的收入。虽然它为屋主私人提供收入，因而对他具有资本的作用，但对社会公众却不提供收入，不能起到资本的作用。它丝毫不能增加全体人民的收入。同样，有时衣服和家具也可提供收入，从而对某些个人有资本作用。有人在化装舞会盛行的地方出租化装衣服为业，租期为一夜。家具商人常常论月或论年出租家具；殡葬店往往论天论星期出租丧葬用品。还有许多人出租备有家具的房屋，不仅收取房租，还收取家具租。总而言之，虽然这样的租借到处都有，但由出租这种物品而得来的收入归根结底总是出自别种收入来源。此外要注意的就是，即无论就个人来说或社会来说，在留供直接消费的各种资财中，投在房屋上的那一部分是消费最慢的。衣服可穿用数年，家具可使用50年或100年，但建筑坚固、保护周全的房屋却可使用好几百年。不过房屋虽要很长时间才会消耗掉，它还是和衣服、家具一样属于供直接消费的资财。

第二部分就是不必经过流通或者易主，就可以提供收入或者利润的固定资本。它由四种情况构成：

第一，任何可以使劳动简单化和方便化的设备和工具。

第二，不论对于出租房屋的屋主，还是对租用这房屋的人来说，任何可以从中取得利润的建筑。这种类型的房屋包括商店、仓库、工场、农舍、畜舍、谷仓等。一般人是把它们当做生产工具看待的，而它们也的确具有生产工具的功用。这是它们区别于普通住房之处。

第三，用开垦、排水、围墙、施肥等有利可图的方法投下的使土地变得更适于耕作的土地改良费用。在使劳动变得更加省力和方便的方面，经过改进的农场和具有一定功能的机器是一样的，它们都有助于在某一领域投下的相同数量的资本为投资的人带来比原先多得多的收入。土地的好处是它比机器更加经久耐用，因为农场主只要把资本一次投在土地上，此后土地便会自然地为他提供更多的收入。

第四，社会上一切人民学到的有用才能。花费不少资本进学校做学生，或者进工厂做学徒，这样学到的有用的才能是他个人的财产的一部分，这花去的资本好像实现在他的身上，又固着在他的身上，这一点，对他所属的社会来说也是一样。和让劳动变得便利的机器和工具一样，工人提高的熟练程度可看做是社会上的固定资本。尽管学习的时候要花一笔费用，但这种费用除了可以得到报偿，还可以得到利润。

第三部分是通过流通和易主的方式提供收入的流动资本。它由四项内容构成：

第一，货币。其他三项要借助货币的支持，才能经过流通传送到真正的消费者手中。

第二，屠户、牧畜商、农场主、谷商、酿酒商等人所有的食品，通过销售过程使这些人获得利润。

第三，还在耕作者、制造者、布商、木材商、木匠、瓦匠等人手中的衣服、家具、房屋三者的材料。不管这些材料是否是纯粹的原料或半加工的材料，只要未曾制成衣服、家具或房屋，它们即属于这项。

第四，已经制成但仍在制造者或商人手中、尚未通过销售转入消费者手中的物品。这包括锻冶店、木器店、金店、宝石店、瓷器店以及其他各种店铺柜台上陈列着的制成品。这样，流动资本就包含各种商家手里的食品、材料、制成品及货币。食品、材料、制成品的流转和分配一定要通过货币，否则就不能到达最终的使用者或者消费者。

以上四项流动资本中，如涉及食品、材料、制成品，则此项流动资本一般在一年左右的时间内，或者变成固定资本，或者变成留供直接消费的资财。

固定资本都来自流动资本，并且不断地得到流动资本的补充，而流动资本提供了营业上所有有用的设备。流动资本提供建造机器的材料，提供维持建造机器的工人的费用。机器制成以后，总是必须由流动资本来修理。没有流动资本，固定资本不能提供任何收入。工作所用的材料和工人生存所依靠的食物都出自流动资本。用处再大的设备，也要依靠流动资本的帮助，才能生产出有用的东西。土地的任何形式的改良，都必须要有流动资本参与。维持从事耕作和收获的工人也必须有流动资本。

固定资本和流动资本具有同样和唯一的目的：要让人民不但不缺乏消费所需的资财，而且这种资财还要能够增加。人民的衣食居住都有赖于这种资财，人民的贫富也取决于这两种资本所能提供的资财是丰裕还是匮乏。

大部分的流动资本被调动起来，以便补足被社会直接消费掉的资财，并且补充社会的固定资本。这样流动资本也必须得到不断的补充，以免这种资本被耗尽。这种补充可以从三个主要来源得到，即土地产物、矿山产物、渔业产物。这三个资源不断向流动资本提供食物和原材料的补充，其中有一部分通过加工制成完成品。此外，金属货币从矿山得到补充。虽然在一般情况下，货币在使用中几乎没有损耗，因此不必动用流动资本以补充其损耗，但是在输往外国的过程中却可能发生少量的磨损，因此少量的补充仍是必要的。

土地、矿山和渔业都需要用自己的产品偿还投资所用的资本，此外，还必须将利润带给投资者，同时清偿应当返还社会的所有其他各项资本及其利润，因此这几项事业的运营中都需要有固定资本和流动资本的参与。制造业者每年消费的食品和材料由农民每年提供补充，农民每年消费的工业品由制造业者每年为之补充。这两个阶级虽很少以制造品和农产品直接交换，但他们之间年年进行交换的实际情况就是如此。我们知道，农民生产谷物、牲畜、亚麻、羊毛，他同时需要衣服、家具、工具。买谷物、牲畜、亚麻、羊毛的人与卖衣服、家具、工具的人往往不是同一种人。所以农民用货币作为中介，先将自家的土地产品易手，然后他就可以自由地选购自己所需要的工业制造品。土地中的产物对于渔业和矿业的经营也能提供资本方面的补充。

在同等的自然生产力情况下，土地、矿山和渔场的生产量都和投资数量的大小与资金用法的好坏成比例。在资本数量和投资方法又相同的情况下，产量便和它们的自然生产力的大小成比例。

在一切生活比较安定的国家里，有常识的人无不愿用可供他使用的资财来求得直接享乐或寻求未来利润。用作寻求直接享乐的是留供直接消费的资财。如果要将这资本用来寻求将来的利润，则方法无非是把资财留在手中，作为固定资本，或是用作投资，作为流动资本。如果生命财产无虞，任何心智健全的人都会把自己所能够支配的一切资财（无论自有的还是借用他人的）投入到其中某一项用途中去。

可是如果情况相反，国家是专制的国家，人民是暴君的臣民，那么为了保护自己的财产不受暴君的掠夺，人民自然会选择将大部分的资财妥善加以藏匿，一旦情况有变，他们可以抢在灾难未降临之前，把财物运到别处。据说这种事情在亚洲一些国家经常发生。在封建暴虐时代，我国似乎也是如此。当时，发掘的宝物被视为欧洲各大国君主的一项大宗收入。凡埋藏地下、无从证明所属的物品一律为国王所有，非经国王钦准，这些物品既不属于发现者也不属于地主。这些宝藏在当时极受重视，金银矿产的地位也不过如此。除非有明确的法令授予这种权利，则金银之类的矿产不能依照一般土地所有权的规定加以采掘。像铅、铜、锡、煤一类的矿山产业也属于这种情况，只是因为它们相对不那么重要，所以政府在这些东西上面，对民间的采掘也就听之任之。

第二章 论作为社会总资财一个特殊部门的货币，或论维持国民资本的支出

在第一篇我们已经指出：大部分商品的价格都可分为三个部分，即劳动工资、资本利润和土地地租。劳动、资本与土地都用于生产商品，并将其送入市场。的确，有些商品的价格只有劳动工资和资本利润两个组成部分，甚至极少数商品的价格单单由劳动工资构成。然而，每一商品价格总是由上述三个部分全部或者一部分构成，既非地租也非工资的部分必然要归于某人的利润。

正如我已经指出的那样，分而言之，这就是单个商品的情况；而合起来看，构成全国土地和劳动的年产品的全部商品也是如此。一国年产品的总价格或总交换价值也必然可以被分解成这三个部分，并作为劳动工资，资本利润或者地租分配给国内的居民。

一国土地和劳动的年产品的全部价值就这样被分配并成为各个居民的收入。不过，就像私有土地的地租可以分为总地租和纯地租一样，大国所有居民的收入也可做如此划分。

私有土地的总地租包括农场主付出的一切地租。纯地租则是从总地租中去除管理、修缮的各项必需开支后的剩余部分。地主任意支配纯地租，用在消费的方面，购置衣食、修葺住宅或者供应自己的享乐，而不必担心会损害他的地产。地主的实际财富因此与其纯地租而非总地租成比例。

一个大国全体居民的总收入包含他们土地和劳动的全部年产品。纯收入是从总收入中去除固定资本和流动资本两项，留供居民自由使用的所余部分。居民可以任意享用纯收入，将这种资财用作直接的消费，购买为解决生活必需、提供方便或者娱乐的产品，却不必担心资本可能因此受到侵害。国民真实财富也是与其纯收入成比例，而非同其总收入成比例。

显而易见，社会纯收入不包括那种用来维持固定资本的支出费用。这样，为维护有用的机器和生产工具、有利可图的房屋等所用的原材料，以及把这种种材料制为成品所需要的劳动产品也决不能构成纯收入。当然，从事这种劳动的工人可能会把工资的全部价值作为供直接消费的资财，从而这种劳动的价格有可能成为纯收入的一部分。但就别种劳动来说，那就不仅劳动的价格，而且劳动的产品也都归入这种资财；劳动价格归入工人直接消费的资财，劳动产品则属于他人直接消费的资财。别人的生活必需品、便利品和娱乐品

也都因为这些工人的劳动而增加。

使用固定资本是为了提高劳动生产力,即让同样数量的工人能够完成数量更大的工作。耕地的面积、肥瘠程度,参加劳动的人数与牲畜的数目都相同的两个农场,设施完善且拥有必要的建筑物、围墙、水沟以及道路的农场产出的物品的数量必然要大得多。设备精良的与设备不够精良的工厂相比,即便工人数量相同,设备精良者的生产量也一定更大。适当地花在固定资本上面的任何费用,一定都能很快带回很大利润,带来的年产物价值增加也会远大于改良所必要的维持费用。不过,由于这种维持费要动用年产物的一部分,原来可直接用于改进食品、衣料、住所以及各种必需品和便利品的材料和人工的一部分就会改作他用。这项新的用途当然是很有利的,只是与原来不同。技术改良之后,机器设备的购入价格比以前低廉,而且比以前更加容易操作,而同等数量的工人做着同等数量的工作,先前用以维护机器的人工和材料的费用就可以节省下来。新机器可以提高产品的数量,这对于社会是一件好事。譬如,大制造厂主原来每年必须用1000镑来修理机器,现在如果能够减为500镑,其余的500镑就可用以增加材料和工人。这样一来,机器的产品数量也就自然会增加,而由这些产品产生的全部社会福利也就随之增加。

大国维持固定资本的支出也可同私人地产的养护费相比较。养护费用可能常常是为了维持地产的产出、从而维持地主的总地租和纯地租所必要的。可是,如果采用更为合适的办法,能使养护费减少而生产物又不减少,则总地租至少保持不变,而纯地租则必然增加。

与固定资本不同,流动资本的维持费可被归入社会纯收入的范围。上文说过,构成流动资本的四个部分货币、食物、材料和制成品中的后三者经常从流动资本中独立出来,或作为社会中的固定资本,或留下以供直接的消费,非此即彼。而那些不变为固定资本的消费品就变作供直接消费的资财,属于社会的纯收入。因此,除了维持固定资本所需之外,维持这三部分流动资本并没从社会纯收入提取任何年产物。

社会流动资本与个人流动资本是不同的。个人流动资本完全被排除在其纯收入以外,纯收入必须完全由他的利润组成。但是,虽然每一个人的流动资本都是他所属的社会流动资本的一部分,社会流动资本却并不因此被完全排除在社会纯收入以外。一个商人店铺中的全部货物决非供他自己直接消费的资财,却可以是供他人直接消费的资财。他人从其他资源获得收入,可以经常为商人补充货物的价值并支付利润,而商人或其他人的资本均不会减少。

第一篇 论资财的性质、积累和用途

所以社会流动资本中仅有一个部分，投入资本加以维持，社会纯收入必减少，这一部分就是货币。

就其影响社会收入而言，固定资本和由货币构成的那部分流动资本非常相似。

第一，制造与维持生产上使用的机器和工具会占用一笔支出。这笔支出属于社会总收入，但是和货币一样，都是取自社会的纯收入。货币的收集与维持也需要一定的支出，这种支出虽然是社会总收入的一部分，但也是从社会纯收入中扣除得来。一定数量的非常有价值的原料，黄金和白银，一定数量的精巧劳动，不是用来增加直接消费的资财，即个人的生活资料、便利品和娱乐品，而是用来维持这种伟大而昂贵的商业工具，社会上每一个人通过它来得到常按适当的比例分配给他的生活资料、便利品和娱乐品。

第二，无论就个人来说或就社会来说，作为固定资本的营业上使用的机器和工具，都不属于总收入或纯收入，同样虽然社会的全部收入要依赖货币才能经常分配给社会各成员，但货币不是社会收入的一部分。货币只是货物借以流通的巨轮，和它所流通的货物却大不相同。社会的收入完全是由这些货物、而不是由使它们流通的轮子组成的。在计算社会的总收入或纯收入时，我们永远必须从货币和货物的每年流通总量中扣除货币的全部价值，在总收入或纯收入中连一个法新的货币也不能算在里面。

在读者看来，这个论点有些矛盾。这是文字暧昧不明的缘故。通过适当的解释与正确的理解后，它就几乎是显而易见的了。

当我们谈到一定数目的货币时，我们有时仅指构成它的金块，有时又指它所能购买的货物或它赋予持有者的购买力。例如，当说英格兰的流通货币为 1800 万镑时，我们只想表示某些作者所计算的或者他们认为在该国流通的金块数量。但是，当我们说一个人一年收入 50 或 100 镑时，我们普通要说的不只是每年付给他这么多金块，而且也是他每年所能购买或消费的货物价值。我们普通的意思是要确定，他的生活方式是什么或应当是什么，或他所能正当享受的生活必需品和便利品的数量和质量。

当我们不仅用某具体数目的货币表示它所构成的金块数量，而且暗指它所能购得的货物时，表示的财富或收入只等于用同一个词所笼统地表示的两种价值之一，说等于后者比说等于前者更合适，也就是说，说等于货币的价值比说等于货币本身更恰当。比如一个人每星期领 1 几尼养老金，他可以在这一周内用这 1 几尼购买一定数量的生活品、便利品和娱乐品。他每星期的真实收入即他的真实财富，就和这数量的大小成比例。他每星期的收入，决不能同时既等于1几尼，又等于这1几尼所能购买的货物。它只能等于二者之一。实际上，与其说等于这1几尼，不如说等于这1几尼之所值更为恰当。

因为，如果这人的养老金不是以金币形式而是以票据支付，那么他的收入的价值显然不能是这片纸，而是这片纸所能换购的货物。一个几尼可以看做一张票据，有了这张票据，他就可以从邻近各个商人那里获取一定数量的必需品和便利品。构成取得这些物品的人的收入的与其说是金块，不如说是他因占有这个几尼而能够换得的货物。如果这个几尼不能换得任何物品，那它的价值就会像破产者所开的票据那样没有价值，不过废纸一张。

一国全体居民每星期或每年的收入固然是以货币的形式支付，然而他们真实财富的大小，他们全体每星期或每年的真实收入的大小，只能通过他们全体用货币所能购买的消费品量的大小去衡量。显而易见，他们的全部收入也不能既等于这货币，又等于这消费品，而只能两者取一；而与其说等于前一价值，不如说等于后一价值更为恰当。

因此，虽然我们常常用每年付给一个人的金块数量来表示他的收入，可这是因为这些金块的数量规定着其购买力或他每年所能消费的货物价值。我们仍然认为，其收入是由这种购买力或消费力、而不是由表达购买力的金块组成的。

如果这个道理对个人来说已经足够明显，对社会来说就更是如此。每年付给一个人的金块数量总是等于他的收入，因此也是其收入价值的最简明的表达。但在一个社会中流通的金币数量决不可能等于它所有成员的收入，作为支付每星期养老金的手段，同一个几尼的金币今天可以付给一个人，明天可以付给第二个人，后天可以付给第三个人。所以，每年在一个国家流通的金币数量，其价值必然小于每年支付给他们的全部货币养老金。这种陆续支付的全部货币养老金的购买力，或用它所能购得的货物，必然等于这些养老金的价值，也必然是所有领取养老金者的收入。所以，这种收入不可能是由这些金块组成的，因为它们的数目远远小于该收入的价值，而只是由购买力、由这些金块从一个人转到另一个人手中时所能陆续购得的货物组成的。

货币这个流通的巨轮是伟大的商业工具。和其它一切生产工具一样，它也是资本的一部分，并且极具价值。但是，虽然构成货币的金块在其每年流通的过程中分配了应当属于每个人的收入，这些金块本身却不构成收入。

第三也是最后一点，构成固定资本的机器和工具等和由货币构成的那部分流动资本还有一点相似。在不降低劳动生产力的情况下，建造和维持机器的支出的每一项节约也都是社会纯收入的一种增加；同样，每一项收集和维持由货币构成的那部分流动资本的支出的节约也是如此。

为什么维持固定资本支出的每一项节约都是社会纯收入的增加,这道理十分清楚,并且也已经作过部分解释。每项工程的经营者的全部资本,必然划分为他的固定资本和流动资本。当他的全部资本保持不变时,一部分小些,别一部分就肯定大些。提供了原料和劳动工资,并推动了劳动的是流动资本。因此在不降低劳动生产力的情况下,固定资本维持费的每一项节约就一定会增加推动劳动的基金,从而增加土地和劳动的年产物,并增加社会的真实收入。

虽然以纸币代替金银币,是以一种低廉得多的商业工具来代替另一种极其昂贵的商业工具的过程,然而就便利性而言却并没有差别。流通只是用一种新轮子来进行,它比旧轮子的建造和维持所费较少,但是这种作用是用什么方式完成的,它又怎样增加了社会的总收入或纯收入,这道理却并不十分明白,需要做进一步的解释。

纸币有许多种,而银行和银行家的流通券最为著名,也是最适于这种目的的一种。当一国人民对于某银行家的财产、正直和谨慎具有信心,相信他会随时兑现可能接到的他自己所发行的本票时,这些票据就会和金币银币一样流通。因为人们深信用它们可以随时兑换金银货币。

假设一位银行家要把面值十万镑的本票贷给他的顾客,由于本票在流通中的作用和货币相同,顾客自然应该为这些本票支付与借贷货币相同的利息,这利息就是银行家的利润。银行家发出去的票据是 10 万镑,但只需要 2 万镑金银币的储备就足够应付不时的兑现,这是因为,虽然发出去的票据中有一部分会不断回来兑现,但是不断地在社会上流通的总还有一部分。这种本票的发行也就使 2 万镑金银币获得了 10 万镑金银币的功用。同一数量消费品的交换,同一数量消费品的周转和分配也可通过这 10 万镑票据实现,与通用的 10 万镑金银相同,所以国内流通就可省下 8 万镑的金银。如果国内同时有许多银行都经营这样的业务,那么这时流通国内货物所需的金银货币的数量就只需期票时代以前的 1/5 即可。

例如,让我们假定,一国的全部流通货币在某一时刻为 100 万镑,当时就足以使其土地和劳动的全部年产物得以流通。我们再假定,以后有许多银行和银行家发行凭票支付的本票共 100 万镑,而在他们的金柜中只保持 20 万镑金银币来应付临时的兑现请求。因此,在流通中就有 80 万镑金银币和 100 万镑的银行券,即 180 万镑纸币和硬币。但是,该国土地和劳动的年产物以前只需要 100 万镑来流通并分配到它的适当消费者手中,而年产物是不能通过银行业的做法立即增加的。因此，100万镑就足以使之流通。买卖的货物和从前完全一样，同样数量的货币也足以买卖它们。流通渠道，如果我可以使用这个词的话，将依然和以前完全相同。我们假定100万镑足以充满这个渠道；所以，注入的超过此数的货币就无法在其中流动，而只能溢出。现在注入了180万镑，一定会有80万镑溢出，它即是超过了该国流通中所能使用的货币的数目。但是，虽然不能在本国使用，这个数目的货币却仍是极有价值的，因此不能任其闲置。于是它将被送往国外，寻找它在本国不能找到的有利润的用途。但是纸币不能运往国外，因为如果远离发行的银行，远离可以用法律强制兑现的国家，人们就会在普通支付中拒绝接受它。因此，80万镑的金银币将被送往国外，充满本国的流通渠道将是100万镑纸币，而不是以前充满它的100万镑金银币。

不过，这巨额的金银并非白白送给外国人，我们不应认为这是毫无所得的，或是其持有者要对外国国民送礼。这金银将用来交换各种外国货物，以便供其他外国或本国消费。

如果用它来在一个外国购买货物以便供应另一个外国的消费，他们就是从事所谓的转口贸易，所得的利润将增加他们本国的纯收入。就像一笔新创造的基金，用来进行一种新的贸易；本国的业务现在用纸币来经营，金银则变成了新贸易基金。

如果他们用它来购买外国货物以供本国消费，第一，他们可以购买不事生产的懒惰人民所消费的东西，如外国葡萄酒、外国丝绸等等；或是第二，他们可以购买额外的原料、工具和食物，以便维持和雇佣更多的勤劳人民，他们再生产出他们每年消费的价值以及利润。

第一种途径会鼓励挥霍，增加开支和消费而不增加生产，或者说是设置一种永久性基金来支持这种开支，这在各方面均对社会有害。

第二种途径会鼓励勤勉，虽然增加了社会的消费，却也提供了一种永久性基金来支持这种消费，消费者再生产出他们每年消费的全部价值以及利润。社会的总收入，即它的土地和劳动的年产物的增加额，等于这些工人的劳动在其加工的原料上所增添的全部价值；社会纯收入的增加额，等于这个价值扣除维持机器和生产工具的必要开支后的剩余部分。

由于银行的这种运作而被迫送往国外的金银币，当被用来购买外国货物以供本国消费时，事实上大部分是用来购买第二类货物。这不但是可能的，而且几乎是必然的。某些人收入根本不增加，有时却也可能大大增加支出，但是我们可以肯定，从来没有哪个阶级的人全都这样。因为，一般的谨慎的原则虽然不能支配每一个人的行为,却总是会影响每一阶级的大多数人的行为。但是,若把懒惰之人视为一个阶级,他们的收入也不能由银行业的这种运作得到任何增加,其一般支出也不会因此大为增加;尽管他们中少数人的支出可能增加,并且实际上有时增加了。因此,懒惰人民对外国货物的需求还和从前一样,或者说差不多一样。由于银行业的这种运作而被迫送往国外的货币中,有一小部分用来购买外国货物供本国消费之用,这一部分也可能用来购买供懒惰人民使用的货物。而其中大部分自然会用于雇佣勤劳人民,而不是维持懒惰。

当我们计算任何社会的流动资本推动的劳动数量时,我们只应考虑由食物、原料和制成品组成的那一部分流动资本,而将货币组成的另一部分扣除;因为它的作用只是使三者流通。有三种东西是推动劳动必不可少的:供制作的原料,用来制作的工具,以及使工作得以完成的工资或报酬。货币既不是供制作的原料,又不是制作的工具。工人的工资一般是用货币来支付,但他的真实收入也像所有其他人的真实收入那样不是货币,而是货币的价值;不是金块,而是金块所能买到的东西。

任何资本所能推动的劳动数量,显然必须等于它能以原料、工具和与工作性质相称的维持费雇佣的工人数。为了购买原料和生产工具,并维持工人的生活,货币是必需的。但是,整个资本所能推动的劳动数量肯定不能同时等于用于购买的货币,以及用货币购到的原料、工具和维持费这二者,而只能是二者之一,而且说等于后者比说前者更恰当。

当用纸币代替金银币时,整个流动资本所能提供的原料、食物和维持费数量的增加,就等于过去用来购买它们的金银币的全部价值。巨大的流通和分配轮子的全部价值,被加在用它来流通和分配的货物上面。某种程度上,这类似某种巨大工程的经营者,他由于某种机械学方面的改进拆除旧机器,将旧机器与新机器价格的差额加在他的流动资本上,即加在他用来供应原料和提供工人工资的基金上。

究竟一国的流通货币与用它来流通的年产物的全部价值保持什么样的比例,这很可能无法确定。经不同的作者计算,可为 1/5、1/10、1/20 乃至 1/30 不等。但是,不管流通货币对年产物全部价值的比例多么小,由于只有一部分、常常是很小一部分年产物指定为劳动的维持费,货币对这一部分的比例一定很大。因此,当用纸币代替以后,流通所必要的金银币就降到了以前数量的 1/5;如果其他 4/5 的大部分价值被加在用来维持劳动的基金上,那就会使这种劳动的数量大为增加,从而使土地和劳动年产物的价值大为增加。

在最近的二三十年间，银行业占据了苏格兰所有的大城市，其业务甚至覆盖了穷乡僻壤。其效果正如上面描述过的一样。纸币支撑着国内所有的商业和购买支付。除了兑换20先令的钞票外，银币很少见到，金币更是少见。银行并非个个奉公守法，由议会立法实施管理也确有必要，可是国家从银行界得到好处之大，人所共见。我所了解的情况是，自银行创立以来，格拉斯哥在15年间商业竟已翻了一番；苏格兰的商业自两家公立银行（一名苏格兰银行，1693年由国会决议创立；一名皇家银行，1727年以国王敕令设立）在爱丁堡创立以来，则不只增加了3倍。在这个短时期内，苏格兰一般的商业和格拉斯哥的商业是否增加了这么多，我不敢妄加评断。如果两地真的增加到了这个比例，那么这效果就未免太大，似乎不能尽归功于银行的设立。不过，我们仍然可以确信，在这个时期，银行业大大有利于苏格兰国内贸易和产业的增长。

原本在苏格兰境内流通的银币，于1707年英格兰和苏格兰合并之后，被送到苏格兰的铸币厂重新铸造，这些银币的总值是411117镑10先令9便士。金币虽然缺乏记录，但据苏格兰造币厂旧时的账簿，金币的铸造数量略大于银币。当时有许多人惟恐收不回银币，所以有许多银币始终没有拿到苏格兰银行重铸。此外，还有若干流通的英格兰银币并未要求重铸。所以，在联合之前苏格兰通用的金银币的价值合计就不下于100万镑。这数额似乎构成当时苏格兰全部的通货，因为当时苏格兰银行虽没有竞争者，它的钞票发行无可匹敌，但在全部通货中也只是占极小部分。而现在的苏格兰，通货总值不下200万，金银币的比例大大减少，不超过1/4，可是苏格兰的产业没有衰退，反而繁荣，它的财富没有损失，反而增加，这只需看一下每年农业、制造业和贸易以及土地和劳动产物的增加量，就可以知道。

大多数的银行采用贴现汇票的方式履行其本票，在汇票到期以前，顾客就可以持本票向银行提前借取现金。银行方面就计算到期应收的利息，然后在全部贷额中扣除。到期后汇票的兑付既可偿还银行预贷出去的价值，还会带来作为利息的纯利润。银行向贴现商人预付的不是金银币，而是他们自己的本票；其好处是他可以通过贴现来增加他的本票发行量。银行家可以根据经验，在可能范围内尽量把本票付给出去，因此他就能从较大的发行量中获得更多利息方面的纯利益。

苏格兰的银行还发明了另一种发行本票的方法。这就是所谓的现金账户。求贷者只需得到两个信用良好并且拥有实际地产的人作为保人，并且答应在银行作出要求的时候偿清所有借款和从中生出的利息，银行将准许他借贷若干数额的款项（如二三千镑）。一般来说这种放贷方法世界各处银行都有，然而对于苏格兰，意义不止于此。这个国家目前的商业还说不上繁荣，当上面所说的两家银行创立之初，其运营的规模更不足道。如果这两家银行的业务限于汇票贴现，生意的惨淡是不必说的。而以目前实际的情况来看，他们的银行业生意兴隆，他们的国家得益良多，这种方法的采用应该说是主要的原因。

只要按照这种条件，一个苏格兰人可用这个方法向银行借贷1000镑，他就可以二三十镑一次地分期还款。而银行方面则按每次的还款，一直到全数的清偿，逐次计算所收回的数额，并在全部金额的利息中扣除相应数目的利息。这种方法因其便利，促进了银行的业务。商人们支持这种经营方法，不但在一切支付上都欣然接受银行钞票，并劝他自己所能影响到的人们也加以接受。在顾客借贷货币时，银行大都以本银行的本票付给。商人以本票购买制造者的货物，制造者以本票购买农场主的食品、原料，农场主以本票付给地主的地租，地主以本票付给商人购买各种便利品与奢侈品，商人最后又把本票还给银行以抵销借款。这样做的结果是，整个国内的货币业务都借助钞票流通，而银行自然日益兴旺。

这种现金账户促进了商人们开展业务，因为在这种方式下，商人们得以回避风险。假设有两个商人，一在伦敦，一在爱丁堡，所经营的生意相同，所投下的资本相等。爱丁堡商人因有现金账户，所以营业规模能够做得较大，人员能够用得较多而不致有危险。伦敦商人没有使用现金账户，为应付索求赊购贷款的人，他往往不得不在金柜中备有大量的金银货币，而那样做是要损失利息的。假定他常须保有500镑，那么和不需常常保有现金500镑滞财的情况比较，其仓库内货物的价值就会少去500镑。假设商人保有的存货一般每年脱售一次，而较之无需保有滞财的情况，他就会因为常须保有这500镑，其每年售出的货物就少了500镑的价值。这样，和可以多卖500镑货物的情况相比，他每年能够得到的利润，他所能够雇佣以经办销售的雇员，一定都会少些。爱丁堡的那位同行却完全没有这些麻烦。他可以使用现金账户从银行贷款，以应付不时的急需，而还款可以分期逐步地完成。和那位伦敦人相比，在可以动用的资本相同的情况下，他可以储备更多的货物，取得更大的利润，为那些备办货物以供应市场的劳动者们创造更多的机会。这样做，他本人不承担危险，而国家从这种贸易中得益也颇多。

当然，英格兰银行通过贴现汇票所给予英格兰商人的便利可能等于现金账户给予苏格兰商人的便利。但要记住，苏格兰商人也可以和英格兰商人一样容易地向银行贴现汇票。而除了贴现期票,苏格兰银行还有现金账户,所以对商人来说特别方便。

在任何国家,各种纸币可以毫无阻碍地到处流通的全部金额决不能超过它所代表之金银的价值,或(在商业状况不变的条件下)在没有这些纸币的情况下所必需的金银币价值。例如,假设最小的苏格兰通用纸币是20先令纸币,那么能在全苏格兰流通的这项通货的总额决不可超过国内每年交易20先令及20先令以上之价值的交易通常所需的金银数额。如果超过了这一总额,那过剩的部分就既不能流通于国内,又不能输往国外,结果就是马上回到银行去兑换金银。现有钞票的人民会立即觉得他们所持的纸币超过了国内交易所需。既然不能把纸币送往外国,他们就会马上持向银行要求兑现,因为这些过剩的钞票一经换作金银就可以输往国外找到用途,但以纸币形式留在国内则毫无用处。因此,人们就会立即向银行挤兑超额纸币,如果银行表现出困难或迟缓,回流到银行的钞票就会更多。由此而起的惊疑必然会使兑现要求更为激烈。

各种商业的普通开支都少不了房租和雇员、文员、会计等人的工资。除此之外,银行还有两类主要开支:第一,在自己的金柜内常须储存无利息可得的巨额货币,以应付握有自己发行的本票持有者的不时的兑现要求;第二,因应付不时要求而面临枯竭的金柜必须时时给以补充。

如果一家银行发行纸币多到超过国内流通所需,不能流通的过剩部分必将不断转来兑现。在这情况下,银行的金柜必须增加经常保持的金银币数量,该增加的比例不但要按纸币过剩的比例增加,而且还要大于这一比例增加。这是因为纸币的回流速度比发行过剩额的纸币的扩大要快得多,所以银行第一项特别用费的增加不仅要按被迫增加的比例而增加,而且要按更大的比例增加。此外和银行业务限于较合理的范围之内时相比,这一银行的金柜不但应当填充得更为充实,而且这金柜的枯竭也会更快一些。为了对金柜加以补充,不仅要求做出更加重大的开支,而且要求更为经常且不断的开支。但这样大量不断地由金柜流出来的金银币,不能在国内流通。这种金银币是为兑换超过流通需要的纸币而流出的,所以也是流通所不需要的。但是金银币是不能废置无用的,它在国内没有用处,就会以这种或那种形态输往外国,以寻求有利用途。可是,这种金银的不断输出,又加剧了银行觅取金银币以补充金柜的困难,从而进一步增加了这方面的银行开支。所以,这样的银行也必须根据不得不增加的业务比例增加第二项开支,其幅度要比第一项增加更大。

第一篇 论资财的性质、积累和用途

假设某银行发行的全部纸币为 4 万镑,而这正是国内流通所能容易吸收和使用的数目;为应付随时兑现的需要起见,银行金柜须常常保存 1 万镑金银。假使这银行企图发行 4.4 万镑,那增加的 4000 镑就是超过社会容易吸收使用的数目,必将一经发出就流回到银行。这样一来,为应付不时兑现之需,银行金柜应该储存的款项就不仅是 1.1 万镑,而是 1.4 万镑。于是,4000 镑的过剩纸币将毫无利息可得,而且还要负担不断收集 4000 镑金银币的全部损失。这金银一收进来,马上又要流出。

如果所有银行都理解而且注意本身利益,流通中就不会有纸币过剩。不幸的是,未必所有银行都理解本身的利益,因此流通界纸币过剩的现象就司空见惯了。

由于发行纸币量过大,其超额部分就不断回流以兑换金银。多年以来,英格兰银行每年必须铸造的金币数量为 80 万镑至 100 万镑不等。平均计算,每年大约须铸 85 万镑。由于数年前金币磨损不堪,因此为了大铸金币,银行常常必须以每盎司 4 镑的高价购买金块,铸成后却以每盎司 3 镑 17 先令 10 便士半的价格发行,损失高达 2.5% 至 3%。虽然银行免付铸币税,造币一切费用全由政府负担,但政府的慷慨并不能使银行免于损失。

因为发行过多,苏格兰银行也不得不常常委托伦敦代理人代他们收集金银币,其费用很少低于 1.5% 或 2%。这样收集的货币通常由马车送来,保险费每百镑抽取 15 先令即 0.75%。但代理人往往还是不能及时补充银行用得太快的金柜。在这情况下,苏格兰银行就得向有来往的伦敦各银行开出汇票以筹集所需数额。到期后伦敦银行向它们开出汇票索取借款、利息和佣金时,一些苏格兰银行由于发行纸币过剩而苦于无法应付,就不得不向原债权人或伦敦其他往来银行开出第二批汇票。同一金额或者不如说同一金额的汇票,有时会在伦敦和爱丁堡间往返二三次以上。这样累积起来的全部金额的利息和佣钱,都必须由债务银行付给。就算苏格兰各家银行向来都不会过于冒险逐利,有时却也不得不采取这种自取灭亡的方法。

英格兰银行和苏格兰各银行为收回在国内流通中无法使用的纸币而付出的金币,在国内流通中也同样无法使用,于是就或以金币的形式、或熔成金块送往国外,或者熔化后按每盎司 4 镑的高价卖给英格兰银行。从全部铸币中精选出来送往国外或熔成金块的,都是那些最新、最重、最好的铸币。在国内,铸币形态的重币并不比轻币更有价值。但在国外和在本国熔化时,重币就更有价值。英格兰银行虽然年年大量铸币,却仍然惊奇地发现,铸币缺乏还是年年如一:每年虽有大量的良好新币发行,铸币的状况却非但不逐年好转，而是年年变糟。他们都发现，每一年不得不铸造和头一年同一数量的金币。由于金块价格的不断上升，以及铸币的不断磨损和剪铰，铸造的开支就一年比一年大。必须指出，英格兰银行为了给自己的金柜供应铸币，也不得不间接地为整个王国供应经常以各种方式从所有银行的金柜中流出的铸币。因此，所有需要用以支付过剩的英格兰、苏格兰纸币的铸币，或因过度发行纸币造成的王国铸币的缺乏，英格兰银行都必须提供供应。苏格兰各银行为自己的鲁莽大意付出了高昂的代价。而英格兰银行不仅是为自己的不谨慎、而且也为几乎所有苏格兰银行的更大得多的不谨慎付出了极大代价。

联合王国两个地区的某些大胆投机家的贸易过度，是造成纸币超额流通的最初原因。

银行可以适当地向一个商人或任何一种经营者支付的，不应是他从事贸易的全部资本，甚至不应是这种资本的大部分，而只应是他不得不保持用以应付不时之需的那一部分现款。如果银行支付的纸币从不超过这个价值，那发行出去的纸币额也决不会超过国内无纸币时流通所需的金银额，也就决不会数量过剩以致有一部分为国内流通界所不能容纳使用。

假设银行给商人贴现的乃是由真实债权人向真实债务人开出、而到期时后者会立即兑付的汇票，那么银行付给的就只是商人得以现钱形式保留着以备不时之需的这部分价值。汇票到期后的兑付，就向银行偿还了银行付给出去的价值与利息。如果银行只同这种顾客做生意，它的金柜就像一个水池，虽然不断有水流出，同时也有水流不断注入，彼此流量完全相等，因此，水池总是保持相等的或接近充满，而不需额外的关心或注意。于是也就不需要多少开支，甚至完全不需要开支来补充这家银行的金柜。

即使没有票据要贴现，一个不过度贸易的商人也常需保持一定数量的现款。如果一家银行除了贴现他的票据以外，还给他开设现金账户，按苏格兰银行的宽松条件接受他用随时出售货物得到的货币进行分期偿还，这就使他完全没有必要保留一部分现款以应不时之需了。当这种需要实际发生时，他就可以用自己的现金账户应付。可是，银行在同这种顾客往来时，应当十分留心，看一个短时期（例如4个月、5个月、6个月或8个月）内，它通常收到的偿还数目是否等于它通常支付的数目。如果这期间某些顾客的偿还数目在大多数场合等于银行借出的数目，它就可以放心同这种顾客往来。在这种情况下，虽然从银行金柜经常流出的水流量很大，但是经常流入的水流量也是一样，所以也就无需特别留心或注意，金柜总是充满或几乎充满的，不需要任何额外的开支去补充它。反之，如果某些顾客的偿还数额通常大大少于借出数额，银行就不能放心与其来往，至少在这些顾客继续如此时是这样。这时，从银行金柜不断流出的流量必然大于流入量，若不是用大量的开支不断补充，金柜不久就会完全枯竭。

因此，苏格兰各银行在长时期内就非常注意，要求其所有的顾客定期作出正式偿还，而不愿同任何被它们称作不务正业者往来，不管他的财产或信用如何。由于这种小心留神，它们不但几乎完全节省了补充金柜的专门开支，还得到了两种很大的好处。

第一，除自己的账簿外，银行方面不必另去搜集别种证据，便能相当准确地判断债务人的盛衰情况。债务人偿债情况是否正常大都取决于其业务的盛衰。私人放债时，债户少则数家，多不过数十家。要想察知债务人的行为和经济情况，委托一个经理人即可，有时甚至不需要经理人。但银行动辄放数百家的债，还要不断留心许多其他事情。除自己的账簿上提供的资料外，它们对大多数债务人的行为不可能经常了解。苏格兰各银行要求债务人必须常常偿款，也许就是考虑到了这一好处。

第二，银行不致发行过剩的、为社会所不能容纳的纸币。如果顾客在较短期间内偿还的数额大都等于贷出的数额，那就可证明银行贷给他的纸币额并没有超过他在无银行贷借的情况下为应付不时之需所必须保留的金银量，从而可以证明银行发出去的纸币额也未曾超过国内在无纸币的情况下所应流通的金银量。债务人还款是否经常、是否正规和数额大小，足以表明银行贷出去的数额并没有超过顾客在无借贷时必须以现金形式保留以应不时之需的那一部分资本，也就是说，并没有超过顾客在无借贷时必须以现金形式保留的、使得他的其余资本可继续不断使用的那一部分资本。在这情况下，只有这一部分顾客的资本，在相当期间内继续不断以铸币或纸币这两种货币形态时而收进、时而付出。银行的借贷如果超过这一部分，顾客在相当期间内还入的数额一定不能等于贷出的数额。流入银行金柜的现金必然无法抵消流出的现金。纸币的发行超过了无纸币发行时顾客须存储以应急需的金银量，意味着马上就会超过无纸币发行时国内流通界会有的金银量，因而马上就会超过了无纸币发行时国内流通界所能够容纳的数量。过剩的纸币马上会回银行来兑换现金。这第二种好处同样是真实的，但是苏格兰各银行对它的了解却不像第一种好处那样完全。

当部分地通过贴现票据的便利、部分地通过现金账户的便利，使任何一国的有信用的商人无必要保持部分资金用以应付不时之需的现款时，他们从银行和银行家那里所能合理期待的帮助也就完结了。为了自身的利益和安全，银行和银行家只能到此为止。从自己的利益出发，银行不能向一个商人支付他所运用的全部甚或大部分流动资本。因为，商人的流动资本虽继续以货币的形式时出时入，但因为全部收入的时候距全部付出的时候已经太远，要在短期间内适合银行的利益、使偿入的数额等于贷出的数额也就不可能办到了。银行更不能支付一个商人的大部分固定资本，例如，对一个制铁厂主支付资本去建造他的铁厂、铁炉、工场、货仓、工人住宅等等；对一个矿山开采人支付资本，去掘竖坑、建造抽水机、修筑道路轨道等等；也不能对一个改良土地者支付资本，去进行清理、排水、圈围、施肥、开垦荒地、建造农舍以及其他一切必要的附属物如畜舍、谷仓等等。在几乎所有情况下，固定资本的回收都要比流动资本慢得多；即使是以最大的谨慎和最佳的判断作出的投资，这种开支也要经过许多年才能回到经营者手中，这漫长的时间对银行很不方便。无疑，商人和其他的经营者可以很适当地利用借款来实施他们的许多计划。可是，为了对他们的债权人公平，他们在这种场合，自有的资本应足以保证（如果我可以这样说的话）债权人的资本，也就是说，即使计划的成功远远不如计划者的预期，也要使这些债权人免受丝毫损失。即使如此小心翼翼，要等几年才能偿还的借款仍然不应向银行贷借，而应以债券或抵押的方式求助于私人：他们靠自己的货币利息为生，不想麻烦自己去运用资本，因此愿意向信用良好者贷款而任其几年不还。的确，对上述商人和经营者来说，一家不必开立债券或抵押、不必缴纳印花税或支付律师费而发放货币贷款的银行，一家按苏格兰银行业的宽松条件接受还款的银行，无疑是非常方便的债权人。但是对这种银行来说，他们却肯定不是最方便的债务人。

苏格兰各银行25年来所发行的纸币，至少也完全等于国内流通界所能容纳的数额了。银行对于苏格兰各种商人与经营者已仁至义尽。为本身利益计，它们只能做到这些，事实上它们的营业已经稍微过分了。银行方面也因此受到损失，至少它们的利润减少了。只要银行业的经营规模略为过度，这结果就在所难免。不幸的是，商人与经营者们从银行已经得到那么多好处，却仍然想得到更多。他们以为银行可以任意推广信贷事业，除了增加少数纸张费以外用不着增添什么费用。他们埋怨银行理事们鼠目寸光，态度怯懦。他们说什么银行信贷事业还未扩充到和国内各种贸易的扩张相称的程度。很明白，他们所谓的贸易事业推广，不是指别的，而是指把事业推广到超过他们自己的资本或能够凭借抵押品向私人借得的资本所能经营的范围。他们以为，银行有义务填补他们短缺的资本；他们认为，银行有义务供给他们所希望得到的全部资本。但银行方面的意见却截然不同。在银行拒绝扩大信贷之际，有些经营者想出了一个办法。这个办法有一段时期对他们很适用,虽然所费大得多,但其有效性却相当于极度地扩大银行信贷,这就是大家知道的"循环出票筹资法"。濒于破产的商人往往利用这个办法。英格兰商人通过这种办法获取资金行之已久了。在最近的战争期间,因为营业利润极大,商人们往往不度量自己的能力,把贸易过分推广,这种办法用得非常普遍,后来这办法又由英格兰传入苏格兰。因为苏格兰的商业和资本都更为有限,这种办法就更加流行。

所有商人都熟知这种循环出票筹资法,似乎没有再加说明的必要。但本书读者未必都是商人,而且商人也似乎不大了解这种办法对于银行的影响,所以我将尽可能详细地予以解释。

欧洲的野蛮法律并不强制商人契约的执行。在过去两个世纪中,由此形成的商人习惯已经被所有欧洲国家的法律采纳,并使汇票具有这样的特权:用汇票借款比用任何其他借据更为容易,尤其是期限不超过两三个月的短期汇票。如果到期后承兑人见票不立即付款,他就成为破产人。汇票被拒付后立即回到出票人手中,如果他不立即付款,他也成为破产人。如果汇票在落到持票人手中以前,曾经过多人之手,他们用它来借款或者用来购货时均曾作出背书,即在汇票背面签名,这些背书人也承担承兑汇票的义务。如果有人不能付款,他也会立即被宣告破产。尽管出票人、承兑人、背书人的信用也许全都有问题,这种很短的期限仍然给持票人以某种安全感。虽然他们全都可能破产,但是也不致于都如此迅速地全部破产。正如一个疲惫的旅行者自言自语,房子已经倾斜,不能持久了,可是也不见得今晚就倒吧,我姑且冒险住上一晚。这个比喻正好形容汇票持有者的心理。

假设爱丁堡商人 A 向伦敦商人 B 开出限期两月的汇票,要 B 付银若干。伦敦商人 B 并未欠爱丁堡商人 A 的钱。他所以愿意承兑 A 的汇票,是因为两方协商好在付款期限未到以前,B 也可向 A 开出一张数额相等的汇票,此外加上利息与佣钱,期限也为两月。在两个月的限期未满以前,B 向 A 开出一张汇票,A 又在新汇票期满以前再向 B 出第二次汇票。在第二次汇票未到期以前,B 再照样向 A 开出汇票,都以两个月为期,这样循环下去,可连续至于数月甚至数年。不过 B 向 A 开出的一切汇票累积下来的利息佣钱都要算入其中。利息照例为每年 5%,佣钱每次至少 0.5%。如果每年来往 6 次,佣钱就要加 6 倍;所以靠这种办法筹款的 A,每年付出的代价就至少要在 8%以上。如果佣钱高涨,或对以前汇票的利息和佣钱不得不支付复利,那么代价就更为高昂。这就是所谓循环出票筹资法。

据说国内大部分商业投资的普通利润都介于6％至10％之间。如果用这样方法募得投资需要的款项，除了偿还所借下的钱，还能获得超额利润，那一定是非常幸运的投机事业。可是仍然有许多巨大的计划在进行，除了指望一连几年用这种昂贵的方法筹集资金，别无其他资本。计划人在黄金梦中无疑看到了非常鲜明的关于巨大利润的幻象。但是我相信，当他们醒了，在他们营业结束时或在他们无力再继续经营下去时，美梦成真的人就寥寥无几了。

爱丁堡的A向伦敦的B开出的汇票，经常由A于到期前两个月持票向爱丁堡某家银行贴现。伦敦的B随后向A开出汇票，也经常由B持票向英格兰银行或伦敦的其他银行贴现。银行贴现这些循环汇票所付出的大都是纸币。爱丁堡付苏格兰银行的钞票，伦敦付英格兰银行的钞票。固然贴现的汇票在到期之时都照兑，不过为贴现第一张汇票而实际付出去了的价值却永远没有实际归还贴现它的银行。因为在第一张汇票将到期的时候，第二张汇票又已经开出，而且数额更大。没有这第二张汇票，第一张汇票根本不可能兑付。这种兑付全是虚假的。这种循环汇票的流转，使银行金柜在流出之后永远也不会真正流回。

在许多场合，在这种循环汇票上发行的纸币数额等于预定用于农业、商业或制造业方面某些大规模的广泛的计划的全部基金，而不只是等于在没有纸币时计划人会不得不保留不用，以备不时之需的那部分资金的数目。银行发出的这种纸币大部分为社会所不能容纳，是超过国内在无纸币的情况下流通界应有的金银价值的。过剩的部分马上会回到银行，要求兑换金银。银行必须尽其所能地寻求这项金银。这是这些计划者挖空心思从银行提出的资本，不但没有经过银行知道或得到过银行慎重考虑后的同意，甚至在一些时候，银行可能根本没有发现曾贷给了他们这项资本。

如果二人经常互相对开汇票，并且向同一银行贴现，银行方面当然不久就能发觉，看出他们没有营业的资本，全部资本依赖从银行借来。假如他们不常在一家银行贴现，时而这家时而那家，并且两人不一直互相彼此开出汇票，而是经过许多其他计划人，这些计划人又因为利益互相帮忙，最后其中一个人向需要的人开出汇票，这种情况下就很难辨认哪一张是真实汇票、哪一张是虚假汇票了，即哪个是真实债务人和真实债权人的汇票，和没有真实债权人而只有贴现它的银行、没有真实债务人而只有计划用钱的人的那种汇票。即使银行最终察觉了这点，也可能是为时已晚，巨大的数额已经贴现给这样的汇票了。如果银行这时拒绝他们，不再给予贴现，必然会使计划人全都破产；他们破产就也意味着银行随着破产。为了自身利益与安全，在这危险境况中，银行也许只好再冒险继续贴现一些时候，然后慢慢脱身，使贴现一天天变得困难，迫使债务人逐渐转向别个银行，从而尽快从这个圈套中脱身。但就在陷入过深的英格兰银行、伦敦各家主要银行，以及比较慎重的苏格兰各银行开始对贴现提出比较苛刻的条件时，这班计划人不仅吃惊而且愤怒起来。他们自己的困难无疑直接起因于银行慎重的和必要的准备措施，但他们竟把自己的困难说成是全国的困难；他们说，这种全国的困难完全是由于银行方面目光短浅、行为胆怯。他们说自己努力使国家繁荣富裕，银行却没有慷慨相助。他们似乎认为，按照他们所希望的借款期限和借款利息借给他们资金乃是银行的义务。然而，银行拒绝给予信贷给借款过多的人，这是挽救银行信用和国家信用唯一可行的办法。因为过去已经给予他们太多。

在这喧嚣困扰之中，苏格兰开设了一家新银行，其公开目的据称是解救国家的困难。它的计划慷慨大方，执行却极不慎重，而且似乎并不了解它所企图解救的困难的性质与原因。无论就现金账户还是就贴现汇票而言，这银行的借贷都比其他银行宽大。就后者说，它几乎不问是真实汇票还是循环汇票，一律予以贴现。这银行曾明白宣布，只要有相当的保证，甚至需要非常长的时期才能偿还（如改良土地）的资本，也全部可以向银行借取。甚至还宣称促进土地改良，是银行设立的爱国目标之一。由于对现金结算和期票贴现采取过于宽大的政策，银行必然发行大量钞票，其中过剩的部分不易为社会所容纳，一经发出就会流回银行用以兑换金银。银行金柜本来就不很充实，它通过两次招股募到的资本虽共计 16 万镑，但是只收进了 80%，而且是分期交纳的。第一次缴入股款后，大部分股东即向银行用现金账户贷借。银行理事先生们以为股东借款应受同样宽大的待遇，所以大部分股东缴了第一阶段股款以后，其余各期缴入的几乎全是在现金账户下借出的款项。他们后来的交股就相当于把先从银行某一金柜提去的款项放入银行的另一金柜。这样一来，即使原本充实的银行金柜也因为过度的发行很快耗竭。除了向伦敦银行开出汇票，期满时再加上利息佣钱的数目开出新的汇票兑付前一汇票之外，别无他法能及时补充金柜的耗竭。这银行的金柜原来就不很充实，据说它在营业不过数月后就不得求助于这个办法。幸而各股东的田产不下数百万镑，他们认购股份时实际上即等于把这田产保证银行的一切债务。有如此充实的保证作为银行信用的后盾，所以贷借政策虽如此宽大，银行营业仍能继续两年有余。到不得不停业时，其发出的纸币额已接近 20 万镑。这种纸币一经发出立即回来兑现，因要支持这些纸币的流通，它屡次向伦敦各银行开出汇票。汇票的数额与价值不断增加，到了银行不得不倒闭的时候为止，汇票价值已经超过60万镑。在两年多的时间里，银行借出了80万镑以上，利息为5%。对那用纸币借出去的20万镑放款来说，所收的5%利息也许可视为纯利，因为除了管理费外没有其他扣除。但那向伦敦开出汇票的60多万镑来说，其利息佣钱等却在8%以上，因而其全部业务的3/4以上损失超过3%。

这家银行经营的结果和创办人的本意正好相反。他们的目的是支持国内那些他们认为有勇敢进取精神的事业，同时把苏格兰各银行，尤其是在贴现方面被指摘为过于畏缩的爱丁堡各家银行排挤掉，从而把整个银行业务集中于一身。这家银行无疑曾暂时地救济了各计划人，使他们多拖延了两年左右，但最后仍不过是使他们更加债台高筑。一旦银行倒闭，它和债权人的损失也更重。所以，这家银行不但没有救济这些计划人所加于他们自己及国家的困难，事实上反而使困难更为沉重。如果他们的大多数人被迫在两年以前就停止营业，那结果就都要好得多。不过这银行所给了各计划人的暂时救济，结果促成了对苏格兰其他银行的永久救济。在苏格兰其他银行不肯贴现循环汇票的时候，这新银行对出循环汇票的人伸出双手欢迎。所以其他各银行终于摆脱了恶性循环，不然它们肯定无法摆脱困境，必将遭受巨大损失，甚或在一定程度上还要遭受名誉损失。

可见从长期来看，这家银行加剧了它宣称要减除的国家灾难，但却使它要取而代之的各竞争银行免受大难。

这家银行成立之初，有些人认为银行金柜虽易枯竭，但来贷借纸币的都提供了担保，可以用担保取得资金来补充金柜。但我认为，不久经验就告诉了他们，通过这种方式筹款太慢，根本无法达到目的。如此不充实而如此容易干涸的金柜，除了向伦敦各银行开出汇票这种毁灭性办法之外别无出路。汇票到期时再开出一次汇票，这样累积的利息佣钱愈来愈多。即使这种办法可使它在需要款项的时候能立刻借到，但其结果不仅无利可图，而且会遭受无可避免的损失。最终结果只能是银行自取毁灭，虽然灭亡的过程没有像开汇票那么快。它们仍不能从所发纸币的利息取得利润，因为纸币既超过了国内流通领域所能吸收和使用的范围，必然一经发行就回来换取金银。为了兑换，银行方面须不断地借债，借债的全部费用如雇佣代理人探听谁有钱出借、和有钱人谈判、书写债券、订立契约等等所需费用全须银行负担。在他们的损益计算书上这是一笔纯粹的损失。用这方法补充金柜，好比叫人拿着水桶到若干英里之外的地方汲水来补充只有流出而无流入的水池，希望可以将这水池装满一样。

就算这种办法对这作为营利机构的银行不但可行而且有利，但国家却不仅不可能从中获益,而且一定会遭受更大的损失。这种办法丝毫不能增加国内出贷的货币量,而只能使全国的借贷事项都集中在这家银行身上,使它成为全国总贷借处。要借钱的人将不向有钱出借的私人贷借,而都来请求这个银行。私家贷借一般不过数人或数十人,债权人理应熟习债务人的行为是否谨慎以及诚实,以便有选择判断的余地。一家银行或许要向500个人贷款,其中大部分人都是银行董事们不熟悉的。比起只向少数几个熟人贷款、认为他们的审慎和俭朴的行为有理由值得信任的私人来,银行在选择债务人方面不会更加明智。这样一家银行(我已对其行事略加描述)的债务人可能大多数都是异想天开的计划人,他们不断地开出循环汇票,将钱用在奢侈浪费的事业上。就算给予一切可能的帮助,他们也很可能无法完成其事业。即使完成了,也不能偿还他们的实际成本,更不要说提供一种基金,使所能维持的劳动数量与花在它们上面的劳动数量相等。反之,私人贷款人的债务人审慎俭朴,更有可能将借来的钱用于审慎的事业,这些事业虽然不是那么宏大而惊人,却更加稳健和有利可图,不但能偿还开支并带来更大利润,而且会提供一种基金,能维持比花在它们上面的劳动量更多得多的劳动量。所以即使新银行的计划成功,结果也丝毫不能增加国内的资本,却只是使大部分资本不投在谨慎有利的事业上,而改投到不谨慎的无利可图的事业上去。

著名的劳先生认为缺少货币支持是苏格兰产业不振的原因。他提议设立一个特别银行,发行与全国土地价值相等的纸币,这样即可挽救货币的缺乏。在他最初提出这个计划的时候,苏格兰议会认为不可采纳。后来法兰西摄政王奥尔良公爵略加修正加以采纳。这就是所谓密西西比计划的真实根据,该计划认为可任意增加纸币量到无穷大,实乃世界上闻所未闻的关于银行业和股票生意的最狂妄的计划。对这一计划,杜维纳先生在其《对杜托先生〈关于商业与财政的政治观察〉一书的评论》中已经做了详细说明,这里不再赘述。这计划所根据的原理已经由劳先生说明,最初提出这个计划时,他就在苏格兰发表了一本关于货币与贸易的书。在这本书及某些其他论述中,劳先生作出了关于这一原理的宏伟空洞的论证,至今仍令许多人印象深刻。最近因营业毫无节制而受人攻讦的苏格兰及其他各处银行,恐怕也多少受了他的影响。

英格兰银行在欧洲是最大的流通银行,是根据议会的一项法律,根据盖有大印玺的特许状,于1694年7月27日设立的。它借给政府120万镑,每年可向政府支取10万镑,其中9.6万镑作为利息(年利8%),4000镑作为每年的管理费。我们可以认为,由革命建立的新政府信用一定很差,所以银行不得不用这样高的利息。

1697年，银行被允许增加资本1001171镑10先令，这时其总资本达2201171镑10先令，这次增资据说旨在维持国家信用。1696年，国库券要以40%、50%和60%的折扣发行，银行纸币要以20%的折扣发行。当时正在进行银币大改铸，银行认为宜暂时停止纸币兑现业务，而这必然会影响银行券的信用。

按照安妮女王第七年第七号法令，银行向国库支付了40万镑，总计贷给政府的的金额为160万镑，仍然按原来的定额向国家每年领取9.6万镑的利息和4000镑的管理费。可见1708年政府信用已经达到了私人的程度，因为政府能以6%的利息率借到款项，这正是当时市场上普通的利息率。按照同一法令，银行又购买了利息为6%的财政部证券1775027镑17先令10便士半，同时被允许招股，银行资本再增加1倍。1708年，银行资本就达到了4402343镑，贷给政府的总额达到了3375027镑17先令10便士半。

1709年，英格兰银行按照15%的比例催收股款，收得656204镑1先令9便士。1710年，又按照10%的比例催收股款，收得501448镑12先令11便士。两次催收后，银行资本达到了5559995镑14先令8便士。

按乔治一世第三年第八号法令，英格兰银行又吃进财政部证券200万镑。因此这时银行贷给政府的金额已有5375027镑17先令10便士。按乔治一世第八年第二十一号法令，银行购买南海公司股票400万镑。1722年，为了使它能进行这项购买而招股，银行资本增加了340万镑。这时总计下来，银行贷给政府的金额达9375027镑17先令10便士半，但其资本总额却不过8959995镑14先令8便士。两方对比，银行贷给政府的有息贷款已多于其母本，或者说已多于其要对股东分派红利的资金了。换言之，银行已开始有不分红利的资本，而这种资本已多于分红的资本。这情况一直持续至今。1746年，银行陆续贷给政府11686800镑，银行陆续募集的分红利资本也达到了1078万镑。迄今为止这两数目都没有改变。遵照乔治三世第四年第二十五号法令，为了延续银行营业执照，银行同意缴给政府11万镑，不取利息也不要偿还，而是作为特许状更新之费。所以这并不增加上述两项数额。

银行红利时有高低，其变化视各时期银行对政府贷款的利息高低以及其他情况而定。这一贷款利息率已由8%逐渐减至3%。银行红利在过去几年间一般为5.5%。

只要英国政府稳定，英格兰银行也就稳定。只要贷给政府的金额不损失，银行债权人也就不会有所损失。英格兰没有第二家银行由国会议决设立，或有6人以上的股东。所以英格兰银行已非普通银行可比，它已经是一个国家大机关了。它接受和支付每年应向国家债权人支付的利息，它发行财政部证券。它向政府垫支每年的土地税和麦芽税，这些税款往往要等几年纳税人才能付清。在这种情况下，出于对国家的职责，英格兰银行也不免发行过多的纸币，而这并非董事们之过错。它还贴现商人汇票。有时就连汉堡、荷兰的巨商也求它贷借。据说，1763年，有一次英格兰银行在一星期内贷出了将近160万镑，大部分还是金块（我不敢妄断数额是否真的如此巨大，时间真的如此短暂。）。但在其他情况下，这家大银行却不得不用6便士的银币来应付各种支出。

  银行业的最明智的运用可以促进国家的产业，这并不是由于它能增加国家的资本，而是由于它能将大部分本无所用的资本变成积极的和生产性的资本。商人不得不保留以应付不时之需的现款是死资本，只要它继续处于这种状况，就不能为他自己和国家生产任何东西。银行业的明智能使他将这种死资本变成积极的生产性资本，即变成可以制作的原料、制作的工具、维持制作的食物和生活资料，变成能为他自己和国家生产东西的资本。在一国流通的金银币，能使它的土地和劳动的年产物流通，并分配到真正消费者手中，但它也像商人手中的现款一样是死资财。它是国家资本的非常有价值的部分，但不能为国家生产什么。银行业明智地用纸币去代替大部分的金银币，就使国家把这种死资本的大部分变成积极的生产性资本，变成能给国家生产东西的资本。一国流通的金银币可以非常恰当地比作一条公路，它能使国内生产的全部草料和谷物流通并进入市场，而自身却不能生产任何草料和谷物。如果我可以这样夸张地比喻，银行业的明智能提供一种空中轨道，使国家能将它的大部分公路变成良好的牧场和谷地，从而大大增加土地和劳动的年产物。可是，必须承认，国家的工商业虽然能因此略有增加，但它们也是悬在纸币这一极为复杂的双翼之上，因此也就不像在金银币这种坚实的地面上旅行那样安全：除了遭遇由于这种纸币的操作者的笨拙所造成的各种意外事故，它们还会遭受其他意外事故，不管这些操作者如何谨慎娴熟，这些事故都无法避免。

  例如，战争失败，敌军占领首都并攫取维持纸币信用的国库财宝。在这种情况下，比起大部分靠金银来流通的国家，全靠纸币进行国内流通的国家会发生更大的混乱。平常的通商手段一旦全无价值，除了物物交换和赊欠之外就无法进行其他的交易。一切赋税通常都以纸币交纳，君主也就无法支付军饷和充实军火库。于是，比之大部分用金银的国家，全用纸币的国家更加难以收拾混乱的局面。因此一个想把领土随时保持在易于防守状态的君主，就不仅要严防纸币的发行过多使发行银行本身遭受毁灭，而且应当严防纸币发行过多以致其充斥国家的大部分流通渠道。

国内货物的流通可分成两部分：一是商人间的彼此流通；二是商人与消费者间的流通。虽然同一货币，不论纸币或金属币，有时用于前一种流通，有时可用于后一种流通，但因两种流通经常同时进行，所以每一种都需要一定数量的某种货币来进行。商人之间流通的货物的价值，决不可能超过商人与消费者之间流通的货物的价值；凡是商人买进之物，最终都要出售给消费者。商人之间的流通一般通过批发进行，所以每一笔交易都要求大量货币。反之，商人与消费者之间的交易一般通过零售来进行，只要求小量货币，常常1先令其至半便士就足够。但是小额流通比大额流通要快得多。1先令比1几尼更常易主，半便士又比1几尼更快。因此，消费者每年的购买在价值上至少等于商人每年的购买，但消费者每年购买所需的货币量却相对小得多。而由于流通速度较快，同一货币，用于消费者购买手段的次数要远远多于作为商人购买手段的次数。

纸币的使用可以被规定为仅限于在商人之间流通，也可推广到商人与消费者之间的大部分流通。当不发行10镑以下的银行券时，像在伦敦那样，纸币就只限于商人彼此之间的流通。消费者得到一张10镑的钞票，他一般不得不在购买5先令货物的第一家商店兑换它。所以，在消费者把这张钞票用去1/40以前，钞票早已回到商人手中。苏格兰各银行所发的钞票中有小至20先令的，在这情况下纸币的流通范围就自然推广，商人与消费者间的大部分交易使用纸币。在国会议决禁止通用10先令和5先令的钞票以前，消费者便常使用小额纸币购物。北美洲发行小至1先令的纸币，所以纸币几乎充斥了商人与消费者之间的全部流通。约克郡的纸币甚至有小到6便士的。

在允许而且普通实行发行这种小额银行券的地方，许多普通人也能够并被鼓励去开银行。普通人的5镑甚至1镑本票会被每一个人拒绝不用，但他发出的6便士本票大家却不会拒绝。这些乞丐般的银行家当然很容易破产，结果对于接受他们钞票的穷人可能引起很大的困难，甚至极大的灾难。

把全国各地银行钞票的最低面额限为5镑也许是较好的办法。这样各地银行所发的钞票大抵就会只在商人彼此间流通，像在伦敦一样。在伦敦发行的钞票的面值不得小于10镑，5镑所能购得的货物虽仅等于10镑之半，但在英格兰其他各地，人们对5镑的重视正像富有的伦敦人对10镑那样，一次花掉5镑像伦敦人一次花掉10镑那样少见。

如果纸币像伦敦那样主要在商人间流通，市面上就总会有充足的的金银。如果像苏格兰尤其是像北美洲那样，纸币的流通推广到商人与消费者间交易的大部分，它就会在国内几乎完全排斥金银币，国内商业的普通交易只会用纸币进行。苏格兰禁发 5 先令和 10 先令的钞票，曾略为缓解了市面上金银的稀缺；若再禁发 20 先令的钞票，也许会得到更大的缓解。听说美洲自从禁发若干种纸币以来，金银已经比较充足了。在纸币未曾发行以前，听说美洲的金银更加充足。

虽然纸币应当限于商人之间的流通，但银行和银行家仍能给予国家工商业几乎相同的援助，像纸币几乎充斥全部流通时他们所做的那样。因为商人为应付不时急需的现款本来就是只在商人之间流通的。在商人与消费者交易时，商人没有储存现款的必要，因为这种交易只会给商人带来现款，却不会从他那里取走现款。虽然银行除了商人之间流通的数额之外，不发行任何纸币，但是它部分通过贴现真实的汇票，部分通过开立现金账户贷款，仍可能解救商人的大部分困难，使之不必保留应付不时之需的现款。银行仍可以向商人提供所能正当给予的最大援助。

也许有人会说，银行发行的钞票，无论数额大小，只要私人愿意接受就应得到许可。对之加以禁止是明显地侵犯天然自由，法律的本职不是去侵犯这种自由，而是要去保护它。这种限制的确是侵犯自由之举，但是，如果少数人的自由可能危害全社会的安全，这种自由就应受到一切政府的法律制裁，无论是最民主的政府或最专制的政府皆然。法律强迫人民建筑隔墙以预防火灾蔓延，这种规定侵犯了天然的自由，但却是必要的。我们主张以法律限制银行活动，与此理无异。

纸币只要由信用坚实的人发行，可以随时不附带任何条件地兑现，那么无论从哪方面来看，它的价值都等于金银币，因为它随时可以换得金银。用这种纸币买卖任何货物，必然和用金银币所能买卖的东西一样便宜。

有人说，纸币的增加增加了全部通货量，因此必然减少它的价值，也必然抬高商品的货币价格。但是如果在通货中取走的金银币量总是等于在通货中加进的纸币数量，纸币就并不一定增加通货量。一个世纪来，苏格兰粮食价格在 1759 年达到了最低廉。那时因发行 5 先令和 10 先令的银行钞票，国内纸币多过如今。苏格兰粮食价格和英格兰粮食价格的比例，现时与苏格兰银行增多以前完全相同。在大多数时候，谷物在英格兰和在法国同样便宜，虽然在英格兰有大量纸币，而在法国则少有。在休谟发表《政治论文集》的 1751 年和 1752 年间，以及在苏格兰大量发行纸币之后不久，粮食价格上涨极其明显。但这并不是因为纸币充斥，而是因为天时恶劣。

但是由下述本票构成的纸币，情况就肯定不同：从任何方面来说，它的立即兑现或是随发行人的诚意为转移，或依存于持票人并非总有力量满足的条件；或是要多年之后才能兑现，在此期间并不支付利息。这时纸币无疑会多少跌在金银价值之下，其程度根据立即兑现的困难或不可靠性的大小，或者按照兑现期限的长短而定。

数年前，苏格兰各银行在它们的银行券上加印一个所谓的任选条款，允许向持票人用两种办法兑现，或是见票立即兑付，或是由董事们任意选择见票后6个月兑付，连同6个月的法定利息。有些银行的董事先生利用这个条款威胁持有大量银行券兑换金银币的人，要他们满足于兑现一部分，否则就要运用这一条款。当时这些苏格兰银行的本票构成苏格兰通货的绝大部分，能否兑现的不确定性必然使其价值比金银更低。在这种条款存在期间（尤其是1762年、1763年和1764年），卡莱尔和伦敦之间实行平价汇兑，达弗里斯距卡莱尔不及30英里，但对伦敦的汇兑却有时要由达弗里斯贴水4%。在卡莱尔，本票用金银币兑付，达弗里斯则用苏格兰银行钞票兑付。银行券兑换金银币的不确定性使它比金银币的价值低4%。后来，禁止10先令和5先令银行券流通的那项议会法律，也同时禁止了这种任选条款，从而使英格兰与苏格兰之间的汇兑回到其自然汇率，即由贸易和汇兑情况自然形成的那一汇率。

约克郡竟有小至6便士的纸币，但持票人按规定要积到1几尼才可要求兑现。这个条件在持票人方面往往难于办到，故这种通货的价值也会降低到金银币的价值之下。后来国会裁决它不合法，废止了这种规定；并且像苏格兰一样，禁止发行20先令以下向持票人支付的一切本票。

北美洲纸币不是由银行发行的，也不能随时兑现。它由政府发行，非经若干年份不能兑现。殖民地政府虽不付持票人以任何利息，但曾宣告纸币为法定货币，须按面额价值接受和支付债务。但是即使殖民地政府非常稳固，一个地方的一般利息是6%，100镑钞票如果15年后才能支付，其价值也只是和40镑现金大致相当。所以，强迫债权人接受100镑纸币作为清偿以现金借给的100镑债务未免太不公平，任何以自由竞相标榜的政府大概都很少尝试。显然，就像诚实坦率的道格拉斯博士所说，这是不诚实的债务人欺骗债权人的一种勾当。1772年宾夕法尼亚政府第一次发行纸币时，想要令纸币价值与金银相等，就通过立法规定，对出售货物时对殖民地纸币和金银币区别对待的人加以惩罚。这个法令是专横的，它也难以达到目的。一种成文法可以使1先令在法律上等于1几尼，因为它可以指使法院在债务人提出1先令时就免除他1几尼的债务。但是一项成文法却不能强迫一个出售货物的人，他有出售与否的自由。所以英格兰对这些殖民地的汇兑，100镑有时等于130镑，而对另一些殖民地，100镑却简直可以等于1100镑，法令虽在也无可奈何。试研究其中原因，就知道价值悬殊是因为各殖民地发出去的纸币数量极不相等，纸币兑现期限长短不一，而且兑现可能性也大小不同。

没有一种法律会比议会如下这一法令更加公平：它宣布，殖民地将来发行的一切纸币均不可以作为支付中的法定货币。这一法令却在各殖民地受到不公正的指责。

宾夕法尼亚在发行纸币时往往比我国任何其他殖民地更为慎重。据说那里的纸币从来没有降低到未发纸币以前在该殖民地流通的金银价值以下。在第一次发行纸币以前，宾夕法尼亚已提高殖民地铸币的单位面值，通过议会立法，规定英币5先令在该殖民地流通时可以当做6先令3便士，后又提高至6先令8便士。因此，殖民地通货1镑比英币1镑的价值低30%以上，当这种通货变成纸币时，其价值相比英币很少低于30%。提高铸币单位面值的原因是要使等量金属在殖民地比在母国的货币数量更大，以防止金银输出，然而，他们却不知道，殖民地铸币的单位面值提高后，由母国运来的货物的价格也必按比例提高，金银币输出还是与从前一样迅速。

每一个殖民地的纸币都能够以面额缴纳主要赋税，这就必然使它增添一些价值，超过了它实际上可预期的要在很久以后才能兑换的时值。这种增添价值的大小，要看本州发行的纸币额超过本州交纳赋税所能使用的纸币额的多少而定。纸币额在所有的殖民地各州都大大超过了这个数额。

如果君主用法律规定，他的税收的一定部分必须用某种纸币缴纳，这就可能增加这种纸币价值，即使它的最后兑现期限完全依赖其个人意志。如果发行这种纸币的银行小心翼翼地使发行量总是略低于这种用途，对它的需求甚至可能给它带来升水，即在市场上出售时所得的略超过其票面的金银币。有人就是这样来解释阿姆斯特丹银行的纸币升水，或纸币对金银币的优越性。尽管他们也说，这种纸币不能由所有者随意携出银行。大部分外国汇票须以银行纸币兑付，换言之，须在银行账簿上转账。他们说银行的董事先生们总是使银行纸币额不够应付这用途的需要数量。他们说，由于这个原因，阿姆斯特丹银行纸币出售时升水就常常比金银币价值高出4%甚至5%。但我们将在后面看到，阿姆斯特丹银行的账户在很大程度上非常虚幻不实。

纸币价值落到金银币价值以下并不会因此降低金银币的价值，或使等量金银币所交换的任何其他货物数量变小。在所有情况下，金银币价值与他种货物价值的比例，都并不依存于国内流通的某种纸币的性质或数量，而是依存于在特定时刻向商业世界广大市场供应金银的矿山的丰瘠程度。它依存于以下两种劳动量之间的比例：一个是将一定量的金银送往市场所必要的劳动量，另一个则是将一定量的其他货物送往市场所必要的劳动量。

如果银行被禁止发行一定数量之下的流通钞票或凭票兑现的票据，如果他们承担一经提出立即无条件兑现这种票据的义务，他们的业务就可以在其他方面自由行事，而不致妨碍社会安全。英格兰和苏格兰两地近年来银行的数目增多，许多人非常担忧。但这不会降低反而会提高公共安全。在竞争者增多的情况下，为提防同业进行恶意的挤兑，各银行必然慎重经营，所发纸币也必然要与现金额保持适当的比例。这种竞争可使各银行限在较狭小的范围内流通纸币，使流通中的纸币减少到很小的数量。全部纸币既然在许多部分分别流通，任何一家银行的失败——这必然会发生——对于公众的影响就会较小。同时，这种自由竞争又使银行对顾客的条件必须更为宽大，否则同行就肯定把顾客抢走。一般说来，如果任何商业部门或劳动分工对公众有利，那么竞争越自由越普遍，公众就总是更加有利。

第三章　论资本积累，或论生产性劳动与非生产性劳动

有一种劳动，投在劳动对象上能增加它的价值；另一种劳动却没有这种效果。前者由于可以生产价值，可称为生产性劳动；后者可称为非生产性劳动。制造业工人的劳动一般会把维持他自身生活所需之价值与产生雇主利润的价值加到其加工的原料的价值之上。反之，仆人们的劳动则不能增加什么价值。制造业工人的工资虽由雇主付给，但事实上却并没让雇主花费什么，因为制造业工人把劳动加于劳动对象之上，劳动对象的价值就增加了，于是就偿还了工资的价值，并产生了利润。仆人的维持费却是不能收回的。雇佣许多工人是致富的方法，维持许多仆人却会致贫。但仆人的劳动也有它本身的价值，也像制造工人的劳动一样应当得到报酬。不过制造业工人的劳动可以固定，并且体现在某种劳动对象或可卖商品上，能够持续一些时候而不是立刻消失。这仿佛是把一部分劳动贮存起来，在必要时再拿出来使用。而那个劳动对象或它的价值——二者是一回事——在必要时可以推动的劳动数量就等于最初生产它的劳动量。反之，仆人的劳动却不固定也不实现在劳动对象或可卖商品上，在劳动之后会立刻消失无踪。要把它的价值保存起来供日

后雇佣等量劳动之用,是很困难的。

社会上等阶层的某些人士的劳动也和仆人的劳动一样不产生任何价值,不固定或体现在任何永久性的劳动对象或可贩卖商品上,也不能保藏起来供日后雇佣等量劳动之用。例如,君主及其官吏,以及所有的海陆军就都是非生产性劳动者。他们是公仆,其生计由他人劳动年产物的一部分来维持。他们的职务,无论是怎样高贵、怎样有用和必要,也只是随生即灭,不能留到日后来获得等量的服务。他们治理国事,捍卫国家,功劳当然不小,但今年的功劳买不到明年的功劳,今年的安全也买不到明年的安全。这一类中还必须列入某种最庄严、最重要的职业,以及某些最不重要的职业。前者如牧师、律师、医师、文人;后者如演员、歌手、舞蹈家。即使是最低级的劳动也有若干价值,受到支配所有其他各种劳动的同一原则的支配。但这一类劳动中,就连最高尚最有用的劳动也不能生产什么东西,可以供日后购买等量劳动。像演员的对白,雄辩家的演说,音乐家的歌唱之类的劳动都是在生产之后随即消灭无迹的。

生产性劳动者和非生产性劳动者以及根本不劳动者同样依赖土地和劳动的年产品。这年产品不管数量多么巨大,也总有一定的限度。因此用以维持非生产性人手的部分愈大,用以维持生产性人手的部分必然愈小,从而次年生产物也必愈少。反之用以维持非生产性人手的部分愈小,用以维持生产性人手的部分必愈大,从而次年生产物也必愈多。除了土地上天然生产的物品,一切年产物都是生产性劳动的结果。

虽然一国土地和劳动的全部年产物都是用来供给国内居民消费的,以及给国内居民提供收入的,但是当它出自土地或生产性劳动者之手时,它就自然分成两个部分:一部分,常常是最大的一部分首先用来补偿资本,或更新从资本中取出来的食物、原料和制成品;另一部分,则或以利润形式成为资本所有者的收入,或以地租形式成为地主的收入。就土地生产物而言,一部分是用来补偿农场主的资本,另一部分用来支付利润,从而构成农场主的资本利润和某些其他人的土地地租。一家大工厂的生产物也同样分成两部分,一部分(往往是最大的一部分)用以偿还经营者的资本,另一部分则支付利润,构成资本所有者的收入。

用来补偿资本的那一部分年产品,从来就没有立即用以维持非生产性劳动者,而是用以维持生产性劳动者。至于一开始即指定作为利润或地租收入的部分,则可能用来维持生产性劳动者,也可能用来维持非生产性劳动者。

一个人把一部分资财当做资本,就无不希望收回这资本并赚取利润。因此他只用它来维持生产性劳动者。这部分资本首先对其所有者发挥了资本的作用，然后又构成生产性劳动者的收入。每当他用一部分资财来维持任何一种非生产性劳动者，从这一时刻起，这一部分就从他的资本中提取出来供直接消费。

非生产性劳动者和不劳动者全都要依赖收入。这里的收入可分为两项：第一，一部分年产物中一开始即被指定为某些人的地租收入或利润收入；第二，在年产物中又有一部分原是用来补偿资本和雇佣生产性劳动者的，但是到了他们手中之后，超过必要的生产资料的那一部分，可以不加区别地用来维持生产性的劳动者和非生产性的劳动者。不仅是大地主和富商，就连普通工人，在工资高的情况下也会雇上个仆人，或是偶尔看场话剧或木偶戏。这样他就拿一部分收入来维持非生产性劳动者了。而且，他也会纳一些税，从而用于维持另一部分人，这些人虽然尊贵得多，但同样是不生产的。不过按照常情，原想用来补偿资本的那部分年产物，在其完成推动生产性劳动的作用以前，决不会用来维持非生产性劳动者。工人必须先通过做工去赚得自己的工资，然后才能雇佣一部分非生产性劳动者。而且那部分工资往往只是他节省下来的有限收入，就生产性劳动者的情况来说，无论怎样也节省不了许多，虽然他们总有少量储蓄。就纳税阶层来说，这一阶级的人数较多，在某种程度上可以补偿各人纳税数量的微小。无论在什么地方，土地的地租和资本的利润都是非生产性劳动者生活的主要生活来源。这二种收入最容易节省，它们的所有者可以用它来雇佣生产者，也同样可以用来养活不事生产者。但是大体上，他们似乎特别喜欢用在后一方面。大领主的支出通常更多地用于供养游手好闲之人，而非供养勤劳之士。富商的资本虽只用来雇佣勤劳之人，但像大领主一样，他的收入也往往用来供养非生产性的人们。

我们说过，由土地和生产性劳动者生产出来的年产物一生产出来，就有一部分指定作为补偿资本的基金，还有一部分作为地租或利润的收入。我们如今又知道，无论在哪个国家，生产性劳动者与非生产性劳动者的比例在很大程度上就取决于这两部分的比例。而且，这一比例在穷国和富国又极不相同。

如今在欧洲最富裕的国家，最大部分的土地生产物往往用来补偿独立富农的资本，其余则用以支付他的利润与地主的地租。在从前封建政府林立之时，年产物的极小部分已经足够补偿耕作的资本。那时候耕作所需的资本一般不过几头老牛疲马，它们以荒地上的天然产物为食，因此也可被看做天然产物的一部分。这些牲畜一般属于地主，地主把它们借给土地耕作者。土地的其余产物或作为土地的地租,或作为这一资本的利润,当然也归地主所有。耕者大都是地主的隶农,他们的身家同样都是地主的财产。不是隶农的耕者是地主可以随意令其退租的佃户,虽然他们缴纳的地租名义上常常不过是免役租,实际上却是土地的全部生产物。领主可以随时要求他们在平时劳动,在战时去服兵役。他们虽然住得离地主较远,地位却与仆人无异。他们都须听地主支配,他们劳动的产物当然全部属于地主。现在欧洲情况大不同了。在全部土地生产物中,地租所占的比例很少超过1/3,有时还不到1/4。但从数量上来说,改良的土地的地租却大都已经增加到以往的3倍或4倍;即现今在年生产物中的1/3或1/4就相当于过去的的3倍或4倍之多。在农业日益进步的时代,地租就数量说是增加了,但就对土地生产物的比例来说则是逐渐减少了。

就欧洲各富国说,现今大量的资本都投在商业和制造业上。古代商业很少,制造业简陋,所需的资本也极少,可这些资本一定提供了极大的利润。古时利息率很少低于10%,他们的利润必定足够支付这么大的利息。现在欧洲各进步国家的利息率很少超过6%;在某些最进步的国家,利息率有时甚至低至4%、3%甚或2%。富国居民从资本利润得来的那一部分收入总是要比在穷国大得多,然而就利润与资本的比例而言,这收入就通常少得多了。

与贫国比较,富国用来补偿资本的那部分土地和劳动的年产物当然要大得多,同直接构成收入即归作地租和利润的部分相比的比例也大得多。与贫国比较,富国雇佣生产性劳动的基金也当然要大得多,但是也不仅如此。我们说过,一国的年产品除了一部分用作基金以启用生产性劳动,其余部分则说不定是用来雇佣生产性还是非生产性劳动了,但通常是用在后者上。与贫国比较,富国启用生产性劳动的资金在年产品中的比例也要大得多。

这两种不同基金之间的比例,必然决定一国人民的一般性格是勤劳还是懒惰。和二三百年前比较,我们用来维持勤劳人民的基金要比用来维持懒惰人民的基金大得多,因此我们比我们的祖先更勤劳。因为没受到勤劳的充分奖励,我们的祖先就很懒惰。俗话说,劳而无功,不如戏而无益。在资本决定一切的工商业城市,下层居民大都是勤劳、认真,其生计也是比较兴旺的。荷兰的大城市便是很好的例证。在主要依靠君主或临时驻节来维持的都市,人民的生计主要依赖国家收入的开支来维持,他们多懒惰、堕落而且贫穷。罗马、凡尔赛、贡比涅、枫丹白露是很好的例证。除了里昂、波尔多两市,法国其他议会城市的工商业都不值一说。一般下层人民的生计都依靠法院人员和来法院打官司的人的支出来维持,因此他们大多都懒惰贫穷。里昂、波尔多两市则因地势关系，商业颇为发达。无论物品是由外国输入或由沿海各地运来，里昂必然是巴黎所需物品的集散地，波尔多则为加龙河流域所产葡萄酒的集散地，这些地方是世界闻名的产酒地，出口量很大。地势如此有利，当然会吸引大量资本，而这正是这两个城市人民勤劳的原因。在其他法国城市，人们投下资本只为维持本市的消费，换言之投下的资本数量决不能超过本市所能使用的限度。巴黎、马德里、维也纳的情形也都是如此。在这三个城市中，巴黎居民要算最勤劳的，但巴黎就是本市制造品的主要销售市场；巴黎本城的消费者就是一切营业的主要对象。欧洲只有伦敦、里斯本和哥本哈根这三个城市既为宫廷所在地，又可视为工商要地，既为本市消费而营业，又为外地及外国消费而营业。这三个城市所处的位置都适合作为大部分远方消费物品的集散地点，都很有利。但在一个花费大量国家收入的城市，除了把资本用于供应本地的消费外，就有利地使用资本这一点而言，并不像在下层人民生计专靠运用资本来维持的工商大城市那么容易。靠花费国家收入来维持生活的大部分人们游手好闲惯了，一些应该勤勉作事的人也不免受到侵蚀。所以在这地方使用资本自然比在其他地方不利。英格兰和苏格兰未联合之前，爱丁堡的工商业很不发达。后来苏格兰议会迁移了，有些王公贵族不住在那里，那里才稍稍有了一些工商业。但苏格兰的大法院、税务机关等未曾迁移，所以仍花费了不少国家收入。因此就工商业说，爱丁堡不及格拉斯哥，因为后者居民的生计大都依靠资本的运用。有时我们也看到，在制造业方面很有进展的大村镇居民，往往由于大领主定居于此而变得懒惰和贫困。

无论在什么地方，资本与收入的比例似乎都支配勤劳之人与懒惰者的比例。资本占优势的地方人多勤劳，收入占优势的地方人多懒惰。因此，资本的每一次增加或者减少，自然会使实际劳动数量、生产性劳动者的人数增加或者减少，从而使一国土地和劳动年产物的交换价值增加或者减少，一国人民的真实财富与收入也随之增加或者减少。

资本由于节俭而增加，由于奢侈与行为不当而减少。一个人节省了多少收入就增加了多少资本。他可以用这个增多的资本来雇佣更多的生产性劳动者，也可以有利息地借给别人，使其能雇佣更多的生产性劳动者。个人的资本既然只能由节省每年收入或每年利益而增加，由个人构成的社会的资本也就只能由这同一个方法增加。

资本增加的直接原因是节俭而非勤劳。诚然，勤劳提供了节俭可以积累的东西。但是不管勤劳能得到什么，如果没有节俭，就会有所得而无保留，资本就决无可能增加。

节俭增加了维持生产性劳动者的基金，从而增加了生产性劳动者的人数。所以节俭又会倾向于增加一国土地和劳动的年产物的交换价值。节俭推动了更大的劳动量，而后者又可以增加年产物的价值。

每年节省下来的东西经常被消费掉，而且几乎是同时被消费掉。富人每年花费的收入大都被懒惰的客人和仆人消费掉了，消费完了也没有什么报偿留下。至于每年节省下来为了博取利润而直接转化为资本的部分，也几乎同时被人消费掉，但消费的人是劳动者、制造工人与技工，他们再生产他们每年消费掉的价值，并提供利润。现在假定他的收入都是货币，如果他把它全部花掉，用全部收入购买食品、衣服和住所，就是分配给前一种人。如果节省的一部分因为图利而直接转作资本，资本所有者亲自投用，或借给别人投用，那么由这节省部分购得的食品、衣料和住所就将分配给后一种人。消费一样，但消费者却不同。

节俭者每年所省的收入不但可在近期内供养若干更多的生产性劳动者，他还好像工厂的创办人一样建立了一种永久性基金，将来随便什么时候都可维持同样多的生产性劳动者。这种基金如何分派？将用到什么地方？关于这些统统没有法律予以保障，也没有信托契约或永远营业证书加以规定，不过它总是受到一个强大原理的保障：所有者清楚明白的个人利益。它的任何部分都必须而且只能用于维持生产性劳动者，而滥用该基金者必将遭到明显的损失。

奢侈者不量入为出，结果侵蚀了资本。就像一个把某种敬神基金的收入转做渎神之用的人一样，他用父辈节省下来用来供养勤劳者的基金拿来豢养许多游手好闲之人。由于雇佣生产性劳动的基金减少了，所雇佣的能增加物品价值的劳动量必然减少。全国的土地和劳动的年产物的价值因此减少，全国居民的真实财富和收入也必然减少。奢侈者夺取勤劳者的面包来豢养懒惰者。如果另一部分人的节俭不足抵偿这一部分人的奢侈，奢侈者之所为就不但会陷他自身于贫穷，也将陷全国于穷困之中。

纵使奢侈者的支出全是国产商品而并非外国货，它对社会的生产基金的影响也是一样。每年总有一定数量的本来应该用来维持生产性劳动者的食品和衣服，用在了维持非生产性劳动者身上。因此，每年一国生产品的价值仍然不免少于所应有的价值。

有人认为，这种花费并未用来购买外国货，没有造成金银币的输出，同量的货币仍然会像从前一样留在本国。但是如果这样由非生产性劳动者消费的食物和衣服总量被分配给生产性劳动者，他们就不仅可以再生产出他们消费掉的全部价值，此外还有利润。在这种情况下，同量的货币同样会留在国内，另外还有同等价值的消费品的再生产。这样最终就会有两个价值，而不是一个。

此外，在一个年产物减少的国家，同量的货币不可能长久地留在国内。货币的唯一用途，就是使消费品流通。通过它，食品、原料与制成品才可实行买卖，分配给正当的消费者。因此，每年能在任何一国使用的货币数量，一定是由每年在该国流通的消费品的价值决定的。这些消费品或是本国土地和劳动的直接产物，或是用本国生产物购来的物品。因此，当这种直接产物的价值减少时，每年在国内流通的消费品的价值也必将减少，用来使之流通的货币数量也就减少。货币因生产物逐年减少而被逐出国内流通领域，但决不会闲置。出于个人利益，货币所有者决不愿自己的货币放着不用。国内没有用途，他就会不顾法律禁令而送往外国，用来购买国内有用的各种消费物品。每年的货币输出将在一定期间内继续，使国内人民每年的消费额超过他们本国年产物的价值。国家在繁荣时代从年产物中储存的用来购买金银的东西，会有助于在短时期内支持这种逆境中的消费。但此时金银输出不是国家衰落的原因，而是它的结果。实际上，这种输出甚至可以暂时减轻这种衰落的痛苦。

反之，一国年产物的价值增加时，货币量也自然增加。每年在国内流通的消费品价值增加了，要求用来使之流通的货币数量也就大一些。因此有一部分增加的生产物必定会被用来在有金银的地方购买额外数量的金银，以供流通之用。贵重金属的增加只是社会繁荣的结果，而不是其原因。购买金银的方式到处都一样，从矿山掘出再运到市集上总需要一定数量的劳动和资本。为这事业而投资的人必须需要一定数量的关于衣、食、住的供给，除此之外他必须得到一定数量的收入，这即是购买金银的价格。在英格兰和在秘鲁购买金银都是这样。只要出得起这个价格，需要金银的国家就不会担心长久缺乏所需的金银，不需要的金银量也不会长久留在国内。

明白合理的观点认为，构成一国真实财富与收入的是一国劳动和土地的年产物的价值，而通俗的看法则认为，构成一国真实财富与收入的是国内的贵重金属量。不过，所有观点都认为，奢侈是公众的敌人，节俭是社会的恩人。

我们现在讨论行为不当。行为不当的结果和奢侈相同。对于雇佣生产性劳动的基金来说，农业、矿业、渔业、商业以及工业上一切不谨慎、无成功希望的计划都同样会使之减少。当然投在这种计划上的资本也只能由生产性

第一篇 论资财的性质、积累和用途

劳动者消费,但由于使用者的不适当,他们消费的价值就不能充分得到再生产,与使用适当的情况比较,总不免减少社会生产基金。

幸而对大国来说,个人的奢侈与行为不当不能有多大影响,因为另一部分人的俭朴或慎重总能够抵消这一部分人的行为结果而仍有余。

就奢侈而言,一个人浪费,当然因为他有追求及时享乐的欲望。这种欲望之热烈有时简直难于抑制,但一般说来又总是暂时的和偶然的。然而一个人节俭的动力则是改善自身状况的愿望,这愿望虽是冷静的、沉着的,但却是我们从生至死从没一刻放弃过的愿望。我们一生到死,对于自身地位,几乎没有一个人会有一刻觉得完全满意,因而不求进步、不想改善。一般人都觉得,增加财产是最通俗、最明显的必要手段。而增加财产的最适当方法就是在常年的收入或特殊的收入中节省一部分加以积蓄。虽然每个人都不免有时有浪费的欲望,并且有一种人无时不有这种欲望,但就大多数人的一生平均来看,节俭的心理不仅常占优势,而且大占优势。

就行为不当而言,无论哪里,慎重和成功的事业总占极多数,不慎重、不成功的事业总占极少数。我们常常抱怨破产事件的发生,但在无数经营商业的人中,失败的总是全数中的极小部分,也许不到千分之一。对于一个清白的人,破产也许是最大和最难堪的灾祸,大多数人都着意避免之。当然也有人不知道避免它,就像有人不知道避开绞刑架一样。

大国固然不会因私人奢侈或行为不当而贫穷,但政府的浪费与行为不当却可使国家穷困。许多国家全部或几乎全部的公共收入都是用来维持不生产者。朝廷上的王公大臣、教会中的牧师神父就是这类人。海陆军亦然,他们在平时既无生产,在战时也得不到物品来补偿他们的维持费。这些人自己不事生产,不得不依赖别人劳动的产物。如果他们人数增加到不应有的数额,他们可能在某一年消费掉的产物过多,以致反无足够余量来维持能在次年有所再生产的生产性劳动者。于是下一年的再生产一定不及上一年。如果这种混乱情形继续下去,第三年的再生产又一定不及第二年。那些只应拿人民的一部分剩余收入来维持的不生产者可能消费了人民全部收入的这样大的部分,从而使这么多人民不得不侵蚀他们的资本,即用来维持生产性劳动的基金,以致个人不论如何节俭慎重,也照样无法补偿如此巨大的浪费。

然而,就经验来看,在大多数情况下个人的节俭和慎重似乎不仅可以补偿个人的奢侈和行为不当,而且可以补偿政府的浪费。每个人改善自身境况的连续不断的长期努力是社会财富、国民财富以及私人财富所赖以产生的重大因素。这不断的努力,常常强大得足以战胜政府的浪费,足以挽救行政的大错，使事情日趋改善。这就像人间虽有各种疾病和庸医的荒唐处方，人身上却仿佛总是有一种莫名其妙的力量，可以战胜困难，恢复原来的健康和精力。

增加一国土地和劳动的年产物的价值有两种方式：或者增加生产性劳动者的数目，或者提高受雇劳动者的生产力。要增加生产性劳动者的数目，必先增加资本，增加维持生产性劳动者的基金。要增加同数受雇劳动者的生产力，唯有增加那便利劳动、缩减劳动的机械和工具，或者把它们改良。不然就要使工作的分配更为适当，但无论怎样都要有更多的资本。要改良机器，少不了增加资本；要改良工作的分配，也少不了增加资本。把工作分成许多部分，使每个工人一直专做一种工作，比由一个人兼任各种工作，定须增加不少资本。我们如果比较同一国之不同时代，如果发现那里的土地和劳动的年产物后代比前代更多了，其土地耕作状况进步了，工业扩大了、繁盛了，商业推广了，我们就可断言，这国的资本在这两个时代之间必定增加了不少，一部分人民的节俭和慎重所增加于资本的数额，一定是多于另一部分人民的行为不当和政府的浪费所侵蚀了的资本的数额。不过我们会发现，在所有安宁和平的年代，所有国家情况都是如此，即使政府并不节俭慎重。要正确判定这种进步，我们不应比较两个相距太近的时代。进步并非显而易见。如果时代太近，改良就不显眼了。而且，由于某种产业的凋零或某一地方的衰落，即使国家已经普遍改良了，我们往往也会怀疑全国的财富与产业都在退步。

较之100年前查理二世复辟时代，现在英格兰土地和劳动的年产物当然是多得多了。现在对此表示怀疑的人固然不多，但在这100年时间内，几乎每隔五年即有几本书或小册子出现，它们说英格兰的国家财富正在锐减，人口减少，农业退步，工业凋零，贸易衰落。这类书籍并不全是党派的宣传品，也不是欺诈和见利忘义的产物。它们有许多出自极诚实、极聪明的学者之手，他们只写自己相信之事，只因为深信才会下笔。

此外，查理二世复辟时代英格兰土地和劳动的年产物，比200年前伊丽莎白即位时必定多得多了，和300年前约克与兰克斯特争胜时代末期比较，伊丽莎白时代英格兰的年产物必又多得多了。再往上溯，约克家族与兰克斯特家族争雄时代当然胜于诺曼征服的时代，而诺曼征服的时代又胜于撒克逊七国混乱时代。这时的英格兰当然不能说是一个先进的国家，但与尤利乌斯·恺撒侵略时代比较已算是很大的进步，因为那时英格兰居民的状况几乎等同于北美野蛮人。

在这各个时期中，私人和政府都有很多浪费，而且发生了多次所费甚巨的无谓战争，用来维持生产者的年产物许多被用来维持不生产者。我们可以假定，有时在一片混乱的国家里，这种对资本的破坏不仅妨碍财富的自然蓄积（实际上也的确是如此），而且也使国家在这时期之末陷于比起初更为贫困的境地。查理二世复辟以后的英格兰算是最幸福最富裕的了，但那时又有多少骚乱和不幸事件发生啊。如果可以预见到，那时的人们一定会担心英格兰不仅要陷于贫困，而且恐怕还要全部毁灭。想想看，伦敦大火与大疫，两次英荷战争，对爱尔兰的战争，1688年、1702年、1742年和1756年四次对法耗费巨大的大战，再有1715年和1745年两次叛乱。单就四次英法大战的结果来说，英格兰欠下来的债务就在1.45亿镑以上；加上战争所引起的各种特殊支出，总共恐怕不下两亿。自革命以来，我国年产物就常有这样大的部分用来维持非常多的不生产者。假使当时没有战争，当做那些用费的大部分资本就会用来雇佣生产性劳动者。如果生产性劳动者既能再生产他们消费的全部价值又能提供利润，我国土地和劳动的年产物的价值每年的增加就可以想见了，更何况每一年的增加又必能使下一年的增加更为增长。如果没有战争，当时建造起来的房屋一定更多，改良的土地一定更广大，已改良土地的耕作一定更加完善，制造业一定增多，已有的制造业将更为扩大。至于国民真实财富与收入将会达到怎样的程度，也许会超出我们的想象。

  政府的浪费虽无疑阻碍了英格兰在财富与改良方面的自然发展，但也并未使它停止发展。与复辟时代比较，现在英格兰土地和劳动的年生产物是多得多了，比革命时代也是多得多。英格兰每年用以耕作土地维持农业劳动的资本也一定比过去多得多了。一方面虽有政府的横征暴敛，另一方面却也有无数个人在那里努力改善自己的处境，慎重地不动声色地节俭，一步一步地把资本累积起来。正是这种努力在法律的保障和自由许可之下通过最有利的方式发展起来，使英格兰几乎在过去一切时代都能日趋富裕和进步，我们希望在未来时代也会如此。可是，英格兰从来没有过很节俭的政府，因此居民也没有节俭的特性。由此可见，英格兰的王公大臣们倡言监督私人经济，要通过节俭法令或禁止外国奢侈品输入来限制他们的开支，实在是最放肆最专横之举。他们不知道自己从来就都是社会最大的败家子。请他们好好注意自己的开支吧，他们大可放心，私人会注意他自己的开支的。如果他们的浪费不会使国家灭亡，人民的浪费也绝对不会。

  节俭增加社会资本，浪费减少社会资本，而花费等于收入的人，即不蓄积资本也不蚕食资本的人的行为既不增加资本，也不减少资本。不过，在各种花费方法中，有些方法比其他方式更加有助于公共财富的增长。

个人的收入可以用来购买即时消费掉的、无法减轻或支持另一天开支的东西，也可以用来购买比较耐久、可以蓄积、每天的支出可以减轻或支持下一天支出的东西。有些富翁可以将其收入用于奢华挥霍的宴席、养着大量的仆从或犬马，也可以满足于粗茶淡饭和少量仆从，而将大部分开支用于其住宅与乡间别墅，用于实用或装饰性的建筑与家具，用于收藏书画雕刻，或用于珠宝、玩具、各种奇妙的小玩意儿等琐碎之物。还有人喜欢聚积衣物，就如数年前逝世的某国王的宠臣那样。如果两人财产相当，一个人用其大部分收入来购买比较耐久的商品，另一个则用其大部分收入购买即用的消费品。前者境况必能日渐改进，其今日的费用多少可以增进明日费用的效果。后者的境况却不会比原先更好。前者最后将会比后者更富，因为他有若干货物留存，虽然其价值已经比不上当时花费，但多少总有价值；而后者的花费就连痕迹也没留下来，10年或20年浪费的结果就是两手空空，好像什么都不曾存在一般。

对个人财富有益的消费方式也对国民财富有益。富人的房屋、家具、衣服转瞬即可变成对下层人民和中等人民有用之物。在上等阶级玩厌了的时候，中下阶级的人民可以把它们买来，所以在富人一般都是这样使用钱财的时候，全体人民的一般生活状况也就逐渐得到改进。在一个富裕已久的国家，下层人民往往占有大厦，使用上等家具，可是他们不可能自己出资建造大厦，也不能自己定制上等家具。往日西摩家族邸宅，现今已经成为巴斯道上的旅店；而詹姆士一世的婚床，几年前已经陈列在敦弗林的酒店变成装饰品，虽然那是皇后从丹麦带来的嫁妆，邻国通婚的礼物。在有些无进步也无退步，或已稍稍没落的古城，我们有时可发现，几乎没有一所房屋是为如今住家而建的。如果你进里面去，还可见到许多陈旧却仍然精美适用的家具，它们也绝不可能是专为他们定制的。王宫别墅、书籍图画，以及各种珍奇物品，常常不仅是当地而且也是所在国家的光荣与装饰。凡尔赛宫是法兰西的装饰和光荣，斯托威和威尔登则是英格兰的。意大利仍然以拥有这种纪念物的数量而受人尊敬，尽管创造它们的财富已经凋敝，设计它们的天才似乎也已湮没无存（也许因为没有用处）。

把收入花费在比较耐久的物品上不仅较有利于积蓄，而且有利于节俭。如果一个人在这方面花费得过多，他很容易改正，而不致遭受社会讥评。如果突然大大减少仆从，饮食由铺张改为节约，拆除原来的艳丽陈设，这样的变化不免为邻人共见，无异于承认自己往昔劣行。除非由于破产与毁灭所迫，像这样花费的人很少有勇气改变习惯。如果他在任何时间发现自己在添置房屋、家具、书籍或图画方面开销过大而改弦易辙，别人也不会说他过去不够审慎。因为这类物品开支以后就无需再行购置。在别人看来，他改变习性似乎并不是财力不济，而是已经兴味索然。

一般说来，花在耐用商品上的钱要比用在奢侈招待上的钱财维持更多人的花费。有时一次晚宴就可能耗费二三百镑食物，可能其中的一半都要倒进垃圾堆，成为巨大的浪费。但如果用这宴会的花费来雇佣泥水匠、木工、装饰工与机械师等人，这钱就会在更多人之中分配，工人们将一便士一便士、一镑一镑地购买食物，一点也不会浪费。此外，一种花费用以维持生产者，它能增加一国土地和劳动的年产物的交换价值；另一种花费则用以维持不生产者，就不能增加一国土地和劳动的年产物的交换价值。

但是，读者不要以为，将开支用于耐用品就是良好行为，而用于待客就是恶劣之举。一个富人把他的收入主要用于款待宾客时，他即是在同其友伴分享其大部分财富；但是当他用这财富来购买耐用商品之时，他就是将其用于一身，不会将其无代价地给予他人。因此，后一种的花费，特别是用于购珠宝、衣饰等等琐细东西的花费，就常常表现出一种卑微的自私性格。我上面的意思不过是说，花费于耐久物品可以有助于有价值商品的蓄积，所以也能鼓励私人的节俭习惯，也就比较有利于社会资本的增长。由于它所维持的是生产者而非不生产者，所以也就更加有利于国民财富的增长。

第四章　论贷出取息的资财

出贷人总是将贷出取息的资财视作自己的资本，希望到时就能收回，并希望借款者支付一定的年租作为使用的价格。这样的一笔资财，在借用人手里既可以是资本，也可充作当前消费的资财。如果用作资本，就是用来维持生产性劳动，再生产价值，提供利润。在这情况下，他不用花费或侵蚀任何其他收入的资源便能偿还该资本及其利息。如果用作眼前消费的资财，他就成为浪费者，他夺去了维持勤劳者的基金，来维持惰民的生活。除非他侵占某种收入的资源如地产或地租，否则他就无法偿还资本，支付利息。

毫无疑问，贷出取息的资财有时可以用作这两种用途，但以用在前者的为多。借钱挥霍的人难以持久，债主们事后也会为自己的见事不明而悔恨不已。除非对于高利贷者，这样的借贷对双方都绝不是好事。天下之大，这样的事情固不能全免，可是人无不自利，我们可以相信它不会如我们所想象的那样常见。找一个谨慎的富人，问他愿以大部分资财贷给谋利的人，还是浪费的人？他会笑话你问了这样一个显而易见的问题。即使是在不以节俭著名的借债人中间，节俭者终究也要多于奢侈者，勤劳的人也总比懒惰的多得多。

只有乡绅借了钱只为花费而不为用来谋利息。乡绅借款通常有财产作为抵押，他借来的钱款经常不是用来生财。但就连乡绅借钱也并非全为了花费。借款往往早在未借之前就已挥霍一空。他们日常的开销多是向商人与店主赊购，以致不得不用有息款项来还清账目。乡绅们所借的资本实是用来填补商店老板的资本亏空，他们所收的地租不够抵偿，便需大借外债。这时他借钱并不是为花费，而为补足先前已经消耗的资本。

几乎所有的生息的贷款都是以或纸币、或金银的货币形式借出，但借用人所需要而债权人所供给的实际上不是货币而是货币的价值，换言之是货币所能购买的货物。如果他所要求的是消费型的资财，那么他所借贷的便是能够即时消费的货物。如果他所要求的是兴家立业的资本，他所借贷的便是劳动所必需的工具、资料与食品。借贷这件事实际就是债权人把自己一部分土地和劳动的年产品的使用权出让给借用人，听其使用。

因此，在任何国家，能够生息的资财或通常所谓的资产数量并不是由货币（纸币与铸币）决定的。货币只是充当该国借贷的手段而已。资财的数量是由特定部分的年产品价值决定的。当这年产品从土地或从生产性劳动者手中生产出来时，它就被指定当做资本使用，并且也是其所有者不愿麻烦自己来运用的资本。由于该资本通常都是以货币贷出并偿还，它就构成了所谓的货币权益，它不同于土地权益，也不同于贸易与制造业权益：在上述的后两种情况下，所有者都是自行运用自己的资本的。但是，即使在货币权益方面，货币也不过像一张让与的契约，A 把无意自用的资本转让给 B。和作为转让手段的货币的数量相比，这样转让的资财不知大出多少倍。同一枚铸币或同一张纸币可作许多次的购买，也可连续作许多次的借贷。A 借 1000 镑给 B，B 马上用它买了 C 手上值 1000 镑的货物。C 不需货币，于是这 1000 镑又借给 D，而 D 又立即用这 1000 镑和 E 交易，购进值 1000 镑的货物。E 同样不需要货币，这 1000 镑又被借给 F，F 再立即向 G 购 1000 镑货物。这样一来，同一货币（铸币或纸币）在几天之内已经充当了三次借贷和购买的手段。每一次的交易都和这笔货币总额等值，都等于这种购买力。这三个有钱人所贷出的资财，等于这笔货币所能购买的货物的价值，这三次借贷所借出的资财，其实 3 倍于购买所用的货币的价值。如果债务人所购的货物应用适当，能在相当期间偿还所借的价值及其利息，这种借贷就十分可靠。就如同同一货币能这样充当其价值 3 倍甚至 30 倍贷款的手段一样，它也可以连续充当偿还债务的手段。

用这种方式贷出资本以求利息，可以看做债权人以一定部分的年产品让与借用人。条件是借用人须在借用期内取出一部分的年生产品让与债权人，这一回报便是付息。在借款期满后，又以与原来债权人让给他的那部分年产品相等的价值让与债权人，称作还本。在转让这较小部分和较大部分的情况下，货币虽然都作为转让证，但和其所让与的东西完全不同。

一旦从土地生出或从生产性劳动者手上造出即被指定用作补偿资本的那一部分年产品增加了，则所谓货币权益也自然随而增加。资本总体上增加了，所有者无意自留使用但指望从中取得某一种收入的资本也必增加。换言之，总资财增加了，贷出生息的资财也必逐渐增加。

借出以求利息的资财增加了，使用这种资财所必须支付的价格即利息必然降低。其原因并非只是商品多则价低这个一般原因，此外我们还可找出几个特殊的原因。首先，一国的资本增加了，投资的利润相应地减少。要想找出一种在国内投资并取利的方法将越来越困难。资本间的竞争就这样发生了，资本所有者往往互相倾轧，努力排挤原先的投资人。但要如此的话，他自己也只得降低条件，不但要低价售出，有时还甚至不得不高价购入。其次，用以支持生产性劳动的资金成本既已上升，对生产性劳动的需求也势必与日俱增。劳动者不愁没有工作，资本家却担心没有工人可用。他们的竞争提高了劳动的工资，降低了资本的利润。但是当因使用资本而造成的利润减少时，为使用资本而付给的代价即利息率也必然随之减少。

洛克、劳氏、孟德斯鸠以及许多别的学者都以为，由于西属西印度的发现而导致的金银数量的增加是造成欧洲大部分地区利息降低的真实原因。他们认为这两种金属本身的价值减少了，它们特定部分在使用中便也只能具有较小的价值。这个观点似是而非。休谟已经充分揭露了这个错误，我们或许不必再作解释。但下面的简要议论或者可以进一步说明迷惑了这几位先生的谬见。

西属西印度发现以前，欧洲大部分地区的普通利息率好像是10%。从那时候起，各国的普通利息率开始下降，现在已降到6%、5%、4%甚至3%。我们且假定某一国银价的降低同这一国中利息率的降低成某一比例。例如在利息率由10%减至5%的地方，现在用等量的银所能购买的货物量，只等于从前的一半。这种假设是否属实？我相信决非如此，但这种假设对我现今要考察的那种学说却十分有利。但即使根据这个假设，我们也决不能推出结论说，银的价值的降低会多少减少利息率。假若现今100镑的价值只等于昔日

50 镑的价值，则今日 10 镑的价值也只等于昔日 5 镑的价值。无论减少资本价值的原因为何，这同一原因也必会减少利息的价值，并且是按照同一比例。资本价值与利息价值的比例不变，利息率就也不会变。如果利息率真有变化，这两个价值之间的比例就不能不变。如果现今 100 镑的价值，只等于昔日 50 镑的价值，那么现今 5 镑的价值，也只等于昔日 2.5 镑的价值。在资本价值折剩一半的时候，若利息率由 10% 减至 5%，则就使用资本所付的利息的价值而言，就只剩从前利息价值的 1/4 了。

  白银数量增加，而靠白银流通的商品数量却没有增加，结果只能是白银价值减少。这时各种商品的名义价值会大一些，而真实价值却是依旧。它们可换得较多的银，但它们所能支配的劳动量，所能维持和雇佣的劳动者人数一定依旧。移转等量资本由 A 到 B 所需要的银量可能增加了，但资本却没有增加。那转让证像委托书一样变得冗长累赘，但那所让与的物品却同从前无二，只能带来同样的效果。支持生产性劳动的基金既然依旧，对生产性劳动的需求自然依旧。生产性劳动的价格或工资，名义上虽是增大了，实际上却是没有变动。以所付的银量计算工资虽是加大了，以所能购买的货物量计工资却是依旧。资本的利润却不同。资本利润，不由所得银量的多寡计算。计算利润的时候，我们只计算所得银量与所投资本的比例。例如，在某一国家，普通劳动工资为每周 5 先令，普通资本利润为 10%。但国内所有的资本既一如从前，分占这所有资本的国内各人的资本的竞争也必一如从前。运用这些不同资本的有利或不利也全然相同。

  因此资本对利润的一般比例照旧，而货币的一般利息亦然。使用货币一般所能支付的利息，必然受使用货币一般所得利润的支配。

  在国内流通界货币量不变的情况下，国内每年流通的商品量的增加，在货币价值提高的结果外，还会引起其它重要后果。一国资本名义上虽然没变，实际上却已增加。它可能仍继续由同量货币表示，却支配着更大的劳动量。它所能支持和雇佣的生产性劳动量增加了，劳动的需求因此也增加。工资自将随劳动需求的增加而提高，可是表面却可能是下跌的情形。这时劳动者所得作为工资的货币的数量可能少于以前，但现今这较少的货币所能购得的物品的数量却多于从前较多货币所能购买的物品数量。可资本的利润无论在实际上和名义上都会减少。国内所有的资本总量既已增加，资本间的竞争也自然增加，他们就不得不满足于各自所启用劳动的产品的较小部分。货币的利息总是与资本的利润一样变化，货币的价值或者一定量货币所能购买的物品量虽然大增，但货币的利息仍然可能大减。

第一篇 论资财的性质、积累和用途

有些国家的法律禁止货币的利息。但由于在任何地方使用资本都会取得利润,所以在任何地方使用资本都应有利息为酬。经验告诉我们,这种法律不但不能遏制重利盘剥的罪恶,反会鼓励它:因为债务人不但要支付使用货币的报酬,而且他还要对债权人冒险接受这种报酬支付另一笔费用,或者可以说,要给债权人保险,使其不受对重利盘剥所作的惩罚。

在允许收取利息的国家,为了禁止重利盘剥,往往立法规定最高的利息率。这个最高利息率总要稍微高于最低市场利息率,即那些能够提供绝对可靠担保品的借款人借用货币时通常所付的价格。这个法定利息率不能低于最低市场利息率,否则将无异于全然禁止放债取利。如果取得的报酬少于货币使用之所值,则债权人便不肯借钱出去,所以债务人得为债权人冒险接受货币使用之所值而再支付一笔费用。如果法定利息率恰等于最低市场利息率,则一般没有稳妥担保物的人便不能从遵守国法的诚实人那里借到钱,而只好受高利贷者的盘剥。在如今大不列颠这样的国家,贷款给政府的年息为3%,贷款给有稳当担保的私人则为年息4%或4.5%。因此现行法定利息规定5%或许最为适当。

必须注意的是,法定利息率虽应略高于最低市场利息率,也不应高出过多。如果英格兰法定的利息率规定为8%或10%,就会有大部分可以供贷出的货币流入挥霍者和投机分子的手中,因为只有这一类人愿意出这样高的利息。诚实人只能从使用货币所获的利润中取出一部分作为使用货币的报酬,当然不敢参与和这些人的竞争。这样一国的资本中将有大部分离开诚实的人,流入浪费者手中,结果只是浪费和破坏资本。反之,在法定利息率仅略高于最低市场利息率的情况下,有钱出借的都宁愿借给诚实人,不愿借给浪费者和投机家。因为借给诚实人所得的利息和借给浪费者所收取的利息几乎相同,而钱在诚实人手上自然更为稳妥。这样一来,国家的资本大部分就会掌握在最可能有益地使用它的人们手中了。

没有任何法律能把利息降到低于当时最低普通市场利息率。1766年,法兰西的国王曾经规定利息率须由5%减至4%,但人民通过各种方法规避这法律,法国民间利息率仍然保持为5%。

应当指出,土地的普通市场价格在各地都由普通市场利息率决定。有些拥有资本的人不愿意自己亲自使用资本,又希望从中得到一种收入,就会反复盘算究竟该购置土地,还是将其贷出生息。土地财产是极稳当可靠的,此外一般还有几种别的好处。比较起来,把钱贷给别人收取利息,所得虽然更多,但他却通常宁愿获得购买土地所得的较少收入。这些好处可以抵消一定的收入差额,但也只是如此而已。如果土地地租远不如货币利息丰厚,那就不会有谁愿意购买土地,土地的普通价格必然因此下降。反之,如果这些好处抵偿这差额后还有余,那就谁都宁愿购买土地,土地普通价格就会提高。在利息率为10%时,土地售价常为年租的10倍或12倍。利息率减至6%、5%、4%时,土地售价就上升到年租的20倍、25倍直至30倍。法国市场利息率高于英格兰,法国土地的普通价格则低于英格兰。英格兰土地售价经常是年租的30倍,而法国土地则是20倍。

第五章 论资本的各种用途

所有的资本都是用以支持生产性劳动的,但等量资本所能推动的生产性劳动量,从而对一国土地和劳动的年产品所能增加的价值,也按照资本的用途而大大不同。

资本有四种不同用途。第一,用以生产或获取社会上每年所须使用和消费的天然产品;第二,用以制造和加工这些天然产品,以应付使用和消费;第三,用以将天然产品或者制造品从有余的地区运往缺乏这类产品的地区;第四,将一定部分的天然产品或者制造品分割成为较小的部分,以便适应需求者的临时需要。第一种用法是经营农业、矿业、渔业的人的用法;第二种用法是制造业主的用法;第三种用法是批发商人的用法;第四种用法是零售商人的用法。很难设想,还有什么用法不能归入这四种用法之中。

这四种方法关系密切,缺一种则其他三种不能独存或扩大,对于社会普通福利来说,它们也是缺一不可的。

若没有资本所提供的相当丰富的天然产品,任何制造业和商业恐怕都不能存在。

天然产品有一部分往往要加工制造后才适于使用或消费。假设没有资本投入制造业中对它进行加工,这一部分的产品永远没有被生产出来的机会,因为没有人需要它。如果它是天然生长的,不经过制造也就不会有任何价值,不能增加社会财富。

天然产品及制造品富饶的地方需要资本,以将物品从数量有余的地方运往缺乏的地方。假设没有这种投在运输业中的资本,这种运输便不可能,于是它们的生产量便不能超过本地消费的需要。批发商人的资本使一地剩余生产品与另外地方的剩余产品交换,结果是既鼓励了产业,又促进了两地的消费。

零售业也需要资本,以便把大批天然产品和制造品分成小的部分,从而满足需要者的一时所需,否则所有人都要将所需的货物大量购进。如果没有屠户,大家就非一次购买整牛整羊不可。富人必然感觉不便,穷人则大受困苦。贫穷劳动者如果要勉强一次购买一个月或半年的粮食,那他就必须将其资本的很大部分用为资财,以供应目前的消费,这中间一定有一部分原本可以提供收入的部分被迫变得无法提供收入;产业所需的工具,店铺内的家具,都被迫减少。对这种人来说,最方便的办法是在需要生活品的时候,能够在那一天甚至在那一小时内购进。这样他可以把差不多所有的资财用作资本,所能提供的工作的价值便得到扩大,而他以此所获的利润,也将足以在抵去零售商的利润对货物价格所增加的数目以后而仍有剩余。有些政论家对商店老板抱有成见,这完全没有道理。零售商增多,相互之间或许互有妨害,却丝毫无损于社会。所以不需要对他们课税,也不必限制他们的人数。例如某一城市及其邻近地带对于杂货的需求限制着该市所能售出的杂货量,因此可供投入杂货商业的资本,决不可能超过足以购买这数量杂货所必需的数额。这种有限的资本,如果分归两个杂货商人经营,这两人间的竞争,会使双方把售价都压到比一个人独营的情况下更低的水平。如果分归20个杂货商人经营,他们间的竞争将更加剧烈,而他们结合起来抬高价格的可能性则更微不足道。他们的竞争也许会使他们中一些人破产,但那是他们自己的事,可以随他们自己处理。因为这不会妨害消费者,也不会妨害生产者。较之商业只掌握在一两个人之手的情形,现在零售商人多了,只好贵买而贱卖。他们中也许有人会诱骗顾客购买自己根本不需要的货物。不过这种害处太小,根本不值得公众注意。限制他们的人数不一定能根治此弊端。最显著的例子就是社会上有饮酒的风尚并非因为市场上有许多售酒的店铺,而是由于其他原因,社会上饮酒成为风习,市场上才出现了许多酒店。

把资本投在这四种用途上的人都是生产性劳动者;如果使用得当,他们的劳动就可以固定而且实现在劳动对象或可卖物品上,至少也可把维持他们自身和被他们自身消费掉的价值加在劳动对象或可卖物品的价格上。农场主、制造业主、批发商人、零售商人的利润,都来自前两者所生产及后两者所售卖的货物的价格。不过,在这四种不同的用途上,等量资本所直接推动的生产性劳动量却不相同,对于所属社会土地和劳动的年产品所增加的价值的比例也不相同。

零售商向批发商购货,从而补偿了批发商的资本,并给他带来利润,使批发商得以继续他的事业。零售商的资本雇佣了他自己这个唯一的生产性劳动者，其利润就是这项资本的使用在社会的土地和劳动的年产品上面所增加的价值。

批发商的资本补偿了他所购买的天然产品和制造品的农场主和制造业主的资本，这一补偿连同后者的利润，使他们能继续其事业。批发商间接维持社会的生产性劳动，增加社会年产品价值，这是他的主要方法。他的资本同时雇佣了运输货物的水手搬运工，资本在这种货物的价格上面所增加的并非仅有批发商自己利润的价值，而且还有水手搬运工工资的价值。它所直接雇佣的生产性劳动不过如此，对于年产品所直接增加的价值也不过如此。然而它在这两个领域所起到的作用，要比零售商的资本大得多。

制造业主的资本中的一部分被用作固定资本，投入到他的产业所需的工具中，以便补偿出卖这些工具的其他制造业主的资本并给他们提供利润。剩下就是流动资本。流动资本中的一部分用来购买材料，这部分补偿供给这些材料的农场主和矿商的资本并给他们提供利润，但是大部分的流动资本是在每年或者更加短得多的时期中分配到他的雇佣工人身上。该资本在他所加工的材料上增加的价值，包括雇工的工资、雇主投资支付工资和购买材料工具应得的利润。较之批发商人的同量资本，他的资本所直接推动的生产性劳动量大多了，在社会土地和劳动的年产品所增加的价值也大多了。

以同量的资本所能够推动的生产性劳动的数量而论，农场主的资本最大。他的工人和他的牲畜都是生产性劳动者。在农业中，自然也和人一起劳动。自然的劳动虽无须代价，它的生产品却和最昂贵的工人生产品一样具有价值。农业最重要的作用，与其说是增加大自然的生殖能力（虽然也使这种生殖能力有所增加），不如说是引导大自然的生殖能力，使其生产出对于人类最为有利的植物。荆棘丛生之地，常常也可以产出大量作物，就像耕作最好的葡萄园或谷田一样。耕耘与其说是增益自然的产出力，不如说是支配自然的生殖能力。人工以外的大部分工作非依靠自然力不可。农业上雇佣的工人与牲畜不仅像制造业工人一样，重新生产出他们消费掉的价值（或者说，重新生产出雇佣他们的资本）及资本家的利润，而且生产更大的价值。他们除了再生产农场主的资本及利润外，通常还要再生产地主的地租。这种地租可以说成只是地主借给农场主使用的自然力的产品。地租的大小取决于想象中的自然力的大小，或者说取决于想象中的土地的自然产出力或土地的改进产出力的大小。减除一切人的劳作之后，余下是自然的劳作。它在全部生产品中很少占到 1/4 以下，多数时候占到 1/3 以上。投入制造业的任何同量的生产性劳动，都不能引发这样巨大的再生产。在制造业中大自然没有作用，全是人的功劳，再生产的大小也必然和起作用的生产因素的力量成比例。所以，和投在制造业上的等量资本相比，投在农业上的资本不仅推动的生产性劳动的量较大，就其所雇佣的生产性劳动的量而言，它对一国土地和劳动的年产品所增加的价值，对国内居民的真实财富与收入所增加的价值还要更大。在能够使用资本的所有方法之中，农业投资对社会最为有利。

任何社会在农业和零售业中使用的资本必定总是留在本社会内部。它们的使用几乎总是局限于某个固定的地方：在农场；在零售业的商店。它们的所有者大都是本社会的居民，尽管也有例外。

批发商人的资本，却似乎并不固着在某个地方，而且也没有必要。它从一处流向另一处，为的只是可以贱买贵卖。

制造业主的资本当然必须留在制造的场所，但在何处制造却不一定。它常常会远离原料生产地或者制成品的消费地区。里昂制造业的材料就是从很远的地方运来，里昂的出品也要运到远处才有人消费。西西里的时髦人物的衣料是别国制造的丝绸，造丝绸的原料却又是西西里出产。西班牙的部分羊毛在英格兰加工制造，随后又有一部分毛织物返销西班牙。

在任何社会中，动用资本以出口剩余产品的批发商究竟是本国人还是外国人，这无关紧要。如果是外国人，我国受雇的生产性劳动者人数当然会少一些，但也只少他一个；我国的年产品价值也当然会少一些，但也只少这一个人的利润。至于所雇佣的水手搬运工是不是本国人则与这个商人是否本国人无关，本国人也可以雇佣外国的水手搬运工。无论是外国人或是本国人的资本，都一样能输出国内剩余生产品来交换国内需要的物品，从而使这些剩余生产品具有了价值。它同样使生产这剩余生产品的人的资本得以偿还，使生产这剩余生产品的人的营业得以继续经营下去。批发商的主要贡献在于，它支持本国生产性劳动，并增加本国土地和劳动年产品的价值。

比较重要的是，制造业主的资本应留在国内。这样一来，本国受到推动的生产性劳动量必然比较大，本国土地和劳动的年产品所能增加的价值也必然比较大。不过，即便不留在本国境内，制造业主的资本也能对本国产生效果。英格兰亚麻制造业主年年投资从波罗的海沿岸各地输入亚麻来加工。这种资本虽非产麻国所有，但对产麻国有利这一点也是显而易见。这种亚麻只是产麻国的一部分剩余生产品，假如不是每年输出，用以交换本地所需各种物品，它便没有价值可言，其生产也将立即停止。出口商补偿了生产人的资本，从而鼓励他们继续生产；而大不列颠的制造业主又补偿了出口商的资本，使他们继续从事运输。

如同个人一样，国家也常会资本不足：既想把一切土地改良和耕种起来，又要把全部天然产品加工起来以供直接的消费及使用，还要把剩余的天然产品及制造品运往远方的市场换取国内所需要的物品。大不列颠许多地方的居民，没有足够资本来改良和耕种他们的全部土地。苏格兰南部的羊毛，就大部分因为当地缺乏资本，不得不在崎岖恶劣的道路上长途颠簸，运到约克郡去加工。英格兰有许多小工业城市的人民没有足够资本把产品运到需要它们的远方市场去销售。他们中间纵然有批发商，充其量不过是大商业城市中的大富商的代理人而已。

要是一国的资本不够同时兼顾这三者，则将大部分的资本投入农业时所推动的国内的生产性劳动量将越大，同时它对社会土地和劳动的年产品所增加的价值也越大。其次是投入制造业的资本。而投入出口商业的资本在此三者之中效果最小。

当然，全部资本还不足兼顾上述三者的国家，其富裕实在还没有达到自然所允许的水平。无论对个人还是社会来说，试图以不充足的资本，在时机未成熟时兼营这三种事业，都不是取得充足资本的最佳途径。正像一个人的资本有一定的限度一样，国内全体人民的资本也有一定的限度，只够用于某几个方面。要增加个人资本，须从收入内节省而不断积蓄；要增加国民资本，也须从收入内节省而不断积蓄。资本的用途，若能给国内全体居民提供最大的收入，从而使全体居民都能作最大的积蓄，则国民资本就可能飞速地增长。而国内全体居民收入的大小，必取决于国民土地和劳动的年产量的大小。

我国美洲殖民地快速走向富强的主要原因，就是把几乎所有的资本都投入农业。那里除了一些粗糙的家庭手工业以外，几乎没有任何制造业。它们这些家庭工业是随农业发展自然产生的，通常是由家庭中的妇女儿童从事的。出口业和航运业的经营权则主要地掌握在居住在英格兰的投资商手中。有些省分则更甚，尤其是弗吉尼亚和马里兰，那里经营零售生意的店铺和栈房也多为居住在宗主国的商人所有。零售业不由本地商人资本经营的事例很少见，而这就是一个例子。假使美洲人联合起来，或者诉诸别种激进方式，阻止欧洲制造业产品的进口，垄断这一制造业，并将本地大部分资本转投到制造业上来，其结果必然是不但不能促进他们年产品价值的增进，恐怕还会阻碍国家走向真正的富强。如果他们想垄断全部的出口业，恐怕结局更是不堪设想。

确实，人类的繁荣之路似乎从来未曾持久到可以使任何一个大国能够获得足够的资本来兼营以上三种事业，除非我们认为关于中国、古埃及、古印度的富庶和农业情况的那些奇闻异事并非无稽之谈。这三个国家被一切记载推为世界上最富之国，可它们也只是长于农业与制造业。他们的对外贸易并不繁盛。古埃及人对海洋有一种迷信的畏惧；印度人也常有这种迷信；中国的对外贸易则向来不发达。这三个国家的大部分剩余生产品都由外国人运到外国去，换回它们所需要的其他东西——往往是金银。

所以，一国同量资本在国内所推动的劳动量的大小，所增加的土地和劳动的年产品价值的大小，全依其投在农业上、工业上、批发商业上的比例大小而不同。同是批发商业，投资结果也将因所经营批发商业的种类不同而差异极大。

凡是批发贸易，或者凡是大量购入从而大量售出的贸易，可以分作三类：国内贸易、消费品的对外贸易和消费品的中间商贸易。国内贸易是从国内某地购入货物，再在国内另一地将其售出，包括内陆贸易和沿海贸易。消费品的对外贸易是购买外国货物以供本国消费。中间商贸易，是从事各外国之间的贸易，即将一个外国的的剩余产品运往另一个外国。

投资国内贸易的资本，即购买国内一地产品运往另一地区售卖的资本，每次交易就可以抵偿投在本国农业或制造业上的两种资本，从而就可以使本国的农业和制造业得以继续。如果该资本从商人住地把一定价值的商品运出去，一般都会带回同等价值的别种商品。如果两者全是本国产业的产品，结果当然可以抵偿本国两个用来维持生产性劳动的资本，使其能继续用来支持生产性劳动。把苏格兰制造品运到伦敦，再把英格兰谷物或制造品运到爱丁堡来的资本，每一次都无疑可以补偿两个投在英国制造业或农业上的资本。

而用来购买外国商品供本国国内消费的资本，如果是以本国产业的产品来购买，则每次也会补偿两个不同的资本，不过其中只有一个是支持本国产业的。把英格兰货物运至葡萄牙，再把葡萄牙货物运至英格兰的资本，每次只能补偿一个英格兰资本，另一个是葡萄牙的。即使这种贸易能像国内贸易同样迅捷地赚回资本，它能给予本国产业的鼓励也只是一半。

对外贸易很少像国内贸易那么迅捷地赚回资本。国内贸易一般每年能赚回一次，有时甚至三四次。而对外贸易很少能每年赚回一次，有时要两三年才能收回。因此，投在国内贸易上的资本有时已经运用了12次，即付出而又收回了12次，而投在对外贸易上的资本只能运用一次。于是，若是两个资本相同，前者在给予劳动的鼓励和支持方面就是后者的24倍。

供应本国消费的外国货物，有时并不是用本国产品而是用一些外国货物来购买的。但这种外国货物却必然是直接用本国产品、或者是用这种产品换来的货物购买的。除非在战争或征服的情况下，否则除了用本国产品去直接交换，或用本国产品交换两三次得来的货物去交换之外，就无法得到任何货物。和最直接地用于对外贸易的资本比较，这种被如此迂回地投入对外贸易的资本，除去因最后收回之前一定有两到三次对外贸易资本的收回从而耗时较多以外，在任何方面都效果相同。假如商人以英格兰制造品换购弗吉尼亚的烟草，再用弗吉尼亚的烟草换购里加的大麻和亚麻，则必定要在经过两次对外贸易之后，资本才能返回商人手上，再用来购买同量的英格兰制造品。若弗吉尼亚的烟草不是用大不列颠的制造品购买，而是用由不列颠制造品购买的牙买加的糖与甜酒购买，他就必须等待三次回收。而如果这两三次对外贸易是由两三个商人进行，第二个购买第一个进口的货物，第三个则购买第二个人的货物以将其出口，那么，每个商人获得自己资本回收就确实比较快一些。但是，在贸易中使用的全部资本的最终回收还是如以前一样缓慢。在这种迂回贸易中，使用的全部资本究竟属于一个还是两三个商人，对国家来说是没有什么区别的，虽然对每个商人来说会有不同。较之制造品与亚麻和大麻的直接交换，这样间接用一定价值的大不列颠产品来交换一定量的亚麻和大麻就需要有3倍的相同资本。因此，一般说来，和同一种直接贸易的等量资本相比，用于这种迂回的对外贸易的全部资本对国家的生产性劳动所作出的鼓励和支持要小一些。

无论用哪种外国商品来购买国内消费的外国货物，对外贸易的性质，以及它对本国生产性劳动所能提供的激励与支持都不可能有本质区别。例如，如果它们用巴西的金、秘鲁的银来购买，这金银就像弗吉尼亚烟草的购买一样，必然是用某种本国产业的产品或由本国产品换购的物品购买的。因此，就本国的生产性劳动而言，以金银为手段的消费品的对外贸易，无论其有利或不便，在抵偿直接用来维持该生产性劳动的资本方面，和任何其他同样迂回的消费品对外贸易一样。不过，以金银为手段的消费品的对外贸易似乎比其他任何同样迂回的对外贸易有一个优点：它们体积小，价值大，异地之间的运输也不像其他任何等值的外国货物那么昂贵。运费较低，保险费也不更多，而且在运输途中也较不容易受到损坏。因此，较之以其他外国货物为媒介，以金银作为媒介就常常可以用较少量的本国劳动产物来交换同量的外国产品。同样，较之其他方式，用这种方式也可以使本国的需要得到更加充分的供应，花费也更少。这种贸易要不断地输出金银，至于这是否会令国家贫困，我将在以下文中详加考察。

在任何国家，投在中间商贸易上的资本都被全部从本国的生产性劳动中抽出来，被转以维持外国的生产性劳动。虽然这种贸易一次可抵偿两个资本，但却没有一个是属于本国的。从波兰运谷物到葡萄牙、再运葡萄牙水果和葡萄酒到波兰的荷兰商人的资本，确实抵偿了两个资本，但是这一结果完全不是用来维持荷兰的生产性劳动，而是一个维持波兰的生产性劳动，另一个是用来维持葡萄牙的。最后流回荷兰去的只是荷兰商人的利润，它也必然构成这种贸易对荷兰土地和劳动的年产品的增加量。当然，如果中间商贸易所用的船舶与水手是本国的船舶与水手，那么为支付运费而使用的那一部分资本是在该国一定量的生产性劳动者中分配的，也就是用来推动本国的生产性劳动。事实上，几乎所有进行大量中间商贸易的国家都是以这种方式运行的。也许这便是"中间商贸易"（carrying trade，直译应为"运输贸易"——译者）这个名称的来源，因为这样的国家的人民成了其他国家的搬运夫。不过，这种贸易的性质并非总是如此。比如说，经营波兰葡萄牙之间中间商贸易的荷兰商人，可以使用荷兰船舶也可以用大不列颠的船舶。我们可以看到，他在某些情况下正是这样做的。正因为这个缘故，人们认为，中间商贸易对大不列颠这种国家特别有利，因为它的国防与安全取决于船舶与水手的数目。但是，同等的资本在对外消费贸易甚至在国内贸易中（如果由沿海船舶进行）照样可以雇佣那么多的船舶与水手。一定量的资本所能雇佣的船舶与水手的数量并非依赖贸易的性质，而是一方面取决于货物容积与货物价值的比例，在另一方面取决于运输海港间的距离，而前者尤其重要。例如，纽卡斯尔与伦敦相距不远，但是，这两个海港之间煤炭贸易所雇佣的船舶和水手却比英格兰全部中间商贸易使用的还多。因此，通过特别奖励使一国的超过自然所应有量的资本用于中间商贸易的力量，也并不总是会一定促进该国的航运业。

因此总体来说，与投在消费品对外贸易上的等量资本比较，任何一国投在国内贸易上的资本所维持鼓励的生产性劳动量比较大，增加的本国土地和劳动年产物的价值也比较大。但是，如果将资本投入消费品的对外贸易，与将同量的资本投入中间商贸易作比较，在这两方面，前者却提供更大的利益。每个国家的财富与实力（就实力依赖财富来说）必定是与其年产物相应的，也总是与税收最后支付的基金成比例的。因此，它就不应该照顾或特别鼓励对外消费品贸易和中间商贸易，也不应强迫或诱使资本的较大份额进入这两种贸易渠道，而是应该令其自然流入其中。

然而，如果这三种贸易都是顺应事物的趋势自然而然地发展起来，而未曾受到任何的约束与压力，它们就不仅有利而且也是必要的、不可避免的。

当特定工业部门的产品超过本国需要时，剩余部分一定会被送往国外，以交换国内需要的物品。没有这种输出，本国的部分生产性劳动必然停止，其年产产值也将减少。大不列颠的谷物、呢绒、金属制品,一般来说超过了国内市场所需,所以其剩余的部分必定要被运往国外,以交换其所需。正是由于这种输出,剩余的部分才可以通过销售换取充分的收入,并抵偿生产它时所费的劳动与费用。通航河道和大海沿岸宜于兴建产业,即是因为剩余的产品易于运输和交换本地所需的货物。

如果用本国剩余产品购得的外国货物也超过了国内市场所需,其剩余部分也必须再次运往国外,以交换国内更为需要的东西。用大不列颠本国剩余产品的一部分,每年在弗吉尼亚、马里兰购买的烟草每年达到9.6万桶,而大不列颠所需大约不过1.4万桶,其余8.2万桶若不能送往国外以交换国内需要物品,烟草的进口就必然立即停止,而大不列颠居民的一部分生产性劳动也必然随之停止:因为他们现在制造的货物,就是用来交换这8.2万桶烟草的。这些货物是大不列颠土地和劳动产物的一部分,它在国内没有市场,如果在国外的市场也被夺走,这些货物就要停产。因此,在某些情况下,最迂回的对外消费贸易对支持本国生产性劳动和增加土地年产物价值也是不可缺少的,就像最直接的对外消费贸易一样。

一国资本若是增加到不能全都用来供应本国消费、支持本国生产性劳动的程度,其剩余部分就会自然地流入中间商贸易中去,用来给他国履行同一种职责。中间商贸易是国民财富巨大的自然结果与象征,但却不是其自然原因。政治家们倾向于重视它并对其尤加鼓励,这就好像有些把结果与象征错当成原因了。从平均土地面积和人口的比例来看,荷兰是欧洲首富,因此,它在欧洲中间商贸易中占有最大的部分。英格兰或许是第二富国,也在欧洲中间商贸易中占据极大部分,虽然它的中间商贸易不如说只是迂回的对外贸易。从很大程度上来说,这也就是我们从东印度、西印度和美洲向欧洲各市场运送货物所进行的贸易。这些货物一般或者用大不列颠产业的产物直接购买,或者用这种货物所交换的东西购买;这种贸易最后购买来的货物一般也是在大不列颠使用或消费的。只有大不列颠轮船在地中海各港间的贸易,和大不列颠商人在印度沿海各港进行的贸易性质相同,它们才是大不列颠真正中间商贸易的主干。

在国内贸易中所用资本量之大小自然受到国内各偏远地区剩余产品价值所限,这些地区要求相互交换各自的产物。而在对外消费贸易中所运用的资本大小则受到整个国家剩余产品价值、以及能够用它购买之物的价值的限制。在中间商贸易中所能运用的资本大小,只受到世界所有国家的剩余产品价值的限制。因此,较之其他两种贸易,中间商贸易的发展就可以说是无限的,吸引的资本也最多。

对自己个人利润的考虑是决定资本投入农业、工业还是投入批发商业、零售商业的某一具体部门的唯一动因。资本投入这些不同用途时推动的生产性劳动量的不同、其增加的社会土地和劳动年产物的价值的不同,从来都不是资本所有者关心的东西。所以,在农业为最有利可图之职业的国家,在耕作与改良是巨大财富的便利之途的国家,个人资本也自然会以最有利于全社会的方式来运用。然而,在欧洲的任何地方,农业利润都不如其他资本用途优越。的确,这几年来,欧洲各地有许多规划者曾经用耕作与改良土地所得之极高利润记录使公众感到兴趣;可是只要我们稍一留意,就会知道他们的计算结果是完全错误的。我们在日常生活中看到,常常有些商人与制造业主在短短一生中成为巨富,而这些财富常常是借微薄的资本甚至白手起家得来的。可是,在本世纪的欧洲,用少量资本经营农业而发财的却没有一个。在欧洲所有大国中,仍有许多无人耕作的优良土地,已经耕作的土地也没有得到充分改良。所以,几乎任何地方的农业都还可以容纳多于已经投入的资本。至于如下问题,即欧洲各国到底有些什么政策,使得在城市经营产业的利益远远超过在农村,从而使个人宁愿投资到亚洲、美洲那样的远方之国而不愿投资来开垦就近的最肥沃的土地,我将在以下两篇中详加讨论。

第二篇 论不同国家财富的不同发展

第一章 论财富的自然发展

每一个文明社会中的重要商业，都是在城市和农村居民之间进行的。在这种商业中，人们有时用天然产品和制造业的产品进行直接的交换，有时也使用货币甚至纸币之类的媒介进行。农村为城市提供生活资料和制造原料，又从城市那里取得一部分的制造业产品作为回馈。城市是既不生产也不能够再生产生活资料的；完全可以说，它是完全依靠农村为它们提供的所有的财富和所有的生活资料。不过，这并不能说城市的利益就是乡村的损失。实际上，两者利害相关。它们的利益是共同的和相互的，劳动分工的存在使双方的从业居民都得到了好处，这一点和在其它方面的情况也都是一样的。乡村居民从城市购买制成品而不需自己制造，就可以用少量的劳动产品交换取得相对大量的制造业产品。而城市同时又为农村剩余产品提供市场，农民把剩余产品拿到这个市场上进行交易，以取得自己的所需。城市的居民越多收入就越高，农村剩余产品的市场就越大。这个市场越大，大众的好处也越大。离城市1英里地方的农村生产的谷物，和离城市20英里的地方谷物的售价相同。然而后者的售价不但要补偿其生产费用和上市费用，而且要为农场主提供农业的普通利润。所以，城市附近的农场主和耕作者从谷物价格中就节约了从远方运来出售的谷物的运费，还省下了从城市购回货物的全部价值。如果我们比较一下城市周围各个乡村和远离城市的各个乡村的种植业，就可以发现城市商业对乡村是多么有好处。鼓吹贸易差额的议论比比皆是，可是没有哪种说法敢于宣称城市和各乡村之间的贸易为两方带来祸患。

根据事物性质，生活资料要优先于便利品和奢侈品，因此生产前者的产业自然也优先于生产后者的产业。所以，提供生活资料的农业耕种和改良也一定是优先于城市的发展，因为乡村是提供生活资料的，而城市只提供便利品和奢侈品。构成城市生活资料的只是乡村的剩余产品，即超过维持耕作者的部分。城市只有靠这种剩余产品才能发展。不过，城市要取得生活的资料并不总是要靠周遭的乡村,甚至也不总是依靠本国来获得全部生活资料;它可以从千里之外的外国进口。虽然这只能被看做是例外而不是一般原则,然而却造成了不同时代与国家在财富增长方面的巨大不同。

对于大多数的国家的发展来说,这种顺序乃是由于必要性。当然不是所有国家都是如此,但是,在所有的国家中,人类的天性却也都导致了这种结果。如果这一人类天性从未受到人类制度的阻碍,城市之发展就不可能超过其所在地区改良与耕作可以支持的限度,至少也是直到所在地的全部地方都得到彻底改良与耕作之前不会如此。在利润相等或者近似的情况下,多数人会倾向于投资土地的改良和开垦,而非工业和对外贸易。人们将资本投入土地,可以更方便地进行控制,其财产就不像商业资本那样容易受到意外的损害。而商人不得不受到狂风巨浪的威胁,以及人类愚蠢不公的更难控制的因素的支配,因为他必须非常信任遥远国度的人们,而这些人的品质与情况他无法全然了解。反顾地主,其资本与土地同在,安全程度可谓已达到人类事务的极致。此外,田园风光旖旎,生活安静闲适,居民优游自在。只要没有人类的不公正的法律的扰乱,乡村生活的巨大魅力吸引着每一个人。从古到今,耕种这一人类的原始目标和原始职业一直受到人类的喜爱,并将永远如此。

农民常常需要求助于锻工、木匠、轮匠、犁匠、泥水匠、砖匠、皮革匠、鞋匠和缝匠等工匠,少了他们,农民会遭受极大的不便和不断的困扰。工匠们偶尔也需要互相帮助,又因为不需像农民一样长住一处,他们日久便自然而然地住到一起来,此地渐渐就形成市镇或者小村落。随着屠夫、酒家、面包师傅等其他匠人和零售商人的加入,城市就进一步发展起来。乡民和市民互相提供服务。城市是一个经常的集市,农村的居民不断把天然产品送到那里,换取制成品。城市居民则换取自己需要的工作材料和生活资料。他们卖给农民的制成品有多少,就能够从对方手上买进多少原料和食品。因此,除非与乡村对制成品的需求成比例增长,城市居民的原料或生活资料就无法增加,而这个比例又和乡间耕作和改良事业发展相一致。若是人类制度从未干预自然进程,则无论在哪一种政治社会中,城市中财富的增加和城市的扩大都必然是农村地区或乡村改良和耕作的结果,并与之保持相同的比例。

我国的北美殖民地的荒地仍然可以以非常宽松的条件获得,那里的市镇还没有兴起任何以远方贸易为目的的制造业。如果那里的工匠得到资本,在自己职业所需之外尚且略有盈余时,他在北美就不是拿这资本来建立为了远方销售的制造业,而是来购买和改良土地。他从工匠变作农场主,当地向工匠所提供的高薪或轻松生活都不能吸引他为别人而不是为他本人工作。他认为，手艺人是顾客的奴仆，仰承顾客的鼻息，靠顾客的赏赐过活；而身为农场主，耕种着自己的土地，从自己的手中得到衣食，对世界无所依赖，才是真正的主人。

反之，在没有荒地或无法以宽松条件得地之国，所有自己获得的资本超过了本行所需的工匠都努力为了在远方销售而努力工作。锻工将建立铁厂，织工将建立麻织厂毛织厂。日易时移，这各种制造业将发生缓慢而细密地分工，并借助各种方法实施改良。这也是可以理解的，无须详述。

在利润大致相当时，人们选择投资的途径时，制造业自然要优先于对外贸易，其理由同于农业对制造业的优先地位。就像地主或农场主的资本比制造商安全一样，制造商的资本也要比外贸商安全，因为资本可随时受到他的支配。当然，在所有社会的任何时期，天然产品和制成品的剩余部分，或国内没有需求的部分必须送到国外来换取本国之所需。然而，这一将剩余产品卷入国外的资本是外国资本还是本国资本却无关紧要。若一社会没有足够的资本来耕作其土地，并以完全的方式制造出其所有天然产品，由外国资本来输出部分天然产物甚至就有一个巨大好处，因为社会的全部资本就可以投入最有用处的方面了。这一点，中国、印度、古埃及是很好的例子，说明哪怕一国的大部分出口贸易由外国人经营，此国仍然可以达到高度的富足。假如当地的资本得不到外国资本的帮助，我国北美殖民地和西印度殖民地的发展步伐一定不会那么迅速。

凡事物都有一种天然的趋势。在一个进步的社会中，大部分资本应当首先被投入农业，然后是工业，最后才是对外贸易，这是顺理成章的次序。我相信，在所有拥有领土的社会都可以看到在某种程度上遵守这一次序。总须先有屯垦，此后才能建立城市；总须先有粗糙的制造业，此后才有人投身对外的贸易。

然而，这种事物的自然次序虽然必定在某种程度上发生于所有的社会，在欧洲的所有现代国家，这种次序却在许多方面被完全颠倒了。它们某些城市的对外贸易引进了所有精密制造业即适于在远方销售产品的制造业，这制造业又与对外商业一起造成了农业的大改良。它们原来的统治性质造成的习气，在该统治大大改变之后仍然得以保留，也必然迫使它们采取了这种不自然的、倒逆的次序。

第二章　论罗马帝国崩溃后农业在欧洲旧状态下所受的阻碍

日耳曼民族和塞西亚民族侵扰罗马帝国的西部各省，这一巨变产生的浩劫持续了数个世纪。蛮族对居民的侵扰迫害打断了城乡之间的贸易。城市无人，乡村废弃，繁荣的西欧瞬间转入赤贫和野蛮的状态。在这一动荡中，蛮族的头目们将大部土地据为己有。虽然大部分土地抛荒，却处处都有了主人。土地被吞并尽了，大多进入了少数大地主的私囊。

这种对未耕地的独占为祸剧烈，却也不过是一时之患。这些土地可能不久就会被再次分割，通过继承或转让而分成若干小块。长男继承法限制了大土地在继承过程中的分割，限定继承法又阻止了大土地以转让形式进行的分割。

当土地像动产一样只被视作生活与享受的手段时，自然继承法就将其在家庭的子女中进行分割，如同动产一般。每个子女的生计享乐都同样受到父亲的关心。因此，自然继承法产生于罗马人中间，他们在土地继承方面是不分年纪大小或男女之别的，如同我们对动产那样。但是，当土地不只被视为生活的手段而是权力与庇护之手段时，人们就认为，最好是将其整个地传给一个人。在动荡年代里，每一个大地主都是小君主，其佃户就是臣民，他是他们的法官。在某些方面，大地主平时是佃户的立法者，战时则是其首领。他可以随己意作战，无论对其邻地或国王皆然。所以，地产的安全，以及地产所有人对居于其上之人的庇护就都有赖于巨大的地产了。分割地产就是毁坏地产，使其每一部分在邻地入侵时受到压迫与吞并。因此，长子继承法并非立即产生，而是渐渐在地产继承中产生，其原因和君主国的继承一样，尽管在建国之初并非如此。为了使君主国的权力和安全不因分割而削弱，就必定要完整地传给一个子女。如此重大之恩宠必须根据某种普遍性规则进行，该规则不得以个人优劣等可疑特性为基础，而要以某种无可争议的绝对性质为基础。而在一个家庭的子女中，除了性别年龄，再没有什么无可争议的区别了。一般认为，男性优先于女性。若条件相等，年长者优于年幼。所以就产生了长子继承法，产生了所谓的直系继承。

在其产生并合理有据的情况不复存在时，法律却常常继续有效。在如今的欧洲，1英亩土地所有者和10万英亩所有者一样，享有同样的安全的所有权。然而，长子继承权依然受到尊重，因为它最适宜于保持家庭的荣耀，今后可能还会持续数世纪不灭。而在其他的任何方面，这种为了一个人富裕却必须陷其余子女于贫穷的权利乃是对多子女家庭的实际利益的最大违背。

限定继承法是长子继承法的自然结果。采用限定继承法就是为了保持长子继承法生出的那种直接继承，阻止原地产的任一部分由于继承人的乱行或不幸而被通过赠与、遗赠或转让落入外人之手。罗马人根本不知道什么限定继承法，他们的预定继承人或遗嘱指定受赠人跟限定继承法毫无相似之处，尽管一些法国的法学家还以今拟古，臆断古人制度。

不过，当大地产是诸侯领地时，限定继承法可能就不是不合理了。就像某些君主国的所谓根本法律那样，它可以使千万人的安全免于独夫妄行之祸或穷奢极欲的威胁。但是，在如今的欧洲，大小地产都一样受到国家法律的保护，也一样安全，这种制度就再荒谬不过了。因为其基础在于：对土地及其所有之物，人类的每个后代没有相同的权利；如今这代人的财产，还要受到500年前的死者之意志的支配。然而，该限定继承法在大部分的欧洲地区，特别是在贵族血统仍是民事或军事荣誉之必要条件的国家里继续受到尊重。人们认为，它是维持贵族门第特权的必需之物。而这一阶级已经夺取了高于其同胞的那种不正当利益，惟恐自己的贫穷遭人耻笑，所以竟要求得到另一种利益。据说英国的习惯法并不喜欢世袭产业。因此，尽管限定继承法在英格兰仍未完全废除，但和欧洲其它君主国相比，它在英国已经受到了最大的限制。在今日的苏格兰，仍有1/5甚至1/3以上的土地严格地遵行着限定继承法。

这样一来，不单大片土地被某些家庭吞并，而且重新分割土地的可能也被永远排除了。但是，大地主很少是大改良家。在产生这一野蛮制度的动荡年代，大地主整天忙于保卫自己的领土，或者将其管辖权和势力扩充到邻人的疆域上去。他无暇照看土地的耕作与改良。当法律确立秩序井然，他也有了闲暇之时，他却又没有耕作或改良的意思了，并且也常常没有这种才能。若他的家庭与个人支出等于甚或超出其收入（这也是常有的事），他也就没有财力为之了。如果他有经济头脑，他也往往发现，用储蓄去购置新地比改良旧地要更加有利。要想从改良土地得利，就要像其他商业那样，注意在细小处节省，锱铢必较，而一个出身富家者是很难做到的，哪怕他天性节俭亦然。生于富家者必然只留意他喜欢的美饰，而不是去关心并不需要的利润。从少年时起，他就追逐华屋丰饰。当他想到改良土地时，这种习惯形成的性情就会暴露出来。他也许会在房屋周围装饰四五百亩地，开支之大是土地改良后价值的10倍。他发现，如果以这种方式来改良全部土地，就算他别无他好，在这工程完成1/10前他就会破产。在大不列颠的两个地区，仍然有些大地产是从封建动荡年代以来就把持在同一家庭之手,从未间断。把这些大地产与邻近的小地产比较一下,你自会明白大地产是怎样不利于改良,这一点全无论证的必要。

如果我们不能指望这样的大地主来改良土地,那些占有土地比他们更少的人就更加不行了。在旧时的欧洲,耕种者都是佃农,雇主可以任意退佃。佃农几乎就是奴隶,虽然他们受到的奴役和古代希腊、罗马,甚至西印度殖民地的奴隶相比总要温和一些。人们认为,他们更是直接地隶属于土地的,而非隶属于其主人。因此,他们只能随土地出卖,而不能分开。在得到主人同意后他们可以结婚,然后主人就不能将男人与其妻子分售两人,拆散其婚姻。如果主人将其中一个伤残或杀害,他就要受到某种惩罚,尽管一般说来很轻。然而,奴隶不能拥有财产。他们之所得皆属于主人,主人可以随意拿走。所有由奴隶作出的改良实际上都是主人进行的。费用由主人支付,种子、牲畜和家具也都是主人的。一切都是为了主人的利益。奴隶所得,不过日常生活资料而已。在这种情况下,确切地来说,实际是地主占有土地,让农奴耕种。在俄罗斯、波兰、匈牙利、波希米亚、摩拉维亚以及德意志的其他部分,这种奴隶制度如今仍然存在。只是在欧洲的西部和西南部,这种制度才逐渐消亡。

但是,如果大地主很少会作出大改良,那么,当大地主用奴隶作工时,这改良就更没有希望了。我相信,所有时代与国家的经验都证明,虽然从表现看来只是花费其维持费用,奴隶做工终归是最昂贵的。因为他没有个人财产,除了吃得最多、干得最少之外,就再无任何别的兴趣。他的工作,除了够购买其个人生活资料外,就只有用暴力才能榨出一点了。因为没有任何原因促使他去干得更多。普林尼与科拉麦拉都指出,由奴隶经营时,古代意大利的谷物种植业衰败到了何种地步,对主人又是何其不利。种植业在古希腊亚里斯多德时代也好不到哪去。讲到柏拉图理想国时亚里斯多德曾说,五千闲惰之民(理想国的卫护者)及其家人奴仆的生计,要靠巴比伦平原那样的一片广袤沃野来维持。

人的骄傲心理使他喜欢统治下层,如果不得不俯就他人,就感到耻辱。因此,只要法律许可,工作性质允许时,他一般就宁愿使用奴隶而非自由民。种植蔗糖与烟草已经能够提供使用奴隶耕作的费用,谷物现在似乎还不能够办到这一点。大不列颠殖民地主要生产谷物,其中大部分工作都是由自由人来操作的。宾西法尼亚的贵格会教徒最近决定释放黑奴,这令我们相信,这些黑奴的人数不会很多。如果黑奴是他们很大一部分财产,这种决定就不会通过。但在以蔗糖为主要产品的我国殖民地，奴隶担任全部工作；在以烟草为主要产品的我国殖民地，奴隶也担任大部分工作。西印度殖民地种植甘蔗的利润尤其巨大，在欧美两洲的种植业中独占鳌头。种植烟草的利润虽不如种植甘蔗，但仍然胜过谷物。这两种都能提供奴隶耕作的费用，甘蔗更是如此。因此，我国的甘蔗殖民地和烟草殖民地比起来，黑奴的数目要远多于白人。

在古代奴隶耕作者之后渐渐出现一种农民，在如今的法国被称作"分益佃农"，在拉丁文中叫做 Coloni Partarii；在英格兰，这制度早已消亡，所以我无法说出它们的英文名称。地主供给包括种子、牲畜、农具在内的耕作所需的全部资本；在扣除被认为保持原资本所需要的部分之后，剩余部分由地主与农人平分。如果农民离开农场或被驱逐而去，这资本就归还地主。

这种农民耕种的土地是由地主来承担开支的，就像使用奴隶时的情况那样。可是有一个最重要的区别，即佃农是自由人，可以占有财产，也可以享有一定比例的土地产品。总产量越大，他可得的份额也越大，因此他就为取得更多的利益尽力从事生产。反之，奴隶没有希望占得财产，只能维持自己生活，他就会依着自己的需要，千方百计为自己谋舒服，不想使土地生产品超过自身所需的数量。也许，一方面因为这种对地主的好处，另一方面因为君主嫉恨大地主，鼓动农民反抗他们，最后使这种奴役变得大大不便，奴隶耕作在欧洲大部分地区也就逐渐消亡了。这次大变革何时发生以及如何发生，则是近代史上的一桩疑案。罗马教皇常自夸在这方面功劳卓著。当然我们也知道，早在 12 世纪亚历山大三世时代，罗马教皇就发出了普遍释放奴隶的训谕。但这似乎不过是个谆谆的劝谕，不遵劝谕的人也不受到惩罚，奴隶制度照样持续了几个世纪。最后直到上述两种利害关系（即地主的利益与君主的利益）共同作用才逐渐把它废除。一个奴隶已被释放，又准许继续使用土地，但自己没有资本，他就只有借用地主的资本去进行耕作，这样便必然出现今日法国所说的分益佃农。

然而，即使这样的耕作者，也绝不可能从他自己节省的微薄财产中拿出一部分用以改良土地；因为地主不费分文，却可以分到产品的一半。教会的什一税只是抽取 1/10，就已经是改良的大障碍了。所以，当这数额达到一半，那就是极大的障碍了。用地主提供的资财来生产尽可能多的产品，这符合佃农的利益，但是将他自己的资财与地主的混于一起就决不一样了。在法国，据说有 5/6 的国家土地是由这样的耕作者经营的。地主们抱怨说，这些分益佃农千方百计地把主人的牲畜用于运输而非耕作，因为这样他们就能得到全部的利润,而不是与主人分享。这样的佃农在苏格兰的某些地方仍然存在,被称做由地主借与种子与家具的佃农(steel-bow)。被大贵族吉尔伯特与布莱克斯通博士称为"地主的仆人而非真正农民"的那种古英格兰佃农,或许就属于此类。

  分益佃农之后逐渐出现的那一种农民才是真正的农民。他们拥有耕田的资本,向地主交纳一定的地租。他们耕种的土地有一定的限期,这让他们觉得值得花费一些资本改良土地,因为他们有望在租期完成以前收回投资,并有可能取得很大的利润。但是,农民的这种租地权在很长时期里面是不稳定的,直到今天,欧洲许多地方还是如此。在租约到期以前,他们可以被新买主合法解约;在英格兰,地主甚至可以依照虚构的普通退租法解除租约。如果农民被主人暴力赶走,他们获得赔偿的法律程序也极不完善;他们无法重新得到土地,而只是获得一些赔偿,真正的损失却无法弥补。即使英格兰这样一个自耕农颇受尊重的国家,也是直到亨利七世第十四年才施行改佃诉讼法,使佃农不仅得到赔偿,也可以恢复借地权,虽然农民的这种要求不一定一审就得到结果。人们发现,这法律极为有效,以致近来地主如要为占有土地发起诉讼,也经常借用其佃户的名义,依据退佃文件起诉,而不是像应该有的那样依着权利令状,以本人的名义进行。因此,在英格兰,佃户的安全保障是不亚于地主的。此外,在英格兰,年租金40先令的终身租约即为一种终身不动产,承租者有权投票选举下院议员。而大部分自耕农可以拥有这种不动产,这就赋予他们以政治上的重要地位,其整个阶级也受到地主的尊重。我相信,在英格兰以外,任何欧洲地区都不可能出现佃农在订立租约之前就在土地上建筑的情况;他相信地主会以人格担保不去侵夺这一重要改良。这种对自耕农如此有利的法律习惯对英格兰如今的伟大光荣做出了极大的贡献,该贡献或许比人们引以为傲的所有商业规章都还要大。

  据我的见闻,保证最长的租期,使之不受继承人妨害的法律为大不列颠一国所特有。早在1449年,它就由詹姆士二世的一项法律传到苏格兰。但是,它的有利影响受到了限定继承法的诸多阻碍。限定继承人不能长期出租土地,一般不能超过一年之期。最近一项议会决议稍稍放松了这方面的规定,虽然限制仍然过多。另外,苏格兰的任何租约都不赋予投票选举议员的权利,因此之故,自耕农也就不像在英格兰那样受到地主尊重了。

  欧洲别的国家也保护佃农的权利,使他们不受土地继承人和购买人的损害,只是这种保障为期仍嫌过短。比如说,法国是从出租之日起不超过9年。近来已经延长至27年,但这期限仍然太短,不足以鼓励佃农实行种种关键性的革新。土地所有者历来就是欧洲各地的立法者，所以，关乎土地的立法也就全都是考虑这些人的利益的。他们认为，为了土地所有者的利益，其先辈所订立的租约不应妨碍他们长期充分享受土地的价值。贪心蒙住了他们的眼睛，使之无法预见到，这种规定必将在很大程度上妨害改良，最终妨害他们自己的真实利益。

除了地租，农民历来就被认为有义务为地主服劳役。这种劳役既没在租约中注明，也没有明文规定，而只是由庄园或领地的需要和习惯决定的。它几乎完全是随意而定，使佃农大受苦痛。苏格兰取消了租约中未曾注明的所有劳役，这就在短短数年间大大改善了自耕农的生活。

与私人劳役一样，自耕农要服的公共劳役也是随意决定的。我认为，筑路补路就是处处存在的一种劳役，尽管它因国家不同而压迫程度有异，但它还不是唯一的劳役。如果国王的大军过境，或其家庭或任何官员过境，农民们都必须为其提供马匹、车辆与粮食，而粮价却是由采粮官决定。我相信，大不列颠是欧洲唯一完全取消了粮食征购的帝国。法国和德国都是一仍其旧。

和劳役一样，自耕农要交纳的公共税收也是没有规章的、压迫性的。以往的领主极不愿意以金钱辅助君主，但却听任他向自己的佃农收取一种贡税；他们没有能认识到，这会对自己的收入最终造成何种的影响。法国至今存在的贡税就是这种古代税收的实例之一。这种税是对农民的假定利润征收的，按农民投入到农场的资本来计算。于是，为了自身利益，农民们就尽量装穷，让用在耕作上的资本尽可能得少，不去做任何的土地改良。如果一个法国农民手里有了点资本，贡税就可以说永远禁止它投到土地之上。另外，这种税还令交纳者蒙受耻辱，使其地位降至绅士甚至市民阶层之下，可是凡是租种他人土地者就非要交纳不可。没有哪个绅士或有资本的市民愿意忍受这一耻辱。所以，该税就不仅阻止将土地上累积起来的资财用于土地改良之上，还将所有的资财从土地上赶走了。从前英格兰的税目中有过十税一和十五税一，就对土地的影响而言，它们似乎都和贡税性质一样。

有了这样的阻碍，就不能希望土地占用人做出任何的改良了。哪怕拥有法律赋予的所有自由与安全，这些人在改良土地方面也处于极为不利的地位。农民与地主，就像借钱做生意的人与用自己的钱做生意的人，两人的资本都有可能增加。可是，如果两个人同样行事审慎，农民的资本增加会比较慢，因为大部分的利润都被借贷利息侵蚀了。同样，在同样行事审慎条件下，农民耕作土地的改良也要慢于地主，因为大部分的产品被地租侵蚀了。如果农民是土地所有者，他本来可以用这部分钱来改良土地的。另外，农民的地位也肯定低于地主。在欧洲多数地方，自耕农被视为低人一等，甚至低于生活稍好一些的手艺人和匠人。在欧洲所有地方，他们地位都低于商人与工厂主。因此，下述事情就没有可能：一个富人舍弃尊贵，甘心自处低下层。于是，就算现在的欧洲，也少有资本从其他行业进入耕作，进行土地改良。也许，大不列颠要比其他国家多一些，但是即使如此，投向耕作的大量资财也多是来自耕农；而较之其他各种行业，这种资财很可能是积累最慢的一种。不过，除了小土地所有者，富有的大土地所有者是所有国家的主要改良家。在欧洲君主国中，英格兰的这种人群也许格外多。据说，在荷兰和瑞士伯尔尼共和政府治下，农民的地位也不低于英格兰的农民。

除此之外，历来的欧洲政策都不利于土地的改良与耕作，无论由地主还是农民进行。第一，除非持有特许证，谷物一般被禁止出口，这规定极为普遍；第二，由于反垄断、收购和囤积的荒唐法令，由于集市特权，限制了对谷物以及其他任何农场产物的国内贸易。前已述及，禁止谷物出口以及奖励某些外国谷物进口是如何损害了古意大利的耕作，而当时的意大利是欧洲土地最为肥沃之国，也是世界最大帝国的心脏。对于土地不如意大利膏腴，而地理形势又劣于意大利的国家，这种做法对耕种业造成的阻碍则是难以想象了。

第三章　论罗马帝国崩溃后城市的兴起及其进步

罗马帝国衰落之后，和农村居民相比，城市居民的境况不见得更好。这时候的城市居民确实已经大大不同于古代希腊和意大利各个共和国的居民。在古代的那些共和国里，居民中的大多数是地主，并且是这些人最初起来瓜分了原属公有的土地。他们既有土地，便觉得如果将各自的房宅建在一处，在周围修筑围墙，实行共同防卫是一个方便的计划。然而罗马帝国末年的情形却相反，此时的地主们不再聚居在同一个地方，而是零散地居住在各自领地上的城堡中。他们和他们的佃农以及依附他们的人住在一起。城市的居民则主要是商人和手艺人，他们的地位即使不是奴隶也相去不远。只需找出欧洲古代的某些城市的居民所获得的特许状，看一下赋予他们的是哪些特权，我们就可以推想出他们此前的境况。这些特权包括：不必得到领主的许可，本人可以安排女儿出嫁；本人身后的财产归本人后代而非领主所有；本人可以立定遗嘱，安排身后的财产。获得了这些特权的人们先前无疑是奴隶，这些人就是城市居民，其生活处境和处在被奴役状态的农村居民几乎相同。

这些人的生活极端贫困，在社会上的地位也极其卑微。他们每日里肩负车载，穿越市区和乡村到处奔波，从一处市集赶向另一处市集，就像我们今天走街串巷的小贩。那时的欧洲各地就像现在的亚洲，旅行者的人身和他们所携带的货物是抽税的对象。有许多的场合可以抽税，可以是在他们路过庄园时，可以是通过某些桥梁时，也可以是从集市中一处移至另一处的时候，甚至在集市上摆摊售货的时候，这各种各样的税相应地就有了名目，叫做过境税、过桥税、落地税和摊贩税。有些时候，国王或者大领主会颁发特许（后者在某些情况下拥有这种权力），得此特许的商人，尤其是那些居住在前两者领地内的商人，可以免交这所有的税。所以这些商人就被叫做"自由商人"，尽管实际上在其它的方面，他们仍然处在奴隶或者准奴隶的状态。以当时的情况而论，无论国王还是大领主，若没有金钱上的考虑，是不会保护商人的。商人们接受保护，自然明白这一点，于是他们每年向自己的保护人纳一次人头税，既作为一种回报，也补偿了保护人因免除商人们应纳税金而遭受的损失。当时这种保护是昂贵的。原来这种人头税和豁免只是给予个别人的恩赏，其效力或者延续此人的一生，或因其保护人的意愿断绝或者继续。英格兰的几座城市都存有土地勘察档案，在这并不完善的材料中，我们仍然可以反复读到某一座城市居民为报答国王或者大领主的这种保护而完税若干的记录。有些时候，我们只能见到这些税收的总额。

当年城市居民的地位低微，但他们获得独立和自由的时间，恐怕还是要早于在乡间耕地的农民。本来，欧洲各国的国王们经常把他们庄园的税收交托给全体的佃农包办，使他们既以个人又以集体的身份对这整个的税务负责，而以什么方式征税，国王是不问的。结果是佃户的税金通过他们自己的官员之手进入国王的府库，佃户们不必再受国王派来的官吏的欺凌。在当时看来，这个情况意义重大。现在，国王的各种税务收入中既有了这一部分来自城市居民的人头税，他便为这种税定下税率，按照一定的年限包给地方上的行政长官或者其他人，责成他们代行征收。这样一来，市民也往往有机会赢得这种信用，代理本市的税务，以全体市民的名义和他本人的身份对此负责。这种做法可以说是最适合欧洲各国君主的一般经济的。

起初，和交托给其他人承包一样，把城市的税收交托给城市居民代征是有年限的。然而时间一长，一切都变成一般和永久的东西了。市民包税成为一般的做法，税率既定即成为永久，以后不再改变；纳税成为永久的做法，当年特许的豁免也成为一般的赠与，而不再是某几个商人所专有的赏赐。城市成为"自由市"，城市居民成为"自由市民"或者"自由商人"。

永久的税务权之外，城市居民普遍地又享有上文已经提及的诸如自主嫁女的权利、财产由儿女继承的权利和通过遗嘱处置财产等各项特权。没有直接的证据，我固然不敢断言这几种特权在从前就是和贸易自由权一并被赐予个别的市民的，然而我总觉得，事情恐怕就是这样。无论如何，他们的身上贱民和奴隶的印记已经淡去，此时他们已经变成了我们现在所说的"自由人"。

此外，为了在自己的社团或者社区内实行自治，城市居民们甚至还获得了为自己的城市选举行政长官和城市议会的权利。这样的城市有权为了管理城市而立法，为了自卫而修筑城墙，为了警戒和防守的需要而要求全体市民接受军事训练，以便在有事的时候，全体市民能够像古时候那样各尽职守，不分昼夜地保卫城市。英格兰的城市居民之间如果产生了诉讼，讼状便被呈到市长那里接受裁决。他们一般不向郡法庭提出诉讼。在其它国家，市长被赋予的司法权力还要重得多，所辖范围也广泛得多。

国王既已把代表自己在城市中征税的事务包给了一座城市，似乎就很有必要把某种具有强制力量的司法权也赋予它。凭借着这种强制性权力，城市可以迫使自己的市民交税。这是因为，在那种世道荒乱的年代，如果这种司法裁判的权力不在当地而是来自这座城市以外的地方，则司法的过程必然受阻。然而国王赋予城市司法权的做法仍然令人惊讶。欧洲各国的君主们，究竟为什么要用这种方式来放弃一部分的不必费他半分心力、自然而然就会增长的税种，去交换一项永远不会增加的租金？他们又为什么要用这种方式，自愿在自家领地的中心孕育出一个独立的共和国？

我们不能忘记：在当时的欧洲，在遭到大领主欺压的时候，任何一国居民中的弱小群体都没法指望获得国王有力的保护。这些人既得不到国法的保护，本身又无力自卫，若不是托身大领主受他的保护，做他的奴隶或者农奴，就只能相互结盟，共同防卫。单个的城市居民固然弱小，弱小的市民们一旦联合，抗拒的力量就不容忽视。领主们蔑视城市居民，不但把他们当做另一个阶层的人，而且还把他们看成是被释放的奴隶，简直和自己不是一个种族。领主们垂涎于市民们的财富，怀着满心的嫉妒，机会来临就横加掠夺，既无怜悯，也不懊悔。城市居民对于领主既心怀憎恨，又存畏惧。国王看待领主，也是相同的心理，然而他对于市民，虽然也鄙视，憎恨或者畏惧他们却没有必要。国王和城市居民之间存在共同的利益，这利益推动他们结成同盟，互相支持，一同抗拒领主。为了维护他自己的利益，国王尽其所能地帮助城市居民，使他自己的敌人的敌人获得安全和独立。他赋予城市的居民们各项权利，使他们可以选举自己的市长，制订自己的法律以实行自治，建筑起城墙以保护自己的城市，使市民接受军事训练以维持城市的独立。在他权限之内的任何手段，只要有助于市民的安全和独立，国王一律将它们给予市民。要让市民们自发形成的防卫同盟能够提供永久的安全，指望他们能够切实有力地支持国王，就必须要有一个完全正规的政府，必须要有一种能够强制市民遵照某种规划或者制度行事的权力。国王把城市的永久包税权赠给市民，在自己的朋友和同盟者的心中扫除了猜忌的根源，使他们不再心怀顾虑，无需担心今后来自国王的压迫、今后城市税率的提高或包税的易主。

  国王对于领主厌恶之极，因此他对于市民宽爱之至。英格兰的国王约翰对他的城市向来慷慨。而按照神父丹尼尔的说法，法兰西的国王菲力普一世失去权威，无力驾驭他的领主，到了他的晚年，他的儿子路易（即后来被叫做"胖路易"的）便会同全国的主教，商讨采取什么方式整治胡作非为的领主最为妥当。主教们建议，第一应当革新行政体系，在国王的辖境内，每一座大城市都要设市长，要成立城市议会。第二，每一座城市都要选拔市民，组成新式的民兵，受市长的节制，在适当的时候开拔，支持国王。据一些法国考古学家的看法，法兰西市长制度和市议会制度的出现就是在这个时候，同样的情况也发生在德意志。那时的多数自由市也是在苏阿比亚王朝日渐衰微的时候，获得各种特权。著名的汉萨同盟的崭露头角，也正是在这个时候。

  那个时候的城市民兵似乎并不逊于乡间的民兵，而一旦有事，城市民兵又能比较迅速地集合，因此当本城和邻近的领主发生争执时，城市民兵往往占据上风。意大利和瑞士这一类国家，城市往往远离政府的驻地，于是，或者因这个国家天然的力量，或者由于别的原因，这些城市往往变成共和国，压制住地方上的贵族，强令其毁去筑在乡间的城堡，以平民的身份和其他人一同住在城里。伯尔尼共和国和瑞士其它几个城市的历史，大体如此。从12到16世纪的初年，如果不计威尼斯，意大利那些数量众多的重要的共和国的沧桑史也没有什么不同。

  在法兰西和英格兰这一类国家，有时候王权虽然会极度衰弱，却从来不曾被彻底摧毁，结果是城市没有机会获得彻底的独立。只是各座城市的影响力已经相当大，除去它们代替国王征收的城市税种，国王再要向它们添加新税种，不得到它们的认可是行不通的。因此，国王请它们每一个都派出代表，驻在首都，和僧侣、贵族一起，在国王遇到急难的时候，会同后两派作出决议，为国王提供某种特别的帮助。城市普遍地非常拥护国王，所以各个城市的代表有时受王权的笼络，便站在国王一边，对抗大领主的权威。今日欧洲各个大君主国议会中的城市代表权起源于此。

在城市中,秩序和良好的政府就是在这种方式下建立起来了,随之确立的是个人的自由和安全。反观这时候的乡村,耕地者仍然处在大领主暴虐的压迫下。处在这种状态下的人,由于不得自由,他们从劳动中得到的东西越是多,只会使压迫他们的人变得越是残暴,因此他们得过且过,以得到必要的生活资料为满足。而当人们能够真正享受到自己的劳动果实时,当然就会用劳动来改善自己的生活境况,不但希望得到生活的必需品,而且要求得到生活便利品和娱乐产品。正是由于这个原因,那些以生产生活必需品以外的产品为目的的产业在城市中的普及比它们在乡间的成为风尚,为时更早。身份如同奴隶的农村耕种者一旦在手上积累了一点资财,他会小心谨慎地加以隐瞒,免得这一点点的东西被主人夺走。同时,一有机会,他就会从庄园逃走,进城,在那里只要躲上一年,不被原先的主人追获,那么法律就会保障他成为一个永远自由的人。当时的法律偏袒城市居民,使用各种方法限制和削弱大领主们对于农村居民的权力。因此,那时候的农民把积蓄转移进城市,而城市也确实是能够保障他们对财产所有权的唯一去处。

尽管城市居民取得的生活资料和他们劳动所需的全部原料和工具,从根本上说,都是乡村提供的,但是,处在海边河岸的城市需要这些东西,却并非一定要仰仗附近农村的供给。它们也可以从远方的国度得到这些东西。这些城市或者自己制造产品,或者在各国之间从事中间商贸易,从最为广阔的活动领域中,取得自己的财富,变得繁荣富强,日新月异。和这样的国家相比,它们附近的乡村,和它们通商的各国,都还处在贫困的境地。这样的国家,就单个而言,所能够创造的就业机会和生活物资有限,但合起来看,它们便能够提供数量巨大的生活物资,创造无数个就业的机会,产生巨大的影响。不过,在商业活动范围狭窄的古代,也出现过一些繁荣富裕的国家,比如当年的希腊帝国,亚巴西德诸国王在位时的撒拉逊帝国,被土耳其征服之前的埃及,巴伯里海沿岸的某些地区,摩尔人治下的所有的西班牙各省份也都是这样。

当年处在世界文明进步的中心地区的意大利各座城市,由于经营商业而变得富裕无比,在这方面,它们是全欧洲的先驱。十字军的征伐劳民伤财,伤害了许多沿途的人民,阻碍了欧洲多数地区的进步,却为某些意大利城市的兴盛提供了契机。为了争夺圣地,大量的军队从各地开来,正需要威尼斯、热那亚、比萨这些城市的船队把它们运送到各处,还要这些船队为它们运输给养。船队成了大军的军需部。这一场摧毁欧洲的疯狂,反而成为这些城市共和国富裕的源泉。

为了满足大地主的虚荣心，商业城市从相对富裕的国家进口制造业产品和奢侈品，拿去交换的则是本国大量的天然产品。当时欧洲很多地区的贸易都遵循这个模式，使用各自的天然产品去换取较发达国家的制造业产品。英格兰的羊毛传统上被用来换取法兰西产的葡萄酒和弗兰德制造的精制呢绒；波兰出产的谷物此时也按着同样的方式被拿去交换法国产的葡萄酒和白兰地，以及来自法国和意大利的丝绸和丝绒。

对于精美的高级制造品的爱好，通过对外贸易传入了尚未拥有这种产业的国家。一旦这种爱好得到普及，商人看到巨大的需求，为节省运费计，就考虑把一些同类型的制造业引进本国。罗马帝国衰落后，西欧各国首批为远方销售而建立的制造业恐怕就是这样开始的。

必须指出的一个情况是，没有一个大国会脱离任何类型的制造业而存在。我说脱离制造业的大国，是说它没有比较精美和发达的制造业，或者缺乏为了向远方销售其产品而建立的制造业。大国居民中的多数人，身上的衣着和家中的家具都是本国的出产，这在一般缺乏制造业的穷国，是更加普遍的现象。在制造业较为发达的那些富国，却并不如此。在富国，你会发现，那里的底层人民所穿的衣服和所用的家具，和穷国相比，外国产品的比例更大。

为了向远方销售其产品而建立的制造业，也许是在两种不同的情况下进入各国的。

在第一种情况下，一些商人和企业家以外国为蓝本，一次性投下巨资，在本国建立某种制造产业。这样的制造业因此就产生了对外贸易。13世纪在卢卡兴盛起来的绸缎、丝绒和织锦业就例子。由于马基雅弗利的英雄之一的卡斯特罗西奥·卡斯特拉卡尼施行暴政，那里的从业者遭到了放逐。1310年被逐出卢卡的900个从业家庭中，有31家搬到威尼斯，向地方当局提出兴办丝织业的请求。他们不但得到许可，而且被授予许多特权，开业之初，就达到了300名雇工的规模。从前繁荣的弗兰德精细呢绒制造业，在伊丽莎白统治的初期被引进英格兰，也是同样的情况。另外的例子还有现在的里昂和斯皮塔菲尔的丝织业。以这种方式引进本国的制造业，由于模仿外国制造业的缘故，所用多是外国产的原料。威尼斯的制造业起步之初，原料都是从西西里和黎凡特远途运来。历史更为久远的卢卡的制造业也同样使用外国产的原料。16世纪以前，意大利的北部还见不到种桑养蚕的产业，一直要等到查理九世的时代，这种技术方才进入法兰西。弗兰德采用西班牙和英国产的羊毛，作为其制造业的原料。英国最初的毛织业虽然没有使用西班牙产的羊毛，然而西班牙的羊毛却供应了英国第一批为远方销售而兴建的毛织业。现在里昂的制造业，所用的原料有一半是外国丝，当它刚起步的时候，所用原料几乎全部是外国产。斯皮塔菲尔的制造业，完全不用英格兰的原料。这种制造业往往是在少数人的规划和设计下引进的，它的中心究竟是设在沿海城市，还是定在内地市镇，要由他们的利益、判断和幻想来决定。

　　哪怕是在最贫穷、最落后的国家，粗糙的家庭制造业也是在一切时候都进行着。这种粗糙的制造业经过自然的成长和逐步的改进，最后仿佛是自发地孕育出以向远方销售为目的的制造业。这样的制造业通常使用本国的原料，并且它们好像经常是在内陆国家、在距离海岸很远甚至远离水道的那些国家首先获得改良和完善。内陆富有肥沃的土地，易于垦殖，土地上生出的产品，除去供应劳动者的需要，还有大量的剩余。由于陆地运输成本高昂，利用河道运输又不够便利，这些剩余产品无法输出，当地食品的价格因此极为低廉，吸引了大量工人在附近定居。这些人发现，以同样的劳动量，在这里能够换来比别的地方更多的生活必需品和便利用品。他们投身加工业，利用本地出产的原料，制造出成品，然后再用这些制成品，或用将这些制成品出售后取得的价格，去和人交换更多的原料和食品。由于省去了运往水边或者更遥远的市场的运输成本，剩余部分的天然产品的价值便有所增加，农民就可以从这些人的手上，以更低的条件买到他们所需要的或者喜欢的东西。在农民方面，他们同样可以从剩余的产品中取得更高的价格，而当他们购买所需要的其它便利品的时候，却只需付出较低的价格。农民受到这种鼓励，便去进一步地改良土地，更加精心地耕种，以增加剩余的产品，而他们此时也具备了这种能力。肥沃的土地孕育了制造业，制造业的发达又反作用于土地，增进了土地的肥沃。最初的制造业只为近处供货，当它得到改进而趋于完善的时候，就开始供应远方的市场。这是因为，天然的产品或者粗加工的制成品往往不抵长途的运费，对于经过改进的和高级的制造业产品，这却不难，因为它体积虽小，蕴含的价格却大。比如一匹精制的呢绒，虽然只有 80 磅的重量，却并非只值 80 磅羊毛的价格，它有的时候可以包含 900 磅谷物的价格，即维持工人及其雇主的生活资料的价格。谷物原本很难依原样出口到国外去，若是采用这种方式，当做完全的制成品对待，那么即使是出口到世界上最遥远的角落，也是轻易的事。里兹、哈利法克斯、谢菲尔德、伯明翰、沃弗汉普顿各处的制造业，似乎都是自发地产生，那实际上就是按照这种方式自然地成长起来的。这样的制造业是农业发展的产物。在欧洲现代的历史上，这种制造业的扩大和改良滞后于那种从对外贸易中发展而来的制造业。现在各地以外销为目的的制造业正当繁荣，而此前的 100 多年，使用西班牙羊毛为原料的精制呢绒制造业已经使英格兰享有美誉。上述这一部分的各种制造业的扩大和改进，来自农业的扩大和改进。而对于对外贸易和直接产生于对外贸易的制造业而言，农业上的扩大和改进是它们最终的也是最大的结果。这一点我将在下文中说明。

第四章 论城市商业对农村改良的贡献

工商业城市的增加与富裕，在三个方面对它所在的乡村作出贡献：

首先，城市是乡村天然产品的一个巨大而便利的市场，乡村地区的耕种者受到鼓励，进一步地改良土地。城市施加于乡村的这种积极的影响不限于城市周围的地区，任何与这城市存有贸易联系的乡村都会在不同的程度上受到这种感染。就乡村而言，城市是一个市场，它们的天然产品或者制成品的某些部分可以在那里找到销路。乡村居民的辛勤劳作和改良因此多少受到鼓励。城市所处的那部分乡村地区，由于最靠近城市，从中得到利益也最多。那里的天然产品，运费较省，即便商人以较高的价格从耕种者手上购进，将产品出售给消费者的时候，仍然可以定出和来自较为偏远地区的产品一样低廉的价格。

其次，城市居民获得财富之后，往往在乡间购置土地，以供出售。这种土地多半是未经垦殖的。商人们强烈地希望自己有一天成为乡绅，这愿望一旦实现，他们往往成为最擅长土地改良的人。商人的习惯，是花钱以图利润。一般的乡绅，是只将钱财用于消费。商人看到钱币出手，希望看到它归来那天携带着利润。乡绅花钱出手，权当为它送行。习惯的不同自然影响他们处理一切事务时候的性情。商人通常是勇敢的经营者，乡绅是胆小的业主。商人如果相信一项投资有望按照某个比例增大其价值，他就会在那里毅然投下巨资。乡绅即便在小有余资的时候，也多半不敢这样使用。他要是也作改良，所用的不是一笔资本，而是自己每岁的节余。有幸在一座四周的农村地区未经改良的城市居住过的人，经常会发现，在这一类的事业上，商人显示出的活力远远大于乡绅。除此之外，商人在长年的商业经营中自然地养成了有序、节约和谨慎的习惯，这些习惯使他一旦投身改良，必定成功，赢得利润。

第三点也即最后的一点，商业和制造业将秩序和良好的政府引进乡村居民的生活，随后又为他们带来个人的自由和安全，而在此前，这些人对他们的上司如同奴隶一般地依附，对他们的邻人则像敌人一样与之相争。据我所知，注意到这一点的只有休谟先生一人，但这确实是城市对于乡村的一切影响中最重要的一种。

要是一个国家，既没有对外的贸易联系，本身又完全不具备比较精密的制造业，则土地的产物在维持耕种者的生活之外，大部分的剩余物资将无法用于交换。在这种情况下，大地主就把它们全数用来款待客人。如果这剩余的物产可以供应100人或者1000人的酒食，他便将它们作100人或者1000人的酒食之用，此外，他也确实没有别的途径可以把它花费掉。于是，他随时随地都被仆从和宾客包围着，这些人的生活全仗他的恩赐，而他们既然无以回报，就只好听命于他，这就像士兵从君主那里领得饷银，理应听命于君主一样。当欧洲的商业扩张、制造业普及之前，自国王往下，富豪权贵们款待宾客的规模，都不是我们今天所能够想象的。威廉·卢弗的同伴们常嫌他的餐厅不够宽敞，那可是威斯敏斯特大厅。托马斯·贝克据说做过一次惊人之举：他的宾客太多，座位不够，他便让人把洁净的干草铺在地板上面，以便宾客们席地进餐时，不致弄脏华丽的衣饰。听说沃里克大公爵在他的庄园里，日宴3万人，这固然是大话，但是能够撑起这大话的数字，一定不会小。我们都了解，在最近的几年之前，苏格兰高地一带还流行着一种待客的风俗，与此几乎相同。而在缺乏商业和制造产业的国家，人们恐怕是经常可以看到这样的事情。波拉克博士说道，他见过有一位酋长，在牲口市场中，当道邀请所有的路人，包括乞丐，和他坐在一处，共享盛宴。

无论就哪方面说，租种大地主土地的佃农都依附于大地主，形同后者的仆从。此人即便不算奴隶，地主也可以随意要求他退租，因为他所交纳的地租无论就其哪一个方面而言，都与他从土地获得的生活资料不相称。数年前，在苏格兰高地，只需付出一克朗、半克朗、一头羊或者一头小羊的价格，就可以租到一块土地，足够维持一家人生活。直到今天，某些地方的情况还是如此；钱币在那里所能够买到的商品也并不比在别处更多。对于地主，如果得自土地的剩余产品一定要在这块土地上消费掉的话，他就宁可把其中的一部分放到离家相对远的地方，让那些像他的家奴一样依附着他的人去消费掉。这样于地主更加方便，因为这样他就不会有宾客过多，家里人口过众的麻烦。地主可以随意地要求佃户退租。佃户付出至多相当于一份免役租的价格，承租的土地就足够养活全家。所以，和其他任何的仆从一样，佃户对于地主的依附是无条件的。这样一来，地主好像是在自己家里养活他的仆从，又在佃农的家里去养活佃农的一家。既然两者的生活资料都是他的赐予，那么这种赏赐是否继续自然就要看他高兴了。

所以，古代贵族权力的基础，就在于这些时候大领主对于自己的佃农和家中奴婢所一定拥有的某种必然的权威。平时，他们一定是境内居民的法官，战时则是这些人的统帅。在他们各处的领地的范围内，只有他们能够征调所有的居民，率领他们，去反对不法者的行为，从而维持境内的秩序，执行法律。领主有这种权力，国王却没有。古时的国王实际上是王国境内最大的一个领主，其他的大领主尊重他，从而携手防御共同的敌人。国王要是运用自己的权威，到一个大领主的土地上，强行要求偿还一小笔债务，那么他所花费的力气，原本是可以用来消灭一场内战的，这是因为那里的人民既有武装，又习惯相互援助。为此，他只得将王国境内大部分地区的司法权交给善于执法的人代为行使；同样地，他又把民兵的指挥权交给懂得指挥军队的人。

但是，把这种地方性司法权的起源归于封建法律却是不对的。早在欧洲知道封建法律这个名称之前的几个世纪，大领主们本来就拥有最高的民事和刑事司法权，此外，他们还有征兵、铸币，甚至立法以治理自己的人民的权力。征服以前的撒克逊贵族的权威和司法的权力，就并不比征服以后的诺曼贵族的权力更弱。但是，直到征服以后，封建法律还是没有成为英格兰的习惯法。毫无疑问，早在封建法律出现以前，法国贵族本来就有的无所不至的权威和司法的权力就已经被引进这个国家。这些权威和这种司法的权力，一定都是上面讲到的财产状况和风俗习惯的产物。即便不问英法两国遥远的古代，晚近的时代也可以为我们提供大量证据，证明两者之间确凿的因果联系。距今不足30年以前，在苏格兰的洛赫巴地方有一位卡梅隆先生，既不是贵族，也算不上是一个大佃农，不过是盖亚尔公爵的一名家臣。他没有正式的委任状，本人又非治安推事，却在他的人民中间行使着最高的刑事司法权，他的执法，虽然看起来不够正式，倒是公正的。这种现象的存在，极有可能是因为当时地方上需要有人主持公共治安。此人一年的地租收入只有500镑，却在1745年率领800人参加了斯托亚起义。

推行封建法律的本意是要压缩大领主的权力，而决不是要将其扩大。这种法律在上自国王，下至最低级的领主的贵族阶层中，确立了形式上的隶属关系，同时还附带一系列的责任和义务。未成年的领主本人受到他的直接上级监护，他的地租和对于地租的管理权也掌握在那人的手中。于是，作为上级的国王变成了所有未成年领主的监护人，代替他们掌管地租，行使地租的管理权。国王有责任去维持这些年轻人的生活，负担其教育，并且用与后者门第相当的方式为其择偶。可是，这种制度只是增强了王权，削弱了大领主的力量，却并没有能够在境内居民中建立秩序和良好的政府。这是因为，它

第二篇　论不同国家财富的不同发展

没有彻底改变造成这种混乱状态的财产状况和风俗习惯。政府的情况一仍其旧，上轻下重，而下重导致了上轻。虽然有了封建制度，国王仍然和从前那样无力约束领主的横行。领主们不断地进行战争，任意向人开战，甚至向国王发出挑战。国内一片暴力、掠夺和混乱。

但是，对外贸易和制造业的默默无声地运作，却慢慢地做到了封建制度的所有强制力量都做不到的事情。它们一天天地兴盛起来，为大领主提供某些东西。大领主渐渐可以用他土地上的剩余产品去交换，换来的东西供自己消费，而不是与人分享。一切都归自己，什么也不留给别人，人类的主子们的这句可耻的格言流行于一切的时代。所以，他们一旦发现一种方法，可以让自己独自消费地租的全部价值，以后就再也不愿意与人分享。他们会把1000人一年的生活资料或者对应的价格花在购买一对钻石纽扣或是别的没有价值的无用物品上面。他所花费掉的是这些生活资料所能赋予他的所有的势力和权威。然而纽扣毕竟属于他一个人，别人谁也没有份，而这种情况若是在从前，他是要和1000个人分享的。其间的区别显而易见，很容易作出取舍。这样，他们便将全部的权威和权力投入交易，而这只是为了满足他们最幼稚、最没有价值和最无耻的虚荣心。

一个国家要是既没有对外贸易，也没有较为精密的制造业，一个人要消费掉一年1万镑的收入，只有把它们用来养活1000个对他恭顺如同奴仆的家庭。而在今天的欧洲，一个人要消费掉1万镑的年收入，并不需要直接去养活20个人，或者雇上10个奴仆，对他们发号施令（他们也不值得他那样做）。他经常就是那样做的。和古老的消费方式相比，他通过间接的方式所维持的人数至少同样多，很可能更多。他花费全部的财产换来的贵重产品，数量尽管不多，但在采集和制成此物过程中使用的人数却一定可观。它的高昂价格的构成是这些工人的劳动工资和他们雇主的利润。他支付了这项价格，也就间接维持了这些工人和他们的雇主的生计。不过，对于其中的每一个人，他只支付了他们一年生活费中的很小一部分，对极少数人也许有1/10，对于多数人是1%，对于其他的人则不到1/1000，甚至是只有1/10000。所以，虽然他为每一个人都支付了生活费用，这些人却依着不同的程度并不依赖他，因为他们的生活并非靠着他一人的支持。

从前大领主们把地租收入用来维持佃农和侍从，他所维持的是自己所有的佃农和所有的侍从的全部生活。现在他们用这地租来支持商人和工匠的生计，他们的全体可以维持的人数应该与以前相当，若是考虑到先前在乡村款待客人时所不能避免的浪费，则他们的全体现在可以维持的人数很可能更多。

然而，个别地看，领主中的每一个对于这更多人数中的每一个的生活费所作出的贡献，只占很小的比例。每一个商人或每一个工匠的生活资料，不是领主中的某一位所赐，而是得自千万顾客的集体的眷顾，因此他们虽然仰仗顾客的全体，对于顾客中的任何一位却并没有多少依赖。

大领主的个人支出一天天变大，侍从的人数却一天天减少，直到最后消失。出于相同的原因，他们也遣散了多余的佃农。农场的面积增加了，租种土地的人数却减少到了按照当时尚未完善的耕作技术和改良状态所必需保有的数目，佃农们对此颇有怨言。消去了多余的人口，从农民身上榨干了土地的全部价值，领主因而获得了比较多的剩余产品或者说比较大的剩余产品价格（两者是一回事）。不久，商人和制造业主又为他想出办法，让他能够像先前对待别的产品那样，把所有的剩余产品都用在自己的身上。同样的原因继续作用着。领主越来越希望把地租提高到超过当时土地实际的改良状态所能够提供的水平之上。对此，他的佃农表示同意，条件是必须保证他们拥有足够长的租地年限，以便投入资本，改良土地，收回成本，获得利润。领主为应付开支，满足自己的虚荣心，乐于接受这样的条件。长期租约就是在这样的情况下产生的。

领主固然可以随意要求佃农退佃，然而一个付足了地租的佃农，却并不完全地依附于领主。他们相互间是平等的，双方都从对方身上获得各自的利益。在这种情形下，佃农自然不会不顾自家的生命和财产，为领主服务。但是一旦他有了一个期限很长的租约，他就完全独立了。他只需遵守租约中的条款和国家的成文法和不成文法的规定，而不必再为领主出哪怕是一点点的力。

佃农独立了，侍从遣散了，大领主也不再能够干预地方上的司法程序，国家的治安便也不再受到影响。伊骚在饥饿困乏之中，为了生存的必需，为了一碗粥卖掉了自己天生的权力。大领主们出卖了自己与生俱来的权利，换来一堆不值一钱的漂亮的儿童玩具，他们自己也在这种挥霍中，沦落为城市中的殷实居民和商人，成为一个无足轻重的人。乡间也有了正式的政府机构，谁也没有实力去挑战乡间政府的工作，就和在城市里面一样。

下面讲的这件事情，也许有些离题，但还是要说一下。在商业发达的国家，古老的家族将大宗的地产，父子相承，传下许多代的情况是少见的。相反，在威尔士和苏格兰高地这种商业不发达的地区，这样的家族却仍然常见。阿拉伯的史籍中到处可见贵族的世系。一位鞑靼可汗写过一部历史，被译成多种欧洲文字，书中除去古老家族的世系表，好像也见不到什么别的东西。

这可以证明,这样的古老家族,在这些国家是普遍存在的。在一个国家中,如果富人的收入只能用在维持尽可能多的人口,他的仁慈之心再是热烈,也不会试图去养活自己的财力所不能胜任的人口,陷自己于入不敷出的境地。然而当他有办法将自己的主要收入用在他自己的身上,他的支出就会像他的虚荣心和对自己的爱心那样没有限度。这就是为什么在商业盛行的国家,虽然法律在防范财富的流散方面作出了严格的规定,财富世代相承、留在同一个家族的手上的情形却不多见的原因。而对于鞑靼人和阿拉伯人这一类的游牧民族,财富原本就少有消费的机会,防止奢侈的法律其实无从谈起。所以简朴的国家,商业既不盛行,法律中虽然没有对于这些方面的限制,财富长期保留在一个家族手中的情形反而常见。

就这样,两个不同的阶级虽然没有为公众服务的本意,却携起手来,一同实现了这一次与公共福利关系重大的变革。在这过程中,满足自己最幼稚的虚荣心是大领主仅有的动机。商人和工匠却并不可笑,他们只是看着自己利益的所在而行动。他们追求一种小贩原则,哪里有一个便士,就去那里将它挣来,对于这种重大的变革,他们既没有认识也无法预见。一个愚昧,另一个勤奋,而这一场巨大的变革竟在这两者的手上造成了。

所以我们可以说,在欧洲多数的地区,城市里的商业和制造业对于农村地区的改良和开发,是原因而非结果。

问题在于,这样的发展顺序是违背事物的天然进程的,所以其进展的缓慢和不确定也是必然的事。只需把那些极度依赖商业和制造业以创造财富的欧洲国家的进步之缓慢,和财富完全基于农业的北美殖民地的发展之迅速作一比较,就可以明白这一点。欧洲大部分地方的人口,在将近 500 年间增加不足一倍。而在我国的北美殖民地,人口翻倍,只用了 20 年或者 25 年。在欧洲,小地主的人数无法增加,因为有长子继承权和其它种种永久所有权在限制对大土地进行分割。然而,小地主对于他那块面积不大的土地极为熟悉,这份小小的产业在他的心中激起的感情使他对其爱护周至,不但努力耕种,而且怀着快乐的心情装点它。一般地说,小地主是最勤奋、最聪明和最成功的土地改良者。另外,这些规定又限制了土地的买卖,结果是用于购买土地的资本多,而可供销售的土地数量少,一旦有土地上市,总是以垄断价格出售。购地者所得的地租连购地款的利息都不够支付,而在购地款项的利息以外,还有维修的费用和其它可能出现的偶然开支。所以在欧洲,将小笔的资本用来购置土地,最是无利可图。确实也有生活状况处在中等的人,打算结束经营,为安全计,也有选择将小额的资本投在土地上面的情况。另外,有人本身从事专门的行业，收入另有来源，也会喜欢把自己的节余用同样的方式保存起来。但如果是一个年轻人，既不经商，也不去从事专门的职业，也把两三千镑的资本用来购置小块的土地，自己耕种，像这样，他固然也可以舒舒服服地过日子，不需要依赖他人，然而今后却将和巨额的财富和显赫的声望无缘，而他若把这一笔款子投在别的场合，他也完全可以和别人一样，有机会获得这样的财富和声望。这样的人虽然不想成为地主，却又常常不屑去做农民。这样一来，市场上待售的土地数量很少，而价格极高，使得大量的资本无法被投入土地的耕种和改良，而这样的资本原本是可以用在这些地方的。北美的情况正相反，五六十镑的资本就足以使人涉足种植业。购买荒地，加以开垦，对于大资本和对于小资本一样，同样是大为有利可图的事情，要在这个国家获得财产和名望，这是最直捷的途径。的确，在北美，这样的土地等于奉送，即便标价出售，其价格也大大低于自然产物的价值。然而，这样的事情在欧洲，或者在土地私有化已久的任何国家，都是不可能有的。但是，如果地主死后，其地产在他众多的子女中平均分配，那么土地在这个时候就可能出售。大量的土地进入市场，垄断的售价就再不能够维持。出租这些购入的土地所取得的自由地租，大致就可以抵偿购地款的利息，这时用小笔资本购置土地也就和用它购置别的东西一样的有利。

　　英格兰的土地天然肥沃，相对全国的面积而言，海岸线是极长的，某些处于内陆最深处的地区因此也沾了水运之利。在这一方面，英格兰也许和其它的欧洲大国一样，得到大自然的赐予，成为对外贸易、为远方销售而建立的制造业和由此出现的所有形式的改良的中心。从伊丽莎白统治之初算起，英格兰的立法就向商业和制造业的利益倾斜，实际上，在欧洲所有的国家之中，英格兰的法律在总体上是最有利于这种产业，即使荷兰也不能比。在这一整个时期，英格兰的商业和制造业不断发展。乡间进行着的耕种和改良无疑也在进步，但和商业和制造业情况相比，似乎步伐缓慢，而且落后很大。农村土地中的大部分应该是在伊丽莎白以前就已经得到垦殖，但未经开垦的荒地到那时为止仍然很多，而即使是已经开垦的土地，其耕作的状况也远远没有达到可以达到的水平。不过，英格兰的法律倾向农业，不仅借助了保护商业、使之有利于农业这一种间接的方式，而且还制定了几种直接针对农业的奖励。谷物可以自由出口，并且还有奖金，只要不是在农业歉收的时候。当年的收成如果还好，便对外国谷物的进口课以重税，这实际上具有禁止其进口的效力。任何时候都禁止从任何国家进口活畜，这条禁令直到最近才为爱尔兰开了一个特例。这样一来，耕种土地的人实际上在面包和肉类这两种最重要的土地产品上拥有了垄断的权利，他人无从染指。这套鼓励农业的政策至少体现了立法者重视农业的美好愿望，虽然在下文，我会努力说明这实际上是纯粹的空想。不过，在这所有的一切中最为重要的一点是，法律尽其所能，将安全、独立和他人给予的尊敬授予了英格兰的自耕农。所以，某个国家只要仍然存在长子继承权、向教会缴纳的什一税、在某些场合仍然容忍（违反法律精神的）永久性的所有权的情况，则它能够给予农业的的鼓励，就不会比英格兰更多。尽管如此，英格兰的耕地仍然处在这样的状况。可是，如果没有法律在商业的进步间接刺激农业的发展之外给予农业更为直接的鼓励，如果任由自耕农处在和欧洲其它国家的农民相同状态下，农业的状况又会怎样？自从伊丽莎白即位，时间已经过去了两百多年，在人类文明的繁荣期一般所能够持续的时间中，它已经是最长。

在英格兰以贸易立国而出名以前的大约一个世纪，法兰西在对外贸易中占据很大的份额。查理八世远征那不勒斯以前的法国航海业的规模，在当时人的观念中就已经很大。不过整体上看，法国的土地耕种和改良的状况不如英国。和英国不同，法国的法律始终没有给予农业直接的鼓励。

西班牙和葡萄牙借助外国船只，对欧洲其它各国进行对外贸易，然而其规模极为可观。这两国使用本国的船只对各自的殖民地进行贸易，由于这些殖民地资源丰富，面积广阔，因此这方面的贸易规模更大。可是这两个国家都没有建立制造业，为远方的销售供货，国内的大部分地区也没有得到开垦。除意大利外，葡萄牙的对外贸易在欧洲大国当中，已是历史最久。

在欧洲大国中，由于对外贸易和为供远方销售而建立的制造业的推动，每一寸国土都得到开垦和改良的，只有意大利一国。奎西阿丁说，在查理八世侵入以前，国中无论是山岭坡地还是贫瘠之区，也都像平原地区的沃土一样得到开发垦殖。该国所处的有利地理位置，加上国内林立的各个独立小邦，可能对于这种普遍的垦殖有所助益。不过虽然有这位明智而谨慎的现代历史学家的话，当时的意大利在垦殖方面的成就未必就胜过今日的英格兰。

虽然如此，任何国家从商业和制造业中取得的资本，仍是十分不可靠和不稳定的财富，除非将其中的一部分保存到土地的耕种和改良中去，并且体现在这一过程中。常言道，商人不一定要是某一国的国民。他经商的所在地，对于他来说基本无关紧要。一件小小的不愉快，就可以使他抽走资本，将这资本支持下的全部产业，从一国转移到另外一国。在资本落地——或者落到建筑物，或者落到持久的土地改良中——之前，资本中没有一个部分可以说是属于哪一国。据说汉萨同盟的成员城市拥有巨大的财富，但是只有在13和

14世纪的阴暗的历史书中才能见到它们的痕迹。某些城市究竟在什么地方，它们的拉丁文名字究竟指着欧洲哪些城市，甚至这些都无法确定。15世纪末和16世纪初的意大利遭遇灾祸，伦巴底和托斯卡纳一带各座城市的商业和制造业因而凋敝，即使这样，这一带仍然是全欧洲人口最多而土地耕种得最好的地方。弗兰德的内战和此后西班牙的统治，使安特卫普、根特和布鲁日的大商业迁往别处，然而弗兰德仍不愧是欧洲财富最多、开垦程度最好、人口最稠密的省份。得自商业的财富泉源经常因为战争和政治的因素而枯竭，而比较坚实的土地改良所创造的财富，除非遭遇来自蛮族敌人的一两百年间不中断的蹂躏，就像在罗马帝国晚期西欧各省发生的大动乱那样，它就不可能被毁灭。

第三篇　论政治经济学体系

政治经济学作为政治家或立法者的科学之一，提出了两个明确的目标：第一，向人民提供丰富的收入或生计，或者更准确地说，使人民能为他们自己提供这样的收入或生计；第二，为国家或政府供给充足的收入使其得以进行公共服务。总之，其目的在于富国富民。

不同时代和不同国家的财富增长过程产生了两种不同的关于富国裕民的政治经济学体系。一种可称为重商主义体系，另一种则是重农主义体系。我将试着尽我所能充分明了地解释这两种体系，从重商主义开始。重商主义是一个现代的体系，且在我国今日最为人所知晓。

第一章　论商业主义或重商主义的原理

财富由货币或金银所构成，这一流行观念自然而然地产生是由于货币具有两种功能——交易媒介和价值尺度。由于货币是交易媒介，相比使用其他物品，我们就可以用货币更容易地获取我们想要的东西。我们总是发现，手里有钱很重要。有了钱，想买什么就不困难了。由于货币是价值尺度，我们用所值的货币量来衡量所有其他物品的价值。有很多钱的人我们称他为富人，没什么钱的我们叫他穷人。一个人很吝啬或者渴望变富有，我们说他爱钱；一个人慷慨豪迈或大手大脚，我们就说他对钱不在乎。富足就是钱多。总之，在通俗的说法中，财富和货币无论在哪个方面都是同义语。

一个富裕的国家也像一个富有的人一样被认为拥有大量货币。对于任何国家来说，贮积金银都是致富的捷径。美洲被发现之后的某个时期，西班牙人每抵达一个陌生的海岸，第一个要问的问题通常是附近有没有发现金银。根据所获得的情报，他们从而判定那个地区有没有殖民的价值，或者那个国家有没有征服的价值。以前法兰西国王派遣僧人使者普拉诺·卡比诺到著名的成吉思汗的一个儿子那里去，据这位使者说，他们总是问他，法兰西王国的牛羊多不多？他们的问题和西班牙人所问的问题有同样的目的。他们想知道这个国家是不是足够富足，是不是值得他们去征服。和所有其他不熟悉货币的用处的游牧民族一样,他们把牲畜当做交易媒介和价值尺度。所以在他们看来,财富是由牲畜构成,这正如在西班牙人看来,财富是由金银构成一样。在这两者中,他们的看法或许更接近真理。

洛克先生曾提出货币和其他动产的区别。他说,其他各种动产如此容易消耗,以致由这些动产构成的财富不太可靠。一个今年富有这些动产的国家,即使毫无出口,仅凭自己的奢侈浪费,就可能在明年形成匮乏。相反,货币是一个可靠的朋友,虽然它可能从一个人手中转到另一个人手中,但只要使它不流出国门,就不太容易浪费和消耗。所以,在洛克看来,金银是一国动产中最稳固最实在的部分。基于这一点,他认为,增持更多金银应是一国政治经济的重大目标。

另一些人认为,一个国家如果能从世界当中分离出来,则国内流通的货币无论多少,都无关紧要。借这些货币流通的消费品只需要相应的或多或少的货币完成交换,他们承认,这样的国家的真实贫富完全取决于消费品的丰富或缺乏。但对于那些同外国发生联系的国家和那些不得不对外作战因而必须维持海陆军的国家,他们认为情形却又不同。除非将货币送到国外进行支付,否则这一点不可能做到;而要把很多货币送往国外,除非在国内就持有大量货币。因此,每一个这样的国家都必须在和平时期积累金银,以便在必要时有财力进行对外战争。

依照这些流行的观念,欧洲各国都曾研究在其国内累积金银的一切可能的办法,虽然并无多大成效。西班牙和葡萄牙作为向欧洲供应这些金属的主要矿山的所有者,曾以严厉的处罚或者课以重税的办法禁止金银输出。类似的禁令似乎也是以往大多数欧洲其他国家政策的一部分。甚至在古苏格兰的某些议会法案里我们也会意想不到地发现以重罚禁止携带金银出国的律令。法兰西和英格兰古代也有类似的政策。

当这些国家成为商业国时,商人们在很多场合都发现这样的禁令极其不便。他们要购买外国的货物运回本国或运往别国,使用金银常常比使用其他任何物品便利得多。于是他们反对这种禁令,认为它妨害贸易。

他们提出,第一,输出金银以购买外国货物并不总是在减少这些金属在国内的数量,相反,常常还可能增加其数量。因为,如果国内对外国货物的消费没有因此增加,那这些货物可以再出口到其他国家,如能以高利润售出,就可以带回比原本为购买货物而输出的金银多得多的财富。孟先生将这种对外贸易业务与农业上的播种期和收获期相比较。他说:"如果我们只看一个农夫在播种期把上好的粮食撒到地里去的行为,我们会把他看成一个疯子而不是农夫。但当我们考虑到他在收获期、也就是他的耕耘的最后阶段的劳动，我们就会发现他的行为的价值和丰富产出。"

第二，他们提出，这样的禁令并不能阻止金银输出，因为金银价值大体积小，很容易走私。只有通过适当地注意他们所谓的贸易差额才能防止这种输出。当一个国家出口的价值大于进口的价值时，就发生了对外贸易顺差，外国需要用金银支付这一差额，从而增加了本国金银的数量。但当一国进口的价值大于出口价值时，就发生了贸易逆差，这一差额必须同样用金银支付，从而减少本国的金银数量。在这种情况下，禁令并不能阻止金银输出，而只会使金银输出更危险，费用更大。这样，汇兑对于有外贸逆差的国家更为不利，在外国购买汇票而不得不向出售汇票的银行进行支付的商人，不仅要承担将货币送往国外原有的风险、麻烦和费用，而且还要承担金银输出禁令所带来的特别风险。但汇兑对一个国家越不利，贸易的差额必然对这个国家也越不利。贸易逆差国家的货币的价值必然比贸易顺差国家低得多。例如，如果英格兰在它与荷兰的汇兑之中吃5％的亏，在英格兰就需要105盎司的白银才能购买到只值100盎司的荷兰汇票，这意味着英格兰的105盎司白银只值荷兰的100盎司，也就只能买到相应数量的荷兰货物。反过来，荷兰的100盎司白银在英格兰值105盎司，可以买到相应数量的英格兰货物。英格兰的货物卖到荷兰价格就低很多，而荷兰的货物卖到英格兰价格则高很多，这都是源自汇兑的差额。由于这种差额，流入英格兰的荷兰货币较少，流入荷兰的英格兰货币则较多。因此，这种贸易差额将如此地不利于英格兰，它需要把更大数量的金银输往荷兰。

这些建议里既有正确的部分也有强词夺理的部分。他们宣称贸易上的金银输出有利于国家，这是正确的。他们说，当人们私底下发现输出金银的好处，禁令就不能阻止这种输出，这也没错。但当他们认为政府需要比关心保持或增加其他有用商品的数量更关心保持或增加金银的数量，因为自由贸易能确保那些商品的适量供应而无须政府如此关心，这就是强词夺理。他们说汇兑中的高昂代价必然加剧所谓的贸易逆差，导致更多的金银输出，或许也是诡辩。高汇价对于该欠外国债务的商人来说诚然是不利的，他们要支付更多的钱给受理这些汇票的银行。但是，虽然由禁令而产生的风险可能使银行承担额外费用，却未必会因此而使更多的货币流出国外。这种费用一般是走私时在国内发生的，它不会在所需汇出的数目之上多流出一文钱。高汇价也自然会使商人们努力平衡他们的输入和输出，以使他们尽可能缩小汇兑金额。此外，高汇价肯定也会起到类似征税的作用，抬高外货的价格，从而减少对它们的消费。所以,高汇价应该不会增多,而只会减少他们所谓的贸易逆差,以及相应的金银输出。

尽管如此,这些建议却使它的听众深信不疑。商人们找到了国会、王公会议、贵族和乡绅当听众,即被认为对贸易懂行的人找了那些觉得自己是门外汉的人当听众。经验已经证明,对外贸易可以富国,贵族、乡绅和商人们一样了解这一点,但他们统统是知其然而不知其所以然。商人们完全知道对外贸易是如何让他们自己发财的,这是他们的本分。但对外贸易何以也让国家致富就不是他们分内的事了。他们从不考虑这个问题,除非他们得向国家提出需要修改外贸方面的律法。这时候他们就得说说对外贸易的好处,以及现行法律如何阻碍了得到这种好处。他们说,对外贸易可以带货币回国,但对外贸易法却使能带回来的货币比没有贸易法的时候要少,对那些决定这类事情的裁判官来说这个理由显得相当有说服力。因此,这些建议产生了预期的效果。禁止金银出口在法兰西和英格兰仅限于各自的铸币。外国铸币和金银块可以自由出口。在荷兰和其他一些地方,出口自由甚至延及本国货币。政府的注意力从提防金银出口,转移到对被看做唯一造成金银增减的贸易差额的监视上。一种没有结果的关注变成了另一种更加复杂、更加令人困扰但同样没有结果的关注。孟先生的《英国得自对外贸易的财富》(England's Treasure in Foreign Trade)一书的书名,不仅成为英格兰而且成为其他所有商业国家的政治经济学中的根本信条。而最重要的国内贸易——等量资本可以提供最大收入、为本国人民可以创造最多就业机会的贸易——却被认为只是对外贸易的辅助。据信,国内贸易既不能从外国搞货币回来,也不能从国内送点儿货币出去,所以国内贸易决不会使得国家更富或更穷,除非它的繁荣和萧条可以间接影响对外贸易的状况。

一个没有自己的矿山的国家毫无疑问必须从外国取得金银,正如没有葡萄园的国家只能从外国得到葡萄酒。然而,似乎政府没有必要关注此物更多于关注彼物。一个有财力购买葡萄酒的国家,总会获得它所需要的葡萄酒;一个有财力购买金银的国家,也绝不会缺少那些金属。金银也和其他商品一样,需要以一定的价格购买;正因为金银可以买到其他所有商品,所以其他所有商品也可以买到金银。我们有充分的把握相信,自由贸易无须政府关注,也总会提供我们所需要的葡萄酒;我们也可以同样有把握地相信,自由贸易总会给我们提供无论在商品流通还是在其他用途上我们能够收支的全部金银。

在各个国家,各行业所能购入或产出的每一种商品的数量,自然会按照有效需求,或者按照那些为了让商品进入市场而愿意支付所须的全部地租、劳资和利润的人的要求,自行调节。但金银按照这种有效需求进行自我调节比其他商品都更容易、更准确,因为金银体积小而价值大,最容易从一个地方运到另一个地方,从价廉的地方运到价高的地方,从超出有效需求的地方运到不能满足有效需求的地方。比如,如果英格兰有要求更多黄金的有效需求,一艘邮轮就能从里斯本或其他任何有黄金的地方运来 50 吨黄金,铸成超过 500 万几尼的铸币。但如果有效需求需要同等价值的谷物,按 5 几尼一吨计算的话,进口这批谷物就需要载重 100 万吨的船只,或每艘载重 1000 吨的船只 1000 艘。对此英国的海军也会无能为力。

当一个国家输入金银的数量超出它的有效需求时,政府的任何警惕都不能阻止它再输出。西班牙和葡萄牙的严刑峻法并没能使他们的金银不外流。从秘鲁和巴西不断输入的金银超出了这两个国家的有效需求,使得金银在这两个国家的价格降低到邻国之下。相反,如果某个国家的金银达不到有效需求量,就会使金银的价格抬高到邻国以上,政府也用不着费心去进口它们,或者,即使政府竭力阻止进口它们,那也做不到。斯巴达人一旦有了财力,他们购买金银的行动就冲破了莱克格斯为阻止金银进入斯巴达而订的法律所设置的一切障碍。所有严厉的海关法律都不能阻止荷兰和戈登堡东印度公司的茶叶输入英国,因为他们的茶叶比英国公司运来的便宜。而走私茶叶的难度——以通常用来支付的白银来算,1 磅茶叶的体积是其最高价格 16 先令银币的体积的 100 倍,如果以黄金算的话则是两千倍,走私的难度也应按体积翻番。

金银的价格不像大部分其他商品的价格那样随着存货量的饱和或短缺而波动,部分是因为把金银从充足的地方运到缺乏的地方比运输那些受制于其体积的货物更容易。诚然,金银的价格并非总是不会变动,但其变动大都是缓慢的、逐步的和一致的。例如,有人认为(也许没太多根据),在本世纪和上世纪的欧洲,金银由于从西班牙属西印度群岛不断输入,其价值一直在逐渐下降。要使金银的价格突然改变,从而使所有其他商品的货币价格发生显著的涨落,那得有一场像美洲的发现所产生过的那样的商业革命。

撇开所有这些不谈,如果一个有财力购买金银的国家在某个时候缺乏金银,要补足它们总会比要补足几乎其他任何商品都更方便。如果制造业的原料不足,工业必陷于停顿。如果粮食不足,人民必陷于饥荒。但如果货币[①]不足,则既可代之以物物交换,又可通过信用赊账交易,每月或每年清算一次,

---

① 单指金属货币。——译者注。

更可用调节得当的纸币加以弥补。第一种方法很不方便,第二种方法就比较方便了,至于第三种方法,则不但方便,而且有时还会带来一些利益。所以,无论就哪一点来说,任何一个国家的政府对于保持或增加国内货币量的关心,都是不必要的。

可是,人们对于货币不足的抱怨是再普遍不过了。货币,也像葡萄酒一样,那些没有资本赢取它,也没有信誉赊到它的人,一定会感到经常缺乏它。而那些既有资本又有信誉的人则从不缺他们所需要的,无论是货币还是葡萄酒。然而,抱怨货币不足者未必都是只图一时之快的败家子。有时候,一整个商业市镇及其邻近地区都会有这样的抱怨。这通常是因为贸易过度而引起的。即使是节制的人,如果不依照自己的资本制定经营计划,也会像没有量入为出的浪子一样,既没有赢取货币的财力,也没有赊取货币的信誉。在计划实现以前,他们的资财就已耗尽,接着他们的信誉也完了。他们到处去向人借钱,但人家都说无钱可借。这种对货币不足的抱怨即使普遍,也并非总是证明国内流通的金银已失常量,而只是证明存在很多想望金银却无力得到的人。当贸易的利润偶尔高出平常的时候,贸易过度是无论大商人还是小商人通常都会犯的一个错误。他们输出的货币并不总比平常多,但他们在国内和国外通过信用赊购进超出常量的货物送往异地的市场,希望能在支付欠款的期限之前收回本利。如果在此期限之前没能收回本利,他们手里就一无所有,既不能换购到货币,也没法提供借贷担保。对货币不足的普遍抱怨,不是起因于金银的缺乏,而是由于这些人发现借贷困难,而他们的债权人发现债款难以收回。

如果要认真地证明,财富不是由货币或金银构成,而是由货币所购买之物构成,只有在用于购买时货币才有价值,未免多此一举,显得可笑。无疑,货币总是国民资产的一部分,但正如已经指出的,它通常只是一小部分,并且总是最无利可图的部分。

商人之所以普遍觉得用货币购买货物比用货物购买货币容易,并不是因为构成财富的更主要部分是货币而不是货物,而是因为货币是公认的和已确立的交换媒介,易于和其他一切物品交换,但同时又不那么容易得到。此外,大部分货物比货币更容易朽耗,如果保存它们,可能要蒙受大得多的损失。商人把货物攒在手里,比他把货物换成钱存在保险箱里,更容易使他在要用钱的时候无法应付。而且,他的利润更直接地是从售卖而不是从购买产生,因此他一般更急于把货换成钱,而不是把钱换成货。但是,虽然某些商人有时候会因为没能把他们仓库里丰富的货物及时售出而破产,一个国家却不会遭致同样的结果。一个商人的全部资本，往往就是容易朽耗的、预备来换钱的货物。而一国土地和劳动的年产物仅仅只有很小的一部分预备用来从邻国换取金银，极大部分是在国内流通和消费的，甚至这运往国外的剩余部分，一般大部分也是用来换取其他外国货物的。因此，即使预备用来换取金银的那些货物换不到金银，国家也不会破产。虽然这确实可能带来某些损失和不便，并使国家不得不采取一些补充金银量缺口所必需的权宜之计，但它的土地和劳动的年产物却会和往常一样或差不多，因为它有一样多或差不多的可消费资本来维持自己。虽然以货换钱并不总像以钱换货那么容易，但从长远来看，以货换钱却比以钱换货更为必要。货物除了换取货币外还有其他许多用处，但货币除了购买货物就一无所用。所以，货币必然追逐货物，但货物并不总是或不必追逐货币。买的人往往打算自己消费或使用，并不总打算再卖，相反卖的人总想再买。前者往往完成了他的全部任务，但后者顶多能完成他的任务的一半。人们渴求货币不是为了货币本身，而是为了他们用货币所能购买的东西。

　　有人称，可消费的物品很容易损耗，而金银则具备更大的耐久性，如果不是如此持续不断地输出，就可以在长期内将其积累起来，使一国的真实财富增加到令人难以置信的程度。因此，以这种耐久品交换易损耗品的贸易，被看做是对国家最为不利的。可是，我们并不去算计那种用英格兰的铁器去交换法国葡萄酒的贸易的不利之处，而铁器也是十分耐久的物品，如果不持续输出，也可能在长期内积累起来，使国内的锅釜增加到令人难以置信的数量。但是我们很容易知道，每一个国家这种器具的数量必然受它们的实际用武之地的限制；存着比烹饪通常消耗的食物所需的更多的锅釜是可笑的；如果食物的数量增加了，随之增加锅釜的数量也很容易，只要在增加的食物里拿出一部分去换锅子，或多维持一些做锅子的工人就行。我们也很容易知道，每一个国家的金银量都受这些金属的实际用武之地的限制，它们要么是当做铸币使商品得以流通，要么是成为各种家居器皿。在每一个国家，铸币的数量都受借它而流通的商品的价值的调节；商品的总值增加了，有一部分就会被直接送到有金银的外国去换取使商品流通所必需增加的铸币。而金银器皿的数量则受喜欢奢华的私人家庭的数目和财富的调节，这种家庭的数目和财富增加了，其所增加的财富中的一部分很可能就被用来求购更多金银器皿。试图通过引进或保存不必要的金银数量以增加国家的财富，和试图强迫私人家庭添置不必要的炊具以增加他们的快乐一样，是荒谬的。正像购买多余炊具的开支只会降低而不会提高这个家庭所享食品的数量和质量，任何国家购买多余数量金银的开支也必然会减少衣、食、住等人民日常生计领域的财富。必须记住，金银不论成为铸币还是杯盏，都是一种器具，就像炊具一样。如果增强对金银的使用，使依靠它得以流通、经营和制造的消费品增多，就一定会增加金银的数量。但如果用非常手段来增加金银的数量，那一定会减少对它们的使用，由于其数量受制于其使用，因此甚至也会减少它们的数量。如果金银囤积超出了所需的数量，那么，由于运输它们如此容易，闲置它们的损失又这样大，任何法律都将不能阻止它们被立即运出国门。

一个国家要对外作战，在异国维持海陆军，不一定就得累积金银。维持海陆军靠的是可消费物资而不是金银。如果一个国家通过其国内产业的年产，通过土地、劳动力和生产资料的年产而拥有了财富，它就有资本在异国购买可消费物资，在那里维持战争。

一国要为自己在异国的军队支付军饷及供应军粮，有三种不同的途径：第一，把一部分积累的金银运出国外；第二，把一部分制造业的年产物运往国外；第三，把一部分天然产物运往国外。

能被看做一个国家的积累或储备的金银，可以划分为三个部分：第一，流通的货币；第二，私人家庭的金银器皿；第三，因多年节俭而积攒于国库的货币。

从一国的流通货币中节余大量金银的现象很少见，因为这方面很难有大量剩余。根据一国之内每年所交易货物的总值，需要有一定数量的货币，以使货物流通并被分配到真正的消费者手里，多了也没什么用。流通渠道必然会自己吸收充足的货币，多了就容不下。但在进行对外战争的情况下，一般会从这个流通渠道里抽取一些货币。由于要在国外维持大量人员，国内所要维持的人数就减少了。国内流通的货物如果减少，其流通所必需的货币也会减少。在这种场合，通常会发行超常数量的各种纸币，比如英格兰的财政部证券、海军证券和银行证券，这些纸币代替了流通的金银，使国家有机会运送更多的金银去国外。但是，对于那些耗费高、持续时间长的对外战争来说，靠上述办法来维持只是杯水车薪。

熔解私人家庭的器皿已多次被证明更于事无补。上次战争开始的时候，法国曾采取这种办法，结果反倒得不偿失。

昔日，王室积累的财宝曾提供大得多、持久得多的资源。但在今天，除了在普鲁士国王那里，积累财宝似乎已不是欧洲王室们的政策的一部分了。

维持本世纪的战争的费用或许是有史以来最高昂的，但似乎很少来自无论是流通的货币还是私人家庭的器皿或是王室财宝的输出。上次对法战争花了英国9000万镑以上,其中不仅包括7500万镑新发行的国债,还有在每镑土地税上附加的2先令附加税,以及从偿债基金中每年借用的款项。这笔开支的2/3以上用于远邦异国,用在德国、葡萄牙、美洲,用在地中海各港口,用在东、西印度群岛。英国国王没有累积的财宝。我们也从未听说有大量器皿被熔解。当时人们认为国内流通的金银不超过1800万镑。不过自从上次重铸了金币,人们相信这种估计未免过低了。因此,不妨按照我记得的所看到和听到的最夸大的估计假定,我国金银总共有3000万镑。如果战争是通过我国的货币进行的话,那么即使依照这个估计数目,在六七年之间也一定已经把这些钱运出运回至少各两次。如果这种假定成立,就能提供最具决定意义的论据来证明,政府留心着保存金银是多么没有必要,因为根据这一假定,国内所有的货币一定曾经在这么短的时期内不知不觉出出进进了两次。可是,在这一段时期内,流通渠道并没有显得比平常更空虚;有财力换取货币的人很少感到货币缺乏。对外贸易的利润在整个战争期间确实比平时高,尤其是在战争快要结束的时候。这在英国各口岸引起了(它总是会引起的)一种普遍的贸易过度。而随着贸易过度,又引起了常见的对货币不足的抱怨。那些既没有财力赢取货币,又没有信誉赊贷货币的人觉得缺少货币,而正因为借债的人觉得难以借到,那些放债的人又觉得难以把债收回。不过,拥有可以换取金银的有价值之物的人,一般还是能得到有同样价值的金银。

所以,支付上次战争的巨大费用,必然不是主要靠着输出金银,而是靠出口英国的某些种商品。当政府或为政府做事的人与一个商人定协议让他汇一笔款到国外时,这商人就会开出一张期票寄到国外,但他肯定会想办法运一批货物而不是运金银出去,以支付接受期票的人。如果那个国家对这些英国的商品没有需求,他就会尽力把它们运往他可以支付期票的别的国家。把商品运往适合销售的市场,总能取得可观的利润,但运金银出国却很难得到任何利润。当运金银到国外用以购买外国商品,商人所获得的利润不是来自商品的购买,而是来自买到的商品回国后的售卖。但如果他只是为了支付欠款而运出金银,那他就不能换回商品,因而也得不到利润。所以,他自然会想尽办法靠输出商品而不是输出金银来支付外国的欠款。在上次战争期间,英国输出了大量的货物,却没有带回来任何东西,这已经在《英国现状》的作者那里有所谈及。

除上述三种金银外,在所有大商业国,还有大量金银块在对外贸易中交替着输入和输出。这些金银块在不同的商业国之间流通,就像国家铸币在一国之内流通一样,它们可以看做这个大商业圈的货币。国家铸币的流动及其方向取决于在自己国境内流通的商品,大商业圈的货币则取决于在不同国家之间流通的商品。二者均用以便利交换,前者用于同一国家的不同个人之间,后者用于不同国家的不同个人之间。一部分大商业圈的货币也许曾被用来进行上一场战争。在发生全面战争期间,人们自然会认为,这种货币的流动及其方向与和平时期不同,应该更多的是在战场周围流通,更多地用于在战场及周边国家支付各国军队的军饷和粮食。但英国每年这样使用的商业圈货币无论多少,一定得以英国的商品或英国商品换来的其他物品,每年购买。所以归根结底,仍是商品,仍是一个国家的土地和劳动的年产物,才是使我们能够进行战争的终极资源。的确,认为每年这样大的开销肯定来自丰厚的年产是很自然的。比如,1761年度的开销在1900万镑以上。任何积累都不可能维持这么大的年度开销,即使是一年的金银总产量也不可能。根据最可靠的统计,每年输入西班牙和葡萄牙的金银一般不会大幅超过600万镑,有几年,数量还不够支付上次战争中4个月的开支。

最适宜运往远国异邦为那里的军队换取军饷和粮食(或换取一部分商业圈货币再购买军饷和粮食)的商品,似乎是比较精巧、先进的工业品,这种商品价值大而体积小,因而可以以低廉的运费运往很远的地方。一个国家的工业每年有大量这样的产品剩余出口国外,这个国家就可以维持一场费用高昂的战争好多年,而无须输出大量金银,甚至无须拥有供输出的这大量金银。诚然,在这种情况下输出的大部分工业剩余产品虽然给商人带来了利润,但没有给国家带来任何利润,因为政府向商人购买外国期票,以便在外国购买军队的饷给和粮食。不过,总还有一部分剩余产品的输出能够带来回报。在战争期间,制造业有着双重任务:第一,生产为了支付政府开往国外供应其军队粮饷的期票而必须运往国外的产品;第二,生产用以在国外换回国内需要的消费品的产品。所以,在最具破坏性的对外战争中,很大一部分制造业往往会非常繁荣;相反,在恢复和平的时候它们却往往会衰落下去。可谓是国破业荣,国复业衰。英国制造业的许多不同部门在上次战争期间及战后一段时期的状况,可作这些话的例证。

任何开支浩大或旷日持久的对外战争都难以靠出口土地天然产物来维持。把如此大量的天然产物运往外国去购买军队的饷给和食物,所需费用太大,而且没有几个国家的天然产物,除了维持本国居民所需外,还能有大量剩余。因此,把大量天然产物运往外国,等于是把一部分人民所必需的生活资料运走。制造业产品的输出则不同。制造业工人的生活资料仍留在国内,输出的只是他们产品的剩余部分。休谟经常注意到昔日英国国王不能无间断地进行一场持续的对外战争。那时候的英国，除了土地天然产物和少量粗陋的制造品以外，没有别的东西来为驻外军队购买军饷和食物，而天然产物也不能从国内消费中节省出多少，粗制品又和天然产物一样运输费用太高。这种无能为力并不是由于缺乏货币，而是由于缺乏精巧、先进的工业品。那时候英格兰的买卖和现在一样是以货币为媒介的。那时候货币流通量与常规买卖交易的次数和价值的比例，必然与现在相同，甚至更大，因为那时还没有现在已代替了大部分金银的纸币。在几乎没有工商业的国家，出现非常情况时，君王很难从他的国民那里得到多少援助（其原因将在后面说明）。所以，在这类国家，君王一般会竭力积聚财宝，以此作为应付紧急事件的唯一资源。即使暂且还没有这种必要，处于这一形势的君王也会自然地倾向于为了积累财富而节俭。在这种简朴状态下，即使是一国之君的支出，也不是用来满足喜好宫廷豪华的虚荣心，而是用于赏赐佃户和款待家臣。虚荣心总是导致浪费，但赏赐和款待却不会如此。因此每一个鞑靼首领都拥有财宝。查理十二世著名的盟友乌克兰哥萨克首领马捷帕的财宝据说极多。梅罗文加王朝的法兰西国王全都有财宝。当他们把王国分封给儿子们时，也把财宝分给他们。萨克逊各君主以及征服后的最初几个国王，似乎也都有积累的财宝。每一个新朝代所做的第一件事通常就是夺取上一个国王的财宝，这是确保继承统治权的最重要的手段。而先进的商业国家的君王，却不必同样地积聚财宝，因为在出现非常情况时，他们通常能从他们的臣民那里得到特别的援助。他们自然、也许必然会赶时髦，其开销会和他们治内的各大领主一样，受奢靡的虚荣心的支配。他们宫殿里无用的华丽装饰一天比一天炫目，其花费不仅妨害积累，而且常常侵占那些用途更为必要的基金。德西利达斯关于波斯宫廷之言也适于一些欧洲君主的宫廷：他在那里看到浮华多而力量少，仆从多而士兵少。

　　输入金银不是一个国家得自对外贸易的主要好处，更不是唯一好处。随便哪两个地方之间进行对外贸易，它们都会得到两种好处。外贸使它们本国内不需要的那部分土地和劳动年产物被运走，给它们带来他们所需要的其他东西。通过换来其他这些能满足它们需要、增加它们用度的东西，外贸赋予了那些剩余产品以价值。利用这种措施，国内市场的狭隘性不会妨碍任何手工艺或制造业部门的分工发展到完善的境地。无论它们的劳动产品有多少超出了国内的消费量，只要对外贸易为它们打开了一个更广阔的市场，就会鼓励它们提高生产力，把年产量提高到最大，并因此而增加社会的真实收入和财富。对于进行外贸的所有不同国家，外贸一直在履行这些伟大而重要的任务。这些国家都从中受益，虽然说，商人所在国的利益还是要更大一些，因为商人一般总是关心供应本国人民的需要和输出本国的剩余产品多过关心别国。向那些需要金银但没有矿山的国家输入金银无疑是对外贸易的一部分，但却是最不重要的一部分。一个仅为这个目的经营外贸的国家恐怕在一个世纪之内都装不满一船金银。

并不是由于输入了金银，美洲的发现才使欧洲变得富裕。由于美洲矿山丰饶，这些金属的价格降低了。现在购买金银器皿所需的谷物或劳动，约为15世纪的1/3。每年付出同样多的劳动和商品，欧洲现在能购买的金银器皿数量是那时候的3倍。但是当一种商品的价格降到以往的1/3，并不仅仅意味着那些以前购买它的人现在可以购买3倍于当时的数量，而且也意味着买得起这种商品的人比以前大大增多了，可能增多10倍，也可能20倍。所以，欧洲现有的金银器皿数量，与如果没有发现美洲矿山（哪怕是在现有的进步状态下）相比，不仅可能多3倍以上，而且可能多20倍或30倍以上。无疑，时至今日，欧洲确实已经获得了好处，虽然这好处实在是微不足道。金银价格的低廉使这些金属不像以前那样宜于充作货币。为了买同样的东西，我们现在要带上更多的金银，以前口袋里装4便士就可以了，现在要装1先令。很难说以前的方便和现在的不方便哪个更微不足道。无论哪一个都不会使欧洲的现状产生任何根本的变化，但是，美洲的发现却的确带来了最根本的变化。它为欧洲所有的商品打开了一个新的、无穷无尽的市场，带来新的劳动分工和工艺改进，而在从前通商范围狭窄，没有一个能消化大部分产品的市场的时候，这是绝不可能发生的。欧洲的劳动生产力提高了，各国的产品增加了，居民的实际收入和财富也随之增加了。欧洲的商品对于美洲来说几乎都是全新的，美洲的很多商品对于欧洲也是如此。于是，开始产生一系列以前从未想到过的新的交易。本来，这自然应该对新大陆有利，就像它肯定会对旧大陆有利一样。但是，由于欧洲人的野蛮和不公，使这一本应有利于所有人的事情，对那些不幸的国家来说却成了破坏性的和毁灭性的。

经由好望角至东印度的航道差不多同时被发现，这开辟了一个可能比美洲更广阔的对外贸易的空间，即使距离更远。美洲当时只有两个在各方面都比野蛮人优越的民族，它们几乎一经发现就被消灭了，剩下的只不过是野蛮人。但是，中国、印度、日本等帝国以及东印度的几个帝国，除了没有更丰富的金银矿产以外，在其他各方面都比墨西哥或秘鲁更富饶，土地耕作得更好，所有的手工艺和制造业都更先进，哪怕那些西班牙作者关于这些帝国从前的情形的夸张记载显得很不可信，我们也仍得承认这一点。而富裕与文明的民族之间做交易的价值总是比它们与野蛮民族做交易大得多。可是，迄今为止欧洲从它与东印度的贸易中得到的利益,大大少于从它与美洲的贸易中所得到的。葡萄牙人独占东印度贸易差不多有一个世纪,欧洲其他国家要向东印度输送或从那里得到任何货物都只能间接通过他们。荷兰人在上世纪初开始侵入东印度时,将他们与东印度的全部贸易交给一家专营公司经营。英国人、法国人、瑞典人和丹麦人都效仿这一先例,结果,没有哪个欧洲大国从与东印度的自由贸易中得到了好处。这就是为什么东印度贸易的好处从来比不上美洲贸易的原因——在对美洲的贸易中,几乎每一个欧洲国家和它的殖民地之间的贸易都对这个国家的所有民众开放。那些东印度公司的专营特权和巨大财富,以及它们从各自政府那里得到的诸多关照和保护,已经引来了很多嫉妒。嫉妒者常常声称,由于进行这项贸易的国家每年要输出大量白银,所以这项贸易是完全有害的。对此,有关方面的答复是,白银的持续出口确实可能使欧洲在总体上受损,但对于那些从事这项贸易的个别国家则并非如此。因为,通过把一部分换回来的货物再出口到其他欧洲国家,每年可以使这个国家得到比输出去的数目多得多的白银。反对者的意见和对其答复都建立在我之前一直在阐明的流行观念之上,所以对这二者我都不必再多说什么了。由于每年往东印度输出白银,欧洲银器的价格可能比不输出白银的情况下高一些,而银币所能够买的劳动力和商品则更多。前一种影响是极小的损失,后一种影响是极小的得益,二者都微不足道,不值得社会关注。对东印度的贸易为欧洲的商品——或者,也可以说是为购买这些商品的金银——打开了一个市场,必然会增加欧洲商品的年产量,从而增加欧洲的实际收入和财富。迄今为止它们还增加得很少,可能是由于这种贸易处处受限制的缘故。

关于财富由货币或金银构成这一流行观念,我认为有必要加以详尽考察,虽然这可能会冗长沉闷。正如我已经论述过的,在通常的说法中,货币常常意味着财富,这种表达的简洁含混使得我们对这一流行观念感到亲切和熟稔,甚至那些深知其荒谬的人也很容易忘记他们自己的原则,在论证过程中把它当做既定的、不可否认的真理。英国一些研究商业的优秀学者开始的时候还说,一个国家的财富不仅在于金银,而且在于土地、房屋和各种可消费品,但在他们的论证过程中,土地、房屋和消费品似乎从他们的记忆中消失了,在他们的论述腔调中,往往假定了所有财富均由金银构成,增加这些金属是国家工商业的重大目标。

但是,如果这两条原则(财富由金银构成;无金银矿山的国家只有通过贸易差额、即出口价值超过进口价值才能输入金银)已然确立,那么政治经济学的重大目标是必定会成为尽量减少供国内消费的外国商品的进口，尽量增加国内产业产品的出口的。因此，限制进口和鼓励出口就成了使国家致富的两大引擎。

对进口的限制有两种：

第一，对于供本国消费的外国货物，如能由己国生产，则不论从哪个国家进口都加以限制。

第二，对于从贸易差额不利于己国的那些国家进口的几乎所有的货物都加以限制。

这些不同的限制措施，有时是高关税，有时是绝对禁止。

鼓励出口的措施，有时是退税，有时是奖励，有时是和外国订立有利的贸易条约，还有时是在遥远的国度建立殖民地。

退税在两种不同情况下实行。如果本国制造品已经缴纳关税或消费税，在其出口时常常退还已纳税额的一部分；如果是为了再出口而进口的需纳税的外国货物，在其出口时有时退还已纳税额的全部或一部分。

对那些刚起步的制造业，或被认为值得特别关注的企业的产品出口，会给予奖金以资鼓励。

通过有利的贸易条约，本国的货物和商人可以在某些国外地区获得优于其他国家的特权。

通过在遥远国度建立殖民地，不仅使宗主国的货物和商人享有某些特权，而且常常获得垄断地位。

上述两种限制进口的手段和四种鼓励出口的手段，是重商主义体系为了使贸易差额有利于本国从而增加国内的金银数量所提出的六种主要手段。我将在下面的章节里对这些手段进行考量，但不再过多关注它们有没有所说的把货币输入到国内来的倾向，而将主要围绕它们对国家产业的年产所可能带来的影响。由于这些手段往往会增加或者减少国内年产物的价值，显然它们也一定会增加或减少国家的实际财富和收入。

第二章　论限制进口国内能生产的商品

采取高关税或绝对禁止的手段对从国外进口国内能生产的商品进行限制，多少能够确保国内生产这类商品的产业对国内市场的垄断。例如，禁止从外国进口活牲畜和腌制食品，就确保了英国畜牧业者对国内肉类市场的垄断。对谷物进口课以高额关税（在谷物数量饱和的年份里高关税等于禁止其进口），给谷物生产者带来相同的利益。禁止外国毛织品进口同样有利于毛织品制造业。丝织业虽然完全使用外国原材料，但是近来也已获得同样的利益。麻织业尽管还未取得这样的利益，但也正在向这一前景大步迈进。许多其他种类的制造业也以同样的方式在英国完全取得了或几乎取得了不利于国人的垄断地位。英国所绝对禁止进口或在某些条件下禁止进口的商品种类之繁多，不太熟悉关税法的人是很难想象的。

国内市场的垄断地位往往使得享有它的各种产业受到极大鼓励，并且，毫无疑问，常常使更多的社会劳动和资本转到这些产业上来。但是，这样是否能增进社会总产业，或引导其朝着最有利的方向发展，也许不会十分明显。

社会总产业决不会超过社会资本所能投入的限度。就像任何个人所能雇佣的工人数必定和他的资本成某种比例一样，一个社会的全体成员所能持续雇佣的工人人数，也一定和那个社会的全部资本成某种比例，决不会超过这个比例。任何商业法规都不能使一个社会的产业数量增加到超出其资本所能维持的限度。它只能使本来不属于某一方向的一部分产业转到这个方向来。至于这个人为的方向是否比它自己投入的方向更有利于社会，却不能确定。

每一个人都不断地努力为自己所能支配的资本找到最有利的用途。诚然，他所考虑的是自身的利益，而不是社会的利益，但他对自身利益的考量自然会或者毋宁说必然会引导他选定最有利于社会的用途。

首先，如果能够获得资本的正常利润，或者比正常水平稍低的利润，每个人都想把他的资本投在尽可能接近自己家乡的地方，从而他对本国产业的支持也会尽可能的多。

因此，如果有相等的或差不多相等的利润，每个批发商自然会宁愿从事消费品的国内贸易而不愿从事对外贸易，宁愿从事对外贸易也不愿从事中间商贸易。从事国内贸易的话，他的资本不会像从事对外贸易那样长期不在他的视野之内。他能更好地了解他所信托之人的品质和状况，即使他偶然被骗，他也更清楚有关索赔的本国法律。如果从事中间商贸易，商人的资本一般会分投在两个境外国家，没有任何部分有放在本国的必要，也没有任何部分会置于自己的直接监督和掌控之下。例如，如果一个阿姆斯特丹商人的生意是把谷物从克尼斯堡运到里斯本，把水果和和葡萄酒从里斯本运到克尼斯堡，那他通常必须把一半资本投在克尼斯堡，另一半投在里斯本。没有任何资本有流入阿姆斯特丹的必要。这样的商人自然应当住在克尼斯堡或者里斯本，只有在非常特殊的情况下他才会住到阿姆斯特丹。但是，因远离自己的资本而产生的不安，往往使他把一部分本应运往里斯本的克尼斯堡的货物和一部分本应运往克尼斯堡的里斯本货物运到阿姆斯特丹。虽然这样做肯定要使他承担装货和卸货的双重费用以及一些关税,但是为了让他的一部分资本能处在他自己的监督和掌控之下,他甘愿担负这些额外的费用。正是由于这种情况,那些在中间商贸易中占有相当份额的国家,往往成为它所运输的各国货物的中心市场或综合市场。而为了免于二次装卸,商人们总是将尽可能多的外国货物在国内出售,从而将中间商贸易尽可能地变成消费品的对外贸易。同样,一个从事消费品对外贸易的商人,当他收集货物运出国外出售和他在国内出售这些货物的利润相同或差不多的时候,他总是会愿意把尽可能多的货物在国内出售。当他这样把对外贸易尽可能地变成国内贸易,他就可以避免承担出口的风险和麻烦。这样一来,每一个国家居民的投资中心就是他们自己的国家——如果我可以这样说的话——他们的资本不断围绕这一中心流通,趋向着这一中心,虽然,由于特殊的原因这些资本有时候会被迫离开这个中心,用在更遥远的地方。不过正如我已经指出的,投在国内贸易上的资本,与投在消费品的对外贸易上的等量资本相比,必然会推动更多的国内产业,并使国内有更多的居民可以得到收入和就业机会。投在消费品对外贸易上的资本,与投在中间商贸易上的等量资本相比,也有同样的优点。所以,在利润均等或几乎均等的情况下,每一个人都自然地会倾向于运用其资本为国内产业提供最大的支持,使最大数量的本国居民获得收入和就业机会。

其次,每一个把资本投在国内产业上的人,必然会努力经营这个产业以创造最大价值。

劳动产品是劳动对象或劳动所用原材料的增值。劳动者所得利润的大小,和劳动产品价值的大小成比例。由于任何人投资产业都只是为了追求利润,所以,他总是会努力使他投资的产业的产品具有最大的价值,或者说能交换最大数额的货币和其他商品。

但是,一个社会的年收入总是正好等于这个社会的产业的年产品的可交换价值,或者也可以说,这两者就是同一回事。所以,由于每一个人都会尽其所能运用其资本发展国内的产业,并努力经营这一产业以创造最大产值,每个人就都尽其所能地增加了社会的年收入。的确,通常他既不打算促进公共利益,也不知道自己在多大程度上促进了这一利益。他选择投资支持国内产业而不是支持外国产业,考虑的只是他自己的资本的安全;他经营他的产业使其生产价值最大化,也只是为了自己的利益。在这种情况下,与在许多其他情况下一样,有一只看不见的手引导着他去达到一个他无意追求的目的。虽然不是他的本意,可对社会来说并非不好。他追求自己的利益,常常能促进社会的利益，比有意这样去做更加有效。我从未听说过，那些装作为公众利益而经营贸易的人做过多少好事。当然，这种伪装在商人们中间并不十分普遍，用不着多说什么劝阻的话。

一个人的资本应该投资何种国内产业，何种产业的产品最有价值，关于这一问题，显然每一个身处其境的人都能比政治家或立法者做出更好的判断。如果政治家企图指导私人如何运用他们的资本，那不仅是多此一举，而且是在僭取一种他既不愿放心地交给任何个人，也不愿放心地交给任何委员会或参议院的权力。把这种权力交给一个荒唐的、自以为是的认为自己有资格行使它的人，是再危险没有的了。

给予国内产业中任何特定的工艺或制造业的产品在本国市场上以垄断地位，就是在某种程度上指导私人应如何运用他们的资本，而在大多数情况下，这种措施几乎毫无例外地必定是无用的或者有害的。如果国内产业的产品在本国市场上的价格与外国产业的产品一样低廉，这种措施显然是无用的。如果不是一样低，那这种措施则通常有害。假如自己在家里制造一件东西要比到外面买它付出得更多，就决不要在家里制造，这是每一个持家有方的人都明白的道理。裁缝不会自己来做鞋子，而是从鞋匠那里购买。鞋匠不会自己来做衣服，而是请裁缝。农夫既不想裁衣，也不想做鞋，他都请别的手艺人来做。他们都觉得，为了自己的利益，应当把全部的精力都集中到比邻人有优势的方面，而以其一部分的劳动产品或其价格（二者是一回事），去购买自己需要的其他东西。

在一个私人家庭中是精明的行为，对一个国家来说也不可能是愚蠢的。如果外国能提供比我们自己制造来得更划算的商品，那我们最好就用我们较有优势的产业的一部分产品向他们购买。国家的总产业总是与其所用资本成比例，它不会因此而削减，正如上面所说的手艺人的劳动不会削减一样，只不过任其寻找最有利的用途而已。生产那些买比做更划得来的东西显然不是最有利的，而不把劳动用在显然比这更有价值的商品生产上，一定会或多或少地减少其年产品的价值。按照设定，从国外购买这种商品比在国内生产它们更便宜合算，因此，如果顺其自然，其实我们只需用等量资本投入国内产业所生产产品的一部分或其价格的一部分，就可以把这商品购买进来。所以，如果给予这类本国产品以垄断权，一国的产业就被从比较有利的行当转向比较不利的行当，其年产物的价值不是像立法者所想的那样有所增加，而是由于每一种这样的措施而必然地减少。

诚然，通过这种措施，某些特定的制造业有时能比没有这种措施时更迅速地确立起来，经过一段时间，其产品可以做到和国外一样便宜或更便宜。但是，虽然社会产业可以由此更快地找到某种有利的渠道，社会产业和收入的总额却决不会因此而增加。社会产业的增加只能与社会资本的增加成比例，而社会资本的增加又只能与社会收入的节余成比例。而上述维护垄断的措施就是减少社会的收入，减少社会收入就一定不会比任由资本和劳动寻找自然的用途更迅速地增加社会的资本。

没有这种措施，某些特定产业虽不能在社会上确立起来，但是，社会在其发展的任何时期都不会因此而变贫困。在社会发展的每一时期内，它的全部资本和劳动，虽然使用对象不同，但仍可能用在当时最有用的用途上。在每一时期内，社会收入均可能是社会资本能提供的最大收入，而资本和收入均可能按最大的速度增加。

在生产某种商品上有时候一国对另一国享有的自然优势是如此巨大，所以全世界都承认，向这种优势挑战是徒劳的。通过盖玻璃、建温床和温墙，在苏格兰也能种出很好的葡萄，用它也能酿出很好的葡萄酒，但费用约为从外国购入同等品质葡萄酒的30倍。禁止所有外国葡萄酒的进口，只是为了鼓励在苏格兰生产波尔多和勃艮第酒，这难道是合理的法律？如果说为了得到所需的等量产品，不去从外国购买，而是用30倍的劳动和资本在本国制造显然荒谬，那么，即使用多出1/30甚至1/300的劳动和资本这样去做也同样荒谬，虽然荒谬的程度没有那么惊人，但荒谬的性质完全一样。至于这样一国对另一国享有的优势是天然固有的还是后来取得的，都无关紧要。只要一国享有这种优势，而另一国没有，后者向前者购买这种优势产品就总是比自己制造更为有利。一个手艺人对另一行业的手艺人的优势只是后来取得的，但是他们都发现，从对方那里购买人家的产品比自己生产这种产品更为有利。

商人和制造业者是从这种国内市场垄断获得最大好处的人。禁止外国牲畜和腌制食品进口，以及对外国谷物征收高关税（这在一般的丰收年份等于禁止进口）给英国畜牧业者和农场主带来的利益比不上商人和制造业者从同类措施中所得的利益。制造品，尤其是比较精巧的制造品，比谷物和牲畜更易于由一国运至另一国。所以，对外贸易以运送和贩卖制造品为主要业务。在制造品方面，一种非常小的优势就可以使外国商人能够以低于我国人工产品的价格出售其商品，即使是在国内市场上；而在土地天然产物方面，需要有极大的优势他们才能做到这一点。如果允许外国商品自由进口，一些本国制造业或许会遭受损失，有的也许完全破产，投入其中的资本和劳动有相当一部分会被迫寻找其他用途。但是，天然产物的进口即使在最自由的情况下，也不会对我国的农业产生这样的影响。

例如，即使外国牲畜的进口十分自由，能进口的牲畜也会很少，大不列颠的畜牧业并不会受到多大的影响。活牲畜可能是海路运输贵于陆路运输的唯一商品。通过陆路，它们可以自己走到市场上去。通过海路，则不仅要运牲口，还得运它们的食物和饮水，这些费用和麻烦可不小。确实，爱尔兰和大不列颠之间的海路较短，使得从爱尔兰进口牲畜较为容易。但是，即使它们可以随时自由进口（最近的自由进口许可是有时间限制的），对大不列颠畜牧业者的利益也不会有多大的影响。与爱尔兰海相邻的大不列颠领土全是畜牧之地，爱尔兰的牲畜在这些地方没有市场，它们只能穿过这些广阔的地区（费用和麻烦当然不小），赶往其他合适的市场。而肥牲畜走不了这么远，所以，只能进口瘦牲畜。进口瘦牲畜不会损害饲育牲畜之地的利益，瘦牲畜价格的降低对这些地方反倒有利；它只会损害繁殖牲畜之地的利益。而允许自由进口之后爱尔兰牲畜的进口数量之小，以及瘦牲畜依然坚挺的价格，都可以证明，即使是大不列颠繁殖牲畜之地，也未受到爱尔兰牲畜进口多大的影响。事实上，爱尔兰的老百姓据说曾强烈地抵制牲畜出口。不过，如果出口商认为继续出口牲畜有利可图，而法律又支持他们，那他们要克服这种群众抵制是很容易的。

此外，饲育牲畜之地的地理条件一定都已大为改良，而繁殖牲畜之地则通常尚未开垦。如果瘦牲畜售价高，也就增加了未开垦的土地的价值，这等于是对不改良的报偿。而对于那些全境的土地都已改良的国家，进口瘦牲畜比繁殖瘦牲畜更为有利。据说现在的荷兰就依循这一点。苏格兰、威尔士和诺森伯兰的山地确实是没多大改良余地的地区，似乎先天注定要成为大不列颠的牲畜繁殖场。外国牲畜的自由进口，只不过使这些繁殖场没法从大不列颠其他地方的人口增长和进步中得到好处，使它们不能把它们的牲畜的价格抬得过高，使它们不能从其他更进步和肥沃的地区获得更多收入。

腌制食品的自由进口也像活牲畜的进口一样，不会对大不列颠畜牧业者的利益产生多大的影响。腌制食品不仅是笨重的商品，而且和新鲜的肉食相比，它的品质更低，价格也更高（因为它要花更多的劳动和费用）。因此，进口腌制食品虽然能和本国的腌制食品竞争，但决不能和本国新鲜的肉食竞争。它可能被当做远洋船只上的食物，或用在类似用途上，但在人们的饮食中毕竟不占很大的部分。自从允许其自由进口以来，从爱尔兰进口的腌制食品并不多，这一事实实际上证明，我国畜牧业者不必为此担心。并无迹象表明，我国的肉类价格受到腌制食品进口的明显影响。

甚至外国谷物的自由进口对大不列颠的农民的利益也没有多大的影响。谷物比肉类还笨重得多，运送 1 磅只值 1 先令的小麦就要花上和运 1 磅值 4 先令的肉类同样的代价。即使是在大荒年，外国谷物的进口量也很少，这使我国的农场主感到欣慰，他们不必担心谷物的自由进口。根据信息详尽的谷物贸易研究者提供的数据，平均每年进口的各种谷物的数量总共不过 23728 夸脱，只占本国谷物消费额的 1/571。但是，由于谷物出口奖金在丰收年份导致了超过实际耕作状况所允许的出口，所以在歉收之年必然导致超过实际耕作状况所允许的进口。这样一来，今年的丰收就不能补偿来年的歉收。如果没有谷物奖金，那么出口的谷物将会比现在少，或许进口量也会因此比现在少。在英国和其他国家之间贩运谷物的商人将因此而失去许多生意，遭受许多损失。但对乡绅和农民来说，损失却很小。所以，正如我看到的，是谷物商人，而不是乡绅和农民，对延续和重建奖金制度抱以热望。

在所有人当中，乡绅和农民是最没有可憎的垄断心态的，这是他们的光荣。一个大工厂主有时会因为发现离他 20 英里内新建了一个同类工厂而感到惊慌。在阿比维尔经营毛织品制造业的荷兰人，就规定在那个城市周围 90 英里内不许建设同类工厂。相反，农民和乡绅通常更愿意帮助而不是妨碍他的邻人耕种和改进他们的田产。他们不像大多数工厂主一样有许多机密，而是大多喜欢和邻人互相交流，喜欢尽可能推广自己的新经验。老加图曾说："Pius Questus stabilissimusque, minimeque invidiosus; minimeque male cogitantes sunt, qui in eo studio occupati sunt."（"这是最受人尊敬的职业，从事这种职业的人，生活最稳定，最不为人忌，最没有不满之念。"）乡绅和农民散居全国各地，联络不方便；商人与工厂主集中居于城内，则容易联合。他们都沾染了行业内盛行的独占专营的习气，自然地想取得不利于国人的专营特权，就像取得不利于他所在城市的居民的专营特权一样。为保障对国内市场的垄断而限制外国商品进口，他们似乎是始作俑者。也许是效仿商人和工厂主，或觉得受到了压迫而要求平等，乡绅和农民们忘了他们固有的慷慨，起来要求谷物及肉类供给的垄断权。他们没有仔细去想一想，自由贸易对他们利益的影响其实比对商人和工厂主的影响小很多。

以永久性法律禁止谷物和牲畜的进口，实际上就等于规定，一个国家的人口和产业永远只能维持在本国土地天然产物所能维持的水平上。

但是，似乎在下面两种情况下，对外国产业或产品施加某些负担以鼓励国内产业会有好处。

第三篇 论政治经济学体系

第一,当某种产业为国防所必需时。例如,大不列颠的国防在很大程度上取决于其海员和船只的数量。因此,《航海法》适当地力图赋予大不列颠的海员和船只在本国海上贸易中的垄断地位,对外国船只,有时候是绝对禁止,有时候是课以重担。航海法的主要规定大致如下:

(一)凡与大不列颠移民地和殖民地通商或在大不列颠沿岸经商的船只,其船主、船长及 3/4 的船员,必须为英国籍臣民,违者没收船只及所载货物。

(二)各种笨重的进口商品,只能由上述那种船只或商品出口国的船只(其船主、船长及 3/4 的船员为该国臣民)输入大不列颠,如果由后一类船只输入,必须征收加倍的外国人税。如果由其他国家的船只输入,则没收船只及所载货物。这项法令颁布的时候,荷兰人是欧洲最大的中间商(现在也仍是),但由于这项法令,他们再也不能当大不列颠的中间商,也不能再把欧洲其他国家的货物运入我国了。

(三)各种笨重的进口商品,禁止从不是生产国的其他任何国家进口,即使是用不列颠的船只也不例外,违者没收船只及所载货物。这项规定可能也是专门针对荷兰人的。那时荷兰和现在一样,是欧洲货物的大市场。有了这个条例,英国船只就不能在荷兰境内起运欧洲其他国家的商品了。

(四)各种腌鱼、鲸须、鲸鳍、鲸脂,如果不是由英国船只捕获及加工,在输入不列颠时必须征收加倍的外国人税。在那时,荷兰人是欧洲唯一向其他国家提供海鱼的渔民(现在主要的仍是他们),现在有了这个条例,他们以鱼提供给英国就须缴纳极重的税了。

该《航海法》制定的时候,英国、荷兰两国虽然实际上没有战争,但两国之间存在着强烈的仇恨。仇恨在长期议会(the Long Parliament)统治时期开始酝酿(期间制定了这项法律),不久在克伦威尔王朝和查理二世王朝时期的荷兰战争中爆发了出来。这个著名法律有几个条目很可能是从民族仇恨出发的,但确实又像深思熟虑的结果一样明智。当时的民族仇恨,以削弱唯一可能危及英格兰安全的荷兰海军力量为目的,这和最冷静的思考所要求的正相同。

《航海法》对对外贸易是不利的,或者说,对可能由对外贸易产生的财富之增长是不利的。一个国家在对外贸易中的利益,和一个与人做交易的商人的利益一样,要看是否买得尽可能便宜或卖得尽可能贵。但是,一个国家只有当贸易非常自由,其他所有国家都受到鼓励把这个国家所需的货物运到它这里来的时候,它才最有可能买得便宜;同样,只有当它的市场上挤满大量买者的时候,一个国家的商品才最有可能卖得贵。诚然,《航海法》并没有给到英国来购买货物的外国船只增加税费负担。甚至过去出口和进口商品通常都要缴纳的外国人税，也经过后来的几项法令被免除，有大部分的出口商品无须再缴纳了。但是，如果禁令或高税率阻止了外国人前来出售他们的商品，他们也就不会总是有能力来购买商品，因为如果船只不载货物前来，他们就损失了从自己的国家到英国的路费。由于减少了前来销售货物的人数，我们必定也减少了购买者的数量，这样，与贸易完全自由的时候相比，我们不仅在购买外国货物时要买得更贵，而且在出售本国货物时要卖得更便宜。不过，由于国防比国富重要得多，《航海法》也许仍然是英国各种通商条例中最为明智的一种。

对外国产业或产品施加某些负担以鼓励国内产业，第二种有利的情况是在国内对本国产品课税的时候。在这种情况下，对外国的同样产品课以同样的税似乎也合理。这种办法不会使本国产业垄断国内市场，也不会使国家的资本和劳动流入某种特定产业比自然的情况下更多。对国内外的货物都课税只会防止自然情况下会投入这一产业的资本和劳动不会因为被课税而流入其他不那么自然的用途。国外产业和国内产业的竞争平台，在课税前和课税后也差不多一样。在英国，当对国内的产品课以此税的时候，为了避免商人和制造业者们抱怨他们的产品要在国内贱卖，通常就对同种外国商品的进口课以高得多的关税。

对自由贸易的这第二种限制，有些人认为，不应该仅仅局限于能与国内被课税的产品相竞争的那些外国商品。他们说，生活必需品要是在国内课税，那么，不仅对外国进口的同种生活必需品课税是正当的，而且对外国进口的能和本国产品竞争的所有商品课税也是正当的。他们说，课税必然会导致生活必需品价格抬高，而劳动价格会随着劳动者生活必需品价格的增高而增高。所以，本国产业生产的各种商品，虽然没有直接课税，但其价格都因为对生活必需品课税而上升了，因为生产各种商品的劳动的价格上升了。因此，他们说，这种课税虽然只以生活必需品为对象，但实际上等于对国内一切产品课税。所以，他们认为，为了使国内产业与国外产业居于同等地位，对进入本国而与本国商品形成竞争的所有外国商品，都必须课以与本国商品价格增高额相等的税。

对生活必需品课税（比如英国对肥皂、食盐、皮革、蜡烛等商品课税）是否必然提高劳动价格，从而提高其他一切商品的价格，我将在后面探讨赋税问题时加以考察。我们不妨先假定这种课税有这样的效果（它无疑是有这种效果的），但劳动价格提高导致所有商品价格提高与因直接课税导致特定商品价格提高，在以下两方面还是有所不同的：

第一，特种赋税能使特定商品的价格提高到什么程度，总是可以准确地判定的，但劳动价格的普遍提高能在多大程度上影响各种不同的劳动产品的价格，则不能很确切地判定。所以，不可能很准确地按照国内各种商品价格上涨的比例来对各种外国商品课税。

第二，对生活必需品课税对人民境况的影响，与贫瘠土壤和恶劣气候所产生的影响大致相同。在这两种情况下物资都会变得昂贵，因为生产它们都需要异常的劳动和费用。正如在因土壤和气候原因所造成的自然贫瘠时期指引人们使用其资本与劳动是荒谬的一样，在由于对生活必需品课税而引起人为的贫瘠时，指引人们这样那样去做也是荒谬的。很明显，在这两种情况之下，对人民最有利的是让他们尽可能地使自己的劳动适应他们的境况，即使在不利的情况下，也能在国内或国外市场上找到可以占据一些优势的行业。由于他们的纳税负担很重，由于他们对生活必需品支付了过高的价格，就让他们负担一种新税，让他们对其他大部分商品也支付过高的价格，这无疑是一种最荒谬的补偿办法。

当对生活必需品课征的赋税达到一定高度时，其危害与土壤贫瘠和天时险恶所造成的危害相同；然而征收这类赋税的地方通常都是最富裕和最勤勉的国家，其他国家经受不起这么大的混乱。只有最强健的身体才能在不卫生的饮食条件下生存并保持健康状态，所以，只有各种产业都具有最大先天优势和后天优势的国家，才能在这类赋税下生存并繁荣。荷兰是这类赋税最多的欧洲国家，但它的持续繁荣并不像最荒谬的看法所认为的那样是由于有了这类赋税，而是由于其特殊的国情。它的繁荣与这些赋税无关。

如上所述，在这两种情况下，给外国产业增加某些负担以鼓励国内产业是有利的，但还有另外两种情形在有些时候还有待思量。一种情形是，在何种程度上允许某种外国商品持续自由进口是适当的；另一种情形是，当自由进口中断了一段时间之后，在何种程度上以及用何种方式恢复它是适当的。

当某个国家以禁令或高关税抑制进口我国的某种制造品的时候，就得考虑在何种程度上允许这个国家的某种商品持续自由进口是适当的。在这种情况下，复仇心理自然会引起报复，我们会对他们的某些产品或所有产品课以同样的关税或施以同样的禁令。各国一般都是如此进行报复的。法国人为了庇护本国的制造业，特别倾向于抑制一切能和他们竞争的外国商品进口。这构成了科尔伯特政策中的很大一块。科尔伯特先生的才能虽然不小，但在这种情况下，却似乎为商人和制造业者的诡辩所蒙蔽了。而商人和制造业者所要求的垄断权对其国人总是不利的。现在，法国最明智的人都认为，他的这种举动对国家没有好处。这位大臣1667年颁布关税法，对大多数外国制造品课以极高的关税。由于他拒绝荷兰人减轻关税的要求，后者于1671年禁止法国的葡萄酒、白兰地和制造品进口。1672年的战争部分是由这场商业争端引起的。1678年两国签订尼麦根和约停战时，法国向荷兰做出让步，减轻了其关税，荷兰也由此撤回进口禁令。英法两国大约是在同一时候开始互相采用相同的高关税和禁令政策来压制对方产业的，但似乎也是法国人起的头。从那之后，两国之间存在的敌意使得双方迄今都不肯减轻关税。1697年，英国禁止弗兰德制造的麻花边输入，那时弗兰德属于西班牙的领地，作为回应，其政府禁止英国毛织品进口。1700年，以弗兰德撤回对英国毛织品的进口禁令为条件，英国撤回了对弗兰德麻花边的进口禁令。

  能够得以撤销众人所抱怨的（外国对我国产品的）高关税或禁令，这种报复也可以说是好政策。恢复一个大的外国市场，足以解决由于某些商品在短时期内价格过高所带来的困难。要判断这种报复能否产生这种效果，与其说需要有立法家的知识，不如说需要狡猾的政治家或政客的技巧。因为立法家的考虑，应受持久不变的普遍原则的支配，而政治家或政客的考虑，则受瞬息万变的具体事件的指引。如果这种禁令没有可能被撤销，这种报复则不见得是一个好办法。当我们的邻国禁止我国某些产品进口时，我们通常不仅对其相同产品施行进口禁令，而且还禁止他们其他的一些产品进口，因为如果单是禁止前者，很难给他们施加足够的影响。这样做无疑可给我国某些行业的生产者以鼓励，替他们排除一些竞争者，使他们能在国内市场上抬高价格。但是，我国那些因邻国禁令而蒙受损失的生产者决不会从我们的报复性禁令中受益。相反，他们，以及几乎所有的其他的我国公民，在购买某些货物时都不得不支付比以前更为昂贵的价格。所以，这样的法律等于是对所有人课以实税，受益的不是因邻国禁令而蒙受损失的生产者，而是另外一部分生产者。

  另一个情形：当本国的某些产业由于所有能与其竞争的外国商品都被课以高关税或禁止进口，所以已经发展壮大、从业人员众多的时候，那么，在外国商品自由进口中断一段时间之后，在何种程度上、以何种方式来恢复自由进口才是适当的，这有待思量。人道主义的态度也许会要求一步步地、小心翼翼地恢复自由贸易，因为如果骤然撤销高关税与进口禁令，廉价的同类外国货物可能迅速涌入本国市场，旋即造成成千上万的我国人民丧失生计。由此引起的混乱无疑会相当严重。不过，这种混乱也许并不像通常想象的那么大。原因有二：

第一，那些没有奖励金通常也可以出口到欧洲各国的商品，都不会受到外国商品自由进口的多大影响。这种商品出口到国外，其售价应该和同种类、同品质的外国商品一样低廉，因此它们在国内的售价只会更低，所以，它们仍会占据着国内的市场。尽管有些爱时髦的人，有时会因为是外国货就对其青睐，而不买本国制造的物美价廉的同类货物，但按照常理，这种蠢行只限于少数人，不会对人们正常的谋生渠道造成显著的影响。我国毛织业、制革业和锻造业中有很大一部分商品是不依赖奖励金出口欧洲各国的，而这几种行业的从业人员也最多。丝织业也许是由于自由贸易而受害最大的行业，其次是麻织业，但后者已经比前者所受损失小很多。

第二，虽然有很多人会因为这样恢复自由贸易而突然失去他们平常的工作和生计，但不能得出结论说，他们从此就被剥夺了工作和生计。上次战争结束时裁减的陆海军达10万人以上，数量上等于最大的行业里的从业人员，他们全都是突然失去了自己平素的工作，但是，虽然他们毫无疑问经受了困难，却并未因此被剥夺所有的工作和生计。大部分水兵可能逐渐在商船上找到了工作，同时，和他们一样，陆军士兵也被吸收到大众之中，从事于各种各样的职业。10万多人，本来全都习惯了使用武器，有许多还习惯了掠夺，他们的处境发生了这么大的变化，却不仅没有产生大动乱，甚至没有产生明显的混乱。就我所知，流氓人数在各地并未因此而有明显的增加，甚至，除了商船海员外，无论何种职业的劳动工资也未曾减少。如果我们比较士兵和任何种类制造业工人的习惯，我们就会发现，转换职业时，后者比前者更符合要求。制造业工人总是习惯于单凭自己的劳动谋生，而士兵则期望以饷给为生。一个习惯于勤奋和辛劳，另一个习惯于闲散和怠惰。由一种劳作转入另一种劳作，当然比由闲散怠惰转入劳作容易得多。此外，我已说过，大部分制造业都有性质类似的相关行业，所以，工人们很容易从一种制造业转到另一种制造业。大部分这样的工人有时候也被雇佣从事乡村劳动。以前某种制造业雇佣他们的资本仍然留在国内，可以以其他方式雇佣同等数量的工人。国家的资本仍然相同，对劳动的需要也和从前相同或大致相同，不过是用在不同的地方和不同的职业而已。我们知道，海陆军士兵被国王的军队遣散时有在大不列颠或爱尔兰的任何城市任何地方选择任何职业的自由。那就也恢复国王陛下的所有臣民选择自己愿意从事的职业的天赋自由，让他们像士兵们一样吧：即打破同业公会的专营特权，废除学徒法令（这二者都是对天赋自由的实际侵害），再取消居留法，使穷困工人在此行此地失了业的，能在彼行彼地就业，无须担心被检举或被排斥，这样，无论是公众还是个人，都不会因为某个行业的工人偶然被解散而承受比解散军队更大的困扰。我们的制造业工人对国家无疑有很大的贡献，但他们不会比那些以鲜血捍卫国家的士兵贡献更大，所以也无须额外对待。

诚然，期待在大不列颠完全恢复贸易自由，就像期待在这里建立"理想岛"或"乌托邦"一样荒谬。其难以抗拒的阻力不仅来自公众的偏见，而且还来自更难克服的许多私人的利益。如果部队军官反对裁军也像大制造业者反对可能在国内增加竞争者数量的法律一样激烈和一致，如果前者也以后者煽动工人的方式去鼓动士兵，以暴力攻击他们所反对的法案的提议者，那么，试图裁军就和现在试图在不论哪方面削减我国制造业者手里的对我们不利的垄断权一样危险。这种垄断权已经大大地增加了某些产业的人数和势力，他们像一支庞大的常备军那样，不但可以威胁政府，而且往往可以胁迫立法机构。如果议会的议员支持加强这种垄断的每一项提议，他不但可以获得精通贸易的赞誉，而且还可在一个人数众多、财富巨大，因而占有重要地位的阶层中受到欢迎和拥护。相反，如果他反对这类提议，尤其是他还有足够的权力去阻止这类提议的通过，那么，即使他是公认的正直人士，即使他有最高的地位，或有最大的社会功绩，也免不了受到最大的名誉侮辱和诽谤，免不了受人身攻击，有时候还会有实际的危险，这些无礼暴行都将来自愤怒和绝望的垄断者。

大型制造业经营者，如果由于在国内市场上突然遭遇外国人的竞争而不得不放弃原产业，其损失当然不小。通常用来购买原料和支付工资的那部分资本要另觅用途或许不会十分困难，但是固定在厂房和贸易设备上的那部分资本处理起来却不免造成相当大的损失。因此，为了公平地对待他们的利益，就要求这种变革不能操之过急，而要缓慢地、逐渐地、长时间地给以警告之后再实行。如果立法机构不为局部利益的无理诉求所左右，而具有为大众谋福利的远见，那么，它为此要特别谨慎，既不去建立新的垄断，也不扩大已经存在的垄断。每一种这样的法规都难免会在某种程度上造成国家宪法的失调，以后要去补救，又会引起另一种失调。

至于对外国货物课税不是为了防止其进口，而是为了增加政府收入，这在何种程度上是适当的，我将在后面探讨税收问题时予以考虑。为阻止或减少进口而设的关税，显然是有损于关税收入的，就像它有损于贸易自由一样。

第三章 论对来自贸易差额被认为于我不利的国家的各种商品进口实施特殊限制

第一节 论即便根据重商主义原则,这种限制也不合理

对来自贸易差额被认为于我不利的那些国家的几乎所有商品的进口施加特殊限制,是重商主义体系所提出的增加国家金银量的第二个策略。例如,在大不列颠,西里西亚的上等细麻布只要缴纳一定的关税,即可进口供国内消费,而法国的细葛布和细麻布则禁止进口,除非运到伦敦港的货栈以备出口。对法国葡萄酒所课的关税,要比对葡萄牙或其他任何国家的葡萄酒所课的关税更重。根据所谓的1692年进口法,所有的法国货物都被课以从值25%的关税,而来自其他国家的大部分货物的关税则轻得多,很少超过5%。诚然,法国的葡萄酒、白兰地、食盐和醋不在此限,这些商品依照别项法律或此项法律的特殊条款缴纳别种重税。1696年,又认为25%的关税还不足以阻抑法国商品的进口,于是又对白兰地以外的法国商品再加征25%的关税,至于法国葡萄酒和法国醋则每桶分别课以25英镑和15英镑的新税。法国货物从未省免税则上列举的大部分货物必须缴纳的那些一般补助税①或五分税。如果把1/3补助税和2/3补助税也计算在内,法国商品要缴纳的全部补助税就有五种。因此,在这次战争开始以前,法国大部分的农产品和制造品至少须负担75%的关税。但是对于大部分货物来说,如此沉重的关税等于是禁止其进口。我相信,法国方面同样地苛待我国的商品,虽然我不太清楚到底苛刻到什么程度。这种相互的限制几乎断绝了两国之间一切公平的交易,使走私成了法国货物进入英国和英国货物进入法国的主要途径。上一章我考察过的那些原则起源于私人利益和垄断精神,我现在要考察的这些原则,则是起源于民族偏见和敌意,因此,正如可看到的那样,它们更加不合理,即使按照重商主义原则来看也是如此。

首先,即使英法之间自由通商的贸易差额确实对法国有利,也不能因此就断言这样的贸易或其全部差额对英国不利。如果法国的葡萄酒比葡萄牙的葡萄酒更好且更便宜,或者它的亚麻布相比德国的亚麻布也是这样,那英国从法国购买所需的葡萄酒和亚麻布当然比从葡萄牙和德国购买更为有利。尽

---

① 指国会允许征收的补助国王的税。——译者注

管每年从法国进口的商品的价值会因此而大增，但因同品质的法国商品比其他两国的便宜，所以每年全部进口商品的总价值定会按照便宜的比例而减少。即使从法国进口的商品完全在英国消费，情况也是如此。

其次，很大一部分从法国进口的商品会被再出口到其他国家去赚取利润，通过这种再出口，也许能带回与全部法国进口商品原始成本价值相等的收益。人们常说东印度贸易如何如何，其实对法贸易可能也是一样：虽然大部分的东印度货物是用金银买来的，但是将其一部分再出口到其他国家，可以给做这项生意的国家带回比其全部原始成本更多的金银。现在荷兰贸易最重要的分项之一，就是将法国货物贩卖到欧洲其他国家。甚至英国人喝掉的法国葡萄酒，有一部分也是从荷兰和西兰岛秘密进口的。如果英法之间贸易自由，或者，法国货物进口时只需支付与欧洲其他国家货物相同的关税，在出口时再退税，那么英国就可以在那种对荷兰十分有好处的贸易中分一杯羹。

最后，第三点，我们没有一个明确的标准，来判断两国之间所谓的贸易差额到底孰轻孰重，即哪一国的出口额更大。常由某些商人的私利所造成的民族偏见和敌意，往往左右了我们对所有相关问题的判断。不过，在这种场合人们一般经常求助于两条标准，即海关账簿与汇兑行情。现在已经普遍认为，以海关账簿作为标准不可靠，因为那上面对各种商品的估价大部分不准确。至于汇兑行情，恐怕也是差不多。

当伦敦和巴黎之间的汇兑按平价进行时，他们说这就显示伦敦欠巴黎的债务被巴黎欠伦敦的债务所抵消。反之，购买巴黎的汇票如须在伦敦贴水，他们说那就显示伦敦欠巴黎的债务未被巴黎欠伦敦的债务所抵消，而必须从伦敦送出货币以弥补差额，因为输出货币的风险、麻烦和开支，所以一方要求贴水、另一方给付贴水。他们说，两市之间通常的债务债权情况必然受它们之间通常的交易情况所支配。当甲地从乙地的进口不比它对乙地的出口数量更大时，则彼此间债务和债权可以抵消。但当甲地从乙地的进口比它对乙地的出口更大时，前者对后者的负债必定比后者对前者的负债更大，彼此间的债务债权不能抵消，债务大于债权的一方必须送出货币。因此，通常的汇兑行情是两地之间通常的债务债权情况的显现，也必定是两地之间进出口情况的显现。

但是，即使通常的汇兑行情可以充分显示两地之间债务债权的通常状况，也不能因此便断言，债权债务对一方有利，贸易差额便也对此方有利。两地间通常的债务债权情况，未必完全取决于两地间通常的贸易往来情况，而是常受两地中任一方与其他各地贸易往来的通常情况的影响。譬如，英格兰商人常常用对荷兰开出的汇票支付从汉堡、但泽、里加等地购买的货物,所以英格兰和荷兰之间通常的债务债权情况不完全受两国之间通常的贸易情况的支配,而是也受到英格兰和其他这些地方的贸易情况的影响。虽然英国每年对荷兰的出口值大大超过从荷兰的进口值,虽然所谓的贸易差额极有利于英国,但英国可能仍不得不每年向荷兰送出货币。

而且,按照迄今为止计算平价汇兑的方法,通常的汇兑行情也并不能充分表明,汇兑有利则债务债权也有利。换句话说,真实的汇兑情况与计算出来的汇兑情况可能极不相同,而且事实上确实极不相同。所以,在许多场合,关于债务债权的通常情况,我们决不能根据通常的汇兑行情得出确定的结论。

如果你在伦敦支付若干货币——根据英国造币厂标准这些货币含有一定数量的纯银,然后你得到一张可在法国抵值若干货币的汇票,根据法国造币厂的标准,其含银量与你在伦敦付出的货币相等,那么,人们就说英格兰与法国之间平价汇兑。如果你支付得多些,人们就认为你付出了贴水,并认为汇兑于英格兰不利,于法国有利。如果你支付得少些,你则被认为得到了贴水,汇兑于英格兰有利,于法国不利。

但是,第一,我们判断各国的通用货币的价值不能总是依据它们各自的造币厂的标准。各国通用货币的磨损程度和剪削程度,以及与标准相差的程度,是有多有少的。一国通用铸币的价值与他国通用铸币的价值相比较,不是看它应含的纯银量,而是看它实含的纯银量。在威廉国王时代改铸银币以前,英格兰与荷兰之间的汇兑,按照各自造币厂的标准以通常的方法来计算,英国要贴水25%。但是,我们从朗兹先生那里得知,英格兰通用铸币的价值,当时低于其造币厂标准不止25%。所以,即使在那时,真实汇兑也可能于英格兰有利,尽管计算的汇兑于它如此不利;在英国支付数量较小的纯银,就可以在买到在荷兰包含更大数量纯银的汇票,被认为付出了贴水的人实际上得到了贴水。在英格兰上次改铸金币之前,法国铸币与英国铸币相比磨损较少,其接近标准的程度高出2%或3%。因此,如果计算出来的汇兑于英格兰的不利程度不超过2%或3%,那么真实汇兑便对英国有利。而自金币改铸以来,汇兑一直有利于英国而不利于法国。

第二,在某些国家,铸造货币的费用由政府支付;在另一些国家,则由将金银块送入铸币厂的私人支付,政府甚至从货币铸造中获得一些收入。在英格兰,铸币费由政府支付,如果你将1磅标准银送到铸币厂,你可以拿回62个先令,内含同样的标准银1磅。在法国,铸造货币须扣除8%的税,这不仅足以支付铸造费用,而且还能为政府提供小额收入。在英国,因为铸币不收费，所以铸币的价值不可能大大高于其所含金银的价值。在法国，你付出的加工费增加了铸币的价值，正如加工费增加了金银器皿的价值一样。所以，含一定重量纯银的若干法国货币，比含等量纯银的若干英国货币价值更大，必然要求用更多的金银块或其他商品来换取它。因此，这两个国家的铸币，虽然同样接近各自造币厂的标准，但是一定数量的英国铸币却不能够买含有等量纯银的一定量法国货币，因而也不能够买同样数额的法国汇票。如果为买这张汇票所多支付的钱正好偿付法国货币的铸造费用，那么两国之间就实际上是平价汇兑，它们的债务债权可以相互抵消，但计算出来的汇兑大大有利于法国。如果不用支付这么多，则实际汇兑有利于英国，而计算的汇兑有利于法国。

第三，也是最后，在一些地方，比如阿姆斯特丹、汉堡、威尼斯等地，外国汇票用所谓的银行货币支付，而在其他地方，如伦敦、里斯本、安特卫普、莱戈恩等地，外国汇票则以当地通用货币支付。所谓银行货币，总是比同一面值的通用货币有更大的价值。例如，阿姆斯特丹银行货币1000荷兰盾，就比阿姆斯特丹地方通用货币1000荷兰盾有更大价值。两者之间的差额被称为银行的扣头，在阿姆斯特丹，一般约为5%。假设两国通用的货币接近各自造币厂标准的程度一样，但一国以通用货币支付外国汇票，而一国以银行货币支付，那么，很显然，即使计算汇兑有利于以银行货币支付的国家，真实汇兑也可能有利于以通用货币支付的国家。同样道理，当两国之间的计算汇兑是有利于用较好的货币或用较接近其标准的货币来支付汇票的国家时，很可能其真实汇兑是有利于用较坏的货币去支付的国家。在最近金币改铸以前，我相信，伦敦同阿姆斯特丹、汉堡、威尼斯，以及其他一切用银行货币兑付的地方之间的计算汇兑，一般都是不利于伦敦的。但不能因此就得出结论说，真实汇兑也对伦敦不利。自从金币改铸以来，即使是和这些地方之间，真实汇兑也是有利于伦敦。而伦敦和里斯本、安特卫普、莱戈恩之间，以及和除法国之外的大多数其他用通用货币兑付的欧洲地区之间，计算汇兑一般有利于伦敦；其真实汇兑大概也差不离。

顺便谈谈储金银行，尤其是阿姆斯特丹的储金银行

像英国、法国这样的大国，其通用货币几乎全由本国的铸币构成，如果这种通货因磨损、剪削或其他原因其价值降到标准价值以下，国家可以通过改铸有效地恢复通货的地位。但是像热那亚和汉堡这样的小国，通货很少能完全由自己的铸币构成，而必然在很大程度上由自己的居民与之有商业往来的所有邻国的货币构成。所以，这样的国家不能通过改铸来重整自己的通货。

如果外国汇票是由这种货币支付,而由于其本身的价值不确定,一笔这样的货币在外国的价值一定会低于它的真实价值,那么,汇兑必定非常不利于这样的小国。当这样的小国对贸易的利益重视起来,为了消除这种不利汇兑给其商人带来的困境,往往会规定,外国汇票不得用通用货币支付,而只许以特定银行的票据支付或在其账簿上转账,这种银行依靠国家信用、在国家保护下设立,有义务完全按照国家标准,以良好的、真正的货币支付汇票。威尼斯、热那亚、阿姆斯特丹、汉堡、纽伦堡等地的银行,最初似乎都是为此而建立的,虽然其中有一些后来还具有其他用途。这种银行货币既然比本国的通用货币好,必然会有一定扣头,其大小依据通用货币被认为低于国家标准的程度而定。例如,汉堡银行的扣头,据说一般约为40%,这40%就是人们认为的由邻国流入的损削、贬值的货币与国家标准良币之间的差值。

1609年以前,阿姆斯特丹的广大贸易从欧洲各地带回来大量削减磨损的外国铸币,使其通货的价值比造币厂新出良币的价值低大约9%。在这种情况下,新出的良币往往是一出厂就被熔化或运走。拥有大量通货的商人,常常找不到足够的良币支付他们的汇票,因此,尽管有不少防范法规,此类汇票的价值在很大程度上还是变得不确定。

为了解决这一困境,阿姆斯特丹于1609年在全市的担保下设立了一家银行。这家银行既接受外国铸币,也按照国家良币标准接受本国的轻度磨损的铸币,只扣除必要的铸币费和管理费。在扣除此项小额费用以后所余的价值,作为信贷记入银行账簿上。这种信贷就是银行货币,其所代表的货币价值与造币厂标准一致且稳定不变,因此实际价值大于通用货币。同时又规定,凡在阿姆斯特丹兑付或买卖的600盾以上的汇票,都应以银行货币支付。这项规定立即消除了这类汇票的所有不确定性。由于有了这种规定,每个商人都不得不在银行开立账户以兑付他的外国汇票,这必然引起对银行货币的需求。

银行货币,除了它固有的对通用货币的优越性以及因上述需求所必然产生的增值外,还具有几种别的优点。它没有遭受火灾、劫掠以及其他意外的可能;阿姆斯特丹市对其负全责;其兑付仅需通过单纯的转账,用不着繁琐的计算,也不用冒风险由一个地方运往另一个地方。由于有这种种优点,它似乎一开始就带有一项扣头,而人们普遍相信,所有最初存在银行里的钱都会听其留在那里,没有人会要求银行支付。因为,这项债权在市场上出售可以得到一项扣头,但如果要求银行现金支付,扣头就没有了。由于刚从造币厂出来的先令在市场上不能比普通的磨损的先令购得更多货物,所以良币如果从银行的保险箱里取出来、与私人保险箱里的普通货币混在一起,就会丧失它的优良特质，变得和普通货币一样。但如果它们留在银行的保险箱里，其优越性众所周知是不会变的。如果它们到了私人手中，要证明它们比普通货币优越，所付代价可能比两种货币本身的差值还大。此外，如果从银行里把钱取出来，它们也就丧失了它们作为银行货币的种种优点：安全性，转移的方便性，以及支付外国汇票的用途。不仅如此，银行还要在取出货币前收取保管费，不交就不能把货币取出来。

这种铸币存款，或者说银行必须以铸币付还的存款，就是银行最初的资本，或者说就是所谓的银行货币的全部价值，而现在，可以设想，这只占银行资本很小的一部分。为了方便用金银块进行的交易，这么多年以来银行也一直通过账簿信贷接受金银块存款。金银条块的信贷价格通常比其造币厂价格低大约5%。银行开出信贷货币的同时，还开出一张收银票，存款人或持票人可以在6个月内的任何时候取回所存金银，条件是将当初那个数量的银行货币交还银行，并且，如果存的是白银，交付0.25%的保管费，如果是黄金，交付0.5%的保管费。但同时，银行又申明，6个月到期时不支付这笔费用，所存金银则按接收时的信贷价格归银行所有，不得提取，收银票作废。这种储金保管费可以看做一种仓库租金；至于为什么黄金的仓库租金比白银的仓库租金高这么多，有几种不同的理由。有人说，黄金的纯度比白银的纯度更难确认。黄金更容易造假，而越贵重的金属造假引起的损失越大。此外，白银是标准金属，据说国家希望鼓励存储白银而不是存储黄金。

金银块的存储在其价格比通常略低时最为普遍，到价格升高时，则往往被提取出来。在荷兰，金银块的市场价格一般比其造币厂价格高，英格兰在最近金币改铸以前的情况也是如此。其差额，据说在荷兰每马克[①]（也就是8盎司）银块——含11分纯银和1分合金——一般为6至16斯泰弗[②]。当这样的白银（如果是外国铸币，则成色已知并固定，比如墨西哥银元）存入银行，银行所给的价格或者说信贷价格，为每马克22盾；造币厂价格约为23盾，市场价格则为23盾6斯泰弗至23盾16斯泰弗，或超出造币厂价格2%或3%。金块的银行价格、造币厂价格和市场价格之间的比例，差不多一样。通常，一个人可以出售他的银行收银票以赚取金银块的造币厂价格与市场价格之间的差额。金银块的银行收银票几乎总是值些钱的。所以，下面这类情况很少发生：直至6个月期满还没有把储金提出来或忘记支付保管费以获取另6

---

① 马克（mark）是中世纪欧洲大陆的金银单位，通常为8盎司。——译者注。
② 斯泰弗（stivers）等于1/20盾。——译者注。

个月的收银票,致使储金按存入时的价格归银行所有。但是,虽然很少发生,却也不是没有,而且发生在黄金储蓄上比发生在白银储蓄上更多,因为黄金要支付更高的仓库租金。

在银行存入金银块的人得到一笔银行信贷货币和一张收银票,他用银行信贷去支付到期的外国汇票,而至于他是保留还是出售他的收银票,依他对金银块价格涨落的判断而定。收银票和银行货币很少同时长期保留,而且也没有必要这样做。一个持有收银票而想要取出金银块的人,总是能找到许多能用普通价格购得的银行信贷货币;一个持有银行货币的人想要取出金银块,发现收银票总是同样的多。

银行信贷的所有人和收银票的持有者,构成银行的两种不同的债权人。收银票持有者如果不付给银行与接收金银块时的价格相等的银行货币,就不能取出金银块。如果他自己没有银行货币,他必须向别人去购买。银行货币的所有人如果不能提供所需数量的收银票,也不能取出金银块。如果他自己没有收银票,他也必须向别人购买。收银票持有者购买银行货币,买的是取出一定数量金银块的权力,这种金银块的造币厂价格比银行价格高5%,因此,他通常支付的5%的扣头不是为了一种虚幻的价值,而是为了真实的价值。银行货币所有人购买收银票,买的也是取出一定数量金银块的权力,这种金银块的市场价格通常比造币厂价格高2%到3%。所以,他所支付的价格也同样是为了真实的价值而支付的。收银票的价格和银行信贷货币的价格合起来,便构成金银块的完整价值或价格。

以国内流通的铸币存入银行,银行也给予银行信贷和收银票,但这种收银票一般没什么价值,在市场上也卖不起价。例如,每1达克特①在流通中价值3盾3斯泰弗,银行只给予3盾的信贷,或低于其流通价值5%的信贷。银行也同样开给收银票,持票人在6个月内可以随时取回所存的达克特,但要支付0.25%的保管费。这种收银票在市场上一般卖不出去。3盾的银行货币在市场上卖3盾3斯泰弗,就是从银行取出达克特以后达克特的全部价值,但取出达克特还得付0.25%的保管费,这只能算是收银票持有者的损失。不过,如果银行的扣头降至3%,这种收银票就可以在市场上售出,价格可至1.75%。但现在银行的扣头通常是5%,所以这种收银票常常听任其过期,或按他们的说法,被银行吞了。至于储存金达克特所得的收银票,就更常听任其过期,因为其仓库租金更高,须付0.5%的保管费才能提取出来。而在得到

---

① 从前在欧洲流通的铸币。——译者注。

铸币或金银块的储金时赚了5％的银行，可以看做这些储金的永久仓库。

收银票已经过期的银行信贷货币的数目一定相当可观。它必然包含了银行全部的原始资本。通常的看法是，货币或金银存入银行以后，就没人会想着更新他的收银票或把储金提出来，因为根据前面所列举的理由，任何一种做法都不免遭受损失。但无论这笔数目有多大，它在全部的银行货币中所占的比重据估计还是非常小。阿姆斯特丹银行多年来一直是欧洲最大的金银块仓库，但它的收银票很少有过期的，或者按他们的说法，很少掉到银行肚子里。绝大部分的银行货币或银行账簿信贷，应该是这么多年来商人们不断储存和提取金银块而创造的。

没有收银票就不能要求银行给钱。不过，收银票过期的较少量银行货币与收银票仍然有效的较大量银行货币混杂在一起，因此，虽然没有收银票的银行货币数额可观，但再也不能取钱的银行货币是没有具体数目的。银行不能在同一件事情上成为两个人的债务人，没有收银票的人只能买一张之后才能要求银行支付。在正常的和平时期，他按市场价格买到一张收银票并不困难，而这价格和他出售靠这张票从银行里取出的铸币或金银块的价格是相符合的。

在国难时期，情形则可能不同，例如，在1672年法国入侵的时候。当时，拥有银行货币的人都想从银行提出储金自己保存，收银票由于需求旺盛，其价格被抬高到离谱的程度。收银票持有者满怀期望，不是要求与收银票相应的银行货币的2％或3％，而是要求50％。敌人了解银行章程之后，甚至可能把收银票全部买下，以防止财富被运走。人们认为，在这种紧急情况下，银行会打破只对持有收银票的人支付储金的常规。没有银行货币但持有收银票的人，一定只领到了收银票所记明的储金价值的2％或3％。据说银行在这种情况下会毫不迟疑地以货币或金银块支付那些持有银行货币但没有收银票的人，给他们账簿信贷上的全部金额；同时，支付那些有收银票但没有银行货币的人2％或3％，这是在这种事态下他们所应得的全部份额了。

即使在正常的和平时期，收银票持有者的利益也在于压低扣头，以较低价格购买银行货币（从而以较低价格得到收银票上记明的可从银行提取的金银块），或以较高价格把收银票卖给有银行货币并希望提取金银块的人；收银票的价格一般等于银行货币的市场价格与收银票所记明的铸币或金银块的市场价格的差额。反之，银行货币所有人的利益，则在于抬高扣头，以高价出售其银行货币，或以低价购买收银票。为了防止这种相互冲突的利益关系可能造成的投机和钻营，近几年来银行决定，不论什么时候，卖出银行货币换取通货可以抽取 5% 的扣头，再次买进银行货币须支付的扣头则是 4%。由于有了这种规定，扣头就不可能高于 5% 或低于 4%，银行货币与通用货币的市场价格之间的比值，在任何时候都接近它们的内在价值之间的比值。但在没有此项规定之前，银行货币的市场价格高低不一，视此相对利益对市场的影响，有时候扣头高至 9%，有时候又低至与通用货币平价。

阿姆斯特丹银行承诺，储金账簿上每记下一盾，即在金库内保存一盾的货币或金银块，而不会将任何储金贷出。银行金库里保存着与未过期的收银票相应的、随时可以提取的，并且事实上进出不断的金银块，这是毋庸置疑的。但是收银票过期已久、在平常时期不能要求提取、实际上在联邦政府存在期间大概会永远留在银行的那一部分资本，是否也是这样，可能就不那么确定。然而，在阿姆斯特丹，第一信条便是：有一盾银行货币即有一盾金银存在银行金库里。这座城市确保了其落实。银行归四个在职的市长监督，这四个市长每年改选一次。新任的四个市长，对照账簿核查银行金库，宣誓接管，一年后再以同样庄严的仪式，把金库移交给继任者。在这个虔诚的宗教国家，宣誓依然受到重视。这种宣誓更替似乎足以保证不会发生不可告人的行为。在阿姆斯特丹政坛由于党派斗争造成的多次革命中，胜利的党派从未谴责过他们的前任在银行管理上有不忠诚的行为。对于失势党派的名誉与命运，不会比这种谴责有更深刻的影响了，如果这种谴责真有根据，那它一定会被提出来的。1672 年，当法国国王在乌德勒支时，阿姆斯特丹银行付款迅速，无人怀疑它履行契约的忠诚。当时从银行金库中提出的货币，有一些还留有被那场银行设立后不久的市政厅大火烧过的痕迹。可见，这些货币从那时候起就一直保存在银行金库里。

银行的金银总额究竟有多少，很早就成为好事者臆测的问题。关于这个问题，只能作出推测。一般认为，在银行开设账户的人大约有 2000 人，假设他们平均存款价值为 1500 英镑（这是一个很大的假设），那么银行货币的总额，即银行保存的金银总额，便大约等于 300 万英镑，以每英镑 11 盾计算，就大约等于 3300 万盾。这是一个很大的数额，足以进行非常广泛的流通循环，但这还是大大低于一些人所认为的数量。

阿姆斯特丹市从银行获得了相当可观的收入。除了所谓仓库租金，凡第一次来银行开立往来账户的，须交费 10 盾；每记一次新账，须交纳 3 盾 3 斯泰弗；每转账一次，交纳 2 斯泰弗；如果转账数目不及 300 盾，则须交纳 6 斯泰弗，以防止小额的转账。每年不清算账目两次的，罚 25 盾。转账的数目如果超过了储存的数目，须交纳等于超支部分 3% 的费用，其请求单也被搁置。人们也认为，银行将收银票过期后归为己有的外国铸币与金银块在有利时出售，也获得了不少利润。此外，银行货币以5%的扣头卖出，以4%的扣头买入，也给银行带来利润。这些不同的收益加在一起，大大超过了支付职员的薪俸和必要的管理费的费用。单是储存金银块所交纳的保管费一项，据说就带来15万至20万盾的年纯收入。不过，这家机构设立的初衷不是为了收入，而是为了公共利益。其目的在于将商人们从不利汇兑的困境中解救出来。由此而产生的收入则是不曾预料的，可以看做是意外之财。但现在是从这个冗长的离题论述转回来的时候了：我不知不觉中被带入这个话题，是为了说明为什么在用银行货币支付汇票的国家和用通用货币支付的国家之间，汇兑一般有利于前者而不利于后者。前者所支付的是一种内在价值总是不变的货币，这种货币完全符合他们造币厂的标准；后者支付的是一种内在价值总在变化的货币，它几乎总是或多或少地低于其造币厂标准。

第二节　论即便根据其他原则，这种特殊限制也不合理

在本章第一节，我力图说明，即使根据重商主义的原理，对于贸易差额被认为不利于我国的那些国家商品的进口，也不必加以特殊限制。

这整个的贸易差额学说是再荒谬不过了。不仅是这些限制，而且许多其他的商业条例，都是建立在这一学说的基础上。该学说认为，当两地通商时，如果贸易额平衡，则两地都无得失；一旦贸易额有所偏倚，就一方亏损，一方得利，得失程度与偏倚程度相称。这两种设想都是错误的。虽然设立奖金与制造垄断是为了保障本国利益，但是由其所促成的贸易，可能是而且事实上常常是对其设立国所不利的，这一点我将争取在下面的论述中说明。但是，不受限制的自然的、正常的两地贸易，总是对双方都有利的，虽然得利并不总是相当。

所谓有利或得利，我的理解是，不是金银量的增加，而是一国土地和劳动年产物的交换价值的增加，或是一国居民年收入的增加。

如果两地间贸易额平衡，而且两地间交换的都是各自在国内所生产的商品，那么在大多数情况下，它们不仅都会得利，而且所得利益相等或差不多相等；每一方都为对方的一部分剩余产品提供了一个市场；每一方都将补还另一方为生产和销售这些剩余产品所投入的资本，这资本已分配于另一方一定数量的居民之中，给他们提供收入和生计。所以，两国的居民都有一部分人将间接地从另一国取得他们的收入和生计。由于两国间所交换的商品的价

值相等，所以两国投在这一贸易上的资本也相等或差不多相等；又由于这资本都是用来生产各自的国产商品的，所以，两国居民由此分配到的收入和生计也是相等的或差不多相等的。这样互相提供的收入和生计，按照交易额度有多有少。比如说，每年的交易额每一方为 10 万镑，那么，一方为另一方的居民提供的年收入就是 10 万镑；如果交易额为 100 万镑，那彼此给对方居民提供的收入也就是 100 万镑。

如果双方贸易的性质是，一方向另一方出口的全是本国产品，而从另一方带回的全是第三国的产品，此时双方的贸易都是以商品偿付，仍被认为是平衡的。双方都会获利，但获利并不相等。从这种贸易中取得最大收入的，是出口国产商品的那一国的居民。比如，英国从法国进口的全是法国生产的商品，但英国却没有法国所需要的国产商品，每年不得不以大量的外国商品来偿付，如烟草或东印度货物，这种贸易虽可给两国居民都带来若干收入，但给法国居民带来的收入定会多于带给英国居民的。法国每年投在这种贸易上的全部资本都是在法国人之间分配的，但英国资本只有一部分，即用来生产与那些外国商品交换的本国产品的那一部分资本，是在英国人之间分配。其资本的较大部分是用来补还弗吉尼亚、印度和中国这些遥远的国家为其居民提供收入和生计的资本的。因此，如果两国所投资本相等或差不多相等，法国资本的使用为法国人民增加的收入要比英国资本给英国人民增加的收入大得多。在这种情形下，法国对英国所经营的，是直接的对外消费品贸易，英国对法国所经营的，是转口的对外消费品贸易。这两种贸易的不同结果，在前面已经充分说明过了。

不过，任何两国间的贸易，或许既不会是双方都完全用本国商品来交换，也不会是一方完全用本国商品，另一方完全用外国商品来交换的。几乎所有的国家都是用一部分本国商品，一部分外国商品来彼此交换。但是，国产商品占出口商品最大的部分，外国货物占出口商品最小部分的国家，总是主要的获利者。

假如用以偿付法国进口商品的不是烟草与东印度货物，而是金银，那么在这种情况下，贸易差额便被认为是不平衡的。其实，这样的贸易也会像前一种贸易一样，给两国居民提供若干收入，不过给法国人民提供的比给英国人民提供的多。它必然会给英国人民带来收入。为生产用以购买金银的商品而投入的资本（这些资本在一部分英格兰居民中分配并为他们提供收入），会因此而得到补充，并继续原来的用途。出口金银不会比出口等值的其他货物更会减少英国资本的总量。相反，在大多数场合下，它们都会增加英国的资本总量。凡是送往国外的货物都是国外需求比本国需求更大的货物,因此回程货的预期价值会比这些出口商品的价值更大。如果烟草在英国仅值10万镑,但是出口法国而购回的葡萄酒在英国却值11万镑,那么这种交换就可使英国资本增加1万镑。如果英国以价值10万镑的黄金购得的法国葡萄酒在英国也可值11万镑,那这种交换也同样可使英国资本增加1万镑。在酒窖中存有价值11万镑葡萄酒的商人,比在仓库中存有10万镑烟草的商人更富裕,也比金柜中有价值10万镑黄金的商人更富裕。与其他二人相比,葡萄酒商人可推动更多的产业,并给更多的人提供收入、生计和职业。而国家的资本等于所有居民资本的总和,一国每年所能维持的产业量等于所有这些资本所能维持的产业量。所以,一国资本及其每年所能维持的产业量,通常会因此种交换而增加。当然,英国用自己的铁器和高级绒面呢来购买法国葡萄酒,要比用弗吉尼亚的烟草或巴西和秘鲁的金银来购买更为有利。直接的对外消费品贸易总是比转口的对外消费品贸易有利。但是以金银进行的转口的对外消费品贸易,也不比用其他商品进行的转口的对外消费品贸易更不利。无矿产的国家每年出口金银,不会使金银更容易枯竭,正如不长烟草的国家每年出口烟草,不会使烟草更容易枯竭。有财力购买烟草的国家决不会长久缺乏烟草,同样,有财力购买金银的国家,也不会长久缺乏金银。

有人说,工人与酒馆之间的交易,对于工人是一种亏本的交易,而制造业国与葡萄酒生产国之间自然进行的贸易,也可以看做是同样性质的交易。我回答说,工人与酒馆做交易,并不一定就亏本。按其本身的性质来说,这桩生意和其他生意一样有利,只是它比较容易受毁谤一点。酿酒商的职业,甚至零售酒商的职业,与其他职业一样是一种必要的分工。通常,工人向酿酒商购买他所需的酒比自己酿造更为有利,如果他是一个贫穷工人,则通常向零售商一点一点地购买比向酿酒商大量购买更有利。毫无疑问,他也可以大量购买,就像如果他是一个贪食者,他可以大量购买猪头肉,如果他想扮作一个翩翩公子,他可以大量购买混纺呢。虽然所有的此类贸易都应该是自由的,这对工人大众有利,但这种贸易自由可能会受到毁谤,尤其是其中的一些生意更是如此。不过,虽然有时会有因为酗酒而倾家荡产的个人,但对一个国家来说似乎没有这样的危险。虽然每个国家都有许多人在饮酒上花费过度,但总是还有更多的人在这方面花费较少。还有一点应当指出,如果我们诉诸经验,就可以知道,酒价低廉似乎不是酗酒的原因,相反倒是节制饮酒的原因。葡萄酒生产国的人,例如西班牙人、意大利人、法国南部各省的人,通常是欧洲饮酒最有分寸的人。在日常饮食方面,人们很少犯饮食过量的错误。没有人会为了表现自己的潇洒和好客,而在与啤酒一样廉价的饮料上浪费钱财。反之,在气候过热或过寒不能栽种葡萄因而葡萄酒稀少而昂贵的国家里,如在北方民族、热带民族(如几内亚海岸的黑人)中间,酗酒才成为普遍的恶习。我经常听说,一支法国军队从葡萄酒较贵的北方某省开来,在酒价较低的南方省份驻扎时,士兵们最初往往因为上好的葡萄酒如此价廉和新鲜而沉湎其中。但驻留数月之后,其中大部分士兵便像当地居民一样节制饮酒了。同样,如果把外国葡萄酒税、麦芽税、麦酒税、啤酒税一律取消,可能会造成英国中下层人民暂时酗酒成风,但不久也许就会产生一种恒久普遍的节制饮酒的习惯。如今,在上流社会,即有能力消费最昂贵的饮料的人中,酗酒已经不是他们的恶习了。喝得烂醉的绅士极为少见。此外,英国对葡萄酒贸易的限制,恕我直言,与其说是为了阻止人们走入酒馆,不如说是为了阻止人们购买最价廉物美的饮料。这些限制对与葡萄牙的葡萄酒贸易开绿灯,而对与法国的葡萄酒贸易亮红灯。据说对于我国的制造品,葡萄牙人确实是比法国人更好的顾客,所以,我们应当予以他们优待。理由是,他们照顾了我们,我们也应该照顾他们。小商人的生意经居然成为了一个大帝国的政治原则。只有小商小贩才只跟自己的熟人打交道,至于大商人,他们是不在乎这类小利益的,他们只在物最美、价最廉的地方购买货物。

然而,根据这样的原则,各国都以为他们的利益在于使所有的邻国变得穷困。每个国家都以嫉妒的目光去看待与自己通商的国家的繁荣,并认为这些国家的获利就是自己的损失。国际通商和个人通商一样,原本应该成为团结和友谊的纽带,而现在,却成为不和与仇恨的最大根源。在本世纪和上一个世纪,王公大臣们的反复无常对欧洲和平所造成的危害,还没有商人和制造业者们无稽的嫉妒之心所造成的危害大。人间统治者的暴力与不公是一种古老的邪恶,恐怕人类事务的这种性质是很难纠正的。但是商人和制造业者不是也不应当是人类的统治者,他们的卑鄙的贪欲和垄断精神或许无法纠正,但要防止他们扰乱别人的安宁却很容易。

无疑,是垄断精神最初发明和传播这种学说的,但传播它的人当然不像信奉它的人那么愚蠢。在任何国家,从售价最低的人那里购买自己所需的东西,总是而且必然是符合人民大众的利益的。这个命题是非常清楚地,花费心思去证明它,倒是一件滑稽的事情。如果没有这些商人和制造业者从私利出发的诡辩混淆了人们的常识,这本不是什么问题。在这一点上,他们的利益和人民大众的利益正好相反。就像同业公会内自由人的利益在于阻止其余的居民去雇佣他们以外的工人那样,这些商人和制造业者的利益,在于保有自己在国内市场的垄断权。因此，在英国和欧洲的大多数国家里，对于几乎所有由外国商人输入的商品，都课以超常重税；也因此，他们对凡能输入己国、与己国制造品竞争的所有外国制造品，都施以高关税或进口禁令；还因此，对于那些贸易差额被认为于己不利、因而民族仇恨最强烈的国家的几乎所有商品的进口，他们都加以特殊的限制。

然而，邻国的财富虽然在战争中和政治上可能是危险的，但在贸易中必定是对我们有利的。在敌对状态中，它可以使敌国维持比我国强大的陆海军，但在和平时期和通商情况下，它却使我们能够交换到更多的货物，并为我国的产品和用这些产品购进来的商品提供更好的市场。正如一个富人比一个穷人更能成为其他劳动者的好顾客一样，一个富国也是如此。诚然，一个富人如果是个制造商，他会成为所有从事同一行业的人的十分危险的邻居。但是，更多的邻人会从他的用度所提供的市场中得利。哪怕仅仅因为他的产品比同业者售价更低，对邻人们也是有好处的。同样，富国的制造业毫无疑问可能成为邻国制造业极危险的对手，但这种竞争却对人民大众有利——他们还可以从这个富国的消费所提供的良好市场中获得不少利益。想发财的人，决不会退居穷乡僻壤，一定会住在首都或大商业城市。他们知道，财富流通少的地方，能够得到的财富就少，而财富流通多的地方，他们就有可能分一杯羹。如此指导着1个人、10个人、20个人的常识的原则，也应该支配100万人、1000万人、2000万人的判断，应该让全体国民都认识到，邻国的财富乃是本国获得财富的渠道和机会。想通过对外贸易来致富的国家，在其邻国都是富裕、勤勉的商业国时，是最有可能达到目的的。一个大国的周围如果都是未开化的民族和贫穷人，无疑地只能通过耕种自己的土地、通过自己的国内贸易才能获得财富，而不能依靠对外贸易。古代埃及人和近代中国人获得巨大财富，似乎就是通过这种方式。古埃及人据说是轻视对外贸易的，而中国人，大家都知道，甚至是鄙视对外贸易，不屑于给它提供正式的法律保护。以邻国的贫困为目标的这一近代对外贸易原则如果能够产生它所期望的结果，那就一定会使这种贸易变得微不足道和被人轻视。

法国和英国间的贸易之所以会在两国受到那么多阻碍与限制，就是由于这种原则。如果两国能抛弃商业的嫉妒与国民的仇恨来考虑其真实的利害关系，那么对英国来说，与法国进行贸易将比与任何其他欧洲国家进行贸易更为有利，反过来对法国也是如此。法国是英国最近的邻国，英国南部沿海各地与法国北部及西北部沿海各地间的贸易，犹如国内贸易一样可以每年往返4到6次。两国投在这项贸易上的资本，与投在其他大部分对外贸易上的等量资本相比，要多推动 4 到 6 倍的产业的发展，多雇佣和养活 4 到 6 倍的人口。这两国相隔最远的地区之间的贸易至少也可以每年往返一次。即使是这样的贸易，至少也和我们对欧洲大部分其他国家的贸易同样有利。如与我们引以为豪的对北美殖民地的贸易——往返一次至少 3 年，而且常常要 5 年——相比，那至少有利 3 倍。并且，法国居民估计有 2400 万，而我国的北美殖民地居民估计决不会超过 300 万。尽管法国由于财富分配不均导致贫民和乞丐比北美更多，但法国仍比北美富裕得多。所以，与我国的北美殖民地相比，法国所能提供的市场至少要大 8 倍，再算上往返更频繁这一点，利益要大 24 倍。对英国的贸易也同样有利于法国，从财富、人口、邻近的程度这几个方面来比较，对英贸易的利益定会大于法国对其殖民地贸易的利益。两国的智者都认为有两种贸易，一种应该阻止，一种应该关照鼓励，指的就是这两种贸易。

然而，就是这种可以带来对两国都有利的开放与自由的贸易的环境，成了这种贸易的主要障碍。作为邻居，它们必然是仇敌，于是，一方的富强，增加另一方的恐惧；而本来可以增进国民友谊的有利因素，却成为助长激烈的民族仇恨的原因。它们都是富裕勤勉的国家，而每一国的商人和制造业者都担心在技术和生意上遇到另一国的商人和制造业者的竞争。强烈的民族仇恨激发了商业上的嫉妒，商业上的嫉妒又燃起民族仇恨，二者相互助长。两国的贸易商都强烈地坚信他们的利益谬论，宣称不受限制的对外贸易必然会生出不利的贸易差额，而不利的贸易差额，又一定会导致国家的毁灭。

在欧洲的商业国家中，自称支持这种学说的学者们也常常预言，由于不利的贸易差额，某一国马上就要破产。可是，在他们所引发的一切忧虑过后，在几乎所有商业国都做出了使贸易差额于己有利而于邻国不利的一切徒劳的尝试之后，欧洲任何一国看来都没有因为这个缘故而在任何方面变得贫穷。相反，每一个城市和国家，按照其港口向其他国家开放的程度，都变得富裕起来。不过，在今日欧洲虽然有几个城市在某些方面称得上是自由城市，但还没有哪个国家可以称得上自由国家。最接近的国家也许是荷兰，虽然它也仍相差很远。大家公认，荷兰不仅其全部的财富，而且其大部分生活必需品，都来自对外贸易。

我在前面已经说明，有另一种差额和贸易差额极不相同，一个国家的盛衰，要看这差额是有利还是不利。这就是年生产与年消费的差额。前面说过，年生产的交换价值如果超过了年消费的交换价值，社会资本每年就必然按照所超之额的比例而增加。在这种情况下，社会在它的收入限度内维持生存，每年从其收入中节省下来的部分,自然会增加到社会资本中去,并用以进一步增加年产物。反之,如果年产物的交换价值小于年消费的交换价值,社会资本必然按照这个差额的比例而减少。在这种情况,社会的支出超过了社会的收入,那必然会侵蚀社会的资本。随着资本的减少,其产业的年产物的交换价值也会减少。

生产与消费的差额,与所谓的贸易差额完全不同。在没有对外贸易、不与世界往来的国家内可以产生这种差额,在财富、人口和改良都在逐渐增加或逐渐减少的整个世界,也可以产生这种差额。

即使在所谓的贸易差额不利于一个国家时,生产与消费的差额仍可不断地有利于这个国家。也许半个世纪以来,这个国家进口的价值都大于出口的价值,在这期间流入的金银又全部旋即被输出;它的流通铸币可能逐渐减少,而代之以各种纸币,甚至它对各主要通商国的债务也可能在逐渐增加;但它的实际财富,它的土地和劳动的年产物的交换价值,在此期间却仍然可能按照更大的比例在增加。我国北美殖民地的状况,以及在这次骚乱事件[①]之前他们与不列颠的贸易情况,足以证明这并不是一个不可能的假设。

第四章　论退税

商人和制造商并不仅仅满足于垄断国内市场,他们还渴望自己的商品在国外市场能有广泛的销路。但他们的国家在外国没有管辖权,不能使他们在那里获得垄断。因此,在一般情况下,他们不得不满足于向政府申请某种出口奖励。

在所有这些奖励中,所谓"退税"似乎是最合理的。对于国内产业所征的各种国内税,在出口时予以全部或部分退还,决不会使商品的出口量大于无税时商品的出口量。这种奖励不会引导国内资本违反规律流向任何产业,只是防止由税收导致的某一产业的资本流失到其他产业。这种奖励不会打破社会上各产业间自然形成的平衡关系,只是防止税收去打破这种自然平衡。这种奖励不会破坏社会劳动的自然分工和分配,而是在大多数情况下对它起到一种有益的保护作用。

同样,对于进口的商品,在再出口时也可退税。在大不列颠,再出口时退税的份额比重最大。议会曾制定法令征收现在所称的"旧补助税",其附则

[①] 这一段是在 1775 年写的。在本书中的其他地方有时为"上次骚乱",有时为"这次骚乱"。

第二条规定，英国商人或外国商人都可因再出口而退还一半的旧补助税，但英国商人可在出口后 12 个月内申请这种退税，而外国商人须在出口后 9 个月内申请。只有葡萄酒、葡萄干和丝织品由于已经享受其他更有利的补贴，就不再适用这条规定。旧补助税在当时是唯一的进口商品税。后来，申请这项退税和其他退税的期限延长到 3 年（乔治一世即位后第七年第二十一号法令第十条）。

在旧补助税之后征收的各种税，其中大部分在出口后予以全部退还。但这条一般原则有许多例外，所以退税的原则其实远不像最初制定时那样简单。

对于某些外国商品，如果我们预计进口量大大超出了国内消费所需，就在再出口后退还全部税收，连旧补助税的一半也不要。在我国北美殖民地反叛之前，我们垄断了马里兰和弗吉尼亚的烟草。我们进口了约 9.6 万大桶烟草，但国内消费量估计不到 1.4 万大桶。为了促进多余烟草的出口，所有的关税均予退还，但须在 3 年内出口。

我们还几乎全部垄断了我国西印度群岛的砂糖。因此，如果砂糖在一年内再出口，则在进口时所缴纳的全部关税均予退还；如果砂糖在 3 年内再出口，则除了旧补助税的一半以外的其他所有关税均予退还，这一半是大部分商品出口都要保留的。因为，尽管砂糖的进口量也超出国内所需很多，但与烟草的超额相比还算不了什么。

有些外国商品为我国制造商所嫉妒，被禁止进口供国内消费，但若缴纳某些税，便可进口存入仓库供再出口。对于这些商品的再出口，所有已经征收的关税都不再退还。我国的制造商好像连这种受到限制的进口也很担心，他们担心存入仓库的商品会被偷运出一部分，与自己的产品竞争。精丝织品、法国麻纱与上等细麻布、印花染色棉布等商品只有在这种限制下我国才可以进口。

我们甚至不愿充当法国货物的中间商，宁愿放弃自己的利润，也不愿让我们视为敌人的法国通过我们的中介而赚取利润。当所有法国货再出口时，不仅不退还旧补助税的一半，连后来征收的 2% 的税也不退还。

设立退税制度的最初目的或许是为了鼓励中间商贸易。船只的运费常由外国人以货币支付，因此我们认为中间商贸易特别能为国家带来金银。但是，虽然中间商贸易没必要受到特殊鼓励，虽然设立退税制度的动机也十分可笑，这种制度本身似乎还是很合理的。这些退税不会使国家资本流入中间商贸易比没有进口税时自发流入的更多，只是防止了资本因为进口税而完全排斥中间商贸易。中间商贸易虽然不应受到特别关照，但也不应受到排斥，应当像其他贸易一样自由发展。对于在本国农业或制造业、在国内贸易或对外贸易之中都找不到用途的资本来说，中间商贸易是一个必要的投资领域。

关税的收入会从这些退税中获利，而不是遭受损失，因为在退税之后仍然会保留一部分税款。如果保留全部税款不退，那么已经纳税的外国货物就不太可能再出口，因为不会有市场，从而也就不可能再进口了。这样，本来还可以保留的一部分税款也会化为乌有。

这些理由看来足以证明，无论是对本国产品还是外国货物的出口退税，即使是全部退税，也是合理的。当然，在这种情况下，国内税收会略受损失，而海关税收的损失更大，但是或多或少被这种税收打乱的产业自然均衡及劳动的自然分工和分配，可以因这种退税规定而得到重建。

但这些理由仅证明，只有当出口商品到完全独立的外国时，退税是合理的，而并不能证明，当出口商品到我国商人和制造商拥有垄断地位的地方时，退税也是合理的。例如，对于欧洲商品出口到我国美洲殖民地时的退税，比起不退税来，也不会造成更大的出口。这是因为我国商人和制造商在那里拥有垄断地位，即使保留全部税款，出口额也可能保持不变。在这种情况下，退税通常就是国内税收和海关税收的净损失，不会改变贸易状况或扩大贸易。关于退税在什么程度上可认为是对我国殖民地产业的适当鼓励，或者，在什么程度上允许对殖民地免除各种对其他国民所要征收的税才对母国有利，我将在讨论殖民地时予以论述。

但是，我们必须永远清楚，只有享受退税的出口商品真正出口到国外，而不是再暗中返回到国内时，退税制度才会带来益处。有些退税，特别是对烟草的退税，常常被人这样钻了空子，产生了许多欺诈行为，既有害于国家税收，又有害于守规矩的商人，这已是人所共知。

第五章　论奖金

在大不列颠，常常有人请求对某些国内产业的产品发放出口奖金，并且政府有时也确实发放了这种奖金。人们认为，有了出口奖金，我国商人和制造商在国外市场上就可以与竞争者同样低廉或更低廉的价格出售货物。据说这样出口就会增加，从而贸易差额也更有利于我国。在国外市场上，我们不能给予我们的工人像在国内市场上一样的垄断地位。对外国人，我们不能像对待本国人那样，强迫他们购买我国工人的产品。因此，他们想出的次好的办法，是贴钱给购买我们产品的外国人。重商主义体系就是提倡通过这种方法实现贸易顺差从而去富国富民的。

人们认为,只应该向那些没有奖金就无法经营下去的行业发放奖金。但任何行业,如果售货价格能收回生产和销售期间所投入的成本并带来正常的利润,即使没有奖金也能经营下去。只有那些收不回所投资本、赚不到正常利润的行业才需要奖金。对这些行业发放奖金的目的是为了补偿其损失,鼓励其继续经营或创办一项投资可能大于收益的生意,这种生意每运作一次,投入的资本就亏损一部分。按这种性质,要是所有其他行业都如此经营,全国的资本不久就会亏空不剩。

应当指出的是,靠奖金维持经营的行业,只是那些在两国的贸易中长期经营着的但始终亏损着的行业。如果没有奖金来补偿商人由于低售价的损失,商人出于自身利益考虑很快就会被迫改变资本投向,也就是说,去寻找其他能以售货价格收回生产和销售期间所投入的成本并带来正常利润的行业。发放奖金的结果,和重商主义体系所提出的其他策略的结果一样,只是迫使一国贸易按照比依其自身规律更为不利的方向发展。

有位精明的、掌握了很多统计数据的学者,在他的关于谷物贸易的论文集中很清楚地告诉我们,自从谷物出口奖金首次设立以来,谷物出口价格(颇为适中的估价)大大超过了谷物进口价格(非常高的估价),总超额比在此期间支付的全部奖金数额大得多。根据重商主义体系的原理,他于是认为这正清楚地证明了这种强制的谷物贸易对国家有利,因为出口价值超过进口价值的额度,要比国家为促进谷物出口所支出的全部特别费用多。他没有考虑到,这种特别费用,即出口奖金,只是谷物出口实际上所消耗的社会支出中最小的一部分。农民在谷物生产中使用的资本也要同样考虑在内。如果谷物在外国市场的出售价格不足以换回这些奖金和投入的资本,则其间的差额就是社会的损失,也就是国内资本的损失。但是人们认为有必要发放奖金,正是因为谷物在外国市场的售价完成不了上述任务。

据说,自从设立奖金以来,谷物的平均价格已显著下降。我已尽力表明,谷物的平均价格在上个世纪末就开始小幅下降,在这个世纪的头64年里继续下降。但是照我看来,这一事实即使没有奖金也一定发生,而不是因为有奖金才发生。虽然法国不发放奖金,而且在1764年以前还基本禁止谷物出口,但法国谷物的平均价格也同英国一样下降了。因此,谷物价格的逐渐下降可能根本不是由于什么政策调控,而应最终归因于白银的实际价值在不知不觉中的逐渐提高。我曾在本书第一篇尽力说明,这一点在本世纪的欧洲总体市场上已经发生。要说奖金能带来谷物价格的下降,似乎是不太可能的。我们已经谈过，由于奖金在丰年带来额外的出口，必然会使国内市场的谷物价格要高于本来应自然下降到的价格。而这正是奖金制度宣称要达到的目的。在谷物歉收的年份，虽然奖金经常暂停发放，但由于在丰年的大量出口，必然会或多或少地影响以丰补歉。所以，无论是丰收还是歉收，奖金必然会把谷物的货币价格抬高到无奖金情况下的价格之上。

在目前的耕作情况下，奖金必然会造成这种趋势，这是我认为任何理性之人都是不会有异议的。但许多人认为，奖金会从以两种方式鼓励耕作：第一，通过开辟更广阔的国外市场，会增加对谷物的需求，从而加大谷物生产；第二，奖金使谷物的售价高于目前耕作情况下的应有价格，这可以鼓励耕作。他们认为，在一段较长时间之内，这两种鼓励一定会提高谷物的产量，以致最终使国内市场上谷物价格的降幅大于由奖金所造成的价格上升的幅度。

对此，我的回答是，无论奖金带来的外国市场有多大，必然以每年牺牲国内市场为代价，因为那些靠奖金才出口的谷物如果没有奖金就不会出口，就会留在国内，从而增加消费，降低价格。必须看到，谷物的出口奖金和其他商品的出口奖金一样，使国民承担两种赋税：第一，为支付奖金他们不得不缴的税；第二，全体国民是谷物的消费者，必须承担由于国内市场这种商品价格抬高而带来的"赋税"。对于谷物这一商品而言，第二种赋税比第一种赋税重得多。让我们假设，各年平均每夸脱小麦出口奖励5先令，只是使国内市场上小麦的售价比无奖金时实际情况下的正常价格每蒲式耳高出6便士，即每夸脱高出4先令。即使按照这一非常适中的假设，全体国民除了要纳税支付每夸脱小麦5先令的出口奖金外，每消费1夸脱小麦，还要多支付4先令。但据上述那位在谷物贸易方面掌握了很多统计数据的作者所言，出口谷物与国内消费谷物的平均比例为1∶31。因此，如果国民为第一种赋税付出5先令，第二种赋税就必须付出6镑4先令。对生活第一必须品征收如此重税，要么会削减劳苦大众的生活资料，要么就会使货币工资按照生活资料的价格上涨的比例而增加。在第一种情况下，必定会削弱劳苦大众教育和抚养子女的能力，从而抑制国内的人口增长；在第二种情况下，则必定会削弱雇主雇佣工人的能力，可雇佣人数比没有奖金时少，从而必定会限制国家产业的发展。所以，出口奖金所引起的额外出口，不仅每年在扩大国外市场和消费的同时在国内市场和消费上造成同等的减少，而且由于抑制了国内人口和产业，最终必趋于阻碍和限制国内市场的扩大。所以，从长期来看，奖金不是扩大了而是缩小了谷物的总体市场和总体消费。

然而有人认为，谷物价格的这种提高，对农民来说更有利可图，必然会鼓励谷物的生产。

我的回答是，如果发放奖金的效果是提高了谷物的真实价格，或者说，让农民能以同等数量的谷物，按照周围劳动者普通的生活要求——不论是宽裕的、适中的还是节俭的——雇佣更多的雇工，上述看法可能是正确的。但很显然，奖金不会产生这种效果，其他任何人为制度也不可能产生这种效果。在很大程度上受到奖金影响的，只是谷物的名义价格，而不是其真实价格。虽然奖金制度对全体国民所施加的负担相当沉重，但对接受奖金的人来说好处也很小。

奖金的真实效果与其说是提高谷物的真实价值，还不如说是降低了白银的真实价值，或者说，使等量白银交换到的谷物数量和其他所有国产商品的数量都更少：因为谷物的货币价格支配所有其他国产商品的货币价格。

谷物的货币价格决定劳动力的货币价格。劳动力的货币价格必须始终使劳动者足够购买一定数量的谷物，使其能够或宽裕或适中或节俭地维持自己及家人的生活。雇主根据社会的进步、停滞或退步的状况，相应地按照或宽裕或适中或节俭的标准提供维持劳动者生活的薪水。

谷物的货币价格也决定所有其他的土地天然产物的货币价格，后者在每一个进步阶段必然和谷物的货币价格保持一定的比例，只是这一比例在不同的阶段有所不同。例如，谷物的货币价格决定牧草和干草、家畜肉、马匹、马匹饲料（因而还包括内陆运输）的货币价格，或者说，决定了大部分内陆商业的货币价格。

由于决定所有其他土地天然产物的货币价格，谷物的货币价格也决定了几乎所有制造业原料的货币价格。由于决定劳动力的货币价格，它也就决定了制造技术和生产能力的货币价格。而决定了这两者的货币价格，也就决定了制成品的货币价格。劳动，以及劳动或土地的所有产品，其价格一定都随着谷物的货币价格的涨落而同比例升降。

因此，虽然奖金使农民出售谷物的价格由每蒲式耳3先令6便士提高到4先令，付给地主的地租也随着这个比例而增加，可是4先令所能购买的其他国产货物并不比以前多，农民的境况和地主的境况均不会由于这种变化而有所改善。农民的耕作不会更省，地主的生活不会更富。在购买外国产品方面，这种谷物价格的提高可能给他们带来一些小小的好处，但在购买国产商品时则丝毫好处也没有。然而农民的几乎所有支出、甚至地主的绝大部分支出，都是用在国产商品上。

如果白银的价值下降是由于矿产丰富，其引起的效果则在大部分商业国家都相同或基本相同，对个别国家来说不会带来严重后果。由此引起的所有商品货币价格的上涨，虽不能使销售者实际上更富，却也不能使购买者实际上更穷。银器的价格实际上比以前更便宜了，但其他所有商品的真实价值仍然和以前完全相同。

但如果白银的价值下降是个别国家的特殊情况或政治制度的结果，只在那一国内发生，那就是后果严重的事件了。这决不会使任何人实际上更富裕，而是使所有人更贫穷。所有商品货币价格上涨的现象为这一国所独有，这会或多或少地抑制该国各种产业的发展，使外国商品不仅在外国市场，甚至在该国国内市场，能够以低于该国本国产品的价格出售。

西班牙和葡萄牙的特殊情况是，它们经营金银矿山并向欧洲其他国家输送金银。因此，这些金属在西班牙和葡萄牙的价格自然比在欧洲其他地方低一些。但差额不会比运费和保险费的数额更大，而且，由于这些金属价值大而体积小，运费不多，保险费也和其他同等价值的货物一样。所以，西班牙和葡萄牙由于它们的特殊情况而遭受的损失很小，只要它们的政治制度不加剧这种不利的状况。

西班牙通过征税，葡萄牙通过禁令，都阻止金银出口，使得金银得通过走私输出，其价值在其他国家就大大高于西班牙和葡萄牙，高出的那部分价值就是走私的全部费用。在河流边筑起堤坝，坝内的水蓄满后，自然会越过堤坝流出来。阻止金银出口的措施并不能使西班牙和葡萄牙留在国内的金银比它们所能使用的更多，即比它们的土地和劳动的年产物所允许它们使用的（用作铸币、金银器皿、镀金、金银装饰等）更多。这个使用量就是其金银量的堤坝，超过之后就会往外溢。所以，尽管有这些限制措施，西班牙和葡萄牙每年出口的金银基本和进口的金银持平。然而，如同堤坝内的水必定比堤坝外的水深，西班牙和葡萄牙由于出口限制而留在国内的金银，其与两国土地和劳动的年产物的比例，一定高于其他国家。堤坝越高、越结实，堤坝内外的水位差就越大；对金银出口征税越多，对违反禁令的惩罚越重，警察执法越严格，则西班牙与葡萄牙国内的金银量与两国土地和劳动年产物的比例，与其他国家的此项比例间的差异越大。据说这种差异非同小可，在西班牙和葡萄牙的百姓家中，常常可以看到许多金银器皿，却看不到有在其他国家与这种奢华相称或相配套的其他东西。金银价格的低廉——或换种说法，所有商品价格的昂贵——是贵金属过剩的必然结果。这会阻碍西班牙和葡萄牙的农业和制造业的发展，使外国能向它们提供许多天然产品和几乎所有种类的制造品，而所需金银比两国自己生产或制造这些产品更少。税收和禁令在两个方面起作用：它们不仅使两国贵金属的价值降低许多，而且由于在两国内保留了一定数量的原本会流入他国的金银，使得他国的金银价值比应有的略高，这样就使这些国家在和两国通商时享有双倍的好处。如果打开闸门，堤坝内的水将立即减少，坝外的水将立即增加，内外的水位很快将会持平。同理，如果取消对金银出口的税收和禁令，西班牙和葡萄牙的金银数量会大幅减少，其他国家的金银数量会稍有增加，金银与土地和劳动年产物的比例很快就会在所有国家间处于同一水平或非常接近的水平。这种金银输出将给西班牙和葡萄牙带来的损失完全是假想的和名义上的。它们的商品、它们的土地和劳动年产物的名义价值将下跌，其价值所对应的金银更少，但这些东西的真实价值仍和从前相同，足以维持、雇佣和支配与从前同等数量的劳动。随着它们的商品的名义价值的下跌，留在其国内的金银的价值将上涨。较少量的金银就可以和以前的较大量的金银一样达到同样的商业和流通目的。流往国外的金银不会一无所用，而是会换回同等价值的各种货物。这些货物也不会全是供不事生产的闲人消费的奢侈品和消耗品。由于闲人的真实财富和收入不会因金银的这种额外出口而增加，所以其消费也不会因此有多大的增加。这些货物也许有一大部分，至少有相当一部分是原料、工具和食物，可以用来雇佣和养活劳动者，他们会再生产出自己所消费的东西的全部价值，并带来利润。这样，就能激活一部分社会积压资本，从而推动比以前规模更大的产业。国家的土地和劳动的年产物立刻就会有所增加，几年后就可能大幅增加，它们的产业就会从现在承受的沉重负担中解脱出来。

  对谷物出口的奖金，必然与西班牙和葡萄牙的不合理政策所起的作用完全一样。不论耕作的实际情况如何，谷物的出口奖金都会使我们的谷物的价格在国内市场上比无奖金时略高，在国外市场上比无奖金时略低。由于谷物的平均货币价格或多或少决定着所有其他商品的平均货币价格，因此它使白银的价值在国内大为降低，在国外略有提高。卓有成就的权威人士马修·德克尔爵士明确指出，这种奖金使外国人——特别是荷兰人——不仅能以比无奖金时更低廉的价格，有时甚至能以比有奖金时我们国内价格更低廉的价格，吃到我国的谷物。而且，这种奖金使我国工人不能像无奖金时那样，只需付以较少量的白银就可以提供各种货物，却使荷兰人能够做到这一点。还有人说，根据经验，生产奖金比出口奖金更容易弄虚作假。我不知道这种说法的真实程度，但出口奖金曾被滥用于许多欺诈行为，倒是众所周知。生产奖金只是不符合发明这些策略的商人和制造商的利益，因为它有时会使他们的货物在国内市场上存积过多。而出口奖金则可以让他们将过剩的商品运往国外，并维持留在国内市场上的那部分商品的价格,从而有效地防止这种事情发生。因此,在重商主义的所有策略中,他们最喜欢的就是出口奖金。我知道有些行业的经营者私下里自掏腰包为一定数量的他们自己经销的商品设立出口奖金。这个办法十分成功:尽管他们的商品产量大增,其在国内的价格仍然提高了一倍以上。谷物奖金如果要降低谷物的货币价格,操作必定是大不相同的。

然而,在某些特定场合,曾发放过类似生产奖金的东西。对捕捞鲸鱼和白鲱鱼按照渔船吨位发放的奖金,也许可以看做具有这种性质。人们会认为,这种奖金直接使得上述商品在国内市场上的价格比无奖金时更低。但必须承认,这种奖金的效果在其他方面和出口奖金的效果是一样的。通过这种奖金,一部分国内资本被用在这一行,而其货物售价不能补贴其成本并带来正常利润。

虽然按照渔船吨位发放的渔业奖金无助于国家财富的增长,但这会增加船舶和水手的数目,或许可以认为它有助于国防。也许可以说,通过这些奖金来达到国防的目的,与像维持常备陆军那样维持庞大的常备海军相比,所需费用有时或许要少得多。

然而,虽然有这类赞同的意见,以下的考虑却使我相信,立法部门至少在批准发放这些奖金中的一种时大大受骗了。

首先,对捕捞白鲱鱼的渔船发放的奖金似乎太多了。

从 1771 年冬季鱼汛开始到 1781 年冬季鱼汛结束,鲱渔业渔船的吨位奖金一直是每吨 30 先令。在这 11 年中苏格兰鲱渔业捕鱼共计 378347 桶。捕获后即在海上腌制的鲱鱼称为海条。为了使之成为上市的商业鲱鱼,还要加一些盐将其重新包装,在这种情况下,通常三桶海条包装成两桶商业鲱鱼。因此,按照这种算法,在这 11 年中捕捞的商业鲱鱼共有 252231 又 1/3 桶。在这 11 年中发放的吨位奖金共计 155463 镑 11 先令,即是说每桶海条的奖金为 8 先令 2 又 1/4 便士,每桶商业鲱鱼的奖金为 12 先令 3 又 3/4 便士。

用来腌制这些鲱鱼的盐有时是苏格兰盐,有时是外国盐,都可免除所有消费税供应腌鱼者。现在对苏格兰盐课征的消费税为每蒲式耳 1 先令 6 便士,外国盐为每蒲式耳 10 先令。一桶鲱鱼大约需用 1 又 1/4 蒲式耳外国盐,如用苏格兰盐则需 2 蒲式耳。如果鲱鱼是供出口的,则无须缴纳盐税;如果是供国内消费,则无论是用外国盐还是苏格兰盐腌制,每桶只需缴纳 1 先令的盐税。这 1 先令是以前苏格兰对 1 蒲式耳盐所征收的税,因为即使按照最低估计,腌制一桶鲱鱼至少需要 1 蒲式耳盐。在苏格兰,外国盐基本上只用于腌鱼。但从1771年4月5日到1782年4月5日，进口的外国盐总计936974蒲式耳（每蒲式耳重84磅），而供应腌鱼者的苏格兰盐只有168226蒲式耳（每蒲式耳仅重56磅）。可见，用在渔业方面的，主要是外国盐。此外，每出口一桶鲱鱼，还发放2先令8便士的奖金，而大渔船捕捞的鲱鱼2/3以上都出口了。综合上述数字会得出以下结果：在这11年中，每桶由大渔船捕捞的鲱鱼，用苏格兰盐腌制的，供出口时费去政府17先令11又3/4便士，供国内消费时费去政府14先令3又3/4便士；用外国盐腌制的，供出口时每桶费去政府1镑7先令5又3/4便士，供国内消费时1镑3先令9又3/4便士。而上等商业鲱鱼的价格每桶只有十七八先令到二十四五先令，平均约为1几尼。

第二，对鲱渔业发放的奖金是渔船吨位奖金，直接同渔船的载重量成比例，而与船员的勤惰和成败毫无关系。我恐怕大多数船舶装备成渔船出海的唯一目的不是捕鱼，而是捞取奖金。1759年，当奖金为每吨50先令时，苏格兰所有大渔船仅捕获了4桶海条。那一年每桶海条单是奖金就费去了政府113镑15先令，每桶商业鲱鱼费去政府159镑7先令6便士。

第三，按渔船吨位接受奖金的鲱渔业所用船舶大多为载重20到80吨的大渔船或甲板船，这可能是在学习荷兰，但看来在苏格兰并不像在荷兰那样合适。荷兰与鲱鱼的主要聚居海域相去甚远，因此经营这种渔业只能用甲板船，以便携带充足的淡水和食品去远航。但在苏格兰的鲱鱼主要捕捞区赫布利兹群岛或西部群岛、海德兰群岛、北部海岸及西北部海岸，却到处都是深入内陆的纵横交错的海湾，当地人称之为海湖。鲱鱼在这些海湖的汛期也不是很规律。所以，小船捕捞作业似乎是最适合苏格兰特殊情况的渔业方式，这样渔民捕获鲱鱼后就能尽快将其运到岸上，或进行腌制或吃个新鲜。但每吨30先令的奖金极大地鼓励了大渔船业，却对小渔船业不利，因为小渔船没有奖金，就不能以与大渔船业同样的条件向市场提供腌鱼。在没有按渔船吨位发放奖金之前，小渔船业的规模曾很可观，据说雇佣的渔民人数不会少于现在的大渔船业，但现在几乎完全衰落了。然而我必须承认，对于现在已经衰落和被放弃了的小渔船业的往日规模，我不可能叙述得十分准确。由于并未对小渔船业发放奖金，海关或盐税官员那里没有相关的记录。

第四，在苏格兰的许多地区，一年中的某些季节里，鲱鱼是老百姓的重要食品。致力于降低国内鲱鱼价格的奖金，对于救济并不富裕的我国大多数同胞来说，应该能做出很大的贡献。但对大渔船发放的奖金却无助于完成这个良好的目标。它破坏了到目前为止最适于供应国内市场的小渔船业，并且每桶2先令8便士的附加出口奖金，又使大渔船捕捞所得的2/3以上出口到国外。我已得到证实,在三四十年前还未发放大渔船奖金之时,每桶鲱鱼的普通价格为 16 先令。10 至 15 年前,在小渔船业尚未完全衰落时,每桶鲱鱼的普通价格为 17 至 20 先令。而最近 5 年,平均每桶价格已达 25 先令。不过,这种高价也可能是由于苏格兰海岸鲱鱼数量实实在在减少了。我也必须指出,装鲱鱼的桶通常是连同鲱鱼一起出售的,其价格也包括在上述价格以内,自从美洲战争开始以来,桶的价格约比从前高出一倍,由大约 3 先令涨至大约 6 先令。我还必须指出,我所收到的关于以前价格的记录,并不是十分统一和一致的;一位记性好又有经验的老人告诉我,50 多年前,一桶优质商业鲱鱼的一般价格是 1 几尼。我想,现在这仍可被看做是平均价格。可是我仍认为,所有的记录均表明,对大渔船的奖励并未降低国内市场上鲱鱼的价格。

这些渔业经营者在接受政府慷慨的奖金后,仍以与平时相同或比平时更高的价格出售其商品,也许人们会认为他们的利润应该非常丰厚,有些个别的情况也很可能是这样。但我有足够的理由相信,在一般情况下,情况并非如此。这种奖金的通常效果是,鼓励鲁莽的人冒险去从事一种他们并不了解的行业,他们由于自己的疏忽和无知所受到的损失,远远超过了从最慷慨的政府那里所得到的一切。1750 年,根据最先给予鲱渔业渔船每吨 30 先令奖金的那同一条法令,成立了一家资本金为 50 万镑的股份公司。此后 14 年间,认股人所付出的每 100 镑资本金,每年都有权得到 3 镑奖金,由海关负责发放,每半年发放一半。此外还有其他各种奖金,如上述的吨位奖金,每桶 2 先令 8 便士的出口奖金,以及无论是英国的还是外国的盐均享受免税待遇。除了这家其经理和董事都住在伦敦的大公司,政府还宣布,只要认购股本不少于 1 万镑,在国内所有其他港口设立的分公司均为合法,各分公司独立经营,自负盈亏,但和总公司享受同样的年金和其他各种奖金。大公司的资金很快就全部到位,并在全国各海港成立了许多渔业分公司。尽管享受了这么多的奖金,但几乎所有这些公司,无论大小,资本金的全部或大部分都亏损掉了。如今这些公司都没影了,目前的鲱渔业全部或基本上由私人经营者来经营。

如果某一制造业的确为国防所必须,则依靠邻国的供应也许很不明智。如果这种制造业没有政府支持就不能在国内维持,则对所有其他产业征税来支持这种制造业也未必就没有道理。对英国制造的帆布和火药发放出口奖金,或许可以根据这个原则为之辩护。

对民生产业征税来支持个别制造业虽然很难说合理,但在空前繁荣时期,国民享有较大的收入而不知如何使用,此时,政府向自己喜好的制造业发放奖金，或许就同其他无用的花费一样自然。在公共支出中与在私人支出中一样，大富贵常常可以成为大蠢行的缘由。但在普遍困难和穷困的时候还继续这种浪费，就必定是非同寻常的荒谬了。

有时候所谓奖金只不过是退税，因而不能用反对真正的奖金的理由去加以反对。例如，对出口精制砂糖的奖金，可以看做是对其原料红糖和黑砂糖的退税。对出口精丝织品的奖金，可看做是对进口生丝和捻丝的退税。对出口火药的奖金，可看做是对进口硫磺和硝石的退税。但按照海关的说法，只有对那些出口时形态和进口时相同的货物发放的补助才称为退税。如果货物的形态在进口后由某种制造业改变了，产生了新的名称，所发的补助就称为奖金。

社会向那些在其本行业中技艺出众的工匠和制造者发放的嘉奖，也没有产业奖金所具备的缺陷。通过鼓励超常的技巧和独创性，嘉奖可以维持各行业现有工人的竞争力，但不会使国家的资本违反自然趋势过多地流入任何一个行业。这种奖励不会打破各行业间的自然均衡，而只是使各行业的产品尽可能趋于完善。而且，嘉奖的支出很少，而奖金的支出则非常大。单是对谷物发放的奖金，国家有时就需要支出30万镑以上。

奖金有时候也称为奖励，就如同退税有时也被称为奖金一样。但我们任何时候都必须注意事物的本质，而不是事物的名称。

关于谷物贸易和谷物法令的离题论述

如果不指出人们对于设置谷物出口奖金的法律和一系列相关规定的赞扬是完全不当的，我还不能结束关于奖金的这一章。对谷物贸易的性质以及与之相关的英国主要法律的具体考察，足以证明我的看法的正确性。这个问题的重要性允许此离题论述冗长一点。

谷物商的贸易由四个不同部门组成。虽然这四个部门有时由同一人经营，但就其性质来说是四种不同的贸易。第一种是国内商人的贸易；第二种是供国内消费的进口商的贸易；第三种是供国外消费的本国产品出口商的贸易；第四种是中间商即专供再出口的谷物进口商的贸易。

第一种

国内商人的利益和广大老百姓的利益，无论表面上看起来是多么对立，但其实即使在粮食最短缺的年份，二者也是完全一致的。国内商人的利益在于，尽可能抬高谷物的价格，使其符合粮食的实际短缺情况，直到不能再高（如果再高就不符合他的利益）。价格的提高会阻碍消费，使每个人，尤其是底层人民，或多或少地节省粮食，精打细算。如果提价过高，对消费阻碍过大，将导致在一个季节里供大于求。当一段时间后下一季农作物上市时，他将面临两方面的风险：上一季供过于求的那部分谷物不仅会由于自然原因耗损掉相当一部分，而且剩余部分也不得不以比几个月前低得多的价格出售。但如果提价不够高，消费不受阻碍，在一个季节里又可能供不应求，他就不仅损失了一部分应得的利润，而且还可能会使人民在这个季节末期无粮可用，面临饥荒。人民的利益在于，他们每日、每周、每月的消费应尽可能与一季的供给完全保持平衡。国内谷物商人的利益也是一样。根据他尽可能准确地判断的供需平衡来提供谷物，他就可能以最高价格将其出售，赚取的利润也可能最多。而凭他对粮食收成和自己每日、每周、每月的销售情况的了解，他就能或多或少地准确判断这一平衡的情况。他不用考虑人民的利益，只需考虑自己的利益，即使在粮食短缺的年份，他也必定会像谨慎的船长有时候被迫对待他的船员那样去对待人民。船长在预见到船上的粮食将要耗尽时，就减少船员每天的供应量。虽然有时候由于过分谨慎，他这样做没什么必要，但是由此给船员带来的不便与由于不谨慎而有时可能面对的危险、痛苦和死亡相比，却是微不足道的。同理，内地谷物商人有时候由于过于贪婪而将粮食价格抬高到超出了短缺状况所要求的，但是由此给人民带来的困难与由于谷物商人在季节初的慷慨而可能带来的季末的饥荒相比，也是微不足道的。倒是谷物商人自己可能因为这种贪婪而受害最深：他不仅要面对通常会由此引起的人们对他的愤怒，而且，即使他能逃脱这种愤怒的影响，他在季节终了时手头还留下了一定数量的谷物，如果下个季节丰收，他不得不将其低价出售。

诚然，如果一群大商人占有一个大国的全部谷物，出于自身利益，他们或许会像荷兰人处置马鲁加斯群岛的香料那样，毁掉或抛弃一大部分货物，以维持剩下的货物的价格。但是想要如此广泛地垄断谷物，即使是依靠法律的强制力，也基本上不可能；而在法律允许贸易自由进行的地方，谷物在一切商品中是最不容易被少数大资本购下大部分以囤积或垄断的。这不仅是因为谷物的价值太大，超出少数私人资本的购买能力，而且即使少数私人资本有这种购买能力，谷物的生产方式也使这种购买完全不能实现。谷物在任何文明国家都是每年消费量最大的商品，所以生产谷物的劳动力就多于生产其他商品的劳动力。当谷物一开始从土地上收获时，得到它的人也必然比得到其他任何商品的都多。这些人绝不可能像许多独立制造商一样聚居在一个地方，而是必定分散在全国各处。最初得到谷物的这些人要么把谷物直接供应给周围的消费者，要么提供给供应这些消费者的国内商人。因此，国内谷物商人，包括农民和面包师在内，必定多于经营其他任何商品的商人，并且他们的分散状态也使他们绝不可能结成任何联盟。所以在歉收的年份，如果其中任何一个商人发现，自己的谷物有许多不能按现价在季节末期售出，他绝不会维持现价让自己蒙受损失而让竞争对手获利，而是会立即降低售价，以便在下一季收成上市前将手里的谷物卖掉。调节任何一位商人行为的利益动机同样会调节其他所有商人的行为，使他们全都根据自己的最佳判断，按照与这个季节的丰歉程度最相称的价格出售他们的谷物。

凡是仔细研究过本世纪和上两个世纪欧洲各地粮食短缺和饥荒的历史（其中有几次我们有十分准确的数据）的人，我相信均会发现，粮食短缺从来都不是由于国内商人的联盟或别的什么原因造成的，而是因为粮食确实短缺。这种短缺有时在个别地方要归因于战争的浪费，但在大多数情况下都要归因于天时不利。而由粮食短缺发展成饥荒的唯一原因，就是政府以不适当的方法试图强行解决粮食短缺带来的困难。

在种植谷物的大国，只要各地之间贸易和来往交通都自由，即使是最不好的气候造成的粮食短缺，也绝不会严重到引起饥荒；如果能精打细算，节俭使用粮食，哪怕是在最歉收的年份，也能在比普通年份紧缩一些的水平下，养活同样多的人度过一年。对作物最不利的天气莫过于干旱或霪雨。但是谷物在高地和低地、在过于潮湿和过于干燥的地方同样都能种植，所以对国内一部分土地有害的干旱或霪雨对另一部分土地可能有利。尽管在多雨或干旱的季节收成比风调雨顺的季节少得多，但无论是多雨还是干旱，一个地区的损失仍然可以在其他地区的收益中得到某种程度的补偿。在种植稻米的国家，作物不仅需要非常潮湿的土壤，而且在生长期的一段时间内还必须泡在水中，所以干旱的影响就更加不利。但即使在这样的国家，如果政府允许自由贸易，干旱可能不会普遍地必然导致饥荒。几年前孟加拉的干旱本来也许只会导致严重的粮食短缺，但东印度公司的官员对稻米贸易所设置的不适当的规定和不明智的限制，就使得粮食短缺最终转变成饥荒了。

如果政府为了解决粮食短缺给人民带来的困难，命令所有商人以政府认为合理的价格出售他们的谷物，这或许将阻碍商人将谷物送入市场，从而有时甚至在季节刚开始时就可能发生饥荒，或许将使人民在商人将谷物送入市场后，能够、从而受到鼓励快速消费谷物，以至在季节末期必然地造成饥荒。不受限制的谷物自由贸易是防止饥荒灾难的唯一有效办法，也是减轻粮食短缺的困难的最好的办法，因为真正的粮食短缺的困难是不可能完全解决的，只能设法去减轻困难。没有一种贸易比谷物贸易更应当受到法律的充分保护，也没有一种贸易比谷物贸易更需要法律的保护，因为没有一种贸易比谷物贸易更容易引起人民的憎恶。

在谷物歉收的年份，下层人民常将自己的穷困归咎于谷物商人的贪婪，谷物商人成了他们憎恨和愤怒的对象。在这种情况下，谷物商人不但赚取不到利润，反而经常要面对完全破产、谷仓被群众以暴力抢劫和毁坏的危险。然而谷物商人正是指望在粮食短缺的年份、粮价高昂之时，赚取自己的主要利润。他通常与一些农民签订合同，让他们在若干年内按一定价格向他供应一定数量的谷物。合同价格是按照被认为是适中的或合理的价格，即一般的或平均的价格来商订的，这一价格在最近几次歉收年份前，一般为每夸脱小麦约28先令。其他各种谷物的价格以此为标尺。因此在歉收年份，谷物商人就能以一般价格买到他所需的谷物的大部分，并以高得多的价格售出。然而，这一特别利润只是使他所从事的贸易与其他贸易处于平等的水平，只够补偿他在其他场合下由于这种商品的易腐性和无法预见的频繁的价格波动而蒙受的损失。这一点，从做谷物生意很少像做其他生意那样发大财就可看出。只在歉收年份才赚取丰厚的利润，而在歉收年份这样做又受到群众的憎恶，这使得品格端正、家庭殷实的人士都不愿从事谷物贸易，这个行业就留给一群下层商人经营：磨坊主、面包师、制粉商、售粉商以及一些贫苦的小商人，他们几乎是国内市场上谷物种植者和消费者之间唯一的中间人。

从前欧洲的政策不但不去阻止人们对这种有利于公众的行业的憎恶，反而似乎对这种憎恶予以认可和鼓励。

爱德华六世第五年和第六年的第十四号法令规定，凡是购买谷物打算再出售者，即视为非法囤积者，初犯处以两个月监禁，并没收其谷物；再犯处以6个月监禁，并处两倍于其谷物价值的罚款；三犯处以枷刑，监禁期由国王任意决定，并没收全部货物和动产。以前欧洲其他大部分地方的政策也不会比英国更好。

我们的先人似乎认为，人民向农民购买谷物会比向谷物商人购买便宜。他们担心谷物商人在支付给农民的谷物价格之上赚取高额利润。因此他们试图完全消灭谷物商人这一行业。他们甚至尽可能防止种植者和消费者之间有任何形式的中间人。为此他们对谷物商和谷物中间商的贸易施加种种限制，他们规定，如果没有取得能证明自己诚实公正的特许状，就不能从事这一行业①。依据爱德华六世的法令，必须经过三位治安法官的认可，才能发给这种特许状。但即使这样的限制，后来人们认为还是不够，所以依据伊丽莎白女王的一条法律，颁发这种特许状的特权归于一年开庭四次的法庭。

从前欧洲的政策对农村最大的行业（农业）的管理原则与对城市里最大的行业（制造业）的管理原则截然不同。这种政策使得农民与消费者和谷物商人、中间商等直接代理人都要打交道，迫使他们不仅要做一个农民该做的工作，而且还要做谷物批发商和零售商的工作。在城市则相反，在许多情况下，禁止制造商兼营商店，禁止他们零售自己的商品。前一种政策的意图是想增进国家的整体利益，也就是使谷物价格低廉。不过人们可能不很了解应如何操作。后一种政策的意图是想增进某一类人即商店老板的利益。人们认为，如果允许制造商从事零售业，他们就会以低于商店老板的价格抛售其产品，从而毁灭商店零售业。

然而，即使让制造商自己开店零售他的货物，他其实也不会比普通的商店老板售价更低。他投入自己店铺中的资本，一定是从他的制造业中抽调出来的。为了和他人在同一水平上经营，他投入商店的资本必须要取得商店老板的利润，正如他投入制造业的资本必须取得制造商的利润。例如，假定在他居住的那个城市，制造业资本和商店资本的一般利润率均为1%，那么他在自己的商店出售自己的每一件产品的利润率必须是2%。当他将产品从自己的厂房送往自己的商店时，他对产品的估价必须与他批发给商店老板的价格相同，如果估价低了，他就损失了一部分制造业资本的利润。当他在自己的商店再将其产品出售时，如果售价低于其他商店老板的售价，他就损失了一部分商店业资本的利润。所以，虽然表面上看他在同一件产品上取得了双重的利润，但是由于这些产品先后作为两种不同资本的一部分，他在所使用的全部资本上只得到了单一的利润。如果他所得的利润比这少，那他就是一个亏损者，或者说他所投入的全部资本没有取得像大部分其他人所取得的那样的利益。

禁止制造商去做的事情，却在某种程度上要求农民去做，要求农民将他的资本投入到两种不同的用途上：一部分投入谷仓和干草场，以储存粮食供

---

① 这两句话很容易引起误解。上一段引述的规定的效果是，如果谷物商不具备一定的资格，那么就会"完全取消"该行业。为了避免这种结果，因此爱德华六世第五、第六年的第十四号法令的第七条又规定，可以发给谷物中间商证书，使他们在某种情况下可以购买谷物再另行出售。因此，对谷物人发证书是很大的放宽，不是像文中所说的更严。

应市场的临时需求；另一部分投入到谷物的耕作。但正像他投入后一部分的资本所得的利润不能少于农业资本的一般利润，他投入前一部分的资本所得的利润也不能少于商业资本的一般利润。不管在谷物贸易中实际使用的资本是属于农民还是属于谷物商，都要取得相同的利润，以使投入其中的资本得到回报，并与其他行业处于相同的水平，以免资本转移到别的用途。所以，被迫兼营谷物贸易的农民最终出售谷物的价格，不可能比任何其他谷物商在自由竞争中最低的谷物售价更便宜。

能将自己的全部资本用在单一业务上的商人，可以得到与将全部劳动用在单一作业上的工人一样的好处。后者能达到一种熟练程度，用同一双手，可完成数量多得多的作业；前者能学到一种简单高效的营业方法，能以同样的资本经营多得多的业务量。一般情况下，这样的工人能因此以便宜得多的价格出售自己的产品，同样，这样的商人出售自己的货物时也能比他分散自己的精力和资本时便宜一些。如果一个精明灵活的商店老板的唯一业务就是成批采购货物然后再零售，那么大部分制造商在零售自己的产品时定价都不可能像这个商店老板一样低；如果一个精明灵活的谷物商人的唯一业务就是成批购买谷物存入粮仓然后再零售，那么大部分农民在将自己的谷物零售给四五英里外的城镇居民时，其价格要低于这个谷物商人的价格就更不可能。

禁止制造商兼营商店业的法律试图迫使资本的这种分工加快。迫使农民兼营谷物商业务的法律则试图使资本的这种分工放慢。两种法律显然都违反了天然的自由，因此都是不公正的，也同样是失策的。对于这类事情，既不强制，也不妨碍，才符合每一个社会的利益。如果某人以其劳动或资本来从事各种对自己并无必要的行业，他绝不可能以比他的邻人更低的价格出售货物而伤害邻人。他可能会伤害到他自己，一般情况下都是如此。谚语有云："什么都做发不了财。"法律应该相信人民照顾自己利益的能力，因为作为当事人，人民一般都必然比立法者更了解自己的利益所在。但迫使农民经营谷物商业务的法律，是上述两种法律中最有害的。

这种法律不仅有碍于对任何社会都非常有利的资本分工，并且同样有碍于土地的改良和耕作。迫使农民兼营两业而不是专营一业，就使得农民被迫将资本分成两部分，只能将其中一部分投入耕作。如果他能自由地在收割打谷之后将全部收成尽快出售给谷物商，他的全部资本就可以立即返回土地，用于购买更多的耕牛，雇佣更多的佣工，以更好地改良和耕作土地。如果农民被迫零售自己的谷物，他就只好将大部分资本放在他的谷仓和干草场中，因而不可能像没有这种法律时耕作得那样好，虽然资本是一样多的。所以，这种法律必然会阻碍土地的改良，不但不能使谷物的价格更低，而且由于使得谷物产量比没有这种法律时更少，必然使得谷物价格更高。

除了农民的劳作外，实际上最有助于谷物生产的，就是受到适当保护和鼓励的谷物商业务。如同批发商能够扶持制造商一样，谷物商也能够扶持农民。

批发商通过为制造商提供现成的市场，通过使其产品尽快脱手，有时候甚至在产品未完工前就预付货款，使得制造商能将他的全部资本（有时候还不止他的全部资本）始终投入到生产上，从而，与被迫将产品卖给直接消费者或零售商相比，制造商能生产出多得多的产品。而且，批发商的资本一般足以供许多的制造商周转，在他们的这种往来中，大资本商人出于利害关系会去扶持许多小资本商人，在他们遭受损失和灾难并可能导致破产时给予他们帮助。

农民与谷物商人之间广泛建立的这类往来关系，结果同样有利于农民。农民将能够把他的全部资本（有时候还不止他的全部资本）始终投入到耕作之中。农业比其他任何行业都更容易遭受意外，但有了这种往来关系后，农民将会发现，无论发生什么意外，他们的老主顾，即富裕的谷物商人，愿意并且能够帮助他们。他们就不会像现在这样，完全指望地主的宽容和地主管家的仁慈。如果能立即广泛地建立这种往来关系（虽然没这种可能），如果能立即将国家全部农业资本从其他行业撤回并投入到适当的用途即土地耕作之中，如果在需要时能立即提供另一项几乎同样巨大的资本以扶持和帮助农业资本发挥作用，那么，仅仅这些变化将对全国土地带来多么巨大、多么广泛、多么急剧的改进，或许难以想象。

因此，爱德华六世的法令通过尽可能地禁止种植者与消费者之间存在中间人，实际上是试图消灭这样一种行业：它的自由运作不但可以最好地缓解谷物短缺的困难，而且可以最好地防止饥荒之灾的产生。再说一次：除了农民的劳作外，实际上最有助于谷物生产的就是谷物商人的业务。

后来的几个法令缓和了这一法令的严厉与苛刻。这些法令先后允许，在小麦价格不超过1夸脱20先令、24先令、32先令和40先令时，允许囤积谷物。最后，查理二世第十五年第七号法令规定，当小麦价格不超过48先令时（其他谷物价格以其为标尺），只要不是垄断者，即不是购买谷物后3个月内又在同一市场出售的人，囤积谷物或购买谷物以待出售均为合法①。依据这一

---

① 这里的引用是错的。原文是"不是垄断或在3个月内在同一市场出售同一谷物"。

法令，内地谷物商人得到了他们不曾享受过的贸易自由。当今国王（乔治三世）第十二年的法令废除了几乎所有其他的反对垄断和囤积的老法令，但没有取消查理二世第十五年第七号法令所设的限制，因此该法令至今仍然有效。

可是，这个第七号法令在某种程度上认可了两种非常荒谬的世俗偏见。

第一，这一法令认为当小麦价格高到每夸脱48先令（其他谷物价格以此为标尺）时，谷物就有可能被大量囤积，从而有害于人民。但我们前面已经论证过，似乎非常明显，无论价格高低，内地谷物商人囤积谷物都不会有害于人民。并且1夸脱48先令的价格尽管看起来很高，但在歉收年份这常常是收获之后立即就出现的价格，此时所有新收成还很少有售出的，此时即使是无知的人也不会认为新收成的任何部分会被人囤积到有害于人民的地步。

第二，它认为有某个价位，到达这个价位时谷物可能就会被人囤积垄断，也就是将其完全购入，以便随后在同一市场出售，从而有害于人民。但是如果谷物商人在某个市场尽量收购，以图随后在同一市场再出售，必定是他判断市场不会在全季都像当时那样能充分供给，不久必将涨价。如果他判断错误，价格并未上涨，他就不仅没赚到利润，还会损失一部分资本，即储藏和保管谷物的费用和损耗。因此，他对自己的损害也将比对别人大得多。即便对那些在他收购的当天被他妨碍了购买谷物的人的损害也没他自己受的损害大，因为他们可以在另外的日子以同样低廉的价格购买谷物。如果他判断正确，他不但不会伤害到广大人民，反而对他们有至关重要的帮助。通过使人民早一点体会到缺粮的困难，他可以防止他们由于目前价格低廉而不顾实际情况地消费谷物，从而防止了他们感受到粮食匮乏的强烈痛苦。如果确实出现粮食短缺，对于人民来说最好的方法，就是将这种困难尽可能平均地分配到一年中的每月、每周和每一天。谷物商人由于自身利益的关系而能够尽可能正确地这样去做。由于其他任何人都没有这种利益关系，也没有这种知识和能力可以像他那样正确地做这件事情，所以应将这项最重要的商业业务全部委托给谷物商人；换句话说，至少在国内市场的供给方面，谷物贸易应完全自由。

世人对于囤积和垄断的恐惧，与他们对巫术的恐惧和怀疑非常相似。因巫术而被控告的不幸之人，与那些因囤积和垄断而被控告的人一样，都是无罪的。法律取缔了对巫术的起诉，使人们不能再为私怨而以这种想象中的罪名控告邻人；而消除了鼓励和支持这种恐惧和怀疑的重要原因，似乎也就有效地打消了这种恐惧和怀疑。如果法律恢复内地谷物贸易的完全自由，同样也可能打消世人对囤积和垄断的恐惧。

可是，查理二世第十五年第七号法令虽然有各种缺点，但与任何其他法律相比，或许仍对国内市场的充足供应和耕作的改进做出了更大的贡献。正是从这项法令开始，国内谷物贸易获得了它从未享有过的一切自由和保护；而不管是国内市场的供给还是耕作的改进，国内贸易比进出口贸易更为有效地起到了促进作用。

根据那位关于谷物贸易的论文集的作者的计算，英国每年平均进口的各种谷物量与平均消费的各种谷物量的比例，不到1∶570。所以，对于国内市场的供给，国内贸易的重要性必定是进口贸易的570倍。

根据这位作者的计算，英国平均每年出口的各种谷物量不到年产量的1/30。所以，在为本国谷物提供市场从而鼓励耕作方面，国内贸易的重要性也必定是出口贸易的30倍。

我不太相信政治算术，也无法保证上述两种计算的准确性。我提及它们只是为了说明，在最明智、最有经验的人看来，谷物的国际贸易与国内贸易相比是多么不重要。设立出口奖金之前的那几年谷物价格极为低廉，在某种程度上归因于查理二世这项法令的作用或许是有理由的。这项法令颁布于25年前，有足够的时间产生这种效果。

至于谷物贸易的其他三个部门，我可以用很少的篇幅来说明。

第二种

进口谷物供国内消费的贸易，显然有利于国内市场的直接供给，因而直接有利于人民大众。当然，这会使谷物的平均货币价格有所下降，但不会降低谷物的实际价值，即它所能维持的劳动量。如果谷物能随时自由进口，我们的农民和乡绅每年出售谷物所得的货币或许比现在要少，现在谷物进口在大部分时间里实际上是被禁止的，但是他们所得到的货币会有更大的价值，能够买更多的其他商品和雇佣更多的劳动。因此，他们的实际财富和实际收入，都会和现在一样，只是用较少数量的白银来表现而已；他们能够耕种和愿意耕种的谷物也不会比现在少。相反，由于谷物的货币价格下降而使白银的实际价值上升，会使其他所有商品的货币价格有所下降，这又使这个国家的产业在外国市场上占到一定好处，从而能鼓励和促进该国产业的发展。而国内谷物市场的大小，必须和这个国家的一般产业保持一定的比例，也就是说，必须和生产并拥有其他能与谷物交换的商品的人的数量或这些东西的价格保持一定比例。在任何国家，国内市场都是谷物的最近和最方便的市场，因此也是最大和最重要的市场。所以，由于谷物平均货币价格的下降而导致的白银的实际价值的上升，会倾向于扩大（而不是缩小）谷物的最大和最重要的市场，从而促进谷物的生产。

查理二世第二十二年第十三号法令规定，国内市场小麦价格不超过每夸脱 53 先令 4 便士时，进口小麦每夸脱须纳税 16 先令；国内市场小麦价格不超过每夸脱 4 镑①时，进口小麦每夸脱须纳税 8 先令。前一价格在过去的一个多世纪中只在粮食严重短缺的年份才出现过，后一价格据我所知从未出现过。根据这一法令，小麦在涨到后一价格的时候要被征收非常高的关税，而涨到前一价格的时候所征收的关税相当于禁止其进口。限制其他各种谷物进口的关税税率，与其价值相比，也几乎同样高。此后的法律进一步提高了这种关税。

在歉收年份，人民很可能由于上述法令的严格执行而苦不堪言。但这种情况下，这些法令一般都由临时法令替代而暂停实行。临时法令准许在一定期限内进口外国谷物。有必要实行临时法令，足以证明原有法令的不适当。

对进口的这些限制虽然是在设立出口奖金之前的规定，但这两者所遵循的精神和原则如出一辙。不过，不管这种限制和某些其他限制怎样有害，在设立出口奖金后，限制进口都是必要的。如果 1 夸脱小麦的价格不到 48 先令，或者高出 48 先令不多时，外国谷物可以免税或缴很少的税进口，那么可能会有人为了出口奖金而将进口谷物再出口。这将使国家收入蒙受巨大损失，颠倒了出口奖金制度的初衷：没有扩大本国产品的市场，反倒扩大了外国产品的市场。

第三种

出口谷物供外国消费的贸易，当然不会直接有利于国内市场供给的丰足，但会间接产生有利作用。无论供应国内市场的谷物是来自何处（本国生产的也好，国外进口的也好），只有在国内生产的谷物量或进口的谷物量大于国内的谷物消费量时，国内的谷物市场才有充足的供应。但是，如果剩余的供给一般情况下不能出口，种植者就将小心谨慎，不让生产的谷物多于国内市场的需求，进口商也会小心不让进口的谷物多于需求。这样，市场很少会存货过多，它一般会存货不足，因为供给谷物的人通常会担心手里的货物积压。所以，禁止出口限制了土地的改良和耕作，使谷物的供给仅限于满足国内居民的需求，而出口自由则能扩大耕作以供国外。

查理二世第十二年第四号法令规定，只要小麦价格不超过一夸脱 40 先令（其他各种谷物以此为标尺），就允许谷物出口。查理二世第十五年进一步放

---

① 当时 1 镑等于 20 先令，1 先令等于 12 便士。——译者注

开到小麦价格不超过48先令；第二十二年不再设上限。当然，这种出口须向国王交税。但所有的谷物税率都很低，对于小麦仅为1夸脱1先令，燕麦仅为1夸脱4便士，其他各种谷物仅为6便士。而根据威廉和玛丽第一年的设置出口奖金的那个法令，只要小麦价格不超过1夸脱48先令，这项小税实际上已被取消。威廉三世第十二年第二十号法令则明令取消这项税收，无论小麦价格有多高。

这样，出口商的贸易不仅受到出口奖金的鼓励，而且比国内商人的贸易自由得多。根据上述法令中的最后一个，无论价格高低，谷物都可囤积用于出口，但除非价格不超过48先令，否则不许囤积用于国内销售。但是，前面已经论证，国内商人的利益决不会与人民大众的利益相对立。而出口商的利益却有可能与人民的利益相对立，事实上有时也的确如此。当本国处于粮食短缺状态，而邻国则发生饥荒时，也许将大量谷物运往邻国符合出口商的利益，但这将大大加重本国粮食短缺的灾难。国内市场能得到充足供应不是这些法令的直接目的，它们的直接目的是，在鼓励农业的借口下，尽可能地提高谷物的货币价格，从而尽可能地造成国内市场上经常的粮食短缺。通过阻碍进口，即使在粮食严重短缺时，国内市场的供给也只能依靠国内生产；而通过鼓励出口，当价格高到每夸脱48先令时，即使在粮食严重短缺的情况下，国内市场也不能得到本国产物的全部。英国不得不经常颁布临时法令，在一定期限内禁止出口谷物，在一定期限内进口免税，这充分说明了原有法令的不适当。如果原有法令是适当的，就没有必要经常暂停实施了。

假如所有国家都实行自由进出口的制度，构成大陆的各个国家就会像构成大国的各个省一样了。理论和实践都证明，在一个大国的不同省份之间实行贸易自由不仅是缓解粮食短缺最好的方法，也是防止饥荒的最有效的方法；在一个大陆的不同国家之间，进出口贸易自由也起相同的作用。大陆地域越大，大陆各部分之间水陆交通越方便，任何一个国家遭受这两种灾难的可能性就越小，任何一个国家的粮食短缺就越可能由其他某个国家的丰足所解救，但极少有国家完全实行这种自由制度。谷物贸易的自由几乎在所有地方都或多或少受到限制，而且在许多国家，限制谷物贸易的荒谬法律常常加重了已有的粮食短缺的不幸，使其发展成可怕的饥荒。这些国家对谷物的需求常常变得如此巨大和紧迫，使得当时也在粮食短缺的状况下挣扎的邻近小国不敢冒着自己也陷入这种可怕灾难的危险去供应他们。这样，一个国家的极坏的政策，可能使另一个国家采取本来是最好的政策在某种程度上也会成为危险和不谨慎的事情。但是不受限制的自由出口对大国的危险性要小得多，因为大国的产量要大得多，无论可能出口多少谷物，都很少受多大的影响。在瑞士的一个州或者意大利的一个小国，或许有时还有必要限制谷物的出口，但在英国或法国这样的大国很少有这种必要。此外，阻止农民随时将产品运到最有利的市场，显然是以公共利益或国家理由而牺牲了一般的公正法则；只有在最紧迫的情况下，立法机构才能采取这种行动，也才能得到谅解。如果非得禁止谷物出口，应该在谷物价格非常高时才实施。

关于谷物的法律无处不可与关于宗教的法律相类比。对于今世的生存以及来世的幸福，人民是那么关心，因此政府不得不屈从于他们的偏见，建立他们所赞同的制度，以保公众安宁。或许正是由于这样，我们从未见到过有关于这两件头等大事的合理制度。

第四种

进口外国谷物以备再出口的中间商的贸易，也有利于国内市场供给的丰足。这种贸易的直接目的的确不是在国内出售谷物，但中间商一般也会愿意这样做，哪怕比他在外国市场可望获得的货币少得多，因为这样能节省装卸费用、运费和保险费。由于中间商贸易而成为其他国家粮仓的国家，其居民自己是很少会缺乏粮食的。虽然中间商贸易可能降低国内市场谷物的平均货币价格，但决不会因此降低谷物的真实价值。它只会有提高白银的真实价值的作用。

在英国，进口外国谷物须缴纳高额关税，而其中大部分不能退还，所以，在一般情况下，中间商贸易实际上是受到禁止的；而在特殊情况下，当粮食短缺使得有必要用临时法令暂停征税时，又禁止出口谷物。因此，按照这种法律制度，谷物中间商贸易实际上在一切情况下都是被禁止的。

所以，设立奖金的这种法律体系，似乎并不值得得到它曾得到的称赞。常常被归功于这些法律的英国的进步与繁荣，可以很容易地找到其他原因。英国法律为人们享用自己的劳动成果提供了安全保障，单是这一点就足以让一个国家繁荣起来，即使还有上面这些和另外几十条荒谬的商业条例；而且，和奖金的设立几乎同时发生的革命完善了这种保障。当每个人改善自己境遇的自然努力能够得到施展的自由和安全，就是一股非常强大的力量，即使不借助任何帮助，也能使社会富裕繁荣，还能克服那些妨碍其发挥作用的愚蠢的人为法律所设置的无数顽固障碍（不过这些愚蠢的法律或多或少地侵害了这种努力的自由，或降低了这种努力的安全。）。在英国，产业是很安全的；虽然远谈不上完全自由，但与欧洲其他各国相比，至少同样自由或更自由。

尽管英国最繁荣、最进步的时期出现在那些与奖金有关的法律建立之后，但我们不能就此将这种繁荣与进步归功于那些法律。正如这一时期也出现在发行国债之后，但发行国债肯定不是英国繁荣和进步的原因。

虽然英国的与奖金有关的法律体系和西班牙、葡萄牙的政策一样，都使得贵金属的价值在实施这些法律和政策的国家趋向于有所降低，但英国无疑是欧洲最富有的国家之一，而西班牙和葡萄牙大概位居欧洲最贫穷的国家之列。这种境况上的差别，可以很容易地以下述两个原因说明。首先，这两个国家每年输入的金银超过600万镑，但出口金银在西班牙须纳税、在葡萄牙受禁止，并且这种法律得到严格执行。这在这两个贫穷的国家所产生的降低金银价值的作用，与英国实施的谷物法令所产生的作用相比，不仅更直接，而且更有力。其次，这些糟糕的政策在这两个国家并没有被人民的普遍自由和安全所抵消。那里的产业既不自由也不安全。虽然这两国通商条例明智的程度和大部分其他条例荒谬愚蠢的程度不相上下，但他们的市民政体和宗教政体只会使他们的贫穷延续下去。

乔治三世第十三年第四十三号法令似乎建立了一种与谷物法令有关的新体系，其中许多方面优于旧体系，但在一两个方面则还不如旧体系。

该法令规定，中等小麦的价格涨至1夸脱48先令，中等黑麦、豌豆或蚕豆的价格涨至1夸脱32先令，大麦的价格涨至1夸脱24先令，燕麦的价格涨至1夸脱16先令时，供国内消费的外国谷物进口时免征高关税，代之以每夸脱小麦6便士的小额关税（其他谷物以小麦为准）。这样，外国的各种谷物，尤其是小麦，就能以比从前低得多的价格供应国内市场。

同一法令还规定，每夸脱小麦5先令的出口奖金在小麦价格涨至1夸脱44先令时即停止发放（以前是要涨至48先令）；每夸脱大麦2先令6便士的出口奖金在大麦价格涨至1夸脱22先令时即停止发放（以前是24先令）；每夸脱燕麦片2先令6便士的出口奖金在燕麦片价格涨至1夸脱14先令时即停止发放（以前是15先令）。黑麦的出口奖金从3先令6便士减至3先令，在黑麦价格涨至1夸脱28先令时即停止发放（以前是32先令）。如果出口奖金像我已经试图证明的那样是不适当的，那么，越早停止发放，发放的数额越少，则越有好处。

这项法令还准许以最低的价格免税进口谷物以备再出口，但必须把进口的谷物存入仓库，用分属国王和进口商的两把锁锁住。诚然，这种自由只限于英国的25个港口。不过这些都是主要的港口，其他大部分港口或许没有适用于这种用途的仓库。

就以上各点来看，这项法令显然是对旧法令的改进。

但是，这项法令规定，当燕麦价格不超过1夸脱14先令，每出口1夸脱发放2先令奖金。对于这种谷物的出口，过去从未发放过奖金，就像对于豌豆和蚕豆那样。

这项法令还规定，当小麦价格涨至1夸脱44先令，黑麦价格涨至1夸脱28先令，大麦价格涨至1夸脱22先令，燕麦价格涨至1夸脱14先令时，均立即禁止出口。这几种价格似乎都太低了，而且，出口奖金本是为了鼓励出口，现在一停止发放奖金就禁止出口，也似乎不妥。停止发放出口奖金的价格应该比禁止出口时的价格低得多，要么就应该在比此价格高得多的价格上允许出口。

就以上各点来看，新法令似乎又不如旧法令。不过，虽然它有各种不足，我们或许仍可用前人评价梭伦①法典的话来评价它：它本身虽不完美，但却是当时的利益、见识和倾向所能产生的最好的。它或许会为将来更好的法律铺平道路。

第六章　论通商条约

如果一个国家受条约的约束，允许某些货物从某一外国进口而禁止从所有其他国家进口，或只对某一外国的某些货物免征关税而对所有其他国家的这些货物都征收关税，那么，商业上受惠的这个国家，或至少是该国的商人和制造商，必然从这种条约中得到很大的好处。这些商人和制造商在如此优待他们的国家享有一种垄断权。这个国家成了他们的货物的更广阔、更有利的市场。更广阔，是因为其他国家的货物或是被排除在这个市场之外，或是被征收更多的关税，使得受惠国的商品能占领更多的市场；更有利，是因为受惠国的商人在那里享有一种垄断权，常常能以比各国自由竞争的情况下更高的价格将其货物出售。

然而，这种条约虽然对受惠国的商人和制造商有利，但对于施惠国的商人和制造商却必然是不利的。通过这种条约，施惠国将一种不利于自己的垄断权赋予了某一外国，必须常常以比允许各国自由竞争的情况下更高的价格购买自己所需的外国货物，从而这个国家用于购买这些外国货物的那部分本国产品也就必然变得更便宜了。因为，当两种物品彼此交换时，一种贵了就相当于另一种便宜了，这是一回事。因此这个国家的年产物的交换价值可能

---

① 古雅典的立法者。——译者注

由于这种条约而减少。不过这种减少并不意味着绝对价值的损失,而只是本来可获得的利益的减少。它出售产品的价格虽然低于无这种条约时可得的价格,但不可能低于成本,也不会像在有出口奖金的情况下那样,收不回商品上市的成本并且得不到普通的利润。否则,这种贸易不能长期进行。所以,即使是施惠国也依然能从这种贸易中得利,尽管利益不如在自由竞争时那么大。

但是,根据与此不同的原理,人们认为某些通商条约是有利的。有时商业国给予某个外国的某种商品一种于自己不利的垄断权,是因为它希望在两国间的总体贸易中它的年出口能大于年进口,每年都保持金银的顺差。正是根据这一原理,梅休因先生在1703年签订的英国和葡萄牙通商条约才大受称赞。以下是该条约的直译,一共只有三条:

第一条:

尊敬的葡萄牙国王陛下以他自己和他的继承人的名义,承诺今后永远准许不列颠呢绒和其他毛织品像以往一样进入葡萄牙,直到受到法律禁止,但须遵循以下条件。

第二条:

即,尊敬的大不列颠国王陛下以他自己和他的继承人的名义,自今以后永远准许葡萄牙产葡萄酒进入不列颠,不论何时,不论英法两国是和是战,不论进口到不列颠的葡萄酒使用的是 105 加仑的桶、52.5 加仑的桶还是其他,都不得以关税、手续费或其他名义,使对葡萄牙的葡萄酒直接或间接征收的税费超过对同量法国葡萄酒所征税费的 2/3。如果上述减免在任何时候以任何形式被破坏或侵害,尊敬的葡萄牙国王陛下重新禁止不列颠制造的呢绒和毛织品进口就是正当的和合法的。

第三条:

两国全权大使承诺负责敦请各自的国王陛下批准本条约;批准的条约在两个月内互相交换。

根据这项条约,葡萄牙国王有义务按照禁止进口英国毛织品之前的条件,准许进口英国毛织品,即征收的关税不能高于禁止进口之前的水平。但他没有义务让英国的毛织品以比其他任何国家的毛织品(例如法国的或荷兰的)更优越的条件进口。相反,英国国王却有义务,让葡萄牙的葡萄酒以比最有可能与其竞争的法国葡萄酒更优越的条件进口,其所纳关税仅为法国葡萄酒的 2/3。仅就这一点而言,该条约明显有利于葡萄牙,而不利于英国。

但该条约却被誉为英国商业政策的杰作之一。葡萄牙每年从巴西得到的黄金数量，多于其用于国内商业——不论是用在铸币上还是用在器皿上——的数量。剩余的黄金价值太大，不能让其锁在保险柜中闲置，而在国内又找不到有利的市场，所以，尽管禁止黄金出口，也必须将黄金送到国外交换某种在国内更有市场的东西。其中很大一部分黄金运到英国，用以交换英国商品，或间接从英国交换其他欧洲国家的商品。据巴特勒先生所知，每周从里斯本出发的班轮运入英格兰的黄金平均每星期在5万镑以上。这一数字或许有些夸大。果真如此的话，它一年总计将在260万镑以上，这比人们认为巴西每年能向葡萄牙提供的全部黄金还多。

我国的商人几年前曾失去葡萄牙国王的好感。一些并非由条约规定而是由葡国国王恩赐的特权（这些特权可能是请求得来的；作为回报，葡萄牙商人从英国国王那里得到了更多的优惠和保护），不是被侵犯，就是被取消了。因此，通常最赞成与葡萄牙进行贸易的那些人也认为，这种贸易并不像一般想象的那样有利。他们提出，每年从葡萄牙输入英国的大部分甚至是全部的黄金，都不是为了换取英国货物，而是为了换取欧洲其他国家的货物；英国每年从葡萄牙进口的水果和葡萄酒，几乎就可以抵消出口到葡萄牙的英国货物的价值。

不过，即使我们假定这些黄金全部是为了换取英国货物，并且总额比巴特勒先生脑子里的那个数目还要大，这种贸易也不会因此比出口价值等于进口消费品价值的其他贸易更有利。

可以认为，在英国，输入的黄金中只有极小的部分每年用来增加国内器皿或铸币，其余大部分必然运往外国去购买各种消费品。但是如果直接用英国产品去交换这些消费品，那就比先用英国产品换取葡萄牙的黄金，再用这些黄金购买这些消费品，更有利于英国。直接的对外消费品贸易总比转口的对外消费品贸易更有利；将相同价值的外国货物运入本国市场，前一种贸易比后一种贸易所需资本少得多。因此，既然英国所需消费品主要不是在葡萄牙而是在其他国家，那么，以较小一部分英国产业生产适合葡萄牙市场需求的商品，以较大一部分产业去生产适合其他市场需求的商品，那对英国就更为有利。这样，英国要获得自身需要的（实用的）黄金和消费品，所用资本就比现在少得多。英国因此就会有一部分多余资本可用于其他方面，用于推动更多的产业或增加农作物产量。

即使英国与葡萄牙完全没有贸易往来，英国也可以不太费力地得到在器皿、铸币或对外贸易方面所需要的全部黄金。黄金和其他所有商品一样，只要你有能和它交换的价值，总能在某处得到它。并且，葡萄牙每年多余的黄金仍然会被送往国外，即使不被英国买去，也必然被某个其他国家买去，而且这个国家也必然会如同现在的英国一样，乐于以某一价格将这些黄金再卖出。当然，在购买葡萄牙的黄金时，我们是买的一手货；在购买其他各国（西班牙除外）的黄金时，我们买的是转手货，花费可能略多。但这部分差额非常小，不值得政府放在心上。

我国的黄金据说几乎全部来自葡萄牙。而葡萄牙之外的其他的国家和我国的贸易差额不是不利于我国，就是对我国利好不大。但我们应记住，我国从一个国家输入的黄金越多，则从其他国家输入的黄金必定越少。对黄金的有效需求，如同对任何其他商品的有效需求一样，在每个国家都有一定的限量。如果这一限量的9/10都从一个国家进口，那可从其他国家进口的就只剩1/10。此外，我国每年从某些国家输入的黄金超过国内在器皿和铸币上所需的数量越多，那我国向其他国家再输出的黄金也必然越多；这样，与某些国家间的贸易差额——这一现代政策最无意义的目标——越是有利于我国，与其他许多国家之间的贸易差额就必然越不利于我国。

不过，正是基于英国不与葡萄牙进行贸易就无法生存这一可笑的观念，法国和西班牙在上次战争①将要结束时，甚至不找什么被冒犯或被挑衅的借口，就要求葡萄牙国王禁止所有英国船只进入葡萄牙港口，并允许法国或西班牙军队入港以确保这一禁令实施。如果葡萄牙国王接受了他的小舅子西班牙国王提出的丢脸的条件，那英国就可以摆脱一个大麻烦，这个麻烦比失去葡萄牙贸易的麻烦大得多：支持一个毫无国防准备的弱小盟国是一大负担，如果来一场战役，英国即使倾尽全力可能也不能保护得了它。失去与葡萄牙的贸易无疑也会给当时经营这种贸易的商人带来不小的困窘，他们可能在一两年内找不到其他同样有利的投资渠道，这大概就是这一抢眼的贸易政策可能给英国带来的全部麻烦。

每年输入大量的金银既不是为了制造器皿，也不是为了铸币，而是为了进行对外贸易。转口的对外消费品贸易，以金银为媒介比以任何其他商品为媒介都更有利。由于金银是通用的交易媒介，与其他任何货物相比，人们更愿意接受金银以交换各种商品；并且金银体积小，价值大，从一地到另一地的来往运输所需费用几乎比其他任何商品都少，在运输过程中损失的价值也较小。所以，如果在某个外国购买某些商品的目的是为了在另一国将其出售以换取（或直接换取）其他商品，那用金银直接去换最方便。对葡贸易的主

---

① 1762年。

要益处，就是使英国各种转口的对外消费品贸易更为便利；这虽然不是极重大的益处，但无疑也是不小的益处。

有理由认为，每年为增加国内的器皿和铸币只需输入很少的金银，这似乎很明显；而即使我们不与葡萄牙进行直接贸易，这少量的金银也可以很容易地从其他地方得到。

虽然金匠行业在英国规模很大，但他们每年出售的大部分新器皿都是用旧器皿熔化铸成的，所以国内全部器皿每年的增加额不是很大，每年只需输入很少量的金银即可满足。

铸币的情况也是一样。在上次金币改铸之前的 10 年中，每年铸造金币 80 万镑以上，我相信，没人会以为这些造币大部分是每年在现有货币基础上所增加的。在铸币费用由政府支付的国家，铸币即使所含金银重量完全符合标准，其价值也决不会比等量未铸金属的价值大多少；这是因为要以任何数量的未铸金银换取含等量金银的货币，只要不怕麻烦送去造币厂，最多耽误几个星期。不过，在任何国家，大部分流通铸币几乎总是或多或少有所磨损，或由于其他原因而低于标准。在英国，上次金币改铸之前尤其是这样，金币低于标准重量 2％ 以上，银币低于标准重量 8％ 以上。但是如果 44 个半几尼含有十足的标准重量（即 1 磅黄金）而只能购买 1 磅的未铸黄金，那么重量有所短缺的 44 个半几尼就购买不到 1 磅的未铸黄金，还须另加一些以补不足。因此金块的市场流通价格与造币厂价格不同，不是 46 镑 14 先令 6 便士 1 磅，而是大约 47 镑 14 先令，有时大约是 48 镑。而当大部分铸币都是这样低于标准重量时，即使是刚从造币厂出厂的标准几尼，在市场上也不能比等量普通几尼购买到更多的货物；因为它们在商人的金柜中和普通货币混在一起，如果要加以区分的话，所费还不偿所值。新铸的 44 个半几尼和其他普通几尼一样，所值不会多于 46 镑 14 先令 6 便士；但是如果将新几尼投入熔炉，没有明显损失便可产出 1 磅标准黄金，在任何时候都可换取 47 镑 14 先令到 48 镑的金币或银币，而且这些货币的效用和当初熔化的几尼完全一样。所以，熔化新铸币明显有利可图，而其速度之快，政府任何预防措施都无法阻止。因此，造币厂的工作有些像潘奈洛佩在织布，白天织好的布在夜间又拆掉①。造币厂的工作与其说是在每天增加铸币，不如说是在更换每天被熔化的最好的那些货币。

---

① 潘奈洛佩是《荷马史诗》中奥德修斯的妻子，她在丈夫远征期间以需要完成一项织布工作为由，搪塞周围众多的求婚者，但她总是把白天织好的布在夜里又拆掉。——译者注。

如果铸币费用是由持金银到造币厂去的私人自己支付，那铸币就会增加这些金属的价值，正如加工能增加器皿的价值一样。铸成货币的金银会比未铸的金银价值更高。如果铸币税（即向私人收取的铸币的费用）不是太高，全部税额都将加于金银块价值之上，因为政府在任何地方都享有专有铸币特权，没有任何铸币能以更低的价格出现在市场。如果铸币税太高，大大超过铸币所需劳动和费用的真实价值，那么金银块与金银铸币的价值之间的巨大差额可能会刺激国内外的伪币制造者，使他们向市场投入大量伪币，从而降低官方货币的价值。不过，法国的铸币税是8%，并未因此出现显著的伪币困扰。无论是住在国内的伪币制造者还是住在国外的他们的代理人和联络人，都要面对巨大的危险，不值得为了百分之六七的利润去冒这个险。

铸币税在所有情况下都会减少熔化新铸币的利润，在其中一些情况下则使其完全无利可图。这种利润始终来自普通流通货币应含金银量与实含金银量的差额。如果这一差额小于铸币税，那么熔化新铸币不但没有利润，还有损失。如果这一差额等于铸币税，那么熔化新铸币既无利润也无损失。如果这一差额大于铸币税，当然就会有利可图，不过利润比无铸币税的时候少。例如，在上次金币改铸之前，如果铸币税是5%，熔化新铸币将亏损3%；如果铸币税是2%，熔化新铸币就不赚不赔；如果铸币税是1%，熔化新铸币就有了利润，不过利润只有1%而不是2%。只要是在按照枚数而不是重量接受货币的地方，铸币税就是对熔化铸币最有效的防范，同理，也是对输出铸币最有效的防范。被熔化或输出的通常都是最好和最重的铸币，因为这样才能获取最大利润。

通过免税鼓励铸造货币的法律，最早是在查理二世时期制定的，但有免税期限；此后多次延长期限，直至1769年改为永久免税。英格兰银行为了补充保险柜中的货币，不得不常常运送金银块到造币厂去铸币，他们可能以为，相比自己担负铸币费用，政府担负这一费用会对自己更有利。也许是因为要照顾这家大公司，政府同意将这一法律永久化。如果废止称量黄金的习惯（由于称量不方便，这是很可能的），如果英格兰金币按枚数来计算（像上次金币改铸之前那样），英格兰银行可能会发现：像许多其他场合一样，他们在这一场合又大大错估了自己的利益。

在上次改铸金币之前，英国的金币比标准重量低2%，由于没有铸币税，金币的价值比应含标量黄金的价值低2%。因此，当这家大银行购买金块来铸币时，付价必须比铸成金币后所值多2%。但是如果铸币须纳税2%，则普通金币虽比标准重量低2%，它在价值上必然仍与应含标量黄金的价值相等。在这种情况下，铸造过程的价值抵消了黄金重量的减少。银行虽然支付了2%的铸币费，但在全部交易过程中的损失还是2%，与现实中金币减重带来的损失完全相同，并没有损失更多。

如果铸币税是5%，而金币低于标准重量2%，这种情况下银行在金块的价格上获利3%；但由于银行在铸造上支付了5%的铸币税，所以在全部交易过程中的损失同样是2%。

如果铸币税是1%，而金币低于标准重量2%，这种情况下银行在金块的价格上只损失1%；但由于银行支付了1%的铸币税，所以，在全部交易过程中的损失和其他所有情况下一样，仍是2%。

如果铸币税比较合理，同时铸币就像上次改铸之后的一段时间一样含有十足的标准重量，则银行无论在铸币税上损失多少，都会在金块价格上补偿回来；而银行无论在金块价格上获利多少，都会在铸币税上损失掉。所以，银行在全部交易上既无所失又无所得，在这种情况下，他们就像在上述所有情况下一样，处于与没有铸币税时完全相同的状况。

当对一种商品课征的赋税适度而不至滋生走私时，经营这种商品的商人虽然垫付了税款，但由于可在商品价格中收回，他并没有真正纳税。最终纳税者是最后的购买者或消费者。但对于货币这种商品，每一个人都是商人。所有购入它的人都是为了将它再售出；对货币来说，一般情况下不会有最后的购买者或消费者。因此，当铸币税很适中，不会滋生伪币时，尽管每个人都垫付了铸币税，但没有人最终纳税，因为每个人都在铸币提高的价值中将其收了回来。

因此，适中的铸币税，在任何情况下都不会增加银行或其他持金银块到造币厂铸币的私人的费用，如果没有适中的铸币税也不会减少这种费用。不论是否有铸币税，只要货币含有十足的标准重量，铸币对于任何人来说都不必破费；如果货币低于标准重量，铸币的费用必然总是等于货币应含纯金量与实含纯金量之差。

所以，当政府支付铸币费用时，不仅负担了一小笔开支，而且损失了本可由合适的税收得到的一小笔收入，而无论是银行还是私人都不能从这种无用的慷慨中获得丝毫利益。

不过，如果跟银行的董事们说，征收铸币税不能给他们带来好处是一定的，而不给他们带来损失在理论上也是一定的，他们可能是不会愿意同意征收铸币税的。在现有的金币状况下，只要它继续按照重量来计算，他们确实不会通过这种改变得到任何好处。但是如果以重量来衡量金币的习惯被废止

（这非常可能），而金币质量又降低到上次改铸之前那样，那么由于征收铸币税而给银行带来的利益，更准确地说是给银行节省的开支，可能相当可观。英格兰银行是唯一一家把大量金银块送到造币厂去铸币的公司，每年铸造货币的责任全部或几乎全部都落在它身上。如果每年的新铸币只是用于修补流通铸币难免会有的损失和必然的磨损，那就很少会超过 5 万镑，最多也不会超过 10 万镑。但是既以重量衡量铸币而铸币又低于标准重量，每年的新铸币就必须在此之外还去填补流通货币由于不断输出和熔化而产生的巨大缺口。由于这一原因，上次金币改铸之前的 10 年或 12 年间，平均每年的新铸币都超过 85 万镑。但是如果当时征收 4% 或 5% 的金币铸币税，那么即使在当时的情况下，也可能有效地阻止铸币的输出和熔化。这样，银行就不用每年在这用来铸造 85 万镑金币的金块上损失 2.5%，也就是说，不用每年损失这 21250 镑了。它会损失的可能不到这一数额的 1/10。

议会从岁入中拨出作为铸币费用的每年只有 1.4 万镑，而政府实际支出的费用，即造币厂职员的开支，我相信一般情况下不会超过这一数额的一半。节省这么小的一笔开支，甚或得到比这大不了多少的一笔收入，可能在某些人看来，太微不足道，不值得政府重视。但是节省那可以节省下来的、以前常常花了出去以后也很可能要再花的 1.8 万镑或 2 万镑，即使对英格兰银行这样大的公司来说，也肯定值得重视。

上述论证和观察中的一部分，放在第一篇的"论货币的起源和效用"以及"论商品的真实价格和名义价格的区别"那几章，可能更恰当。但由于鼓励铸币的法律源于重商主义引进的流俗偏见，我觉得这些论证放在本章更合适。对生产货币给予奖励，没有比这更符合重商主义精神的了，既然他们认为货币是真正构成每一个国家的财富之物。这是他们的众多富国妙策之一。

第四篇　论君主或国家的收入

第一章　论君主或国家的开支

第一节　论国防开支

君主的第一项职责，即保护本国社会的安全、使之不受其他独立社会的侵犯的职责，只有凭借军队才能完成。但在和平时期备战和在战争中动用军队的开支，在不同的社会状态下和不同的进步时期是非常不同的。

在狩猎民族（最低级、最原始的社会状态，如北美洲的土著部落）之中，每个人作为猎手的同时也都是战士。当他为保卫他的社会或为报复其他社会而参加战争时，他通过自己的劳动养活自己，就像平时在家里那样。他的社会，在这种状态下自然不会有君主或国家，因此也无须为他战争前的准备或战争中的生活负担任何开支。

在游牧民族（更高级的社会状态，如鞑靼人和阿拉伯人）之中，情况也一样，每个人既是游牧者又是战士。他们通常住在帐篷中或便于移动的有篷马车中，没有固定居所。整个部落或族群根据每年的不同季节或突发事件而迁移。当他们的畜群吃完一个地方的牧草后，他们就迁往另一个地方，然后再从那里迁往第三个地方。他们在干旱季节下到河岸，在潮湿季节又回到高地。当他们奔赴战场时，并不把牲畜交给老人、妇女和孩子看护，也不把老人、妇女和孩子抛在后面不予保护和供养。此外，整个民族在平时已习惯了流浪生活，在战时也能很快进入战争状态。不管是作为一支军队行进，还是作为一个游牧群体迁移，他们的生活方式几乎相同，虽然目的大为不同。所以说，他们全民皆兵，每个人都全身心投入到战争中。在鞑靼人中，甚至妇女也常常以参加战斗著称。如果他们得胜了，敌方部落的所有东西都是胜利的报酬。但如果他们战败了，那就将失去一切，不仅是他们的牲畜，甚至他们的妇女和儿童，都将成为胜利者的战利品。大部分幸存下来的人为当前生活所迫，不得不向胜利者屈服。其余的人则通常受到驱逐而逃亡。

鞑靼人或阿拉伯人在日常生活中的锻炼，使其为参加战争做好了充分的准备。他们普通的户外消遣，如跑步、摔跤、耍棍、投枪、拉弓等等，俨然是在做战斗演习。而他们在实际作战时，也像平时一样自带牲畜维持生活。这些种族是有酋长或君主的，但酋长或君主并不为训练他们作战而负担任何费用；在作战时，掠夺的机会是他们期望或要求的唯一报酬。

狩猎者的队伍很少超过两三百人。狩猎所提供的生活资料很不稳定，很难在长时间内维持更多的人。与之相反，一支游牧民的队伍有时候能达到二三十万人。只要他们的行进不受阻碍，只要他们能从牧草吃完了的地方前往牧草仍很丰盛的地方，他们共同前进的人数似乎就没有限制。狩猎民族对邻近的文明民族来说并不可怕，而游牧民族则可能是大威胁。正如北美洲的印第安人战争无伤痛痒，鞑靼人在亚洲的屡次入侵最是可怕。修昔底德的判断——欧洲和亚洲都无法抵抗联合起来的塞西亚人——已被各个时代的经验所证实。在塞西亚或鞑靼的广袤而无屏障的平原上，居民们常常在一个征服者部族的酋长的统治下联合起来，而亚洲的浩劫就是他们统一的象征。另一支大的游牧民族，阿拉伯荒凉沙漠里的居民，联合过一次，这次联合虽是宗教热情的结果而不是征服的结果，但其统一同样标志着亚洲的浩劫。如果美洲的狩猎民族都成了游牧民族，他们对于邻近的欧洲各殖民地要比现在危险得多。

在更进步一点的农业社会里，即在没有对外贸易，除了各家为自用而制造的粗糙的日用品外没有其他制造业的农业社会里，每个人也都是战士，或很容易就能成为战士。以务农为生的人一般都是整日露天工作，受尽日晒雨淋。这种艰苦的日常生活正可锻炼他们，使他们能适应战争的艰辛。农业上部分日常基本工作就与战争时部分辛苦的任务非常类似。比如说，农民在田地里要挖沟掘渠，这使他能在战场上从容地挖掘战壕，围建营地。农民的日常消遣，也像游牧民那样，像是在作战。不过农民的闲暇时间比游牧民少，不能像游牧民那样经常进行这类消遣。他们虽也是士兵，但对士兵的技能不是很熟练。但尽管如此，训练他们作战也很少需要其君主或国家来承担费用。

农业，即使是在最原始、最初级的状态下，也有固定的场地和居所，这居所如果放弃就会蒙受很大的损失。所以农耕民族的作战，不可能全体出动。至少，老人和妇孺要留在后方，照看住所。而其他所有符合兵役年龄的男子都应当上战场，小民族往往都是如此。在一个国家中，符合兵役年龄的男子据估算约占总人口的1/4或1/5。如果战争在播种期后开始，在收获期前结束,那么,即使农夫和主要劳动者离开农田,也不会遭受很大的损失。他们相信,老人和妇孺能很好地完成在此期间所必须完成的工作。所以,如果短期参战,他们可以无偿地服兵役,就像在平素的训练中那样,常常不需要其君主或国家承担多少费用。第二次波斯战争结束前,古希腊各城邦的市民似乎就是以这种方式服兵役的;伯罗奔尼撒人在伯罗奔尼撒战争结束之前也是如此。修昔底德曾注意到,伯罗奔尼撒人一般在夏季离开战场,回家收获庄稼。罗马人在各国王统治下乃至共和国初期,也是如此服兵役的。直到围困维伊之战,留在家里的罗马人才开始承担参战人员的费用。在罗马帝国的废墟上建立的欧洲各王国,在可适当地称为"封建法"的法律制定之前及之后的一段时间,各大领主及其直接属民往往是以自己的费用服侍国王。在战场上,他们也像在家里一样,以自己的收入来养活自己,并不因为参战而从国王那里得到任何薪金或报酬。

但在更高级的社会状态下,有两个原因使得作战人员自费养活自己成为完全不可能的事。这两个原因是:制造业的进步和战争方式的改变。

就农民参战来说,只要战争是在播种期后开始,在收获期前结束,他的农务的中断就不会对他的收成有太大影响。因为,即使他们不劳动,大自然也能完成剩余的大部分工作。但是,如果工匠(比如铁匠、木匠、纺织工人)离开作坊去参战,其收入的唯一来源就断了。他的工作全靠自己,大自然帮不上什么忙。所以,如果他们为保卫国家而参战,由于没有收入来维持自己,就必须由国家来维持。而如果一国大部分居民是工匠或制造业工人,那么,大部分参战者必然来自这个阶层,军队作战期间就必然由国家来供养。

再者,战争技术也逐渐发展为十分错综复杂的科学,战争行为不再是社会初级阶段那种零星的小冲突或小战斗,而是要进行多次战役,每次战役说不定持续大半年。此时,参战人员就需要由国家来维持,至少在战争期间是如此。否则,不论参战人员平时从事何种职业,自费参战对于他来说都是过重的负担。由此之故,在第二次波斯战争后,雅典的军队似乎一般都是由雇佣军组成,诚然有一部分是本国公民,但也有一部分是外国人,而且都是由国家支付佣金。罗马军队自从围困维侬之战以来,在作战期间也得到了报酬。在各封建政府统治下的某一时期之后,各大领主及其直接属民的军事服役,以支付货币的形式代替,他们所交纳的货币就用来维持那些代替他们服役的人。

在文明社会里,服兵役人数与人口总数的比例,必然要比初级社会小得多。文明社会维持士兵的费用，都由那些不参战的劳动者负担。由于这些劳动者还得根据各自的情况维持自己以及他们的行政司法官吏，因此，士兵的数目就不能超过他们维持了这二者之后所能维持的限度。在古希腊小农业国中，全体人民中有 1/4 或 1/5 具有士兵的身份，并不时走上战场。而在近代欧洲的各文明国家，按一般估算，士兵的人数不能超过人口总数的 1%，否则将会由于要支付过多的佣金而危及国家经济。

为作战而练兵的费用，直到战场上的军队由君主或国家供养很久之后，才成为国家的一项大的开支。在古希腊各共和国，军事训练是国家对自由市民施加教育的必要部分。每个城市都有一个公共场地，青年人在地方官员的主持下由不同的教师带领进行不同的训练。这种简单的公共机构的开支似乎就是古希腊各共和国用于训练战士的全部开支。古罗马在其竞技场中进行的训练与古希腊在其运动场中进行的训练具有同样的目的。随后的各封建政府也颁布法令规定，各区市民必须演练箭术并接受其他军事训练，也是为了同一目的，但似乎效果不是很好。由于受托执行这种法令的官员缺乏兴趣或是由于某些其他的原因，这种法令普遍受到了忽视；随着那些政府的更替，军事训练似乎在群众中间逐渐废止了。

在古希腊、古罗马各共和国存在的整个时期，以及在各封建政府建立之后的很长一段时期，当兵或从军并不是一种作为某一市民阶层唯一或主要的工作的独立职业。每一个国家公民不论平时以何种职业为生，都认为自己同样能当一个士兵，在非常时期他更觉得自己有这个义务。

然而，战争技术作为所有技术中最高端的技术，随着社会的进步，必然成为最复杂的技术。战争技术的完善程度虽然由机械技术及其他相关技术决定，但是，要实现技术完善的可能性还得有赖于一个把战争作为唯一或主要职业的特定市民阶层，和其他技术一样，此种技术的发展也有赖于劳动分工。其他技术领域的劳动分工是个人慎重考虑的结果——他发现，专门做某项特定工作比做许多种不同工作对自己更有利。但要使得当兵成为一种独立、明确的特殊职业，只能靠国家的行为。在和平时期，一个市民如果在没有国家任何奖励的情况下把大部分时间用在军事训练上，他无疑会在军事方面大有提高，或许还能从中得到大乐趣，但肯定不会增加他自身的利益。只有国家的行为，才能使他为了自己的利益，在大部分时间里从事这种特殊的职业，但很多国家甚至在国家存亡要求有这种举措的时候也不知变通。

游牧民有大量闲暇时间；在初级阶段的农业社会，农夫也有一些闲暇；

而工匠和制造业工人则完全没有闲暇时间。第一种人可以将大量时间用于军事训练，没有任何损失；第二种人可以将一部分时间用于这方面，也无损失；但第三种人哪怕在这上面耗上一个钟头也会有损失，他对自身利益的关注自然会使他完全忽视军事训练。技术和制造业的进步也必然会引起农业上的各种改良，使得农夫和工匠一样，几乎没有闲暇时间。农民也会变得像城市居民那样完全忽视军事训练，这样，人民大众就逐渐不再好战。然而在另一方面，由农业和制造业的改良所带来的财富，也就是说，因这些改良所积蓄下来的财富，却又会招致邻国的入侵。事实上，因勤勉而致富的国家，往往最容易招致别国的攻击。所以，在人民的自然习性根本不能保卫自己的情况下，国家在国防上必须采取新的措施。

在这样的情况下，国家似乎只能采取两种方法提供基本的国防力量。

第一，不管公民的利益、资质和爱好如何，通过强制手段强迫他们进行军事训练，命令所有符合兵役年龄的市民（或某一特定数额的市民），不论其从事哪种职业，都必须在某种程度上与士兵的职业相结合。

或者，第二，通过维持和雇佣一部分公民进行专门的军事训练，使士兵这种职业成为一种区别于其他所有职业的特殊职业。

如果国家采取第一种方法，其军事力量就是所谓的民兵；如果采取第二种方法，其军事力量就是所谓的常备军。进行军事训练是常备军唯一的或主要的职业，国家给予他们的薪水或饷金就是他们主要的和通常的生活费来源。而对于民兵来说，军事训练只是他们偶尔的职业，他们主要的和通常的生活费来自其他职业。对于民兵来说，他们的劳动者身份、工匠或商人的身份是主要的，士兵的身份是次要的；对于常备军来说，士兵的身份则是主要的。这种区别似乎就是这两种军事力量的基本区别。

民兵也有若干不同的种类。有些国家只是对要参与国防的公民进行军事训练，并无编制，也就是说，不分成独立的队伍，不在正式的和固定的官员指挥下进行操练。在古希腊和古罗马各共和国，每位公民只要在家，都是独自一人训练或和关系最好的同伴一起训练，直到实际应征参战时才编入某一特定队伍。而在其他国家，民兵不仅进行军事训练，而且还有编制。在英国、瑞士乃至近代欧洲所有设立这种不完备的军队的国家，每个民兵即使在和平时期也都编入某一特定队伍，在各自正式和固定的官员指挥下进行军事训练。

在枪炮发明以前，一支军队是否占优势，取决于其单个士兵使用武器的技术和灵巧程度。身体的力量和敏捷具有最高的重要性，常常能决定战斗的态势。但是这种使用武器的技术和灵巧程度,也像现在的剑术一样,不能通过集体的学习获得,只能在特定的学校中、在特定的老师的指导下,独自学习或与水平相当的伙伴一起学习。自从枪炮发明以来,身体的力量和敏捷,甚至使用武器的特殊技术和灵巧程度,虽不是毫不重要,但重要性小多了。对于笨拙者和灵巧者来说,使用枪炮虽不会使他们的水平相同,却能使他们的水平比从前更为接近。人们认为,使用枪炮的技术和灵巧性,完全可以通过集体操练来习得。

在现代军队,与士兵使用武器的技术和灵巧程度相比,纪律、秩序和迅速服从命令这些特性更能决定战斗的命运。但是,枪炮的轰响和硝烟,进入大炮射程之内就无时无刻不要面对的无形的死神,必然使得纪律、秩序和对命令的服从很难保持一定水平,甚至在战斗刚开始就会是这样。在古代的战斗中,没有枪炮的轰响,只有人发出的喊叫,没有硝烟,没有无形中就使人负伤或死亡的东西,每一个人都看得清他身边的致命武器。在这种情况下,对自己使用武器的技术和灵巧程度有一定信心的军队,必然比在使用枪炮的情况下更容易保持纪律和秩序,不仅在战斗的开始时是如此,而且在战斗的整个过程中、直到两军决出胜负为止都是如此。不过,纪律、秩序和对命令的迅速服从,只有集体一起训练的军队才能形成。

可是,民兵无论以什么方式进行训练,都必然远不如纪律严明、训练有素的常备军。

一个星期或一个月才训练一次的士兵,使用武器绝不如每日或隔日训练一次的士兵来得熟练。军队熟练使用武器在当代虽远不如古代那样重要,不过大家公认普鲁士军队的强大,据说在很大程度上要归因于他们使用武器更训练有素。这说明,即使在现在,熟练使用武器也非常重要。

一个星期或一个月才接受一次长官指挥的士兵,在所有其他时候都有自由按自己的方式处理自己的事务,在任何方面都不必对长官负责,因此,绝不会像全部生活和行动都由长官指挥,甚至每天的作息(至少是回营房休息)都遵照长官命令的士兵那样敬畏长官和迅速服从他的命令。民兵在纪律(或者说迅速服从的习惯)方面比在武器使用方面更不如常备军。然而在现代战争中,迅速服从命令的习惯比熟练使用武器重要得多。

像鞑靼和阿拉伯的民兵那样,作战时由平时一贯拥有权威的酋长所带领的民兵,是最好的民兵。在尊敬长官和迅速服从命令方面,这种民兵最接近于常备军。苏格兰高地的民兵在其首领的指挥下,也具有类似的优点。不过,由于他们不是四处漂泊的牧民,而是有固定住所的牧民,在平时不习惯于跟随其首领从一地转移到另一地,所以在战时也不大愿意跟随他远征或长期作战。他们得到战利品就急于回家,首领的权威很少能挽留他们。在服从命令方面,他们远不如记载中的鞑靼人和阿拉伯人。而且,这些高地居民由于住所固定,在户外时间较少,也不像鞑靼人和阿拉伯人那样习惯于军事训练,不像他们那样能熟练使用武器。

但是,必须指出的是,不论哪种民兵,如果连续几次参战,就从任何方面来说都成为常备军了。他们每天都练习使用武器,并且经常接受其长官的指挥,从而像常备军那样习惯于迅速服从命令。至于他们在参战之前的身份,那并不重要。只要经历过几次战斗,他们定会在任何方面都成为常备军。如果美洲的战争能再延长一段时间,美洲的民兵将在任何方面都与上次战争中英勇程度至少不逊于法国和西班牙当年最顽强的老兵的那支常备军旗鼓相当。

充分了解这种区别之后,就可以发现,一切时代的历史都证明了,一支训练有素的常备军与民兵比起来,具有无可置疑的优越性。

在权威史料中有明确记载的最早的常备军之一,是马其顿国王菲力浦的军队。他经常与色雷斯人、伊利亚人、色萨利亚人以及某些与马其顿相邻的希腊城邦作战,逐渐使本来是民兵的军队养成了常备军的严明军纪。在和平时期——这种时候很罕见而且时间不长——他小心地不解散军队。经过长期激烈的战争,他先是击败并征服了古希腊各主要共和国英勇而训练良好的民兵,此后,又轻易地击败了波斯帝国赢弱而缺乏训练的民兵。希腊各共和国和波斯帝国的没落,就是常备军与民兵相比占据绝对优势的结果。这是历史有明确的或详尽的记载的第一次人类军事大革命。

迦太基的没落以及取而代之的罗马的兴起,是第二次大革命。这两个著名共和国的命运变迁均可由同样的原因而得到说明。

从第一次迦太基战争结束到第二次迦太基战争开始的这段时间内,迦太基军队一直在征战,相继由三位伟大的将军指挥,分别是哈米尔卡尔,他的女婿哈斯德拉巴,以及他的儿子哈尼拔。他们先是惩戒了内部叛乱的奴隶,然后镇压了非洲部族的叛乱,最后征服了西班牙王国。由哈尼拔率领的从西班牙进入意大利的军队,历经这些战争,必然逐渐养成了常备军的严明军纪。而罗马人在同一时期虽然不是完全处于和平状态,但却没有经历任何重大战争,一般认为,其军纪是相当松散的。所以,罗马军队与哈尼拔的军队在特雷比亚、斯雷米阿和肯尼进行会战,那相当于以民兵对阵常备军。这一条件,也许比其他任何条件都更有力地决定了这几次战役的命运。

哈尼拔留在西班牙的常备军,与罗马派去作战的民兵相比,也具有相同的优势。所以这支常备军在哈尼拔年轻的妹夫哈斯德拉巴的指挥下,几年之内就把罗马的民兵几乎完全赶出了西班牙。

但哈尼拔没有从国内得到良好的供给。而罗马的民兵在久经战阵之后,逐渐成为了纪律严明、训练有素的常备军。哈尼拔的优势日渐消失。哈斯德拉巴认为有必要率领自己在西班牙的全部或几乎全部的常备军去意大利增援他小舅子。然而,在行军中,向导指错了路;在这片陌生的国土上,他猝不及防地受到另一支同样强大或更强大的常备军的突袭,结果全军覆没。

当哈斯德拉巴离开了西班牙,罗马大将西皮阿所面对的就只是不如自己军队的民兵了。他击败并征服了这些民兵,而在战争的进程中,他自己的民兵也变成了纪律严明、训练有素的常备军。这支常备军后来被派往非洲,在那里,也只有民兵与他们对抗。当为了保护迦太基、需要召回哈尼拔的常备军的时候,这些垂头丧气、屡战屡败的非洲民兵加入了哈尼拔的军队,在查马会战中,哈尼拔的军队大部分由这些民兵构成。而这两个敌对的共和国的命运,就由那天的战斗决定了。

从第二次迦太基战争结束到罗马共和国灭亡,罗马的军队完全是常备军。抵抗他们的常备军只有马其顿的军队。在军威达到顶峰时,罗马军队也是经过两次大战争和三场大战役才征服这个小国,要不是由于马其顿最后一位国王太懦弱,这次征服或许会更加困难。上古时代所有的文明国家,如希腊、叙利亚和埃及,他们的民兵对罗马的常备军都只有微弱的抵抗,而一些国家的民兵的抵抗要激烈很多。米斯里德斯从黑海和里海以北调来的塞西亚或鞑靼民兵,是罗马人在第二次迦太基战争之后遇到的最可怕的敌人。帕提亚和日耳曼的民兵也始终令人尊敬,他们曾好几次在罗马军队面前大占优势。不过,总的来说,罗马军队如果指挥得当,这般民兵终究不是它的敌手;罗马人没有去彻底征服帕提亚和日耳曼,或许是因为他们认为帝国已经太大了,不值得再添上两个国家。古代帕提亚人似乎是塞西亚或鞑靼人的系属,他们始终保持着许多祖先的行为方式。而古代日耳曼人也像塞西亚或鞑靼人一样是游牧民族,在战争中接受平时所跟随的酋长的指挥。他们的民兵与塞西亚或鞑靼的民兵完全属于同一类型,或许,他们也是塞西亚或鞑靼人的后裔。

许多不同原因导致了罗马军纪的松散,军纪过严可能是原因之一。当他们在鼎盛时期所向无敌时,沉重的盔甲被当做不必要的负担搁置一旁,艰苦的训练被当做不必要的劳累而受到了忽略。此外，罗马各皇帝统治下的常备军，尤其是防卫日耳曼边境和班诺尼边境的常备军，经常自立将军来对抗皇帝，对皇帝构成了威胁。为了削弱他们的力量，德奥克里希恩大帝（另外一些学者说是康斯坦丁大帝）把驻扎在边境的由两三个军团组成的大部队撤了回来，把他们分成小部队派往各省城镇驻扎，除非必须抵抗入侵的敌人，否则不得移动。这些小部队的士兵长期呆在商业和制造业城市，自己也逐渐变成了商人、工匠和制造业者。他们的市民身份压过了军人的身份，罗马的常备军也逐渐退化为腐败、玩忽职守、纪律涣散的民兵，没能力抵抗后来日耳曼和塞西亚民兵对西罗马帝国的入侵。罗马各皇帝只能靠雇佣这些民族中某些民族的民兵来对抗他们中另外一些民族的民兵，才继续维持了一段时间。西罗马帝国的灭亡，是古代历史有明确的和详尽的记载的第三次人类军事大革命。野蛮国家的民兵相对文明国家的民兵无可置疑的优越性，游牧民国家的民兵相对农夫、工匠和制造业者的国家的民兵无可置疑的优越性，促成了这次革命。民兵所取得的不是对常备军的胜利，而是对在训练和纪律方面都不如自己的民兵的胜利。希腊民兵战胜波斯帝国民兵，以及后来瑞士民兵战胜奥地利和勃艮第民兵，均属于这种情况。

西罗马帝国灭亡了，在它的废墟上建立起来的是日耳曼民族和塞西亚民族的国家。这些民族迁入新领地后，他们的军事力量依然在一定时期内保持着原来的性质，即依然是由牧人和农夫组成的民兵，在战时由他们平时习惯服从的首领带往战场参战。因此，他们的训练和纪律还是不错的。不过，随着技术和产业的进步，首领的权威逐渐衰微了，大多数人民能用于军事训练的闲暇时间也越来越少。所以，封建民兵的纪律和训练江河日下，只好逐渐建立常备军来代替民兵。此外，一旦某文明国家建立了常备军，其他邻国也必然会效仿。因为邻国会发现，自身安全有赖于建立一支这样的常备军，其民兵根本无法抵挡常备军的攻击。

常备军的士兵即使从未在战场上与敌人交过手，也常常显示出老兵般的勇气，并且一上战场就能和最顽强、最老练的老兵进行较量。1756年，俄国军队进军波兰，俄国士兵的勇气不逊于当时在欧洲最顽强、最老练的普鲁士士兵。而俄罗斯帝国在此前将近20年的时间里都是和平时期，当时很少有见过阵仗的士兵。1739年西班牙战争爆发时，英国也刚经历了28年的和平，但英国士兵的勇气并未因长期和平而退化，这在攻打喀塔基纳——那次不幸的战争中第一次不幸的冒险——时表现得最为突出。长期生活在和平中，将军们也许会忘记其技能，但管理得法的常备军士兵似乎决不会忘记他们的勇武。

如果一个文明国家的国防依赖于民兵，它将随时有被邻近野蛮国家征服的危险。亚洲各文明国家往往被鞑靼人征服的事实，充分证明了野蛮国家民兵对于文明国家民兵的自然优越性。而正规的常备军在任何民兵面前都具有优势。只有富裕文明的国家才能更好地维持常备军，也只有这种军队才能保卫这种国家抵御贫穷野蛮的邻国的侵犯。所以，只有通过建立常备军，一国才能永续文明，或者长时期保存其文明。

正如一个文明国家只有依靠常备军才能得到护卫，一个野蛮国家也只有通过建立常备军才能迅速得到基本的文明化。常备军凭借其不可抗拒的力量，将君主的法令推行到帝国最偏远的地方，在没有常备军存在就不认可帝国政府的国家维持相当程度的正规统治。无论谁留心考察俄国彼得大帝变法所取得的成就，都会发现几乎这一切都源于正规常备军的建立。这支常备军是彼得大帝执行和维护所有其他政策的工具。俄国此后所享有的秩序及国内和平，完全要归功于这种常备军的影响力。

共和主义者一直担心常备军会危及自由。如果将军和重要官员的利益不是必然地与对国家宪法的维护联系在一起，这种危险确实存在。恺撒的常备军毁了罗马共和国。克伦威尔的常备军解散了长期议会。但如果君主自己就是统帅，社会显贵是军队的主要将领，如果军事力量是由那些拥有最多的行政权力从而自身最大利益在于维护行政权力的人指挥，常备军决不会危及自由。相反，某些情况下它还可能有利于自由。有了常备军，君主就安全了，不必像在某些现代共和国那样去猜忌市民，去监视市民一言一行，时刻打算打扰市民的安宁。如果一国行政官员尽管得到国内大多数人民的支持，但人民的每次不满都威胁其安全，如果一次小骚乱在几小时内就能引起一场大革命，政府必然会运用全部权力来镇压和惩罚一切不利于自己的流言和不满。相反，如果君主感到，支持自己的不仅有贵族，而且还有一支正规常备军，那么，即使最无礼、最无稽、最放肆的抗议也不会引起他的不安。他可以宽恕或无视这种抗议，这在他意识到自己的优势地位之后是很自然的事情。那种接近于放肆的自由，只有在君主得到了正规常备军的保护的国家才能被容忍。也只有在这种国家，才无须为了公共安全而授予君主任意行事的权力去压迫即使是放肆的自由所带来的鲁莽举动。

因此，君主的第一个职责，即保卫社会免受其他独立社会的侵略与欺辱的职责，当社会文明不断进步时，就逐渐需要越来越多的费用。社会中的军事力量，最初不论在平时还是在战时都是不必由君主来开支的，但随着社会的进步，先是在战时得由君主予以维持，随后在平时也要由他来维持了。

火药武器的发明为战争技术带来的巨大的变化，进一步增进了平时训练以及战时使用一定数量士兵的开支。武器和弹药都比以前昂贵。步枪是比长矛或弓箭更费钱的武器，大炮或迫击炮是比弩炮或石炮更费钱的武器。在当代，阅兵或演习所消耗的火药是收不回来的，它造成的开支相当可观。而在古代，阅兵或演习所掷出的投枪或放出的弓箭很容易捡回来，而且它们本身价值就不大。与弩炮或石炮相比，大炮或迫击炮不仅贵得多，而且重得多，因而不仅制造费用更大，而且运往战场的费用也更大。由于现代的大炮与古代相比要厉害得多，所以，要为城市设防来抵御这种大炮的攻击，困难也大得多，因而开支也大得多，哪怕只抵御几个星期。在现时代，有很多不同的原因导致国防开支增加。在这方面，事物自然进化发展的不可避免的结果，又被战争技术上的大革命促进不少，而引起这个大革命的，似乎不过是一个偶然事件，即火药的发明。

在当代战争中火药武器的巨大开支明显有利于那些更能负担这种开支的国家，因此使富裕和文明的国家与贫穷野蛮的国家相比明显处于有利的地位。在古代，富裕和文明的国家很难抵御贫穷野蛮的国家的入侵；在当代，贫穷野蛮的国家则很难抵御富裕和文明的国家。火药武器的发明，初看起来似乎有害，实际上却有利于文明的延续和扩张。

第二节　论司法开支

君主的第二个职责是尽可能保护每一个社会成员不受其他成员的侵害和压迫，即设立公正的司法机构。履行这一职责，在不同的社会时期所需费用也不相同。

在狩猎民族之中，人们几乎没有财产，即使有，至多也只值两三天劳动的价值，因此很少设立固定官员或常规司法机构。没有财产的人只能伤害彼此的身体或名誉。但当一个人去杀死、打伤或诽谤另一个人时，尽管受害者受到伤害，加害者却并没有得到好处。对财产的侵害则不同，受害者的损失常常就等于加害者的获利。激使人们去伤害他人身体或名誉的，只有嫉妒、怨恨、愤怒等情感。但大多数人并不经常受这些情感的影响，即使是最坏的人也只是偶尔受其影响。而且，不管这种情感得到满足对于某些人来说是多么惬意，但它并不带来任何实际的或长久的好处，所以大多数人一般都能谨慎地克制自己。因此，即使没有司法官员保护人们免受这种情感的侵害，人们也能在一个还算安全的社会中共同生活。但是，富人的贪婪和野心，穷人的好逸恶劳，总是促使人们去侵犯别人的财产，并且这种心态在作用机制上更为稳定，在影响上更为普遍。凡是有巨大财产的地方，都有巨大的不平等。有一个巨富，就至少有 500 个穷人。极少数人的富足意味着多数人的短缺。穷人为生活所迫，或为嫉妒驱使，常常会侵犯富人的财产。只有在司法官员的庇护下，那些通过多年的劳动或几代人的积累而获得了财富的人才能安稳地睡上一觉。他时刻被未知的敌人包围着，他虽然从未激怒过他们，但也无法安抚他们，他只能靠随时准备惩奸除恶的司法官员的强有力的保护才能免受他们的侵害。所以，大宗财富形成之后，必然要求建立民事政府。而在没有财产或财产至多只值两三天劳动的价值的地方，则没有建立民事政府的必要。

一个民事政府，必先取得人民的服从。建立民事政府的必要性既然是随着财产的增加而逐渐增加，所以人民服从这一政府的主要原因也是随着财产的增加而增加。人民服从的原因或条件，或者说，在有任何民事机构之前，某些人强于其同胞的原因或条件，似乎有四种。

第一种原因或条件是个人资质的优越，即身体方面的力量、外表和灵敏性的优越，精神方面的智慧、德行、思虑、公正性、毅力和自制力的优越。身体方面的资质，如果没有精神方面的资质来支持，在任何阶段的社会都不能服众。一个大汉光有体力，只能制服两个弱者。而凭且仅凭精神方面的资质，却能取得极大的威信。不过，精神方面的资质是无形的，总是可争议，也常常备受争议。不论是野蛮社会还是文明社会，在确立等级或服从的准则时，都觉得以这种无形的资质为根据不太方便，其根据往往是更清楚具体之物。

第二种原因或条件是年龄的优势。老年人，只要不至于老糊涂，在任何地方都比在等级、财产、能力方面与自己相同的年轻人更受人尊敬。在如北美土著那样的狩猎民族中，年龄是决定等级和优先地位的唯一基础。在他们中间，比自己级别高的要称父亲，和自己同级别的称兄弟，比自己级别低的则称儿子。在最富裕和最文明的国家，如果人们在除了年龄之外的其他方面都旗鼓相当，从而没有其他可以划分等级的标准，就以年龄来划分等级。在兄弟姐妹间，年龄最大的总是排第一。在继承父亲遗产时，名誉称呼之类不可分割而必须全部归一人占有的东西，大多数情况下都给予年龄最长者。年龄这种特质很清楚、很具体，毫无争议的余地。

第三种原因或条件是财富的优越。在每个社会时期富人的权威都很大，而在允许财富有巨大不平等的最原始的社会时期富人的权威最大。一个鞑靼酋长拥有的牛羊足以养活1000个人，但他的这些牛羊除了养活1000个人，没有其他用途，因为他所处的社会的原始状态没有提供什么制造品、工艺品或赏玩物件能与他自己消费之后剩余的天然产物相交换。他所养活的那1000个人既然生计完全靠他，就必然会在战时听从他的命令，在平时也服从他的管辖。他必然是他们的统帅和法官，他的首领地位是他的财富优势的必然结果。而在富裕文明的社会，一个人可能拥有极多的财富，但能支配的也许不过十来个人。尽管他的资产产出也许能养活1000人或确实养活了1000人，但由于那些人从他那里得到的一切都要付费，他并未给予他人任何东西，只是与他们做了等价交换，所以几乎没有人认为自己完全靠他生活，他的权威仅在几个奴仆面前得到体现。不过，即使是在富裕文明的社会，财富的威信仍然很大。财富的威信比年龄的威信和个人资质的威信大得多，这一直是财富不平等的各个社会时期的人们所抱怨的。狩猎社会是社会的第一阶段，没有财富的不平等。普遍的贫穷造成普遍的平等，年龄或个人资质是决定权威或等级的薄弱而唯一的基础。因此这个社会阶段没有或很少有权威和等级。游牧社会是社会的第二阶段，财富极不平等，财富所有者的权威在这一社会中比在任何其他社会都大，因而这个社会阶段的权威和等级最为确凿。阿拉伯酋长的权威极大，鞑靼可汗的权威则完全是专制独裁。

第四种原因或条件是门第的优越。这种优越以祖先在财产上的优越为条件。任何家族都是自古传衍下来的；王侯的祖先虽然可能更有名，但在数量上也不会比乞丐的祖先更多些。古老的世家在任何地方都意味着它昔日所拥有的财产，或是基于财富或伴随财富而来的巨大声誉。无论哪里，暴发户都不如古老世家那样受人尊敬。人们憎恶篡权者，爱戴往日王族，很大程度上是由于人们自然而然地轻蔑暴发户，崇敬世家。正如军官心甘情愿服从平时一直指挥他的上级，而不能容忍自己的下级爬到自己的头上，人们也容易服从他们自己或他们祖先所服从过的家族，当一个从来不被他们承认有任何优越性的家族来统治他们时，他们就会怒火中烧。门第的区别伴随财富的不平等而来，所以，在所有人财产平等从而门第也几乎平等的狩猎民族，几乎不存在这种现象。当然，即使在他们中间，一个聪明勇敢的人的儿子，比起不幸是一个愚蠢怯懦的人的儿子来，即使本领相同，也多少更受人尊敬些。但这种差别毕竟是很有限的；我相信，世上从来没有一个伟大家族的盛名完全是靠传承智慧和美德得来的。

门第的区别在游牧民族中不仅有存在的可能，而且也是事实。这些民族通常对各种奢侈品一无所知，因而在他们之中巨大的财富不可能被挥霍一空。因为在这些民族中将财富保持在同一家族中的时间最长，所以在这些民族中借祖荫而受人尊崇的家族也最多。

门第与财富显然是使某人地位高于另一人的两大主要条件。它们是个人显贵的两大来源，因而也是在人类中自然而然确立权威和等级的主要原因。在游牧民族中，这两个原因充分发挥了作用。畜牧大户因其拥有巨大财富、因其为许多人提供生计而受到尊敬，因其出身高贵、门第显赫而受到推崇，所以他对自己的部落中其他的牧人自然具有权威。他能比其他任何人团结和指挥更多的人，他的军事力量比其他任何人都要大。在战时，自然集结到他的旗下的人比集结到其他任何人那里的都多，于是他就自然凭门第和财富获得了某种行政权力。同时，由于他能指挥更多的人团结起来，他最能迫使其中伤害他人者作出赔偿。因此，那些弱小而无法保护自己的人自然就会寻求他的保护，那些认为自己受到伤害的人也自然会向他申诉，在这种情况下，他的干预比其他任何人的干预更容易被人接受，即使对于被控诉的人也是如此。这样，他就自然凭门第和财富获得了某种司法权力。

财产上的不平等，开始于游牧时代，即社会发展的第二个阶段。接着，它就带来了人与人之间过去不可能存在的某种程度的权威和等级，而因此又带来了保持权威和等级所必要的某种程度上的民事政府——这似乎是自然而然地形成的，与对这种必要性的考虑无关。不过，对这种必要性的考虑，此后对保持和维护权威与等级确实有极大贡献，那是无疑的。特别是富人，他们必然愿意维护这种秩序，因为只有这种秩序才能保护他们的既得利益。小富人联合起来保护大富人的财产，以便大富人能联合起来保护小富人自己的财产。所有的小牧民都觉得，自己的牲畜的安全取决于大牧民的牲畜的安全，自己的小权威的维持取决于大牧民的大权威的维持，自己的下级服从自己取决于自己服从大牧民。这样，他们就构成了一种小贵族，他们愿意保护自己的君主的财产并维护君主的权威，以便君主保护他们的财产并维护他们的权威。民事政府，就其建立是为了保障财产而言，事实上就是为了保护富人而抵抗穷人，或者说，保护有产有业的人而抵抗一无所有的人。

不过，这种君主的司法权力，不但无需他破费，还是他的一个长期收入来源。向他申请裁决的人总是愿意付出代价的，提起一次申诉往往附带着礼金。而且，君主的权威完全确立后，被判定有罪者在赔偿原告损失之外，还须向君主缴纳罚金，因为他给国王陛下带来了麻烦和干扰，破坏了国王陛下的安宁，对其处以罚金是理所当然的。在亚洲的鞑靼政府，在日耳曼人和塞西亚人推翻罗马帝国后建立的各个欧洲政府，司法行政都是重要的收入来源，对于君主来说是如此，对于那些在特定部落、氏族或领地行使司法权的酋长或领主来说也是如此。最初，君主或酋长通常亲自行使司法权。后来，他们普遍发现，委托代理人、执事或法官来行使这一权力更为方便。不过，这种代理人仍然得向其主人报告司法收入。我们看看亨利二世对其巡回裁判官的训令就可明白，那些巡回裁判官巡回全国的目的是为国王征集一项收入。当时，司法行政不仅能为君主提供一定收入，而且获取这种收入还是君主希望从司法行政中得到的主要好处之一。

　　司法行政以敛财为目的，难免弊病丛生。以重礼申请裁决的人所得到的可能比公道还要多，以轻礼申请的人得到的则可能比公道少。裁决也常常被拖延，以期得到更多的礼金。此外，为了对被告处以罚金，常常寻找有力的理由来证明其有罪，哪怕实际上并非如此。司法上的这种弊端，我们翻阅一下欧洲各国的古代史，就知道是绝非罕见。

　　如果是君主或酋长亲自行使司法行政权，无论弊端多严重，都不大可能得到纠正，因为没有人有足够的权力问责于他。如果他委托代理人行使这一权力，这种弊端则有可能得到纠正。要是代理人只是为了个人利益而有不公正的行为，君主难免要惩罚他或迫使他纠正错误。但代理人的不公正行为如果是为了君主的利益，是为了讨好任命他并有可能重用他的人，则这些错误在大多数情况下就会像君主自己有所不公那样无法纠正。所以，在所有野蛮国家中，尤其是在那些建立在罗马帝国废墟上的古代欧洲各国中，司法行政是长期腐败的，即使在最好的君主的统治下也远远谈不上平等和公正，在最坏的君主统治下则是腐败透顶。

　　在游牧民族中，君主或酋长只是部落或氏族中最大的牧羊人或牧民，他与他的臣民或下属一样靠自己的畜群繁殖来生活。在刚脱离游牧状态、尚未有很大进步的农耕民族，如特洛伊战争时代的希腊各部族中，以及最初移居西罗马帝国废墟之上的我们的日耳曼和塞西亚祖先中，所谓君主或酋长，同样不过是最大的地主。他的生活像其他地主一样，依靠自己私有土地的收入，也就是当代欧洲所谓的御地的收入。他的属民在一般情况下不向他进贡，除非需要他的权威来保护他们不受其他同胞的压迫。在这样的情况下属民们献给他的礼物或礼金就构成了他的全部常规收入,这也是除了特殊的紧急情况以外他得自他的统治权的全部报酬。《荷马史诗》中,当阿伽门农为了友谊而送给阿基里斯七个希腊城市的主权时,他提到的唯一的好处就是那里的人民会奉上礼物。这种礼物,这司法行政的报酬,或者说,法院手续费,只要它构成君主由其主权获得的全部常规收入,那就不太可能期望他全部放弃这些收入,甚至难以理直气壮地提议他这样做。建议他为这种收入订立规范倒是可以,也有人这样做过。但是,君权无限,就算订立了规范,要防止他不越出规范即使不是不可能,也是非常困难的。所以,在这种局面下,由那些礼物的任意性和不确定性所自然导致的司法腐败,没有什么切实的办法可以挽救。

但后来,当种种原因——主要是抵抗他国侵略的国防开支不断增加——使得君主私有土地的收入不够开支国家各项费用时,当人民为了自己的安全必须通过缴纳各种赋税来对政府费用做出贡献时,似乎才普遍规定,君主或他的执事和代理人(即法官)不得以任何借口为司法行政收受礼物。因此有人说,完全废除这种礼物或礼金比围绕礼物或礼金确立有效规范反倒更容易。这时开始向法官发放固定的薪水,这被认为足以补偿他放弃先前的司法报酬所受的损失,而赋税也被认为补偿了君主因此所受的损失而有余。司法行政从此才号称免费。

然而,实际上在任何国家司法都绝非免费。至少诉讼当事人必然总是要付给律师和代理人报酬,否则,他们履行职责就没这么勤快。在每一个法庭,每年付给律师和代理人的费用,远远高于法官的薪金。国王虽付给法官报酬,但在任何地方都没有大幅减少诉讼的必要费用。不过,禁止法官向当事人收取礼物或费用,与其说是为了减少费用,不如说是为了防止腐败。

法官是个非常受人尊敬的官职,即使报酬很少,人们也愿意干。地位低一些的治安官的职位,虽需处理大量麻烦,而且大多数情况下毫无报酬,但却是我国大部分乡绅眼中的香饽饽。大大小小的所有司法人员的薪金以及司法行政的一切费用,即使偿付得很不经济,在一个文明国家也都只占政府全部开支的一小部分。

如果要从法院手续费中筹付全部司法经费,那也很容易;这样,司法行政既不会有腐败的实际危险,国家收入项下也节省了一笔——虽然是小小的——开支。可是,法院手续费如果有一部分要划归像君主这样权力极大的人,而且构成他的收入相当大的部分,则这种手续费就很难得到有效规范。但如果法官是这种手续费的主要受益人,则很容易得到规范,因为法律虽难以使君主一直遵守规定,但能使法官遵守。如果对法院手续费有明确的规范,如果它是在诉讼过程中的一定时期一次性付给出纳员、然后由他按照一定的比例在判决作出后(不是在判决之前)在各个法官之间进行分配,那么,与完全禁止收取手续费相比,这样似乎也不会有更大的腐败危险。这种手续费不会使诉讼费用大幅增加,却足以支付全部司法开支。在诉讼结束后再付钱给法官,这可激励他们更加勤奋地审理并结案。在法官人数很多的法院,根据各法官在法庭或审判委员会审理案件所花的时日来确定他们应得的手续费份额,也能激励每一个法官的勤勉。公共服务的报酬只与其结果相关,并按勤勉程度来分配,这样才有最好的公共服务。在法国各高等法院,手续费占法官报酬的绝大部分。法国国王付给图卢兹高等法院(在等级和地位上位居法国第二的法院)的法官们的薪金,在做出了一切扣除以后,每年只有150利弗,约合6英镑11先令。在7年以前,这相当于当地一个一般侍者的常规年薪。他们的法院手续费也根据各法官的勤勉程度来分配。一个勤勉的法官可以得到虽然不多,但还算不错的收入,而一个怠惰的法官在薪金之外则所得无几。那些高等法院在许多方面可能不是非常便利的法院,但它们从未受到指责,甚至从未被怀疑有腐败行为。

  英国各法院的主要费用,最初似乎也是来自于法院手续费。各法院都尽可能地兜揽诉讼案件,哪怕本来不是归自己管辖的案件,也乐于受理。例如,单为审理刑事案件而设的高等法院,也接受民事案件,因为原告声称,被告对他的不公正行为是犯了非法侵害罪或行为不端罪。财政部特别法庭的设立,本来单是为了征收国王的收入和强制人民偿还对于国王的债务的,但它也受理一切关于其他契约债务的诉讼,因为原告声称,被告不偿还对他的债务,他就不能偿还对国王的债务。由于这种种假托,在许多场合,就完全由当事人自己来决定选择什么法院来审理他们的案件;而每个法院为了多招揽诉讼案件,也在审理上力求迅速和公平。英国现在的法院令人赞赏,这在很大程度上可能是通过从前各法院的法官的这种竞争才形成的;这些法官尽力使自己所在的法院在法律允许的范围内对一切不公正的行为予以最迅速最有效的救正。比如,普通法院最初对违反契约的行为不过是责令赔偿损害,而大法官法庭作为道德法庭则首先要强制履行契约。当违反契约的行为只是不肯偿付货币时,赔偿损害的唯一方式就是责令其支付货币,这和履行本来的契约是一样的。在这种情况下,普通法院的补救手段是足够的。但在其他情况下却不是如此。如果佃户起诉地主非法收回其租地,他所得的赔偿决不等于占有土地。因此这类案件在很多时候都由大法官法庭受理,使普通法院损失不小。为了吸引这类诉讼归自己审理,普通法院发明了虚扣土地的令状,这对不正当剥夺土地租赁是最有效的救正办法。

对每件诉讼由法庭征收印花税,用以维持该法庭的法官和其他人员,这也同样可以提供足够的收入来支付司法行政支出,而不增加社会一般收入的负担。不过,在这种情况下,法官可能为了增加印花税收入而在各案件上增加各种不必要的程序。近代欧洲的习惯,大都是以代理人和法庭书记所写的文件的页数决定他们的报酬,而每页的行数,每行的字数又都有规定。为了增加他们的所得,代理人和书记们想方设法增加不必要的字数,我相信,这使欧洲每个法庭的法律语言都遭到了腐化。而相同的诱惑或许会使法律程序的形式受到相同的腐化。

但是,无论司法行政开支是由司法方面自行解决,还是由其他某项基金付给法官固定的薪金,看来似乎都不必委托行政机构来管理这种基金或支付法官薪金。这种基金可能来自地产的地租,而这地产可交由靠此地租维持的法院去管理。这种基金也可能来自于一笔货币的利息,而这笔货币的借贷责任也可交由靠此利息维持的法院承担。苏格兰巡回法院法官的薪金中就有一部分(虽然只是一小部分)出自一笔货币的利息。不过,这种基金必然不稳定,对于维持一种应当永久存在的机构来说,似乎并不合适。

开始将司法权和行政权分开,似乎是由于社会不断进步而导致社会事务增加的结果。司法工作变成了一种如此费力和复杂的职责,要求任职之人专心致志地去做。担任行政职务的人无暇处理私人诉讼案件,就任命一位代表代为处理。在罗马帝国强盛时期,大执政官忙于国家的政治事务,难以参与司法行政,于是就任命一个民政官代为行使这一职能。在建立在罗马帝国废墟上的欧洲各国中,各君主和大领主们都逐渐认为,执行司法工作既辛苦又卑微,不适合他们亲自去做,所以他们都任命代表、执行官或法官去执行,而自己得以解脱。

如果司法权与行政权捆绑在一起,不为通常所谓的"政治"而牺牲公正几乎是不可能的。肩负国家重任的人,即使没有腐败的观念,有时也会认为,为了国家的重要利益而有必要牺牲个人的权利。所以,每个个人的自由和安全感都依赖于公平的司法行政。为了使每个个人感到属于自己的权利完全有保障，不仅有必要将司法权与行政权分离，而且必须使司法权尽可能地独立于行政权。法官不应由行政当局任意罢免，法官薪金的正常支付也不应取决于行政当局的意愿或经济政策。

第三节 论公共工程和公共机构的开支

君主或国家的第三个、也是最后一个职责，就是建立和维持某些公共机构和公共工程。这类机构和工程对于社会当然有很大的好处，但它们的性质是，如果由个人或小团体来经营，那他们就会得不偿失。因此，这些事务不能期望个人或小团体出来创办或维持。和前两种职责一样，履行这项职责所需的费用在不同的社会时期也十分不同。

这种公共机构和公共工程，除了已经提到的国防和司法行政两方面的项目之外，其他的主要是为便利社会商业和促进国民教育。教育方面的机构又可分为两种：一种是对青少年的教育机构，一种是对所有年龄层次的人进行教育的机构。对这些机构和工程所需费用的最合适的支出方式的考虑将在这一节分成三项来讨论。

第一项 便利社会商业的公共工程和公共机构

便利常规商业的公共工程和公共机构

为一个国家的商业提供便利所必要的公共工程，如良好的道路、桥梁、通航运河、海港等等，在不同的社会时期所要求的支出极不相同，这是很显然的。一国公路的建设费用和维护费用，显然会随着各国家的土地和劳动的年产量的增加而增加，换言之，会随公路上所运载的货物的数量及重量的增加而增加。桥梁的强度要与可能从它上面通过的车辆的数量和重量相匹配。运河的深度和供水量，要与可能在河上航行的货船的数量和吨位相匹配。港口的大小要与可能在此停泊的船只的数量相匹配。

这类公共工程的费用，似乎不必由通常所说的公共收入，即在许多国家都是靠国家行政权力来征收和动用的那种收入来支付。大部分这类工程可以提供一种特别的收入，足以支付本身的费用，而不给社会一般收入带来任何负担。

例如，在大多数场合，公路、桥梁及运河的建设费用和维护费用，都可以来自于对车辆和船舶所征收的小额通行税；港口的建设费用和维护费用，都可以来自于对上货和卸货的船只所征收的小额港口税。造币厂作为另一种便利商业的机构，在许多国家，不但能支付自己的开支，而且能对君主贡献一小笔收入，即铸币税。而邮局，在几乎所有国家，除提供本身的开支外，还能给君主带来一笔可观的收入。

通过公路或桥梁的车辆、在运河上航行的船舶按照其重量或吨位来支付通行税，这完全是按照它们所造成的损耗来支付这些公共工程的维护费。似乎不太可能发明更公平的办法来维护这些工程。这通行税虽然由承运人支付，但他也只是暂时垫支，最终仍要转嫁到货物价格上，由消费者负担。可是，由于这类公共工程使得运输费用大为降低，虽然有通行税，货物来到消费者手中时仍然要比没有这类工程时要便宜；货物价格因通行税而抬高的程度，究竟比不上它因节省了运费而下降的程度。所以，最后支付这税金的人，从这种方式中得到的利益，完全超过了缴纳该笔税金所受的损失。他的支出，完全与他的所得成比例，实际上，也可以说是他必须放弃一部分所得来换取剩下的部分。似乎想不出一种比这更公平的课税办法了。

如果对豪华车辆（轿式大马车、驿递马车等）按重量征收的税额高于对不可缺少的车辆（轻便运货车、四轮运货马车等）征收的税额，那么，就可以使实货的运费降低，因而可以使懒惰和虚荣的富人以一种简单的方式对救济穷人做点贡献。

公路、桥梁、运河等等，如由利用这些设施的商业来建造和维持，就只会在商业需要它们的地方兴建，因而只会在宜于兴建的地方兴建。而且，它们的建设费用，它们的样式和规模，也必须和那种商业的负担能力相称。因此，它们的建设一定是适得其所的。壮阔的大道肯定不会建在荒芜的乡间，也不会单为了通往省长的别墅或省长想要献媚的某个大领主的别墅而建造。雄伟的大桥也不会架在没人经过的河上，或仅仅为了给附近的宫殿增加一点凭窗远眺的景致而架设。这种事情，在这类工程的建设费用不是由该工程本身提供的收入支付而是由其他收入支付的国家，倒是时有发生。

在欧洲的几个地方，运河的通行税或水闸税是私人的财产，这些人出于个人的利益不得不维护着运河。如果运河维护得不好，就会无法通航，他们从通行税得到的利益也就会随之全部落空。但如果通行税交给那些本人没有利害关系的专员去管理，他们可能就不会这么用心去维护产生通行税的这项工程。朗格多克运河在上世纪末使法国国王和运河所在省花费了1300万里弗，合90多万英镑（当时28里弗等于1马克白银）。当这个大工程竣工时，他们发现，使之得到经常性维护的最好办法，就是把这条运河的通行税作为礼物送给设计和监督这个工程的工程师里格。这项通行税现在成为这位先生的子孙后代的一笔非常大的收入，因而他们非常在意对运河的经常维修。假如这项通行税当时交由没有这种利益的专员们管理，他们可能将其耗费在装饰性的和不必要的用途上，而这工程最重要的部分则任其损毁了也说不定。

用于维护公路的通行税却不能随便赠与个人作为他的私人财产。因为，运河不加维护，会变得完全不能通航，而公路不加维护，却不会完全不能通行。因此，收取公路通行税的人，可能完全忽视对公路的维护，仍然照旧收取差不多相同的通行税。所以，用以维护这类工程的通行税，应当交由专员或托管人去管理。

在英国，这些托管人在管理这种通行税时的渎职行为常常受到人们的抱怨，在大多数情况下，这些抱怨都是正当的。据说，在许多收费公路，收取的通行税往往是好好维护这些道路所需的费用的两倍以上，然而维修工程却是用敷衍了事的方式进行的，有时甚至根本不维护。不过，我们应该注意到，以通行税充当维护公路的费用的制度，并未建立很久，所以，即使它还不够完善，我们也不应大惊小怪。如果卑鄙自私或不适当的人物常常被任命为托管人，如果没有设立监督机构对他们的行为加以控管，或者，没有降低通行税使其仅够他们要做的工程的花费，那么，这一制度设立的时间太短可以为这一切缺陷作出说明和辩解。随着时间的推移，议会将采取明智的措施，大部分问题都将会得到解决。

英国各收费公路所收取的款项被认为大大超过了维修公路的必要开支，有人认为，甚至有些大臣也认为，如果通过适当的节约，节余款项可以成为一大资金来源，以应付国家的不时之需。有人说，如果政府将收费公路的管理权握在自己手中，使用士兵来维护公路，其费用会比由托管员管理时小得多，因为士兵本就有薪金，只需为这项工作给他们很少的报酬，而托管员只能雇佣全靠工资生活的工人。以这种方式来管理收费公路，政府可以不必增加人民负担而获得一大笔收入，有人设想有50万镑[①]；收费公路将会和现在的邮政一样，为国家的总体开支做出贡献。

我不怀疑以这种方式国家可以得到很大一笔收入，虽然它或许不像这计划的设计者所预想的那么多。但是，这计划本身，似乎仍有几种重大的缺点。

第一，如果在收费公路上征收的通行税被看做供应国家紧急需要的财源之一，那这种通行税肯定会按照人们所设想的这种紧急情况的需要而增加，

[①] 自本书第一版和第二版刊行以来，我有充分的理由相信，在英国征收的全部通行税不能为国家增加50万镑的净收入；在政府的管理之下，这笔资金还不够修护国内的5条主要公路。

而按照英国的政策，它或许会增加得非常快。一笔巨大的收入能这样方便的取得，将使政府一而再、再而三地使用这一手段。虽然不能确定是否节约得当就能从现有通行税中省出 50 万镑，但如果收取双倍的通行税，肯定能省出 100 万镑，如果收取 3 倍，或许能省出 200 万镑①。而且，征收这样一大笔收入，也不必增设新的征税官吏。但是，这样持续增加收费公路的通行税，将不能再像现在这样对国内贸易起到便利作用，而将成为贸易的巨大阻碍。所有的实货在国内的运输费用将迅速增加，因而这些货物的市场不久就将变得狭小，它们的生产会大受抑制，国内最重要的产业部门说不定会全面衰败。

第二，按照重量比例来征收车辆通行税，如果其唯一的目的在于维护道路，这种税就非常公平；如果是为了其他目的，或是为了向国家提供紧急资金，那就非常不公平。如果征收通行税是用于维护道路，那每辆车都应该是完全按照它对道路的损耗程度来交钱的。但如果通行税还要用于其他目的，那每辆车所交的钱就超过了它对道路的损耗，它还要为国家的其他紧急支出掏钱。而由于通行税是按照货物的重量而不是货物的价值来提高货物的价格，这种赋税的主要承担人，因此不是价值高而重量轻的商品的消费者，而是粗劣笨重的商品的消费者。所以，不管国家打算以这项税收应付何等急需，提供这笔资金的人都是穷人，而不是富人，也就是说，用的是最没有供应能力的人的钱，而不是最有供应能力的人的钱。

第三，如果疏于维护公路的一方是政府，那么，要迫使其将通行税的一部分用作正当的用途将比现在更难。很可能的是，从人民那里征得的一大笔收入，却没有任何部分用在应该投入的那个目的上。如果说，对现在这些卑微和贫穷的收费公路托管人，有时还很难迫使他们纠正错误，那么，要是像我们现在所假设的，由那些富裕和有权势的人来管理，要他们纠正错误会难上 10 倍。

在法国，维护公路的基金属于行政当局直接管理。这种基金的构成，一部分是法国大部分地方的乡村人民每年为维护公路所必需提供的一定日数的劳役，一部分是在国家普通收入中国王从其他开支里节省下来专用于修路的部分。

法国以前的法律和欧洲大多数国家的旧法律一样规定了，乡村人民提供的劳役由不直接从属于国王枢密院的地方官或省级官员监管。但是，按照现在的做法，人民的劳役，以及国王拨出的用于维修某一省份的道路或公共道

---

① 我现在有充分的理由相信，这些推测的数字都太大了。

路的基金，都完全由专门的监督官管理，该监督官由国王枢密院任免，接受枢密院的命令，并和枢密院经常联络。在专制政体的发展过程中，中央行政当局逐渐吞噬了国内其他部门的权力，管理着用于公共用途的一切收入。在法国，大驿道，即联结国内主要都市的道路，一般都整饬可观，在某些省份甚至比英国大部分收费公路都要好得多。但是，所谓的十字路，即绝大部分的乡村道路，却完全被忽视了，以至许多地方载重车辆根本不能通行。在有些地方，甚至骑马旅行也有危险，只有骡子是安全可靠的交通工具。一个崇尚虚饰的朝廷下的骄矜官员，往往会乐于修建富丽堂皇的工程，比如能经常被显贵们看见的大马路之类，他们的赞赏不仅能满足他的虚荣心，而且甚至有助于增进他在朝廷中的利益。至于那些乡间小路，既不能显示壮观，又不能博得任何旅行者哪怕小小的称道，反正是除了实用价值之外对他们没有任何其他价值，这样的工程无论如何都显得太普通、太渺小了，不值得这些堂哉皇哉的大人们施以青眼。所以，在这样的管理和经营之下，这些工程几乎总是完全受到忽视的。

  在中国以及亚洲其他一些国家，修缮公路和维护通航运河这两项事业都由行政当局负担。据说，朝廷在发给各省总督的训示中，经常勉励他治河修路，而总督们执行这一训示的业绩如何，也在很大程度上决定了朝廷对他的政绩的评定。因此，这些公共工程在所有这些国家据说都很受重视，特别是在中国——在那里，公路，尤其是运河，据传都比欧洲所有知名的同类工程好得多（不过，传到欧洲的关于中国这类工程的报告，一般是来自少见多怪的旅行者，更常常是来自愚蠢的、信口开河的传教士。如果那些工程是经过更有见识的人的考察，如果关于那些工程的报告是来自更可靠的目击者的叙述，它们或许就不会显得这么了不起。波尼尔关于印度的这类工程的报告，就与其他更加喜欢大场面的旅行者的报告相去甚远①。在这些国家，或许也像在法国一样，有可能成为朝廷及首都人士谈论话题的大线路就受到关注，而其余的则被忽视。）。另外，在中国、印度以及其他几个亚洲国家，君主的收入几乎完全来自土地税或地租，而土地税或地租的多少取决于土地的年产物的多少。所以，在这些国家，君主的收入与利益，必然与国内的土地耕作状况、土地产物的数量以及土地产物的价值有直接的联系。而要使土地产物数量尽可能多、价值尽可能大，就必须为它谋取尽可能广阔的市场，因而必须在国内各地之间建立最自由、最方便、最省钱的交通网络；这只能靠修建最

---

① 《弗朗索瓦·波尼尔航行记》，阿姆斯特丹版，1710 年。

好的道路和最好的通航运河。但在欧洲，各国君主的收入并非主要来自土地税或地租。欧洲各大王国的君主收入或许大部分最终仍要依赖土地产物，但这种依赖既不如此直接，也不如此明显。因此，在欧洲，君主并不觉得自己有直接的需要去增进土地产物的数量和价值，或是通过建设良好的道路和运河，去为那些产物提供最广阔的市场。所以，即使在亚洲的某些地方行政当局把这类公共工程经营得很好是真的（对此我是有不小的怀疑的），欧洲各国的行政当局也完全没有可能在现在的状态下把这类工程经营好。

一项公共工程，如果不能由其自身的收入来维持，而其便利又只限于一地或一方，那么，把它放在国家行政当局的管理之下、由国家的收入来维持，总是不如把它放在地方行政当局的管理之下、由地方收入维持来得更好。如果伦敦街道的照明和铺设的费用由国库开支，大概它的照明和铺设没可能像现在这样好，费用也没可能像现在这样低。而且，这项费用如果不是来自于伦敦各特定街道、特定教区和特定市区的居民所缴纳的地方税，势必要从国家的一般财政收入项下开支，那么，国中其他大部分照不到伦敦的灯、踩不到伦敦的道的居民，就要无端分摊这负担了。

地方政府和行省政府管理地方收入和行省收入时滋生的弊病，不管看起来有多大，与管理和使用一个大帝国的收入时产生的弊病相比，其实都算不了什么。而且，它们也更容易得到纠正。在英国，乡村人民每年必须在地方治安推事或省治安推事的管理之下，为维护公路提供六日劳役，这一政策在实行时也许并不总是很公正，但绝少发生残酷的或压迫性的强征行为。而在法国，这项劳役归特派监督官管理，实行的时候也不会比英国更公正，反倒经常发生最残酷和最压迫人的强征行为。这种法国人所说的"强迫劳役"，成了主要的暴政工具之一，通过它，那些官员就可以惩罚那些不幸触怒了他们的教区或村社。

便利特殊商业的公共工程和公共机构

以上所述公共工程和公共机构，其目的在于便利一般商业。但是为了便利某些特殊的商业部门，就必须有特殊的机构，而这又要求有特别的支出。

与未开化国家进行通商的某些特殊的商业部门，常需要特别的保护。例如，与非洲西部海岸进行贸易的商人的货物，普通的仓库或堆栈绝不能确保其安全。为了保护货物免受当地土人的劫掠，必须要加强货物存储之地的防护设施。印度政府的混乱和无序，使得即使在那里那些温顺和善的老百姓中，也有加强同样的防范的必要；正是在保护人身和财产安全、防御暴力侵犯的借口下，英国和法国的东印度公司被允许在印度建造了最初的堡垒。而在其他国家，即在那些强有力的政府不会容许外国人在自己的领土上建筑堡垒的国家，就有必要派驻大使、公使或领事，他们一方面可以按照自己本国的习惯，判决在那里的本国同胞之间发生的纠纷，一方面可以在本国人民与当地人民发生纠纷时，凭借其公职身份进行比任何私人更有权威的干预，给他们提供更有力的保护。在发生战争时或结成同盟时甚至都没有派驻公使的外国，为了商业的利益却常常需要往那里派驻公使。例如，英国在君士坦丁堡派驻大使首先是因为土耳其公司的商业利益。英国设立在俄罗斯的大使馆，最初也是起因于商业上的利益。欧洲各国人民因商业利益关系而不断发生冲突，使得欧洲各国即使在和平时期也习惯于往所有邻国派驻公使。这种古代没有的习惯的形成时间似乎是在15世纪末或16世纪初，也就是说，是在商业开始涉及欧洲大部分国家，它们开始关注商业利益的时候。

国家向某一商业部门征收适当的赋税，以支付为保护这一商业部门所需的特别费用，这似乎是合理的——例如，向刚开始经营某种生意的商人征收适当的开业税，或者，更公平的，对进出口的货物征收一定百分比的关税。据说，最初建立关税制度，就是为了支付为保护一般贸易免受海盗抢劫所需的费用。而既然保护一般贸易所需的费用来自于对这些贸易所征收的税是合理的，那么，保护特殊的贸易所需的特别费用取自向这特殊贸易所征之税，也应该是合理的。

保护一般贸易常被看做保卫国家的一个重要部分，因此也被看成行政当局必尽之义务的一部分。所以，一般商业税的征收和使用，总是由行政当局负责。而保护特殊贸易也是保护一般贸易的一部分，因而也是行政当局应尽义务的一部分；如果一个国家的行动是前后一致的，则为保护特殊贸易而课征的特殊税收也应由行政当局支配。但是，在这方面，也像在很多其他方面一样，各国的行动并不是前后一致的；在欧洲大部分的商业国家，特殊的商业公司常常说服了立法机关，把行政当局这方面的义务，以及必然与这义务相关联的一切权力，统统交给它们执行。

这些公司虽然对于最初引进和建立某些商业部门有好处，它们用自己的资金去进行政府不敢去尝试的实验，但是，经过很长时间之后，它们已经被证明是累赘的或无用的，它们对贸易的经营，不是失当就是过于狭窄。

这种公司有两类：一类没有联合资本，只要具有适当的资格，就可在缴纳若干会费并同意遵守公司的规章制度后加入公司，但各自的资本由各自经营,风险也自负,这类公司叫行规公司(regulated companies);另一类是以联合资本进行贸易,各入股成员按照股份比例分摊公司的一般利润或亏损,这类公司叫股份公司。这些公司,不管是行规公司还是股份公司,都是有时候有专营特权,有时候又没有专营特权。

行规公司在所有方面都类似于欧洲各国城市常见的同业公会,是一种扩大了的同类垄断组织。就像城市居民不首先取得同业公会的会员资格就不能从事该项职业一样,在大多数情况下,一国的任何居民,如不先成为行规公司的一员,他就不能经营该公司所经营的对外贸易。这种垄断的强弱,与加入公司的难易程度相应,也与公司董事权力的大小——即他们掌握在自己或自己朋友手里的公司贸易的多少——相应。在最早的行规公司,学徒的特权也和其他同业公会一样,凡是为公司会员服务满一定年限的人都可以自己成为公司的会员,不需缴纳入会费,或只需交纳比别人少得多的入会费。同业公会的一般精神,只要法律不加以限制,也就在所有行规公司中适用。当允许行规公司按其自然倾向行事时,它们为了将竞争限制在尽可能少的人之间,总是给贸易经营规则加上许多条条框框。而当法律限制它们这样做时,它们又变得没什么用处、没什么意义了。

对外贸易方面的行规公司,现在英国还有5个,即汉堡公司(昔日的商业冒险家公司)、俄罗斯公司、东方公司、土耳其公司和非洲公司。

汉堡公司的入伙条件,现在据说十分简单,公司的董事们要么是没有权力对贸易经营加以烦琐的限制,要么至少是近来没有行使这种权力。但它并不是一直这样的。在上个世纪中叶,该公司的入伙金,有时需50镑,有时需100镑,而且它的行为据说是极专横的。在1643年、1645年和1661年,英格兰西部的毛织业者和自由商人曾向国会投诉,说该公司是垄断者,限制了贸易的发展,压迫了国内的制造业。这些投诉虽不曾使国会采取什么行动、通过什么法律,但却逼得该公司不得不修正自己的行动准则。至少,从那时起,没有人再控诉过它。根据威廉三世第十年、第十一年的第六号法令,俄罗斯公司的入伙金减为5镑;根据查理二世第二十五年的第七号法令,东方公司的入伙金减为40先令,同时,该公司在瑞典、挪威、丹麦乃至波罗的海北岸所有国家的专营特权,全部被取消。国会颁布这两条法令,大概是受了这两家公司的行为的刺激。在那之前,约西亚·柴尔德爵士曾直言,这两家公司以及汉堡公司极端专横,同时,他将本国与这些公司的特许状所包含的国家之间贸易状况的低下归咎于这些公司的经营不善。但是,当这些公司在今天不再那么专横，它们却又变得完全没有用处。不过，"只是无用"或许已是可以公正地给予一家行规公司的最高赞誉了。上述这三家公司现在对这一赞誉是当之无愧的。

以前，土耳其公司的入伙费是26岁以下者25镑，26岁以上者50镑。只有纯粹商人才能加入；这个限制，实际上是把所有小店主和零售商排除在外。另外，根据该公司章程，英国制造商只能用该公司的船只，才能向土耳其输出货物；由于这些船只都是从伦敦港起航，所以这一限制将英国与土耳其的贸易局限在了这个昂贵的港口，将参与贸易者局限于住在伦敦及附近的人。该公司另一条章程又规定，住在离伦敦20英里以内，但没有伦敦市民权的人，不得加入公司；这种限制，连同前一限制，必然把没有取得伦敦市民权的人都排斥在外了。由于这些船只装载货物和起航的时间都由公司的董事们决定，他们可以很容易地把自己或自己朋友的货物装满船只，而以申请太迟为借口，拒绝装载其他人的货物。在这种事态下，该公司无论从哪一方面都可以说是一个严密的、专横的垄断组织。这种种弊端，导致了乔治二世第二十六年第十八号法令的通过。该法令将土耳其公司的入伙费减为20镑，允许所有的人入伙，取消了年龄的限制，也不问是否是纯粹商人或伦敦市民；除禁止出口的货物外，这些入伙的人，可以自由地从英国任何港口向土耳其任何港口运送一切英国货物，除禁止进口的货物外，也可以自由进口一切土耳其货物，只要交纳普通的关税和为支付该公司费用而征收的特别税，并服从英国驻土耳其大使或领事的合法权威以及公司正式制定的条例。为了防范这种条例的任何压迫，同一法令又规定，如有任何7个会员认为自己受到了该法令通过后公司制定的某项条例的压迫，可以在该条例制定后12个月内向贸易殖民局（枢密院的一个委员会现已继承它的权能）提出申诉；如有任何7个会员认为自己受到了该法令通过前公司制定的某条例的压迫，也可以在该法令生效之日起12个月内提出申诉。可是，在一个大公司中，并不是所有的成员都能凭一年的经验就发现各种条例的弊害；而如果某几个成员在一年之后才发现弊害，那不管是贸易局还是枢密院委员会，都统统无济于事了。此外，所有行规公司的大部分条例的目的，也像所有的同业公会一样，不是在于压迫已经加入的成员，而是在于阻碍外人的加入——它们不仅可以通过规定高昂的入伙费，也可以通过许多其他的政策做到这一点。这些公司关心的永远是如何尽可能提高自己的利润率，如何使它们进口货物和出口货物的市场存货不足。要做到这一点，只能靠限制竞争，阻止新冒险者进入同一贸易。

再者，即使是20镑的入伙费，虽然或许不足以阻止有意长期从事土耳其贸易的人进入这一贸易，但可能会阻碍一个只想试水的投机商。在任一行业中，正规的从业人员即使没有组成联合体，也自然会齐心协力提高利润，只有投机冒险者不时参与竞争，才能使利润降低到应有的水平。英国对土耳其的贸易虽然由这项法令而得到某种程度的开放，但在许多人看来，仍然远远不是完全自由的。土耳其公司为维持一名大使和两三名领事支付了费用，这些人员本应像其他公职人员一样完全由国家来维持，而土耳其贸易也应对国王陛下的所有臣民开放。该公司为此目的以及其他目的而征收的各种杂税如果收归国有，将远不止维持这么几个驻外官吏。

约西亚·柴尔德爵士指出，行规公司虽常常维持驻外使领馆人员，但从未在其贸易所在国家维持任何堡垒或守备队，倒是股份公司常常这么做。事实是，前者比后者更不适于承担这种任务。第一，堡垒和守备队是为了公司贸易的繁荣而设，但行规公司的董事在公司贸易的繁荣上并没有特殊的利益。公司贸易的萧条甚至常常有利于他们的私人贸易，因为，公司贸易萧条，竞争者就会减少，他们于是便可以贱买贵卖，从中得利。相反，股份公司的董事们只在委托他们经营的共同股本的利益中有自己的一份，并没有他们的私人贸易，其利益不能和公司一般贸易的利益分割开来。他们的私人利益是与公司贸易的繁荣联系在一起的，也是与保卫这一繁荣所必要的堡垒和守备军的维持相联系的。因此，他们更有可能对维持堡垒和守备军加以持续的和仔细的关注。第二，股份公司的董事们手里总是掌管着一大笔资金，即公司的共同股本，在适当的时候他们可以使用其中的一部分来建设、增补或维持这种必要的堡垒和守备军。而行规公司的董事们并没有掌管什么共同资本，除了来自入伙费和公司税金的临时收入之外，没有其他资金可以动用。所以，即使他们有同样的利益，需要留心维持这种堡垒和守备军，他们也很少有相同的能力使之有着落。至于维持个把使领馆人员，既不需要太上心，所花费用也有限，这是与行规公司的性质和能力更相称的。

不过，在柴尔德爵士的时代过去很久以后的1750年，成立了一家行规公司，即现在的非洲贸易商人公司，最初明确负有维持布朗角至好望角之间的英国堡垒和守备军的责任，后来改为只负责鲁杰角至好望角之间的堡垒和守备军。政府设立这家公司的法案（乔治二世第二十三年第三十一号法令），似乎有两个明确的目的：第一，有效地限制行规公司的董事们自然具有的专横和垄断精神；第二，尽可能迫使他们去关注他们本来不会关注的对堡垒和守备军的维持。

为了第一个目的，公司的入伙费被限定在 40 先令。公司被禁止以集体名义或共同股本自己进行贸易，禁止用集体印章来借款；对于缴纳了入伙费的英国公民，不得对其在任何地方进行的自由贸易加以任何限制。公司的管理机构是设于伦敦的九人委员会，委员每年由伦敦、布里斯托和利物浦的公司在各自的成员中各选 3 名，每个委员的任期不得超过 3 年。任何委员有不当行为，贸易殖民局（现在是枢密院的一个委员会）可以在听取他本人的辩护之后将其免职。该委员会禁止从非洲输出黑奴，也不得向英国输入任何非洲货物。但由于他们负有维持非洲的堡垒和守备军的责任，所以准许他们为此目的从英国向非洲输出各种货物和军需品。委员会为支付伦敦、布里斯托和利物浦三地的办事人员和代理人的薪金、他们自己在伦敦办事处的房租以及在英格兰的一切其他管理、委托和代理费用，可以从公司领钱，但不能超过 800 镑。如果还有剩余，可以作为他们的辛苦费按他们认为合适的方式在他们中间分配。有了这样的规定，本可以认为垄断精神会受到有效的约束，第一个目标可以充分实现。然而实际情况却并非如此。根据乔治三世第四年第二十号法令，塞内加尔堡垒以及塞内加尔一切属地均由非洲贸易商人公司管辖，但在次年（根据乔治三世第五年第四十四号法令），不仅塞内加尔属地，而且从南巴尔巴利的萨利港至鲁杰角的整个海岸，管辖权都由该公司名下转到了国王名下，国王的所有臣民都可自由进行与那些地区的贸易。这个法律的颁布，当然是因为该公司有限制贸易发展并建立了某种不正当垄断的嫌疑。我们很难设想，在乔治二世第二十三年的法令之下，他们如何能够这样做。不过，我曾在下院的的辩论记录（这种辩论记录并不总是最可靠的关于事实的记录）中看到他们受到这种指控。九人委员会的委员都是商人，各堡垒和殖民地的大小官员又都依附于他们，那么，官员们给予这些委员在商务上和事务上的委托以特别的关照，从而形成一种事实上的垄断，这是很有可能的。

为了第二个目的，即维持堡垒和守备军，国会每年向该公司拨款 1.3 万镑。关于这项资金的使用情况，公司委员会必须每年向财政大臣提出报告，随后这项报告再送呈国会。但是，国会对于动辄数百万镑的开销尚且不是很注意，对这每年 1.3 万镑的开销就更不会太关注；而财政大臣，从他的职业经验和教育背景来看，对于堡垒和守备军的开销是否得当，也不可能是十足的内行。诚然，王国海军的舰长们或海军部委派的将官可以对堡垒和守备军的状况进行调查，并向海军部报告，但海军部对该委员会并没有直接管辖权，也没有权力去纠正被调查者的行为；而且，也不能指望海军舰长们精通构筑工事这门学问。对于那些委员们，除非他们对国家公款或公司公款有直接的贪污或盗用行为，否则他们受到的最高处罚也不过是被罢免一种任期只有3年、在任期内法定报酬又如此低微的职务而已；对这种处罚的恐惧决不足以成为迫使他去持续地和仔细地关注与自己的利益不相干的事情的动机。在从英国运出砖石用以维修几内亚海岸卡斯尔角堡垒的事情上，该委员会就受到过指控，因为国会为此事好几次拨给了额外的费用。那些千里迢迢运过去的砖石据说质量也极差，以至于由这些砖石修砌的城墙有推倒重修的必要。鲁杰角以北的堡垒和守备军不但维持费用由国家支出，而且也由行政当局直接管辖；但是鲁杰角以南的堡垒和守备军，国家也至少出了部分的费用，却要由不同的机构来管理，好像令人难以理解。建设直布罗陀和梅诺卡岛的防卫，最初的目的或借口是为了保护地中海贸易，对这些守备军的维持和管理一直是行政当局的本分，而不曾由土耳其公司插手。统治领域的大小在很大程度上关系到行政当局的自尊和名望，他们不可能不去留心保护这一统治所必要的防卫。因此，直布罗陀和梅诺卡的防卫从来没被忽视过；尽管梅诺卡曾经两次易手，现在可能永远丢掉了，但这种损失从来没有人归咎于行政当局的疏忽。但我不愿被人理解为我是在暗示，为了最初的目的将这两个耗资巨大的要塞从西班牙手里夺过来有任何的必要。夺取这两个要塞，没什么其他的意义，可能只是使英国疏远了西班牙这个天然的同盟者，并使波旁王室的两个主要分支形成联合，比血缘关系所能形成的联合还要更紧密和持久。

股份公司的设立，或是经皇家特许，或是由议会通过，不仅在许多方面与行规公司不同，而且在许多方面也与私人合伙公司不同。

第一，在私人合伙公司，合伙人不经公司同意，不得将自己的股份转让他人，或向公司引进新成员。但每个成员在经过预先通知后，可以退出合伙公司，并拿回自己的股本。与之相反，在股份公司，任何成员都不能要求公司归还他的股本，但转让股票，从而引进新股东，却无需公司同意。股份公司的每一股股份的价值总是等于它在市场上出售的价格，这价格与股票上原来注明的金额经常是有差别的。

第二，在私人合伙公司，每个合伙人对公司缔结的债务以自己的全部财产负责。反之，在股份公司，每个股东只以自己的股份对公司债务负责[①]。

[①] 这里说的股份公司是一种组成法人的或领有特许状的公司。将这个名词普遍应用于其他公司，那是以后的事情。

股份公司的业务总是由一个董事会管理。这个董事会虽然在许多方面常常要受股东大会的控制，但大部分股东很少懂得公司的业务，如果他们之间没有派别之争，他们就不会去操心公司的业务，只等着董事们半年或一年分一次红利给他们就心满意足了。这种做法既免除了麻烦，风险资金也有限，使得许多人投资于股份公司，而不是私人合伙公司。因此，股份公司吸收的资本通常超过任何私人合伙公司。南海公司的营业资本一度曾达到3380万镑以上。英格兰银行的股息资本，现在有1078万镑。但是，股份公司的董事们所经管的是他人的钱而不是自己的钱，很难期望他们像私人合伙公司的合伙人对自己的钱那样，兢兢业业地去监管资金用度。就像富人的管家一样，他们或许认为为小事计较有损主人的名誉，于是很容易地就放过这类事情。因此，在这样一个公司的业务管理上，必然常常出现或多或少的疏忽和浪费。由于这个缘故，股份公司在对外贸易中很难与私人冒险者竞争。所以，没有取得专营特权的股份公司很少有成功的，取得了专营特权的股份公司成功的也不多。没有专营特权时，他们往往经营不善；有了专营特权，他们就既经营不善，又使贸易受到限制。

皇家非洲公司（即现在的非洲公司的前身）本来有国王特许状给予的专营特权，但由于这一特许状未经议会法律确认，所以这种贸易由于民权宣言的结果，在革命后不久就对国王陛下的所有臣民开放。哈德逊湾公司在法律权限方面和皇家非洲公司一样，它的专营特许状也未经议会法律确认。而南海公司在其作为一个贸易公司存在的时期内，它的专营特权是经过了议会法律确认的；现在与东印度进行贸易的联合商人公司也是如此。

非洲贸易开放后不久，皇家非洲公司就发现自己不是私人冒险者的竞争对手，于是不顾民权宣言，在一段时间内继续把这些冒险者称为无执照营业的私商而加以迫害。1698年，公司对私人冒险者的几乎所有部门的贸易均征收10%的税，税款由公司用来维持他们的堡垒和守备军。但尽管有这种重税，公司仍然不能和私人竞争。他们的资本逐渐萎缩，声望逐渐下降。至1712年，他们已负债累累，以致议会认为，为了他们自己和债权人的安全，需要通过一项特别法律。该法律规定，关于公司债务的偿付日期，以及关于这些债务的其他协定，只要在人数和金额上占2/3以上的公司债权人做出决议，就对全体债权人有约束力。1730年，公司业务处于极度混乱的状态，以致完全无力维持他们的堡垒和守备军，而这是当初设立这公司的唯一目的和借口。从那一年起，直至公司最后解散，议会认为必须每年拨出1万镑来维持这些工事。1732年，在向西印度贩运黑奴的贸易亏损了多年之后，该公司决定完全放弃这项业务，将从非洲海岸买来的黑人转卖给美洲的私人贸易商，并支使自己的职员从事非洲内地的金沙、象牙、染料等货物的贸易。但他们经营这种范围更狭窄的贸易，并不比先前经营范围更广的贸易更为成功。公司的业务仍然逐渐衰落，直至最后从每一方面来说都达到破产的境地时，议会通过法律将其解散，而将其堡垒和守备军交由现在的非洲贸易商人公司这家行规公司来管理。在皇家非洲公司设立之前，已先后有三家股份公司得以建立，来进行非洲贸易。它们都同样的不成功。但它们也都有专营特许状，该特许状虽未经议会确认，但在当时仍是能赋予这些公司真正的专营特权的。

哈德逊湾公司在上次战争中遭遇灾难之前，比皇家非洲公司的运气要好得多。他们的必要开支很少，因为他们在自己的居留地和堡垒所维持的人数据说不超过120人。可是，这一数量的人员已足够在公司的船只到达之前把要装载的皮毛和其他货物准备妥当。当地海域结冰期长，船只很少能停泊6到8个星期以上，因此，预先准备货物成为必要。私人冒险者在好几年之内都得不到这一好处，而没有这种好处似乎就没法到哈德逊湾做生意。该公司的资本也不多，据说不到11万镑，但也已经足以使它将它的特许状所指定的这个虽然广阔、却贫瘠的地区的全部或几乎全部的贸易和剩余产物垄断无余。由此之故，从来没有私人冒险者试图到那个地方去与该公司竞争。所以，该公司虽然可能在法律上没有专营特权，但实际上已经享有了专营特权。除此之外，该公司所拥有的这点资本，据说只有很少几个股东①。而一个资本不多、股东人数很少的股份公司，其性质实际上与私人合伙公司非常接近，在经营上几乎能与合伙公司同样谨慎、同样用心。所以，由于这种种有利条件，哈德逊湾公司在上次战争以前在贸易上能获得相当大的成功是毫不足怪的。不过，该公司的利润，似乎也没有已故的多布斯先生所想象的那么大②。一位更为审慎和客观的学者，《商业的历史性和编年性推演》一书的作者，安德森先生，在研究了多布斯关于该公司数年中全部进出口的报告并适当地考虑了该公司的非正常风险和费用之后，认为该公司的利润并不值得羡慕，或者说即使有超过正常利润，也不可能超过很多。

南海公司从来没有维持什么堡垒或守备军，因而完全不须负担其他股份

---

① "八九个私人商人垄断了公司资本的十之八九。"安德森《商业》，1743年，引自亚瑟·多布斯《哈德逊湾附近各国概况——附米德尔顿船长日记摘要及对他的行为的观察》，1744年。
② 在他的《概况》一书中，他谈到2000%的利润，但这只是买卖价格之差。

公司进行对外贸易通常要负担的一大笔费用。但是，该公司资本巨大，股东人数极多，因而可以预料，在业务经营上难免会有荒唐、疏忽和浪费的现象。他们在招股计划中的欺诈和放肆行为众所周知（不过对这些行为的说明与现在的主题无关）。他们的商业计划也不会执行得好多少。他们所经营的第一项贸易是往西班牙属西印度输入黑奴，在这项贸易上他们有专营特权（得自于尤特雷特条约所认可的所谓阿西恩托约定）。但由于可以预料这项贸易不会有多大的利润（在他们之前经营同一贸易、享有同一特权的葡萄牙公司和法国公司均已破产），所以，作为补偿，他们被允许每年用一艘一定吨位的船只直接与西属西印度通商。他们的船只航行了10次，也就是10年，但据说只有1731年加罗林皇后号的那次远航赚了钱，而其余9次都或多或少赔了本。他们的代理商都将未能成功归咎于西班牙政府的讹诈和压迫，但其实，这些代理商自己的浪费和攫夺可能才是主要原因，据说，他们中间有些人在一年之内就发了大财。1734年，该公司以营业利润微薄为理由，请求英王允许其将贸易权和船只吨位从西班牙国王那里换取其他等价物。

在1724年，这家公司也曾经营捕鲸业。在这项业务中，他们诚然没有垄断权，但在他们进行经营的时候，也没有其他英国人与他们竞争。他们向格陵兰岛航行了8次，只有一次获得了利润，其余几次都是失利而回。在第8次即最后一次航行之后，当他们变卖船只、积压商品和渔具时，发现他们在这项业务上的损失，连本带利共达23.7万镑以上。

1722年，该公司向议会请求，把他们贷与政府的3380万镑巨资划分作两个相等的部分：其中一半即1690万镑置于与其他政府公债相同的地位，不得由董事用以偿付或弥补该公司在商业经营上的债务或损失；另一半依旧作为贸易资本，可以用来偿付和弥补债务或损失。议会认为此项请求还算合理，便采纳了。1733年，他们再次向议会请求，将他们所剩的贸易资本的3/4转为公债，仅留1/4作为贸易资本，承担董事们经营失败的风险。此时，该公司的贸易资本和公债资本因政府的多次偿还各已减少200万镑以上，因而这剩下的1/4只有3662784镑8先令6便士了。1748年，该公司由于亚琛条约，放弃了以前根据阿西恩托约定从西班牙国王那里取得的一切权利，所得的是所谓的等价物。这样一来，该公司与西属西印度之间的贸易宣告终结，他们剩下的贸易资本全部转化为公债，该公司从任何方面来说都不再是一个贸易公司。

应当指出，南海公司每年派遣船只到西属西印度进行的贸易，作为他们曾期望获得丰厚利润的唯一贸易，不论在外国市场还是在本国市场，都不是没有竞争者的。在卡塔赫纳、贝洛港和拉维拉克鲁斯，他们必须面对西班牙商人的竞争，这些西班牙商人从加蒂斯运到这些市场的货物，和南海公司运过去的货物相同；在英国，他们又不得不面对英国商人的竞争，这些英国商人从加蒂斯运回来的货物，和该公司从西属西印度运回来的货物相同。诚然，西班牙和英国商人的货物可能要缴纳更高的税，但是，该公司职员的疏忽、浪费和腐败所造成的损失或许是一种比那些私人要缴的税高得多的税。一家股份公司，当私人贸易商能够开放地、公平地与其竞争，它还能成功地经营任何门类的对外贸易，这似乎没听说过。

老的英国东印度公司于 1600 年由伊丽莎白女王的一项特许状而设立。在它最初 12 次的印度航行中，只有船只是公司共有的，贸易资本还是个人的，像是作为一个行规公司在进行贸易。1612 年，个人的资本才合并成为共同资本。他们的特许状是专营的，虽然没有经过议会法案确认，但当时被认为具有真正的专营特权。因此，在许多年中，他们没有受到无照经营商的多大干扰。他们的股本不超过 74.4 万镑，每股为 50 镑，股本不是很大，他们的买卖也不是很广泛，不能作为巨大的疏忽或浪费的借口，或引致贪污的理由。所以，尽管有荷兰东印度公司的陷害和其他意外事故所造成的一些特别损失，他们的业务经营在很长一段时间里还是很成功的。但随着时间的推移，当自由的原理更好地为人所理解，这个由女王颁发、未经议会确认的特许状，能在多大程度上赋予专营特权日益成为一个疑问。对于这个问题，法院的决定并不一致，随政府权力和时代精神而异。而私商则趁虚而入，从查理二世在位末期经由詹姆斯二世时期直到威廉三世统治了一段时间之后，该公司都是在困难中过日子。1698 年有人向议会提出，以 8% 的利息为政府筹借两百万镑，让募款人组成一家有专营特权的新的东印度公司。老东印度公司则愿意拿出 70 万镑，几乎等于他们的全部资本额，利息只有 4%，而条件也是要专营特权。但当时国家公债的情况是，以 8% 的利息借入 200 万镑，比以 4% 的利息借入 70 万镑更能给政府带来便利。结果，新的公债应募者的提议被采纳，一个新的东印度公司成立了。不过，老东印度公司这时仍有权继续经营他们的贸易，直到 1701 年。而且，与此同时，该公司以其财务主管的名义，非常巧妙地认购了新公司 31.5 万镑的股份。由于议会关于成立新公司的法案在细节上的疏忽，没有明确表明应募者的资本是否应合资经营，一些私人贸易商，包括应募仅 7200 百镑的商人，也坚持独自使用自己的资本、自担风险进行贸易。老东印度公司这时不但可以在 1701 年之前使用其原有资本独立进行贸易，而且不管在这之前还是之后，都还可以像其他私人贸易商一样，使用他们在新公司认购的 31.5 万镑股本独立进行贸易。新旧两个公司与私人贸易商之间的竞争，以及两公司彼此之间的竞争，据说几乎毁了这两家公司（1730 年，当有人向议会提议将此项贸易交由一家行规公司经营、从而使之在某种程度上向全国人民开放时，东印度公司极力表示反对，把竞争曾经造成的悲惨后果描绘得有板有眼。他们说，在印度，竞争使货物的价格被抬高到不值得去采购，而在英国，竞争又使存货过多，以致货物的价格跌到无利可图。要说由于充足的供给——这对公众大有好处和便利——必然会使英国市场上印度货物的价格大为降低，这是无可怀疑的；但要说竞争会使印度市场上货物价格大为提高，则似乎不太可能，因为这种竞争所能引起的全部非常需求只不过是印度贸易的汪洋大海中的一滴水而已。况且，需求的增加起初或许有时会提高货物的价格，但最终必将引起价格的跌落。它鼓励生产，从而增加生产者之间的竞争，而生产者为了比别人售价更低，会采用在其他情况下想不到的新的分工和新的技术改良。东印度公司所抱怨的悲惨结果，即消费的低廉和对生产的鼓励，正是政治经济学的两大目标。不过，被他们说得这样凄惨的竞争，当时也没有被允许长期存在。）。在 1702 年，这两家公司通过三方协议（女王是第三方）在某种程度上联合起来；1708 年，又根据议会法案，完全合并成一家公司，而成为今日所谓的东印度贸易商人联合公司。该法案有一条附加条款，在允许各独立商人继续经营他们的贸易直到 1711 年的米迦勒节的同时，授权公司董事在这三年中赎买这些商人 7200 镑的小额股本，从而将该公司的全部资本变为共同资本。根据同一法律，该公司的资本由于对政府的一笔新贷款而从 200 万镑增加到 300 万镑。1743 年，公司又贷与政府 100 万镑。这 100 万镑不是股东增加的股本，而是公司发行的公司债券，股东虽不能以此增加分红，但这 100 万镑也和其他 300 万镑一样承担公司营业上的亏损和债务责任，所以还是增加了公司的贸易资本。自 1708 年以来，或至少自 1711 年以来，该公司摆脱了所有的竞争者，完全掌握了英国在东印度的贸易垄断权，经营状况良好，股东每年都从利润中分得了适度的红利。在 1741 年爆发的对法战争中，庞帝切利的法国总督杜勒的野心使东印度公司限于战祸和印度王室的政治斗争中。在许多次大起大落之后，该公司把它那时在印度的主要殖民地马德拉斯给丢了。亚琛条约的订立使马德拉斯重归该公司之手，而正是在这一时期，它派在印度的人员开始充满战争和征服的精神，此后也未改变。在 1755 年爆发的对法战争中，东印度公司的军队分享了英国军队在欧洲战场上的好运，他们捍卫了马德拉斯，夺取了庞帝切利，收复了加尔各答，获取了一块富饶而广阔的领土上的收入，这收入当时据说每年有 300 万镑以上。他们安然地享有这份收入有好几年的时间，但在 1767 年，政府以该公司占领的领土及其收入属于国王为由，与公司交涉，于是公司同意每年付给政府 40 万镑。在此之前，公司分派的红利，已逐渐由 6% 增至 10%；如果按全部资本 320 万镑计算，红利已增加了 12.8 万镑，换言之，每年红利的数额已由 19.2 万镑增加到了 32 万镑。这时他们还打算进一步将红利提高到 12.5%，这将使他们分派给股东的钱相当于每年支付给政府的钱，即 40 万镑。

但就在他们和政府的协定将要生效的那两年内，议会连续通过了两项法案，限制他们再进一步增加红利。这些法案的目的，在于使公司方面加快偿还其所负债务的速度，他们此时的债务据估计已达 600 万或 700 万以上了。1769 年，他们将与政府所订的协议延长五年，并约定，在此期间他们可以将红利逐渐提高到 12.5%，但每年增加不得超过 1%。这样，当红利增加到极限时，他们每年付给股东和政府的总金额，也只比他们在占领这片领土之前多出 60.8 万镑。占领这片领土的总收入，前面已经说过，每年计有 300 余万镑，而根据 1768 年克鲁登敦号东印度商船所提供的报告，除去军事维持费及其他费用，净收入还有 204 万 8747 镑。据说他们同时还有另外一笔收入，部分来自土地、但主要来自他们设在各殖民地的海关，共 43.9 万镑。而他们经营贸易的利润，据他们的董事长在下院的证言，每年至少有 40 万镑，据他们的财务主管的证言，每年至少有 50 万镑；根据最低的估计，至少也等于他们每年分给股东的最高红利的数目。有这样大的收入，肯定足以使他们在每年的支出中增加 60.8 万镑，同时还足以留出一笔大的还债基金，以迅速减少他们的债务。然而，到 1773 年，公司的债务不但没有减少，反而增加了，计有拖延应付财政部的 40 万镑，拖延海关的应付税款、欠银行的贷款、草率承兑的由印度方面开出的汇票共 120 余万镑。这些累积的债务给他们带来的困难，使他们不得不将红利立即降到 6%，而且不得不向政府乞求援助，要求：一，豁免继续支付约定的每年 40 万镑；二，贷款 140 万镑，以拯救他们、使他们免于立即破产。看来，该公司财产的巨大增长只不过是为其职员更凶猛的贪污和浪费提供了方便。议会于是开始调查该公司人员在印度的行为，以及公司在印度和欧洲的基本业务状况，最后对他们在国内和国外的管理机构的组织作出了几项重要的改革。在印度方面,该公司的主要殖民地,如马德拉斯、孟买、加尔各答,以前都是相互独立的,现在则由一个总督管辖,辅佐总督的,还有四名顾问组成的评议会。第一任总督及顾问全部由议会任命,常驻在加尔各答。加尔各答现已成为英国在印度最重要的殖民地,与以前的马德拉斯一样。加尔各答市长法庭最初是为审理该市及附近地区的商业案件而设立,后来随着帝国版图的扩大而逐渐扩大它的司法管辖权。这次改革削减了该法庭的权限,使其仅限于它最初的目的。取而代之的是一个新的高等法庭,其成员——一名审判长和三名审判官,均由国王任命。在欧洲方面,股东在股东大会上投票的资格,由 500 镑(公司每股股票原来的价格)增加到 1000 镑。投票权的生效时间也由购买(而不是继承)这一投票权 6 个月之后推迟到了购买一年之后。以前,公司的 24 人董事会每年改选一次;现在规定,每个董事 4 年改选一次,但在 24 名董事中,每年要有 6 个旧董事离职,选入 6 个新董事,刚离职的董事不能重新当选。有了这些改革,人们本来以为股东大会和董事会的行为会比以前更为持重和稳妥。然而,要想使这些股东大会和董事会能合格地统治印度这个大帝国,或者即使只是合格地参与统治,不论做出何种改变似乎都不可能;因为它们的大部分成员对于这个帝国的繁荣根本不感兴趣,对于促进它的繁荣的事情不会给予认真的关注。一个有钱人(有时候甚至是一个不怎么有钱的人)愿意购买 1000 镑的东印度公司股票,常常只是为了能在股东大会投上一票而产生的影响。这投票权虽然不能使他参与对印度的掠夺,但可以使他参与对印度掠夺者的任命;这种任命虽然是由董事会最后决定,但董事会必然也多少要受股东们的影响,他们不仅能选举董事,有时还能否决董事的决定。假若一个股东能在几年之内享有这种影响,从而在公司里安插几个朋友,那么,他不仅对股息不关心,甚至对他据以投票的股本的价值也不太关心。至于他可以凭投票权参与统治的大帝国的繁荣,他更是满不在乎的。从来没有其他的统治者会像这个商业公司的大部分股东一样,对于他们的属民的幸福或苦难,对于领土的改良或荒废,对于政府的荣誉或耻辱,如此漠不关心。而议会根据调查结果制定的种种新规定,与其说减少和防止他们漠不关心,不如说是加剧了他们的漠不关心。例如,下院一项决案宣布,只有当公司把所欠政府债务 140 万镑还清,把债券债务减到 150 万镑,才能对股东分派 8% 的红利;而他们留在国内的所有收入和纯利应分作四部分,其中三部分交入国库作为公共开支,第四部分留做基金,用于进一步减少债券债务或用于公司可能遭遇的其他紧急开支。但是,如果在全部纯收入和利润属于他们自己、由他们自己支配时，公司尚且不是好的管家、好的君主，那么，当纯收入和利润的 3/4 属于他人、其余 1/4 留作利于公司之用，却仍由他人监督并须他人认可时，他们肯定不会表现得更好。

对于公司方面来说，支付了 8% 的股息之后所剩下来的资金，与其交到一批由议会所指定的、与自己肯定有所不和的人手中，还不如让公司自己的雇佣人员和隶属人员去随意浪费或侵吞来得痛快。这些雇佣人员和隶属人员可能在股东大会中拥有很强的势力，以致股东们有时候反而支持那些直接违犯了股东大会权威的贪污腐败分子。对于大多数股东而言，对自己的股东大会的权威的支持有时候还不如对那些蔑视这一权威的人的支持来得重要。

所以，1773 年的规章并没有结束公司在印度的政府的混乱状态。尽管因为一时的正确措施，他们有一次在加尔各答金库中攒了 300 多万镑，尽管以后他们的支配和掠夺范围更加广大，延伸到了印度好几个最富裕、最肥沃的地区，但对于所获得一切，他们都依旧浪费和葬送了事。他们发现自己对阻止或抵抗海德·阿利的入侵毫无准备；由于此种混乱，公司现在（1784 年）已陷入前所未有的困境；为了防止立即破产，他们不得不再一次向政府恳求援助。为了更好地管理公司的事务，议会中各个政党提出了各种不同的方案。而这些方案似乎都同意一点，那就是——的确是一向就非常明白的——公司完全不适于治理它所占领的领土。甚至公司自己也认为自己没有这种能力，因此想把领地让给政府。

有权在遥远而野蛮的国家设置堡垒和守备军，必定也有权在这个国家发动战争或维护和平。拥有前一权力的股份公司经常行使后一权力，也常常明确地被授予这一权力。他们在行使这一权力时通常是多么不公正、多么反复无常、多么残酷，这从最近的经验，我们已经知道得很清楚了。

当一批商人自己冒险和出钱来与某个遥远、野蛮的国家进行新的贸易，那么，政府将其组成股份公司，并在他们成功时赋予他们对这种贸易若干年的垄断权，可能并不是不合理的。这是国家对他们这一既危险又费钱，但以后会给公众带来好处的尝试的最容易、最自然的报偿。给与一种新机器的发明者专利权、给与一本新书的作者著作权的那些原则，也可以拿来为这样一种暂时性的垄断权进行辩护。不过，在期限过后，垄断权是应当取消的。堡垒和守备军如有维持的必要，应当交到政府手里，由政府对公司做出相应补偿，而那一贸易应向全国人民开放。假如公司长期垄断经营，将使其余民众增加两种不合理的负担：第一，使货物的价格高昂，而这价格在自由贸易的情况下本可以很低；第二，使许多人被排除在一种他们本可得便经营并有利可图的生意之外。而他们承受这种负担只带来一个最没价值的结果，就是使某公司能支持自己职员的疏忽、浪费和贪污，这些职员的胡作非为不但不能使公司的股息超过自由贸易的普通利润率，反而常常使股息大大低于这一利润率。但是，根据经验，股份公司如果没有垄断权，似乎就不能长期进行任何门类的对外贸易。在一个地方购买货物，运往另一个地方出售赚取利润，如果在这两个地方都有许多竞争者的话，就不仅需要时刻留心需求情况的偶然变化，而且还要时刻留心竞争的情况或满足需求的其他供给者的更大更频繁的变化；运用巧妙的手腕和正确的判断力，使得各种货物数量都能适应需求、供给和竞争各方面的变化情况，这俨然是在进行一种不断变化的战争，只有毫不松懈地警惕着和注意着才能取得成功，而我们不能期望股份公司的董事们有这种持久力。东印度公司在债务已经偿还、专营特权已经终止后，议会仍准许它继续作为一家股份公司以法人资格与东印度进行贸易，享有和其他国民平等的权利。但是，在这种境况下，私人冒险者的警惕与注意力方面的优势，十有八九会让他们很快厌倦这种贸易。

对经济学很有研究的法国知名学者莫雷勒神父，曾列举出了1600年后在欧洲各地设立的55家对外贸易股份公司，据他说，尽管这些公司都有专营特权，但都因管理不善而遭到了失败。这其中有两三家公司他弄错了，它们不是股份公司，也没有失败。可是在另一方面，还有几家失败的股份公司他没有列入名单。

股份公司有可能在没有专营特权时成功经营的行业，只有那些所有业务和工作都能程序化，或者说工作方法单一、很少变化或毫无变化的行业。这类行业有四种，其一是银行业，其二是海难、火灾、战祸保险业，其三是建设和维护通航河道或运河，其四是大城市的供水业。

银行业的原理虽然看起来深奥，但在实践中可以简化为一些严格的规则。如果不顾这些规则进行投机经营，几乎总是极度危险的，且常常将试图这样做的银行置于无可挽救的境地。而一般来说股份公司比私人公司更能坚守成规。因此，股份公司似乎很适合从事这一行业。也因此，欧洲主要的银行都是股份公司的性质，其中许多没有专营特权也经营的非常成功。英格兰银行没有专营特权，只不过其他银行被规定了股东不得超过6个人而已。爱丁堡的两家银行也都是股份公司，没有专营特权。

对于火灾、海难和战祸的损失，虽然其价值没法精确地计算出来，但可以进行大致的估计,因而在某种程度上可以简化为严格的规则和方法。所以,股份公司可以成功地经营保险业,无需专营特权。如伦敦保险公司和皇家贸易保险公司,都没有取得这种特权。

通航河道或运河一旦建成,它的管理就变得非常简单和容易,也可以简化为严格的规则和方法。甚至它的修建也是如此,因为可以和承包商订立合同,规定修一英里多少钱,建一个水闸多少钱。修筑运河、沟渠或向城市供水的大水管也可以这样做。所以,这种事业可以由而且常常由股份公司非常成功地经营,无需专营特权。

但是,如果设立一家股份公司,不管什么行业,仅仅是因为它可能经营得成功;如果免除某些对一般人都起效的法律对某些商人的约束力,仅仅是因为他们有这种豁免就能兴旺发达,那肯定都是不合理的。要使建立这样一家无特权的股份公司完全合理,除了其业务可以简化为严格的规则和方法之外,同时还应具备两个其他条件。第一,这种事业的效用应该明显地比其他大部分一般事业的效用更大、更普遍;第二,它需要的资金多于私人合伙公司能够筹措到的资金。凡是以中等资本就能创办的事业,即使其效应很大,也不足以成为设立股份公司的理由,因为,在这种情况下,对它所要生产的东西的需求,很容易由私人冒险者去供给。就上述四种行业来说,它们都同时具备这两个条件。

银行业经营得当时的巨大和普遍的效用,已在本书第二篇作了详细的说明。而如果一家银行打算提供国家信贷,在特别紧急的情况下向政府垫支某项税收的全部税款,数额达数百万镑,一两年之后才能收回,那么,就需要比任何私人合伙公司所能轻易筹集的数额更大的资本。

保险业能够给个人财产提供很大的保障,将可能毁灭一个人的损失分摊在许多人身上,使得这种损失能由社会轻易承担。不过,为了提供这种保障,承保商必须有非常大的资本。伦敦两家保险股份公司成立以前,据说检察长手里拿到一个名单,列有150个私人保险商的名字,他们全都开业不到几年就失败了。

通航水道和运河,以及向城市供水的各种必要工程,均具有巨大的和普遍的效用,同时其所必需的巨额费用也超出了私人财产的承受能力,这也是十分明显的。

除了上述四种行业外,我还没有发现任何其他行业能同时具备设立股份公司所必需具备的三个条件。比如伦敦的英国制铜公司、炼铅公司和玻璃公司，它们追求的目标并不见得有巨大的或独特的效用，所需费用也并不是许多私人财产难以承担。我不知道，这些公司所经营的业务，是否能简化为适合股份公司管理的严格规则和方法，也不知道它们是否真的有它们吹嘘的丰厚利润。矿山开采公司老早以前就破产了。爱丁堡的不列颠麻布公司的股票，近来虽没有前几年跌得那么厉害，但其售价仍大大低于其票面价值。而那些为了促进某种制造业所设立的有公益目的的股份公司，除了对自己的业务经营不善以致大大减少社会的总股本以外，在其他方面也常常是害多利少。这些公司的董事们尽管用意良好，但他们由于承包商的误导和欺骗所不可避免的对某些特定制造业的偏爱，对于其他的制造业必然是一种挫抑，必然会或多或少破坏在其他情况下会存在的适当产业与利润间的自然比例，而这种自然比例本乃对一国的一般产业最大、最有效的鼓励。

第二项　论青少年教育机构的开支

青少年教育机构同样能以自己的收入承担自己的开支。学生付给老师的学费或礼金自然构成这类收入。

教师的报酬即使不是完全来自这项自然收入，那也不需要由社会的一般收入——在许多国家，这是由行政当局来征集和支配的——来开支。在欧洲的大部分地区，学校和学院的捐赠基金并不依赖社会的一般收入，即使有，数目也非常少。在各地，这种基金主要来自一些地方收入，来自某些地产的租金，或者来自君主或私人捐赠者设立的专用款项的利息。

这种公共捐赠基金是否一般有助于促进设置它们的目的？它们是否有助于促进教师的勤勉、提高教师的能力？它们是否改变了教育的自然路线，使之转向对个人和公众两方面都更有用的目标？似乎不难对这些问题作出一个至少是大致的回答。

对于大部分人来说，不论从事何种职业，工作是否努力总是要看是否有必要努力。如果一个人的财富或者说日常收入和生活资料全都来自他的职业工资，那他努力工作就非常有必要。他为了挣得这财富，甚至只是为了糊口，必须在一年当中完成一定数量的明码标价的工作；如果竞争自由而激烈，各人相互排挤，那他还要努力把工作做得完美无缺。当然，某些特定职业的伟大目标有时候也会鼓舞一些有气魄和雄心的人去努力工作。但是，很显然，要激发最大的努力并不需要伟大的目标。即使是在卑微的职业中，竞争的胜利也可以成为野心的目标，并常常激起最大的努力。相反，如果仅有伟大的目标而没有实干的必要性，往往不足以激起很大的努力。在英国，法律职业领域里的成功可以达到许多极大的野心目标，但生长于富贵家庭的人，能在这种职业上称得上杰出的又有几个？

一所学校或学院如果有了一笔捐助基金，教师努力工作的必要性就必然要减少一些。教师的生活要是每月由这种基金提供的一定薪水来维持，那显然就与他在自己职业上的成绩和名声无关。

在某些大学，教师的薪水常常只占他的酬劳的一小部分，其余大部分的酬劳来自学生的礼金或学费。在这种情况下，教师努力工作的必要性虽然总是或多或少有所减少，但不会完全消失[①]。职业上的名声对他仍然是重要的，他仍然对学生们对他的爱戴、感谢和好评有所依赖。他要得到这些，只有让自己能配得上这些，也就是说，他必须以自己的能力和勤勉努力地履行各项职责。

在其他一些大学，教师被禁止接受学生的礼金或学费，他的薪水就是他从他的工作中得到的全部收入。在这种情况下，教师的追求和职责完全处于对立的状态。每个人都喜欢过尽可能安逸的生活；如果不论他是否履行某项辛苦的职责，他的报酬都完全一样，那他肯定会完全忽视这项职责，即使有某种权力不容许他这样做，他也会在这种权力的容忍限度内尽量敷衍了事。如果他生性积极、热爱劳动，那他与其从事这种没有奔头的职务，还不如去找点有好处的事情去做。

如果教师所服从的权力属于一个学院或大学共同体（他自己是这共同体中的一员），其他成员大部分也和他一样是教师，那他们可能会达成默契，彼此纵容，只要自己的不称职可以被容许，那其他同事的不称职也可以接受。在牛津大学，大部分公共教授这些年来甚至连表面上装作教师也不屑了。

如果教师所服从的权力不属于他自己所属的共同体，而掌握在某些外部人物例如主教、省长或某个内阁大臣手上，那么，在这种情况下，他想完全不履行职责是做不到的。不过，这种上级所能做的，只不过是迫使他花一定的时间在学生身上，即每星期或每年做一定次数的授课或演讲。至于讲课的具体内容如何，那依然要看教师的勤勉程度，而他的勤勉程度又可能取决于他要付出这种努力的动机。此外，这类来自外部的监督往往可能是无知和反复无常的。这种权力难免不具备任意性和专断性，行使这监督权力的人，既没有亲自听过教师本人的讲课，可能也不懂他们讲授的那门学科，因此很难

[①] 约翰·雷在《亚当·斯密传》中，斯密在格拉斯哥的薪水可能是 70 镑左右，外加一所住宅，而他收的学费接近 100 镑。

有鉴别和判断能力。而且，这种职位所产生的傲慢，也往往使这些人不关心他们自己做得怎样，倒是使他们喜欢胡乱任意地谴责或开除教师。教师处于这样的淫威之下，其身份必然降低，他们原本是社会上最受尊敬的人，现在却成为最卑贱、最受轻视的人了。为了在这种坏处境中有效地保护自己，他只有寻找强有力的保护，然而最可能获得这种保护的途径，并不是凭他在职务上的能力和勤勉，而是曲承他的上级的意志，并随时准备为这种意志牺牲他所在的共同体的权利、追求和荣誉。只要在一段时间内对一所法国大学多多留意，就一定能看到这种外部的、专断的监督权所自然产生的影响。

不管是什么迫使一些学生不问教师的学问和名望去上某所学院或大学，都或多或少会减少教师们具备这种优点和名望的必要性。

当只有在某一大学里呆满一定年数才能获得艺术、法律、医学、神学各科的毕业生特权时，这必然迫使一些学生进入这些大学，而不问教师的学问和名望如何。毕业生特权也算是一种学徒制度。但正如其他学徒制度曾有助于技术上和制造业上的改进，毕业生特权这种学徒制度也曾有助于教育上的改进。

奖学金、研究费和助学津贴这类慈善基金，必然会吸引一些学生进入某个大学而完全不问这个学校的优点如何。如果受这笔慈善基金资助的学生可以自由地选择他们自己最喜欢的学校，那这种自由倒是可能有助于激起各学校之间的竞争。但是相反，如果规定各学校的学生，甚至是自费生，不经本校许可不得转入其他学校，那各个学校很可能就不会搞竞争了。

如果，各个学院给学生传授科学和艺术的老师不是由学生自由选择，而是由校长指派；如果，在这位老师怠慢、无能、坏脾气的情况下，学生未经申请和许可不得更换其他人，那么，这种制度不但会大大减少同一学校内各教师之间的竞争，而且也会大大减少他们勤勉任教以及把时间花在各自的学生身上的必要性。像这类教师，即使领受了学生优厚的报酬，也可能会像那些完全没有接受学生报酬或除了薪水没有其他收入的教师那样，对学生不管不顾。

如果老师刚好是一个敏感的人，那当他意识到他在给学生授课时说的都是一些废话或比废话好不了多少的东西时，他一定会感到非常不安。如果他看到大部分学生不来听他的课，或者在课堂上表现出明显的漠视、轻蔑和嘲笑，那他也一定会非常不快。因此，如果他必须开一些次数的课，单是这种动机，没有其他利益，也会促使他去用心备课，讲出比较好的水平。不过，他也可能采取几种取巧的办法，这些办法都能使一个人放松对勤勉的要求。他有时可对所教的学科，不自加解释，而把关于那种学科的书籍拿来念一念；如果这本书是用外语或枯涩的语言写的，他就把他翻成本国语或口语向学生讲述；或者，更不费力的方法，是叫学生来解释，自己听着，偶尔加以点评，这样，他便可以骗自己他是在授课了。这种轻而易举的事，只需很少的知识和努力就足够了，这既使他不致当面遭到学生的轻蔑或嘲弄，也可让他避免讲出真正愚蠢、无意义和可笑的话。同时，学校的纪律也可以让他迫使所有的学生规规矩矩地来听他的授课把戏，并在整个表演时间内保持对他最礼貌、最尊敬的举止。

学院或大学的纪律，一般不是为了学生的利益、而是为了教师的利益制定的，更准确地说，是为了让教师更轻松自在而制定的。在所有场合，它的目的都是为了维护教师的权威，不管教师称职不称职，它都要迫使学生在教师面前保持虔敬，好像他是一个尽了最大努力的教师那样。这种纪律似乎假定了教师都是有智慧和德行的，而学生则是没头没脑、愚不可及。然而，我相信，只要教师真正履行了他的职责，大部分的学生也决不会忽略他们的义务。如果讲课真值得学生到堂聆听，就从不需要什么纪律强迫他们去听，这，在一切有这种课的地方都是众所周知的。强迫和限制，对于迫使儿童或小孩接受他们在生命初期被认为必须接受的那部分教育来说，某种程度上无疑是必要的；但在十二三岁以后，只要教师履行他的职责，强迫或限制对于进行任何教育都是不必要的。大部分青年人都是十分宽容的。只要老师对待对他们有用的东西的态度是严肃的，那就别说是忽视或鄙视老师的讲授，就连老师在讲课时的许多错误，他们通常也会原谅的。有时候，他们甚至会在公众面前掩盖他的许多重大疏漏。

应当指出，非公立机构实施的那部分教育，通常教得最好。当一个青年进入一所击剑学校或舞蹈学校时，他虽然并不是总能把击剑或跳舞学得非常好，但他绝不可能学不会击剑或跳舞。马术学校的学习效果通常就不是这么显著。马术学校的开支十分巨大，在大多数地方都是属于公立机构。文科教育三个最主要的部分，即诵读、书写和算术，迄今学习这三者的人，进私立学校的仍然比进公立学校的普遍；但学习者都能学到所必要学到的程度，学习失败了的，几乎没有一个。

在英国，公共学校（public schools，又译公学——译者）远不如大学那样腐败。在公共学校，青年人能学到或至少可能学到希腊语和拉丁语，也就是说，老师们声称要教的、或者他们应该教的所有功课，实际上都会教给青年。但在大学，青年人既没有学到这些教师共同体所应该教给他们的科学，也找不到学习这些科学的适当手段。公共学校教师的报酬，在许多情况下主要是来自学生的礼金或学费，在某些情况下则全部来自于此。公共学校对私人学校并没有特权。一个人要取得公共学校的毕业学位，他并不需要证明他在公共学校学过多少多少年。如果在考试的时候他显示出已经了解了公共学校所教的东西，那就不问他在什么学校学的这些东西。

通常由大学教授的那部分知识，或许可以说不是教得很好。但是如果没有这些大学，这部分知识或许就完全不会有人去教，而无论个人还是社会都会因为缺乏这些知识而遭受重大损失。

现在欧洲的大学，最初大部分都是宗教机构，是为了教育神职人员而创办的。它们的设立仰赖教皇的权威，完全处于他的直接保护之下，学校中的教师和学生都拥有当时所谓的僧侣特权，不受他们的大学所在国的普通民事法庭管辖，只服从宗教法庭。在大部分的这些大学里所教的，都是适合于其创立目的的东西，不是神学，就是神学的预备课程。当初基督教的地位被法律确认时，一种变异的拉丁语已经成了西欧所有国家的通用语言。因此，那时教堂的礼拜，以及教堂诵读的圣经的译文，使用的都是这种变异的拉丁语，即该国的通用语言。在外族入侵、罗马帝国被颠覆以后，拉丁语渐渐在欧洲各地不大通行了。但是，虽然最初引入宗教形式和仪式并使其合理化的环境早已改变，人民的虔诚却自然地把这些已经建立的形式和仪式保存了下来。因此，虽然各地的老百姓都不再懂拉丁语，教会的礼拜却依然使用这种语言。于是，在欧洲也像在古代埃及那样，通行着两种语言：一种是僧侣的语言，一种是人民的语言；一种是神圣的语言，一种是凡俗的语言；一种是有学问的语言，一种是没学问的语言。僧侣们必须懂得一些他们在执行职务的时候所使用的神圣的和有学问的语言，因此学习拉丁语从一开始就是大学教育的一个必不可少的部分。

而希腊语和希伯来语的情况却不是这样。号称绝对正确的教会训谕宣布，《圣经》的拉丁语译本（即通常所说的"拉丁版圣经"）同样是神的灵感所口授，因此与希腊语和希伯来语的原本圣经具有同等权威。所以，关于这两种语言的知识对于神职人员来说就不是必不可少的，对它们的学习在很长一段时间内也未成为大学普通课程的必要部分。我确信，有些西班牙大学甚至从未把学习希腊语列入普通课程之中。后来，最早的宗教改革家们发现，希腊语的《新约全书》，甚至希伯来语的《旧约全书》，比逐渐适合于支持天主教教义的拉丁版圣经对他们自己的主张更有利。于是他们以前两者为依据来寻找和揭露拉丁文译本的谬误，而罗马天主教的教士们则不得不做出辩护或澄清。但是，如果没有希腊语和希伯来语的一些知识，辩护和澄清也一定行不通，因而对这两种语言的学习逐渐进入了大部分的大学课程，不论是拥护改革派教义的大学还是反对改革派教义的大学都是如此。希腊语与古典哲学研究的每一方面都是有关联的，而古典哲学研究虽然最初只是天主教徒和意大利人的学问，但在改革派教义开始盛行的时候也变得流行起来。因此，在大部分大学，学生在对拉丁语有所掌握之后就要学习希腊语，作为修习哲学的准备。至于希伯来语，则和古典哲学研究没什么关系，除了圣经之外，并没有一本值得重视的书是用这种语言写成的，所以对希伯来语的学习一般是在学了哲学之后、进入神学学习时才开始。

最初，各个大学都开设希腊语和希伯来语的入门课程，现在有一些大学仍是如此。但另外一些大学现在则希望学生在进入大学之前已经有了这两门语言或者是其中某一门语言的入门知识，以方便对它们的进一步研究，现在这种研究已成为各地大学教育中极重要的一个部分。

古代希腊哲学分为三个科目：物理学，或自然哲学；伦理学，或道德哲学；逻辑学。这种大体上的划分看起来非常符合事物的性质。

伟大的自然现象——天体的运行，日食月食，彗星；雷、电和其他异常的大气现象；植物和动物的发生，生命，生长和死亡，等等——必然会引起人类的惊奇，所以自然会唤起人类的好奇心，促使他们去探究其原因。最初，迷信企图把这一切令人惊异的现象归因于神的直接作用。后来，哲学力图用比"神的作用"更切合实际、更容易为人所理解的理由去说明它们。由于这些伟大现象是人类好奇心的最初目标，所以用来解释它们的科学自然成为哲学的第一个部门。因此，历史上有所记载的最早的哲学家，似乎都是自然哲学家。

在世界上的每一个时代每一个国家，人们必然会彼此留心人的性格、意图和行为，总会共同规定并确认关于人类生活中的行为的许多高尚的规矩或准则。当书写开始普及，聪明的人或自认为聪明的人自然会试图给这种既定的和受推崇的准则添砖加瓦，表达他们自己对正当行为和不正当行为的意见。他们有时用比较绕弯子的寓言形式，如《伊索寓言》；有时又采用比较单纯的箴言或格言形式，如《所罗门箴言》、提西奥尼斯和弗西里迪斯的诗，以及赫西俄德的一部分作品。他们在一个很长的时期内，总是这样增加智慧和道德准则的数量，而从来没想要按一种清晰的和有系统的顺序将它们排列出来，更不用说找出一个或几个总体的原则将所有这些准则贯穿起来，使得它们具有可推论性。在不同的观察结果中找出一些共同的原理，并使之有组织有系统的排列，这种秩序美首见于古代走向自然哲学体系时的粗浅论文之中。随后，类似的文字也渐渐在道德领域出现。日常生活中的准则，像自然现象的研究那样，也按某种有组织的次序排列出来了，并且也用少数共同原理综合贯穿起来了。研究和说明这种综合贯穿之原理的科学，被称为道德哲学。

  对自然哲学和道德哲学，不同的作者提出了不同的体系。但他们用以支持这些体系的根据，往往不是论证，在最好的情况下只是一些十分勉强的巧合，有时则仅仅是用模棱两可和强词夺理的日常语言所作的毫无根据的诡辩。思辨哲学体系的那些东西，对于一个将要和孔方兄打交道的人来说，都是虚妄的和无谓的。纯粹的诡辩对于人类的思想几乎没有什么影响。但在哲学和思辨领域，诡辩却有最大的影响。各个自然哲学体系或道德哲学体系的维护者，自然都会要努力揭露用来支持与自己的体系相对立的体系的那些论据的谬误。在考察这些论据时，他们必然要考虑概然性论据和实证性论据的区别，似是而非的论据与决定性论据的区别；由这详细审查所引起的种种观察结果，必然会产生一种科学，讨论正确的和错误的推论的一般原理，这种科学就是逻辑学。虽然逻辑学在起源上晚于物理学和伦理学，但在古代大部分（不是全部）的哲学学校中，逻辑学通常总是早于其他两者进行讲授的。那时似乎认为，要使学生就物理学和伦理学这种重要的主题进行推论，首先应该使他们十分清楚正确推论和错误推论的区别。

  将哲学分为三个部分这种古老的划分在欧洲大部分大学中有所改变，变成划分为五个部分。

  在古代哲学中，关于人类精神的性质或神的性质的研究，都算作物理学体系的一部分。这些东西，不管假定构成它们的本质是什么，好歹是宇宙大体系的一部分，而且是宇宙中最重要的生产性事物的一部分。无论人类理智对这两种事物作出什么推断，都会被当做——如其所是——试图解释宇宙大体系的起源和运转的科学中的两个关节（chapter），虽然无疑也是十分重要的两个关节。但在欧洲的大学中，哲学既然是作为神学的附属学科来讲授，那在这两个关节上比在哲学的其他内容上停留得更久是很自然的事情。这两个关节逐渐深化和扩大，并又形成了许多次一级的关节，直至最后，关于灵魂

（spirit）——对此我们知道得如此之少——的学说，在哲学体系中拥有了与关于肉体——对此我们可以知道得那么多——的学说相同的内容量。这两种学说自此被视为截然不同的两个学科。所谓的形而上学或圣灵学被设置为与物理学相对立的学科，不仅是作为更为崇高的学问来研究，而且就某一特定职业而言，被当做更有用的学问来研究。需要实验和观察的正当学科，即只要用心就能做出许多有用的发现的学科，几乎被完全忽视了。而前一学科，即使再怎么用心，除了从中发现一些极其简单明显的道理之外，就只能发现暧昧和含混，因而只能产生狡智和诡辩，但这种学科却被人大加研究。

当形而上学和物理学这样被放在相对立的地位时，对它们的比较自然会产生第三种学科——本体论，即研究其他两种学科的研究对象的共同特质及属性的学科。但是，如果说各学派的形而上学或精神学有大部分是狡智和诡辩，那本体论这种捣浆糊的学科——有时候也被称为形而上学——就全部是狡智和诡辩。

一个人在作为个体时，以及他在作为家庭的一员、国家的一员和人类社会的一员时，他的幸福与完善各各何在，乃是古代道德哲学要研究的主题。在这一哲学中，人生的各种义务，都被视为是为了人生的幸福与完善。但是，当道德哲学也像自然哲学一样被当做神学的附属学科时，人生的义务却被视为主要是为了来生的幸福。在古代哲学中，德行的尽善尽美，被认为必然使有这德行的人在今生享有最完全的幸福。而近代哲学的观点却认为，尽善尽美的德行通常是或者几乎永远是与今生的任何幸福相矛盾的；要想进入天国，只能靠忏悔和禁欲，靠僧侣的苦行和贬低自己，却不能靠自由、慷慨和英勇的行为。诡辩（casuistry）的决疑论和禁欲道德观在大多数情况下成了各学派的道德哲学的大部分内容。哲学中最重要的部分也就这样成了最腐朽的部分。

因此，欧洲大部分大学的哲学教育一般就是按照这个路线。首先教逻辑学；其次是本体论；然后是圣灵学，包括关于人类灵魂和神的性质的学说；接着教一种变质的道德哲学，这一学科被认为与圣灵学、与人类灵魂的不朽、与神对来生可能的赏罚直接相关；最后，通常以简单粗浅的物理学作为结束课程。

欧洲大学对古代哲学课程内容所作的修改，都是为了僧侣的教育，是为了使哲学成为神学研究比较合适的台阶。而这种修改所引入哲学的狡智和诡辩、决疑论和禁欲道德观等附加内容，无疑并未使哲学更适宜于绅士或一般世人的教育，或更有可能增进他们的悟性，改善他们的心灵。

这种哲学课程现在仍然是大部分欧洲大学的教学内容，而授课老师的勤勉，则受制于各大学的制度为这种勤勉提供的必要性。在那些最富裕、有最多捐赠基金的大学，老师们往往只讲一些这种变质的课程的零碎片断就好了，而且，即使是零碎片断，也都讲得非常马虎和肤浅。

现代对哲学的各个科目所做的改进，大部分不是在大学里做出的，虽然无疑也有一些是在大学里做出的。即使做出了改进，大部分的大学在采用它们时也不是很积极；有一些这样的学术团体还仍然愿意长期充当那种已被外面的世界所拒绝的破产体系和陈腐偏见的庇护所。一般来说，最富裕、捐赠基金最多的大学在采用这些改进方面是最慢的，也最不愿意对行之已久的教育计划做出任何重大的改变。而在较穷的大学，教师的衣食主要仰赖于他们的名声，他们不得不对时代思潮予以更多的关注，因此在这些大学就比较容易引入这些改进。

虽然欧洲的公共学校和大学最初的目的只是为了实施对僧侣这一特定职业的教育，虽然他们即使是在对学生讲授这一职业所必要的知识上时也并不总是很勤勉的，但它们仍然逐渐开展了对几乎所有其他人，特别是对绅士和有钱人家子女的教育。从人的幼年时期到他开始认真地从事某项事业——某项他要毕生从事的事业——之前，还有很长一段时间。要度过这段时间，似乎没有比进学校和大学更好的有益处的办法了。然而，学校和大学里所教的大部分课程，似乎并不是对他要从事的事业最好的准备。

在英国，青年人刚从学校毕业，不把他送入大学，却把他送往外国游学，这已经日渐成为习俗。据说，青年人游学归来，一般都有了很大的长进。但一个青年在十七八岁的时候出国，21岁回来，回国时比出国时大三四岁，在这个年龄，在三四年之中要是没有很大的长进倒是怪事。在他游学的过程中，他一般会学到一两门外语知识，但是这些知识，常常不足以使他说得流利，写得通顺。另一方面，他回国之后，一般会变得更自以为是、更不约束自己、更放荡，更加不能认真地学习或做事。如果他不到外国，留在家中，在这短期之内，决不会变得如此。年纪轻轻就这样去漫游，远离双亲和亲戚的监督和控制，把一生中最宝贵的年华消磨在无谓的浪荡上，这使得他在早年的教育中有可能形成的一切好习惯不是得到巩固和加强，而是被削弱，直至丧失殆尽。只是因为大学落到了不受信任的地步，这种在生命早期出国游学的毫无意义的做法才得以流行。把自己的儿子送出国，做父亲的至少可以在一段时间里摆脱这样一件事，即眼睁睁看着自己的儿子无所事事、漫不经心地堕落下去。

而这就是某些现代教育机构的成果。

在其他的年代、其他的国家，似乎有着不同的教育计划和教育机构。

在古希腊的各个共和国，自由公民在国家官员的主持下，受到体育训练和音乐教育。体育训练的目的，在于强健身体，增加勇气，为经受战争的疲劳和危险作准备；根据希腊民兵在所有记录中都是世界上最好的民兵之一这一点来看，这一部分的公共教育一定是完全达到了它的目的。而另一部分公共教育，即音乐教育，根据那些为我们留有关于这些制度的记录的哲学家和历史学家的意见，其目的在于使人通达人情、性情温和，能履行公共生活和私人生活中的一切社会义务和道德义务。

在古罗马，竞技场上的锻炼目的和希腊运动场上的锻炼目的相同，并且也似乎同样好的达到了目的。但在罗马人中间没有和希腊人的音乐教育相当的东西。可是，罗马人的道德，不论是在个人生活中还是在公共生活中，不仅不比希腊人差，而且总的来说还比希腊人更好。罗马人在个人生活上好于希腊人，曾由通晓两国国情的学者波利比奥斯和哈利卡尔那索斯的狄奥尼修斯两人予以证明；至于罗马人在公共道德方面的优越，希腊和罗马的整个历史进程可以证明。各党派间争执的成员，不发脾气，不走极端，这似乎是自由民族在公共道德方面最主要的要求。希腊的党派争执几乎总是暴力的和残酷的，但罗马人直到格拉古兄弟时代之前，从未因为党争而引发流血事件，而从格拉古兄弟时代起，罗马共和国实际上可以说是解体了。所以，尽管是柏拉图、亚里士多德和波利比奥斯这样值得尊敬的权威的倡导，尽管孟德斯鸠对于支持这些权威有十分有见地的理由，但希腊人的音乐教育似乎对改善道德并未有明显的效果，因为，罗马人没有音乐教育，其道德总的来说却比希腊人更好。上述这些古代哲人由于对祖先的制度的尊敬，可能使他们乐于从一些仅仅是古老习俗的事物中去寻找政治智慧，这种习俗从远古一直传到了具备相当文明程度的社会时期。音乐和舞蹈几乎是所有原始民族的重要娱乐方式，也被认为是适合每一个人取悦他人的技艺。在今天的非洲海岸的黑人中间是如此，在古代凯尔特人和古代斯堪的纳维亚人中间是如此，而我们在荷马史诗中看到，在特洛伊战争之前的古代希腊人中间也是如此。当希腊各部落自己组成小共和国的时候，学习这种技艺在很长一段时间内成为人民的公共教育和普通教育的一部分，这是很自然的。

教授青年人音乐或军事训练的老师，在罗马，甚至在法律和习俗最为我们所熟知的希腊共和国的雅典，似乎都不是由国家支付报酬的，甚至也不是由国家任命。国家要求，每一个自由公民应当使自己适于在战时捍卫国家，因此必须接受军事训练。但进行军训的教师，则由公民自己去寻找，国家所提供的，除了一个公共场地或训练地点供他操练和演习之外，别无其他。

在希腊和罗马各共和国初期，除上述内容外，教育上的其他内容就是学习阅读、书写以及根据当时的算术进行计算。这些技能，富人往往是在家中请家庭教师教授，教师既可以是奴隶，也可以是自由人，而穷人则到这样的教师开设的学校缴费学习。但是，不论是在家中学习，还是在学校学习，这一部分教育完全听任各个学生的父母或监护人的安排，国家似乎不负检查或督导的责任。而根据梭伦制定的法律，如果做父母的人忽视了对子女进行某种有用的教育，子女也可以免除在其父母年老时对他们的赡养义务。

随着文化程度的提高，当哲学和修辞学开始风行，上层社会的人有时候会把子女送往哲学家和修辞学家的学校，让他们学习这两门时髦的学问。但是，对于这种学校，国家没有给予任何支持，在很长一段时间内，国家只是予以默认而已。对哲学和修辞学的需求曾在长时期内都很小，以致最初一批以此为职业的老师不能在任何一个城市找到永久性的工作，而不得不在各地之间流动。埃利亚的芝诺、戈吉阿斯、希皮阿斯以及其他许多学者，都过着这种生活。当需求增长时，哲学和修辞学学校就变成了固定的，先是在雅典出现，接着在其他城市也有同类学校的设立。可是，国家对于这种学校，除了有的拨给一个特定场所作为校址——有时候也由私人捐赠——之外，从未有进一步的鼓励。国家指定给柏拉图的学校称为 Academy，指定给亚里士多德的学校称为 Lyceum，指定给西塔的芝诺（斯多葛学派的创始人）的学校叫做 Portico。而伊壁鸠鲁则把他自己的花园留给了他的学校。但是，直到大约马库斯·安托尼奥的时代为止，教师似乎都没有从国家得到任何薪俸，除了学生的谢礼或学费之外，他们也没有任何其他的报酬。我们从鲁西安的书中读到过，那位爱好哲学的皇帝发给一位哲学教师的奖金，在这位皇帝死后也就停发了。这些学校的学生并没有什么毕业生特权，上这类学校也不是从事某种特定行业或职业的必要条件。如果对这种学校的教学效用的舆论不能吸引学生前来，那法律是不会强制任何人进这类学校的，也不会给进这类学校的人什么奖励。这些学校的教师也没有对学生的管辖权，他们除了以自己的德行和才能博得在学生面前的自然权威之外，没有其他的权威可言。

在罗马，对民法的学习被当做教育的一部分，但不是大众教育的一部分，而只是某些家庭教育中的一部分。想获得法律知识的青年,并没有一个公共学校可进,他们除了和被认为懂得法律的亲戚朋友时常来往之外,没有其他的学习途径。而值得注意的是,虽然十二铜表的法律有许多是抄自某些古希腊共和国的法律,但法律却并不曾在希腊任何一个共和国发展成一门学科。在罗马,法律很早就成为了一门学科,那些有名的精通法律的人,都会博得很显著的荣誉。在古希腊各共和国,特别是在雅典,普通的法院都是由乌合之众所组成,他们在做判决时几乎总是喧闹、随意的,常常是由一时的宗派意见和党派精神来决定的。当审判不公正的坏名声是由500人、1000人甚至1500人(希腊有些法院就是有这么多人数)来分担时,落到每一个人头上的黑锅就不会很大。与之相反,在罗马,主要的法庭都是由一个或几个法官组成,判决要是草率或不公正,特别是当他们进行公审时,他们的品格就要大受贬低。遇到疑难案件时,这些法庭由于希望避免世人的责难,自然常常会力图用本法庭或其他法庭的前任法官所留的范例或先例作为护身符。正是这种对惯例和先例的关注,使罗马法形成了流传至今的有规则、有秩序的体系;其他产生这种关注的国家,其法律也会有同样的结果。波利比奥斯和哈利卡尔那索斯的狄奥尼修斯多次提起的罗马人的性格比希腊人优越,或许更多的是由于罗马人的法院制度比希腊人的更好,而不是由于这两位学者所提出的其他原因。罗马人据说以重承诺、重宣誓而著称。但是习惯于在办事勤勉、消息灵通的法庭面前宣誓的人,比起那些习惯于在无纪律和无秩序的人头大会面前宣誓的人来说,自然会更尊重自己的誓言。

　　希腊人和罗马人的行政能力和军事能力,至少不会比现代任何一个国家的国民差,这是大家都会承认的(我们的偏见或许不如说是对他们的能力估计过高。)。但是除了军事方面的训练,国家似乎没有对这种能力的形成做出其他什么贡献,因为我无法相信希腊人的音乐教育对此产生了什么重大的影响。不过,在这些国家中,上层社会的人如果要学习当时社会环境视为必要或有益的任何技术或学问,似乎都可以找到教师。有开花就会有结果,有对于这种教育的需要,就产生了进行这种教育的才能,而自由的竞争更使这种才能达到了极高的水平。古代哲学家能抓住听讲者的心,统领他们的意见和原则,赋予他们的行动和言论以某种气质和风格,在这些方面他们似乎远远强于现代的教师。在现代,公共教师所处的环境使他们多少有点不必关心自己在业务上是否有名望,是否成功,他们勤勉的程度便不免因此而有所降低。而由于他们的薪俸,私人教师要想与他们竞争,也就像一个未得到任何奖金的商人想与一个得到了很多奖金的商人竞争一样。如果没有奖金的人以和有奖金的人差不多同样的价格出售货物，他绝不可能得到相同的利润，这样做即使不破产，也难逃穷困潦倒的命运。如果他以更高的价格出售货物，顾客就非常有限，他的处境也不会更好。此外，毕业生的特权对于大多数从事有学问的职业的人来说，在许多国家都是必不可少的，至少是非常便利的。但是，要想获得这种特权，只能去听公共教师的课。私人教师教得再好，在他的课上学得再认真，也不能获得要求这种特权的资格。由于这种种原因，大学里通常会教的那些学科上的私人教师，在现代一般被看做属于最低层次的学者。对于一个有真本事的人来说，这要算最耻辱、最无益处的职业了。就这样，学校和大学的捐赠基金不但腐蚀了公共教师的勤勉，而且也使社会上几乎不可能有优秀的私人教师。

如果没有公立教育机构，那么，不是有某种需求的体系或学科，或者说，不是在当时的环境里特别必要、特别有用或特别时髦的学科，根本不会有人教授。一种曾被认为有用但已被推翻或流为陈腐的学科体系，或一种大家都信其无用、只不过是一堆书生气的无意义的诡辩的学科，私人教师一定不会去教授。这种学科，这种体系，只能继续存在于繁荣和收入不依赖于其名声和勤勉的教育团体里。而假如没有这样的公立教育机构，一个勤奋和有能力的绅士，在受过时代所能提供的最完全的教育以后，在进入世界时也决不会对绅士和普通人通常谈论的主题一无所知。

在女子教育方面没有公立机构，因而在女子教育的普通课程中从来没有无用的、荒谬的或不合理的东西。女子所学的，都是她的双亲或监护人认为她必须学习或学了对她有用的课程，别无其他。她所学的每一样东西显然都有某种用处：或是增进她体态上的自然风姿，或是形成她谨慎、谦逊、贞洁和节俭的性情，或是使她日后成为一个合格的家庭主妇等等。一个女子在她生命的每一步中，都能感到她从她所受的每一种教育中都获得了方便或益处。而一个男人在他生命的任何时刻都极少能从他所受的教育中获得方便或好处，哪怕是最艰苦、最费力的教育。

所以，我们不禁要问：国家对于人民的教育，不应该加以介入吗？或者说，如果应该介入，那针对不同层次的人民应施行何种不同的教育呢？应该用何种方式施行呢？

在某些情况下，社会条件自然会使大多数个人形成国家所要求的或认可的几乎一切能力和品质，而不用政府操心。在另一些情况下，社会条件不能把个人培养到这一步,政府必须登场,以防止百姓退化或不争气。

随着劳动分工的发展,大部分以劳动为生的人,也就是说大部分老百姓,他们的工作变得仅限于进行少数十分简单的操作,往往简单到只有一两种操作。而大多数人的理解力必然是在他们的日常工作中形成的。一个人如果把他的一生都消耗在几种简单的操作上,而这些操作所产生的影响,又是相同的或差不多的,那么他就没有机会发挥他的领悟力,或运用他的创造力来寻找克服困难的方法,因为他永远不会碰到困难。这样一来,他自然会丢失动脑筋的习惯,而变成愚钝无知之人。他精神上这种麻木的状态,不但会使他不能领会或参加任何理性的谈话,而且会使他不能怀有任何宽宏、高尚或温柔的情感。其结果,对于许多个人日常生活中的平常事务,他也没有能力做出恰当的判断。至于重大和深远的国家利益,他更是完全没有主意,而且,除非给以特训,他同样也没能力在战争中保卫国家。他毫无变化的单调生活自然会消磨他精神上的勇气,使他厌恶无常和冒险的士兵生活。这种单调甚至会侵蚀他身体的活力,使他除了捧着自己的饭碗以外在任何其他职业上都不能饱满地、坚定地施展自己的力量。这样一来,他在自己的特定行业中的所掌握的本领,似乎是以牺牲他智力上的、交际上的和武力上的才能为代价的。但是在所有进步、文明的社会,劳动贫民,即大多数人民,必然会陷入这种状态,除非政府想办法、花力气加以防止。

在所谓的野蛮社会,即猎人和牧人的社会,甚至在制造业进步和对外贸易扩张之前的初级农业状态下的农夫社会,情形就不是这样。在这些社会中,每一个人都要从事各种各样的工作,这就迫使每一个人都要发挥他的才能,想办法解决不断遇到的困难。创造力很活跃,精神就不会落入那种呆滞的迟钝状态(这种迟钝使文明社会几乎所有的下层人民的理解力变得低下)。前面曾提到,在所谓的野蛮社会,每一个人都是战士。在某种程度上,他们每个人也都是政治家,关于社会的利益,关于统治者的行为,他们都能形成有见地的判断。他们中间的几乎每个人,对于自己的酋长在平时执法的水平,在战争中指挥时的表现,都看得一清二楚。当然,在这样的社会中,没有人能够具有更文明的社会中少数人有时候能够具有的那种更进步、更精微的理解力。在初级社会中虽然每个人的工作都多种多样,但整个社会中工作的种类却并不多。每个人都在做或都能做其他人在做或能做的工作。每个人都有一定的知识、技巧和创造力,但没有人能达到很高的水平。不过,要处理他们社会中所有简单的事务,他们通常所具备的水平一般也就足够了。与之相反,在文明社会，虽然大部分个人职业比较单一，但是整个社会中的职业种类却数不胜数。这各种各样的职业，对于那些自己没有特定的职业，有闲暇有兴趣去研究他人的工作的人，可以说提供了无限多的研究对象。要对这些如此众多的对象加以考察，他们必然要运用心思进行无穷尽的比较和综合，从而他们的理解力也会变得异常敏锐和广博。不过，他们这少数人如果不是碰巧占据非常特殊的地位的话，他们这么大的能力，纵然对自身来说是一种光荣，但对社会的良好治理或幸福，却可能没有多少贡献。尽管少数人有这样的巨大能力，但人类一切高贵的品性仍然可能在很大程度上淹没和消失于芸芸众生之中。

　　在文明的商业社会，对普通人民的教育，恐怕比对有身份有财产者的教育更需要国家的关注。有身份有财产的人，他们一般都是在十八九岁之后，才进入借以立身于世的特定职业或事业。在此之前，他们有充分的时间来获取——至少是使自己有能力在以后获取——那能使他们博得世人尊重或值得世人尊重的一切才能。他们的父母或监护人一般都望子成龙，在大多数情况下都不会吝啬为此付出必要的开支。如果他们不能总是受到适当的教育，那不是由于教育费用的不足，而是由于这一费用使用不当；不是由于缺少老师，而是由于现有的老师的懈怠与无能，或者说由于在当时的状况下很难找到或不可能找到更好的老师。在职业上，有身份有财产的人在一生中所从事的工作也多半不像普通人的工作那样简单和单调。他们的工作几乎全都是极其复杂的，都是用脑多于用手的。从事这些工作的人的理解力，是不大会因为缺少运用而变得迟钝的。此外，有身份有财产之人的工作，很少需要他们起早贪黑。他们一般有大量闲暇时间，对于他们早年已经打有基础的各种有用的技能，或早年曾受到熏陶的兴趣爱好，他们可以在此期间进一步钻研，从而完善自己。

　　普通人则与此完全不同，他们几乎没有时间去受教育。即使在幼年期间，他们的父母也几乎无力供养他们。他们一到能工作的年纪，就必须立即干活谋生。而他们所干的活通常也是十分简单和单调，无需运用多少智力；同时，他们的劳动如此持久和繁重，使他们很少有闲暇和兴趣去做——甚至去想——其他的事情。

　　不过，无论在哪种文明社会，普通人民虽不能受到有身份有财产之人那样好的教育，但教育中最重要的几部分如阅读、书写和算术，他们却是能够在早年获得的，也就是说，大部分预备从事最低贱职业的人也有时间在开始

第四篇 论君主或国家的收入

他的职业以前学习这几门功课。只需很少的开支，国家就能推动、鼓励甚至强制全体人民接受这些最基本的教育。

国家可在每一个教区或地区设立教育儿童的小学校来推动这种教育，收费低廉一些，使一个普通劳动者也能负担得起；老师的报酬只应部分地由国家承担，而不是全部由国家承担，因为如果他的报酬全部地（或者甚至只是主要的）由国家承担，他很快就将学会怠惰。在苏格兰，设立这种教区学校已教会几乎全体普通人民怎样阅读，教会大部分普通人民怎样写和算。在英格兰，建立慈善学校也收到了相同的成果，虽然由于学校设立得不是那么普遍，所以成果也不是那么普遍。如果这些小学校里教儿童进行阅读的书比通常所用的书更有教育意义一些，如果将普通人的孩子有时要在学校里学习的、对他们全无用处的一点拉丁文的皮毛知识取消不教，代之以几何学和机械学的基础知识，那么，这一阶层的人的文化教育，也许就会达到可能达到的最完善程度。很少会有一种普通行业不为应用几何学和机械学的原理提供机会，因而，很少会有一种普通行业不能使普通人因为实践这些原理而得到锻炼和提高，这些原理可以说是最高尚、也最有用的科学的敲门砖。

国家可以通过给成绩出众的普通人民的孩子发些小奖金或小荣誉奖章，来鼓励大家取得那些最基本部分的教育。

国家可以要求每一个人在获得任何同业公会的会员权利以前，或被允许在乡村或自治市从事任何行业以前，必须先通过考试或检验，以此迫使大多数人民取得那些最基本部分的教育。

希腊和罗马共和国就是以这种方式，便利、鼓励甚至强制人民接受军事和体育训练，以维持全体人民的尚武精神。通过指定一定的学习和操练的场所，并赋予教师在这些场所教习的权利，它们为人民获得这些训练提供方便。这些教师似乎没有薪水，也没有任何排他性的特权。他们的报酬完全出自学生，而在公共体操场学习的学生或市民，与和他学得一样好的私人教师培养的学生相比，并没有任何法律规定的优越性。通过发给优秀者小奖金或奖章，它们对人民获得这些训练施以鼓励。在奥林匹克运动会、地峡运动会和纳米安运动会上获奖，不仅对获奖者本人，而且对他的整个家庭及亲属都是一种光荣。而每一个公民在受到召集时到共和国军队里服役一定年限的义务，足以强制全体人民接受军事和体育训练，因为如果不接受这些训练，他们就不适合服兵役。

随着社会的进步，军事训练的惯例如果不由国家花代价予以扶持，就会

211

逐渐废止，人民大众的尚武精神也会随之消失，这可由现代欧洲的例子得到证明，但每一个社会的安全都必然或多或少要依赖人民大众的尚武精神。诚然，在现代，单有那种尚武精神，而没有一支训练良好的常备军的支持，或许是不足以保障任何社会的安全的。但是，在每一个公民都有军人精神的地方，所需要的常备军肯定比较小。此外，这种精神必然会大大减少常备军在一般人心目中对自由会有的威胁，不论这种威胁是真实的还是想象的。正如这种精神大大有利于常备军与入侵的外敌作战，它也会大大阻止这支军队受指挥来破坏国家宪法，如果不幸有这样的事情的话。

　　古代希腊和罗马的制度，在维持人民大众的尚武精神方面，似乎比现代所谓的民兵建制远为有效。他们的制度简单得多。这种制度一旦建立，就可自行运作并保持最充分的活力，很少或根本不需要政府去介入。然而如果要维持现代民兵的复杂制度，甚至只是勉强维持，都需要政府持续地、费力地投入精力，否则这一制度就会完全受到疏忽和废弃。此外，古代制度的影响也更普遍。通过这种制度，他们的全体国民都学会了使用武器。而在现代国家，根据民兵制度，只有很小一部分国民——瑞士或许是个例外——能受到这种训练。但是，一个怯懦的人，一个既没能力保卫自己、也没能力为自己复仇的人，分明缺少了人类本性中某种最重要的部分。他在精神上的毁伤和残疾，就像一个被夺去了某些最重要的器官或丧失了这些器官的功能的人在身体上的毁伤和残疾一样。而且他显然是这两者中更可怜和更悲惨的，因为完全寓于精神之中的幸福或痛苦必然更多地依存于精神的健康或不健康、精神的残疾状态或完整状态，而不依存于身体的这些方面。即使人民的尚武精神对于保卫社会已没有用处，为了防止怯懦必然会引起的这种精神上的残疾、畸形和不幸在人民大众中间滋生蔓延，政府仍应对此加以最严肃的关注，就像政府应该严肃地注意防止麻风病或任何其他讨厌的疾病（即使不致命，或不危险）在人民之中蔓延开来一样，尽管这种关注除了防止这样大的公共灾害之外，可能并没有其他公共的好处。

　　同样的说法，也可适用于那些在文明社会中使下层人民的理解力变得迟钝的无知和愚昧。一个人如果不能很好地使用人所具有的智力，甚至可能比一个怯懦的人更加可鄙，他似乎是在人性中更本质的部分上形成了毁伤和残疾。国家即使不能从对下层人民的教育中得到什么好处，它也仍然应该注意不要使他们完全得不到教育。何况，国家可以从对他们的教育中得到极大的好处。他们受到的教育越多，越不容易受到狂热和迷信的欺骗，而狂热和迷信在无知的民族中常常引起最可怕的骚乱。此外，受过教育的、有知识的人，总是比无知和愚笨的人更懂礼节、更守秩序。他们每个人都更有自尊，更觉得自己能得到地位比自己高的人的尊重，因此他们也会对这些人更加尊重。他们更可能去考察、更可能看穿派别性和煽动性的自利言论，因此，他们更不会被误导去放肆地或胡乱地反对政府的举措。在自由国家里，政府的安全极大地依存于人民对它的行为形成的赞许性的判断，所以最重要的肯定是，他们不应草率地、随意地对政府的行为作出判断。

第三项 由于习惯了懒惰，他们甚至连保卫自己的教会也使不出足够的力气

一个地位稳固和捐赠充裕的教会的牧师，常常成为有学问的文雅之人，具有绅士的一切优良品质，或能受到绅士般的尊敬，但是他们也会逐渐丧失那些使得他们对下层人民有具有权威和感化力的品质——不管是好品质还是坏品质——这些品质可能是最初他们的宗教得以成功和确立的原因。当这些牧师遇到一群虽然可能是愚鲁无知的但却是受欢迎、有胆量的狂热分子攻击时，会感到自己完全没有自卫的手段，就像亚洲南部地区的懒惰、柔弱、饱食终日的民族受到北部好动、坚忍、饥饿的鞑靼人的入侵一样。这些牧师在这种紧急情况下，通常没有别的办法，只有要求行政长官以扰乱社会秩序的罪名来迫害、消灭或驱逐他们的反对者。罗马天主教教士就是这样借行政官之手来迫害新教徒，英格兰教会迫害非国教教徒也是这样。一般说来，每一个拥有法定地位的教派在享受了一两个世纪的安全之后，都会发现自己无法对攻击其教义或教规的新教派做出有力的回应。在这种场合，从学问和著作来讲，老教派有时会占优势。但从笼络群众的能力和吸引新信徒的能力上来说，优势常常在它的反对者一边。在英格兰，这种能力早已被那些拥有巨额捐赠财产的国教教会的牧师们抛在一边了，现在只有非国教派教徒和卫理公会派教徒具备这种能力。不过，在许多地方，非国教派教师已靠自由捐赠、信托权利和其他规避法律的手段获得了自足的生活资料，他们的热情和积极性似乎已经大打折扣了。他们之中的许多人已变成博学、智慧和受尊敬的人士，但一般来说，他们也已不再是大受欢迎的传教士。卫理公会派教徒没有非国教派教徒一半的学问，却更加受欢迎。

在罗马教会中，下级牧师的勤勉和热情由于强烈的利己动机，比任何成立已久的耶稣教教会的牧师都保持得更好。许多教区牧师从人民的自由捐赠中获取他们大部分的生活资料；倾听忏悔使他们有机会增加这种收入。托钵僧的生活资料则全部来自这种捐献。他们像是某些军队中的轻骑兵和步兵，

不行掠夺，就没有给养。教区牧师则像那种部分报酬来自薪俸、部分报酬来自学生的教师，其收入总要或多或少地依赖他的勤勉和名声。托钵僧也有点像那种生活资料完全依赖于其勤勉的教师。所以，他们不得不用各种手段劝诱民众皈依。据马基雅维利观察，在13和14世纪，圣多米尼各和圣弗朗西斯两大托钵僧教团的建立，曾使人民对天主教教会日趋衰落的信仰和皈依得到了复兴。在罗马天主教国家，民众的献身精神完全靠修道僧和贫苦的教区牧师来维持。而教会中的那些大人物，一般都具有绅士的才艺，有些还具有学者的学问，他们对于维持他们下级的必要纪律是足够关心的，但很少会去为人民的教育劳心费神。

一位当代最杰出的哲学家和历史学家说：

"一个国家里大多数的技术和职业都具有这种性质，即当它们增进社会的利益时，它们对某些人来说也是有用的或令人满意的；在这种情况下，政府的一贯方针应是不加干涉地任这些职业自由发展，把推动它们的任务交给从这些职业中获得利益的人，只在这些职业刚被引进之时可以例外。工匠如果发现他们的利润由于顾客的经常光顾而上升，就会尽力提高他们的技术和勤勉程度；如果没有人来插手帮倒忙的话，商品的供求关系肯定会一直保持平衡。

"不过也有其他的职业，对于国家虽然是有用的，甚至是必要的，却不能给任何个人带来利益或快乐，国家对待这些职业的从业人员就不得不改变自己的做法。为了使他们能生存下去，国家必须给予他们鼓励或奖励，为了使他们不流于怠惰，必须赋予这种职业以特别的荣誉，或建立足够长的等级体系以及严格的升降原则，或采取其他办法。在财政部门、海军舰队或行政机关工作的人，都是这一类人的实例。

"乍看上去，我们可能会想当然地认为，神职人员属于第一类职业，他们得到的鼓励和律师、医生得到的鼓励一样，完全可以来自别人的慷慨解囊。捐助他们的人信仰他们的教义，可以从他们的精神性服务和援助中得到益处和慰藉。他们的勤勉和警觉，一定会由于这个附加的动机而增强；而他们的职业水平，他们支配人民思想的口才，也必然会由于他们不断增加实践、学习和琢磨，而日益提高。

"但是，如果我们更仔细地加以考察，就会看到，一切贤明的立法者所要防止的就是牧师们这种利己的勤勉，因为除了真正的宗教以外，在每一种宗教中这种利己的勤勉都是极其有害的，它甚至有一种自然的倾向，会将迷信、愚昧和幻想大量注入真正的宗教，从而败坏这种宗教。宗教从业者为了使自己在信徒的心目中更加重要，更加神圣，总要激起他们对其他一切教派的强烈厌恶，并不断用新奇的事物去刺激他们的献身意愿。被宣扬的教义中的真理、道德或仪礼，都被抛在一边，而最适合于扰乱人心的教义却大行其道。为了对所有年龄层次的人进行教育的机构的开支对所有年龄层次的人进行教育的机构主要是进行宗教教育的机构。这一种类的教育的目的与其说是使人民成为这个世界的良好公民，不如说是为他们来生进入另一个更好的世界作准备。讲授这种教义的教师的生活费用，也像其他的教师一样，或是完全来自于听讲者的自愿捐献，或是来自国家法律认可的某些财源，如地产、什一税、土地税或固定的薪俸。在前一种情况下，他们的努力、热心和勤勉要比在后一种情况下大得多。在这方面，新教的教师们在攻击那些古老的、建立已久的体系时总是处于十分有利的地位，后者的牧师们守着自己的圣俸，早已忽视了保持人民大众的信仰和皈依的热情，为吸引人来参加他们的集会，他们使出浑身解数去调动俗众的情绪，骗取大众的轻信。到末了，政府将发现，不发给教士们固定的薪金表面上是节省，而所付代价却更加高昂；实际上，政府与精神领袖们最适当最有利的合作关系，就是给他们的职业设立定期薪俸以购买他们的懒惰，使他们觉得，除了防止他们的羊群在寻找新牧场时走失之外，其他的积极活动都是无关紧要的。这样，教会的俸禄制度虽然最初通常是由于宗教观点而起，但最后却可以证明对社会的政治利益是有好处的。"①

但是，不论给教士提供独立俸给的效果是好是坏，设立这一俸给时可能很少是以其效果为出发点的。宗教冲突激烈的时代，一般也是政治斗争同样激烈的时代。在这样的时代，每个政党都会发现，或者都会以为，自己与某个有竞争力的教派结成同盟会对自己有利。但要做到这一点，他们只有采纳或赞成那一特定教派的教理。有幸与得胜的政党结了盟的教派，必然要分享其盟友的胜利，而通过这个政党的支持和保护，它很快就能在某种程度上使它所有的敌对教派沉默或屈服。这些敌对教派一般都是与得胜的这个政党的敌人联合的，因此也就成了这个政党的敌人。那个得势的教派的教士们则成了宗教战场上的主人，他们在老百姓之中的影响和权威达到了顶峰，因而有足够的力量使得胜政党的领导人慑服，使行政官不得不尊重他们的意见和倾向。他们对行政官的第一个要求一般是打压他们的反对者，然后就会要求他

---

① 休谟：《英格兰史》，1773年，第四卷，第二十九章。

给他们提供独立俸给。由于他们一般都对胜利做出过不小的贡献，要求分享一点胜利的成果也是合情合理的，而且他们也厌倦了去迎合人民，厌倦了到变化反复无常的人民之中去讨生活。所以，在要求独立俸给时，他们只是为自己的安逸和舒适做打算，至于这一要求对他们的教会的影响和权威在未来会产生什么效果，他们并没有费神考虑。而在行政官这方面，由于要满足这个要求他就只能把他自己本可得到或本可保留的东西分给他们，所以不会答应得很快。但是，虽然会有很多拖延和推诿，这件事的必要性最后仍会使他屈服。

但是，如果政治不曾借助宗教之力，如果胜利的政党在当政之后不曾特别采用某一教派的教理而拒绝其他教派的教理，那么，这个政党对于不同的教派就会予以平等和公正的对待，允许每个人选择自己认为适合的牧师和宗教。在这种情况下，必然会有许许多多的教派出现。几乎每一帮不同的宗教会众都可能自己形成一个小教派，抱有他们自己的某些特别教理。每一个教师必然都会感到自己有必要使出浑身解数，运用一切手段去保持——同时也要增加——他的信徒人数。但由于其他每一个教师也都感到有必要这样去做，所以任何一个教师或任何一个教派的教师所取得的成功都不会很大。宗教教师利己的、主动的热情，只有在仅有一个教派被允许存在或整个社会划分为两三个教派的地方，才会产生危险与麻烦，因为这时各派的教师会在统一的纪律和等级关系之下采取一致的行动。但如果社会划分为两三百个，甚至可能上千个小教派，没有哪一个教派的势力大到足以扰乱社会安宁，那教师们的热情肯定就是全然无害的。在这种条件下，各教派的教师见到自己周围的敌人多于朋友，反倒不得不学会保持在大教派的教师中很难看到的诚意和温和，后者不仅教理受到政府的支持，而且自己受到广大国土上几乎所有居民的崇敬，因此只看到自己周围布满了门人、信徒和卑躬屈膝的崇拜者。而小教派的教师一旦发现自己孤立无援，就会学习尊重其他教派的教师，而他们为彼此提供的方便和相互的让步，到时候或许能使他们大部分的教义脱去一切荒谬、欺骗和狂迷的夹杂物，而成为纯粹的、合理的宗教教义。这样的宗教是世界上一切时代的仁人贤士都希望看到的，但也是一种有立场的法律（positive law）从未在任何国家建立过，或许永远建立不起来的；因为，在宗教方面有立场的法律总是，或许永远会或多或少地受到大众的迷信和狂热的影响。在英国称为中立派的那个教派（虽然他们无疑是一个非常狂热的教派）曾在内战将要结束时提议施行一种宗教管理方案，或者更准确地说是"不管理宗教"的方案。如果这种方案得以实行,虽然其起始时不是出于理性,但现在或许已经使所有教派的教义都具有了最理性的和平气质和温和精神。宾夕法尼亚已经实行了这个方案,那里虽然教友派会员占大多数,但法律实际上对所有的教派都一视同仁,据说,那里就产生了这种理性的和平气质和温和精神。

即使这种一视同仁不会让一个国家的所有教派甚至大部分教派产生这种和平气质和温和精神,但只要这些教派的数目足够众多,从而每一个教派的势力都不足以扰乱社会的安宁,那么每个教派对自己的教理所抱的过分热情就不会产生任何非常有害的结果,相反,总会产生一些好的结果。而如果政府决定完全不对它们进行干涉,并迫使它们互不干涉,就不必担心它们分化不快,达不到这么多数量。

在每一个文明社会,在每一个阶级差别已完全确立的社会,往往有两种不同的道德方针或道德系统同时并行;一种可称为严谨的或克己的道德系统,另一种可称为自由的或——如果你愿意这样说的话——放纵的道德系统。普通民众一般尊崇前者,而所谓的上流人物一般看重和采用后者。我们对轻浮的恶习所持的非难程度——这种恶习常常是由于巨大的繁荣、过分的欢乐和纵情而产生的——似乎就是这两种对立的方针或系统的主要区别。在自由的或放纵的系统中,奢侈、恣肆甚至扰乱秩序的欢乐,无节制地追求快乐、破坏贞节(至少是两性中的一方)等等行为,只要不下流无耻,不导致大错特错或不仁不义,一般均受到很大的宽容,很容易被完全原谅或饶恕。相反,在严谨克己的系统中,这些过分行为都是遭到极度憎恶和鄙视的。轻浮的恶习对于普通人总是具有毁灭性,一个星期的放纵和挥霍经常就足以使一个贫穷的劳动者永远不能翻身,并使他陷于绝望,从而可能铤而走险,犯下大罪。所以,普通人中比较笃实比较善良的,总是极度厌恶和鄙视这种过分的行为,经验告诉他们,这些行为会马上给他们这种境遇的人以致命的打击。相反,即使好几年的放纵和挥霍也不一定会使一个上流人物没落,这个阶级的人常常认为,有放纵的能力是他们的财产所提供的好处之一,而不受责难的随心所欲则是他们的地位所具有的一种特权。因此,对于与他们同一阶层的人的过分行为,他们就不会求全责备,只是略有微词或根本不置一词。

几乎所有的宗教派别都是在普通人民之中创始的,在普通人民中,它们吸收了最早的一批信徒,也是吸收了人数最多的信徒。因此,这些教派几乎总是采用严谨的道德体系,虽有例外但也很少。当它们在这个阶层的民众中提倡不同于以前的教理时，这种体系也最能使它们受到欢迎。许多教派，也许是绝大多数教派，都力图通过强化这种道德体系来获取人民的信任，甚至使这种体系达到了愚蠢和离谱的程度，但这种过分的严格往往比其他事情更能使它们受到普通人民的推崇和尊敬。

有地位有财产的人是社会中的显要人物。他的一举一动都会受到社会的注意，因此他也就不得不注意自己的一举一动。他的权威和重要性极大地依存于社会对他的尊敬，所以他不敢做任何会使他丢脸或失信的事情，他不得不小心翼翼地遵守社会舆论对他这种有身份有财产的人所设定的道德，不管是自由的还是严谨的。相反，一个地位低下的人，很难成为一个大的社会中的什么人物。当他留在乡村时，他的行为可能会受到注意，而他也可能不得不注意自己的行为。在这种处境里，也只有在这种处境里，他才有所谓的人格可以保持或丧失。但是，一旦进入大城市，他就湮没无闻了。没有人会再观察和注意他的行为，于是他很可能也会放松对自己的要求，恣意妄为，在卑贱的行径中放任自己。这时，要是他成为一个小教派中的一员，他就能有效地摆脱无人问津的状态，就能使自己的行为受到一个有尊严的群体的注意。从成为教派成员的那一刻起，他就获得了一定程度的重要性，这是他从未有过的。为了教派的名誉，他在教会里的所有教友兄弟都会有兴趣观察他的行为，如果他做了不光彩的事情，如果他大大背离了他们要求彼此遵守的严格的道德规范，他就要接受极其严厉的惩罚（即使不带有民法效力），即开除出教。因此，在小教派里，普通人的道德几乎总是非常正规和有秩序的，通常比在国教教会中正规有序得多。当然，这些小教派的道德往往过分严厉，不近人情。

不过，对于国内的小教派在道德方面的过分严厉和不近人情，国家可以同时采取两种非常容易和有效的办法予以纠正，而不需使用暴力。

第一种办法是让具有中等或中等以上地位和财产的人普遍地学习科学和哲学。要做到这一点，国家不应给教师支付薪水，免得使他们变得疏忽和懒惰，而是应规定每个人在从事某种自由职业之前，或在有资格成为某种受信托的或有俸给的荣誉职位的候选人之前，必须通过某种甚至是高深和复杂的学问的考试或检验。国家如果以这种方式迫使这一阶层的人必须研究学问，就不用费神去给他们提供合适的老师。他们很快会自己找到比国家所能提供给他们的更好的老师。科学是狂热和迷信这两种病毒的极好的解毒剂，当所有的上层人民不受这些病毒感染时，下层人民也就不致大受其害。

第二种办法是增进民众的娱乐。国家如果对所有那些从自己的兴趣或利益出发,用绘画、诗歌、音乐、舞蹈以及各种戏剧表演来博得民众开心和高兴而并无伤风败俗行为的人予以鼓励,或给予完全的自由,就可以很容易地驱散民众心中那种常常滋生出迷信和狂热的抑郁和悲观的心情。对于群众狂热的煽动者来说,公众娱乐总是他们畏惧和憎恨的目标。娱乐所引起的快乐和惬意的心情,与最符合他们的用意或最便于他们利用的那种心情是截然相反的。此外,戏剧表演还常常揭穿他们的阴谋诡计,使他们受到群众嘲笑,有时甚至受到群众诅咒,因此戏剧表演比其他任何娱乐活动更让他们恨恨不已。

在一个国家里,如果法律对所有宗教的牧师都一视同仁,这些牧师就不必和君主或行政当局保持任何特殊的或直接的从属关系,君主或行政当局也无需过问这些牧师的职务任免。在这种情况下,君主或行政当局除了像对待其他人民一样地在他们之间保持和平,即阻止他们相互倾轧和迫害之外,不需要给予其他关注。但是,一国如有国教或统治性宗教存在,那情形就完全两样。在那种情况下,君主如果对于该宗教的大部分牧师没有一种有效的控制手段,他就永无宁日。

一切国教,其教士都组织成一个大的共同体。他们可以采取一致的行动,以一个共同的计划、一种共同的精神,追求他们的利益,就像处在同一个人的指挥之下,并且,事实上他们也常常是在一个人的指挥之下。作为一个共同体,他们的利益总是和君主的利益不一致的,有时还是直接对立的。他们的最大利益,就是要维持对于人民的权威,这种权威完全基于两种假定:第一,假定他们所谆谆教导的全部教义都是确实的和重要的,第二,假定如果要从永恒的不幸中解脱出来就必须对这些教义有绝对的信仰。如果君主不识相,敢对他们教义中哪怕最细枝末节的部分表示嘲笑或怀疑,或者出于人道精神试图去保护其他有这种行为的人,这些同君主没有任何从属关系的教士们就会觉得受了奇耻大辱,他们会立即宣布君主渎神,并使用一切宗教的恐怖手段,迫使人民将对他的忠诚转向另一位更保守和更顺从的王储。他如果是反对他们的任何无礼要求或篡夺行为,危险也同样的大。敢于这样对抗教会的君主,除了忤逆罪之外,一般还会被加上异端的罪名,哪怕他庄严地宣称,他对教会认为他应该恪守的每一条教义都是信奉的和谦卑地服从的。但宗教的权威超过任何其他的权威。宗教会带来的恐惧也会战胜其他一切恐惧。当国教教会的教师向人民宣传颠覆君权的教义,君主就只有使用暴力,或者说依靠常备军的力量，才能维护自己的权威。甚至常备军在这种情况下也不能给予他恒久的保护；因为，如果士兵们不是外国人（士兵是外国人的情况很少），而是来自人民大众（这是通常的情况），他们恐怕不久也会被这种教义所侵蚀。东罗马帝国存在的时候希腊教士的骚乱经常在君士坦丁堡引发的革命，以及在几百年中罗马教士以其骚乱不断地在欧洲每一地区引起的动荡，充分证明了一个君主如果没有适当的手段去控制自己国家中的国教或统治性宗教的教士，他的处境是多么的不稳固和不安全。

宗教信条，以及所有其他精神性的事务，显然都不属于世俗君主的管辖范围；君主虽然可能很有资格去保护人民，却很少被认为有资格去教导人民。所以，在这种事务上，他的权威常常抵不过国教教会的教士们的联合权威。可是，社会的安宁和君主自己的安全，常赖于教士们认为在这些事务上适于宣讲的教义。由于君主不能用适当的压力和权威直接反抗教士们的决定，所以，他就必须能够影响他们的决定，而只有当他能在这一阶级的大多数个人身上激起恐惧和期望时，他才能影响他们。他可以用撤职或者其他惩罚激起他们的恐惧，用升迁的机会激起他们的期望。

在所有的基督教会，牧师的圣俸可以说是一种不动产，他们终身享受，或只要行为端正就可以享受，不以谁的好恶为转移。如果他们享受圣俸的权利不是那么稳定，如果他们对君主或他的大臣稍有得罪就会被撤职，那么他们在人民面前或许就不再有威严，人民会认为他们是朝廷豢养之人，对他们传道的真诚也会丧失信心。但是，如果君主滥用暴力，借口他们过于热心散布派别性或煽动性的教义，强行夺去任何数目的牧师的这种不动产，那么，他只会使这些牧师和他们的教义由于这种迫害而徒增十倍的声誉，他自己也因此比以前徒增十倍的麻烦和危险。在几乎所有场合，恐怖都是统治者最坏的手段，而且尤其不应当用以对付只有一点点独立要求的人。试图恐吓这种人，只会激起他们的不满，坚定他们的反抗，而如果使用比较温和的办法，本可以很容易使他们的反抗缓和下来，或完全放弃反抗。法国政府经常试图用暴力迫使他们的议会和最高法院公布不受欢迎的法令，但很少成功。无论如何，它通常所用的手段，即把那些难以驾驭的人关押起来，人们已经认为足够厉害了。斯图亚特王室各君主为了控制英国国会的一些议员，有时候也使用相同的手段，而他们同样发现这些议员难以屈服。英国国会现在是以另外一种方式被操纵着（managed）；约在12年前，奇瓦塞尔公爵曾在巴黎议会做过一个很小的实验，充分证明如果采用英国现在这种方式，巴黎的所有议会都可以更容易地加以操纵。但这个实验没有继续进行下去。因为，虽然操纵和劝诱总是政府的最容易和最安全的手段，就像强制和暴力是政府的最坏和最危险的手段一样，但人类天生的傲慢总是使他不屑于使用好手段，除非当时他不能或不敢使用坏手段。法国政府能够并且敢于使用武力，因而不屑于使用操纵和劝诱的手段。但是，根据所有时代的经验，我相信，对于任何一种人使用强制和暴力，似乎都没有对国教教会里受人尊敬的牧师使用强制和暴力那样危险，或者不如说，那样具有完全的毁灭性。每一个和自己阶层的人保持着良好关系的教士，他的权利、特权和个人自由，即使是在最专制的政府底下，也比地位和财产大致相同的其他任何人的权利、特权和个人自由受到更大的尊重。在各种程度不同的专制主义之下——从巴黎政府的温和专制，到君士坦丁堡政府的暴力专制——都是如此。但是，牧师们虽难以用暴力强制，却和其他人一样可以很容易地加以操纵；君主的安全和社会的安宁似乎在很大程度上依存于君主操纵他们的手段，而这手段似乎就是给与他们晋升的机会。

在基督教教会的古代制度中，每个教区的主教都是由主教教区的牧师和教区城市的人民共同选举的。但人民不能长时间保有这种选举权，即使在他们保有这种选举权的时候，他们也总是受作为他们自然的精神导师的牧师们的影响。不过，牧师们不久就厌倦了操纵人民的麻烦，发现由他们自己来选举主教要容易得多。同样地，修道院院长也由院中的僧侣来选举，至少在大部分修道院是如此。主教领区内的一切有俸禄的下级职位，都由主教任命，他认为谁合适，谁就受任。这样，教会中的职位任免都由教会自己安排，君主虽然可能对这种选拔有些间接的影响，虽然教会有时候也会请求他同意进行选举或批准选举结果，但他毕竟没有直接的和充分的手段去操纵教士。因此，牧师要实现其野心就自然不会去讨好君主，而是会去讨好本教会中的人，因为只有他们才能使他得到晋升。

在欧洲的大部分地区，教皇逐渐揽归自己的，首先是几乎所有的主教和修道院院长（或所谓的主教会议的圣职）的任命权，然后，他又以种种诡计和借口，自己来任命每个主教领区内大部分有俸禄的下级职位；留给主教自己的，只不过是让他在他的牧师们面前保存一点权威感的极少的权力而已。这种安排也让君主的处境比以前更糟。欧洲各个不同国家的牧师就此形成了一种宗教部队，诚然是分散于各国，但它的一切活动和行动现在都可由一个首领指挥，按照统一的计划进行。每一个国家的教士都可视为这支军队中的一个支队,各支队的军事行动都可很容易地得到周围各国其他支队的支援。每个支队不仅不隶属于它所在的那个国家(也是它得到供给的那个国家)的君主,而且反倒隶属于一个外国君主,这个外国君主可以随时命令他的军队攻击前者,并调动所有支队予以支援。

这种军队是可以想象的最强大、最可怕的军队。在技术和制造业不发达的古代欧洲,教士的财富使他们对普通人的影响和大领主对其家臣、佃户和仆从的影响相同。在王室和私人由于错误的虔诚捐献给教会的大地产上,教士们也拥有一种像大领主那样的司法权。在这些土地上,教士或他们的执事能够很容易地维持和平,无需君主或其他任何人的支持和援助,而如果没有教士的支持或帮助,君主或其他任何人都在那里维持不了和平。因此,教士们的司法权,就像世袭大领主在其特定领地及庄园的司法权一样,是独立于国王的法庭之外的。教士们的佃户也像大领主的佃户一样,几乎都是随时可以令其退佃的农户,是完全依附于他们的直接领主的,所以,他们可以被任意召唤,去到教士认为合适使用他们的地方作战。除了这些地产的地租以外,教士们还通过什一税拥有欧洲各王国所有其他土地地租的一大部分。从这两种地租产生的收入,大部分是以实物支付的,如谷物、葡萄酒、牲畜、家禽等等。这些实物的数量大大超过了教士自己所能消费的,而当时又没有什么工艺品或制造品可以用来交换剩下的部分,教士们除了像大领主处置剩余收入一样拿它们来大宴宾客、广为施舍之外,便没有其他有利的使用方法。因此,古代教士的待客和施舍,据说规模是非常大的。他们不但养活了各国的几乎所有贫民,而且,许多无以为生的骑士和绅士也往来于各修道院之间,借皈依之名,行蹭饭之实。某些修道院院长的仆从常常和最大的世俗领主一样多,而所有教士的仆从加在一起,或许就比所有领主的仆从加在一起还要多。教士之间的团结也大大超过了领主之间的团结。前者是在一种规范的纪律和从属关系下服从教皇的权威,后者则不然,他们彼此间互相猜忌,而且都猜忌国王。所以,虽然教士们的仆从和佃户加在一起人数没有大领主的仆从和佃户加在一起的人数多(因为单就佃户来说前者比后者少得多),但他们的团结却使得他们更为强大和令人畏惧。此外,教士们的好客和施舍,也使得他们不仅能支配一支巨大的世俗力量,而且大大增加了他们的精神武器的力量。他们的乐善好施使他们得到了全体下层百姓最高的尊敬和崇拜,这些人民的生活,很多是一直由他们维持的,有些则是时不时地由他们维持的。一切属于或有关于这个深得人心的阶层的事物,它的所有物,它的特权,它的教义，必然在普通民众眼中成为神圣的了，而对于这些神圣事物的侵犯，不论真伪，均会被看做最大的渎神和邪恶。在这种局面下，君主如果对抵抗少数大贵族的同盟感到困难，那我们也不用奇怪，在受到所有邻国的教士支援的国内教士们的同盟面前，他会觉得自己在螳臂当车。在这种情况下令人感到奇怪的，不是他有时候被迫屈服了，而是他居然有过抵抗。

教士们在古代的那些特权（在现代人看来当然是十分荒唐的），比如说完全不受世俗司法权管辖的特权，或英国所谓的僧侣特典，正是这种局面自然的或者可以说是必然的结果。如果一个教士犯了罪面临惩罚，而他的教会要保护他，不是宣称证据不足、不能对这样一个神圣的人判刑，就是宣称对于一个因宗教而成为神圣不可侵犯的人来说此等刑罚太重，那对于国王来说，最好是让教会法庭自己去审判他，免得给自己招来危险。教会法庭虽然自己搞一套，但为了群体的名声，也会尽可能阻止自己的成员犯重罪，甚至会阻止他们制造引起人民厌恶的丑闻。

从10世纪到13世纪，以及这个时期前后的一段时间里，在欧洲大部分地区，罗马教会组织可以被看做是一个前所未有的黑暗团体，它们反对政府的权威，威胁政府的安全，反对人类的自由、理性和幸福（这些只有在政府的保护下才能得以弘扬）。在这个组织中，最愚蠢的迷信幻想和那么多人的私人利益结合在一起，以致任何人类理性之剑都不能动摇它。因为，虽然理性能够揭露，也曾揭露某些迷信幻想的真面目（甚至是让普通民众看清楚），但理性却不能斩断私人利益的纽带。如果这种组织除了人类理性的微弱努力之外不受其他敌人的攻击，它一定会长久存在下去。然而这个广大的、坚固的组织，这个全部的人类智慧和德性都不能动摇更不要说推翻的组织，却由于事物的自然发展态势，首先是受到了削弱，随后是部分地被摧毁，而现在看来，再过几个世纪，或许会完全瓦解。

技术、制造业和商业的不断进步是摧毁大领主的力量的原因，也同样是在欧洲大部分地区摧毁教士们的全部世俗力量的原因。在技术、制造业和商业的产品中，教士和大领主一样，找到了可以用他们的天然产物来进行交换的东西，从而发现了一种方式，可以将他们的全部收入用在自己身上，而不必将其中很大一部分给予他人。他们的施舍范围越来越小，他们款待客人也不再那么大方和丰盛。结果他们的仆从越来越少，逐渐地完全散去。教士们也像大领主一样，想要从自己的地产得到更多的地租，以便仍然可以满足自己的虚荣心和欲望。但是，如果要增加地租，只好跟佃户缔结租约，这么一来，佃户在很大程度上就脱离他们而独立了。就这样，将下层人民和教士绑在一起的利益纽带逐渐被打断和解除了。这种解除甚至比大领主和下层人民之间纽带的解除来得更快，因为教会的地产大部分都比大领主的地产小，这种地产的所有者能够更快地将其全部收入用在自己身上。在14世纪和15世纪的大部分时间内，在欧洲的大部分地区，大领主的力量还处于鼎盛时期，但是教士的世俗力量，他们对人民大众一度拥有的绝对支配权，已经大为衰落。此时教会的力量在欧洲大部分地区差不多只剩下由它的精神权威所产生的力量，即使是这种精神权威，也已经由于不再受到教士的好客和施舍的支撑而大为削弱了。下层人民已经不再像过去那样，把这个阶级看做是自己苦难的安慰者和贫困的救济者。相反，他们对富有的教士的虚荣、奢侈和耗费感到愤怒和憎恶，因为这些教士似乎是把穷人以前一直有份的财物拿来用于自己的享乐。

在这种形势下，欧洲各国君主力图恢复他们在支配教会重要职务方面有过的影响，他们决定恢复各主教领区的副主教和教士旧有的选举主教的权利以及各修道院僧侣旧有的选举院长的权利。重建这种古代秩序就是英格兰在14世纪中通过的几项法令的目标，尤其是所谓圣职候补者法，这也是法国在15世纪颁发的"国事诏书"的目的。要使选举有效，选举前必须先得到君主的同意，选举结果也须得到他的批准；选举虽仍被认为是自由的，但国王已有各种间接方法去影响他的国家里的教士。在欧洲其他地区也建立了具有相同倾向的规章制度，不过，罗马教皇任命教会重要职位的权力，在宗教改革以前，似乎在任何地方都没有像在英法两国那样受到如此有效和普遍的制约。在16世纪，"罗马教皇与各国政府间所订的有关宗教事务的协定"还给予了法国国王对法国天主教会中所有重要职位（即所谓主教会议的职位）的绝对推荐权。自从颁布"国事诏书"和订立"协定"之后，法国教士对待罗马教皇宫廷的命令就显得没有其他天主教国家的教士那么毕恭毕敬了。每当他们的君主和教皇有所争执，他们几乎总是站在君主的一边。法国教士不受罗马教廷的约束，似乎主要就是因为这"国事诏书"和"协定"。在这个君主国的早先各个时期，法国教士对教皇似乎也像其他国家的教士一样忠诚。当时，当克倍王室的第二代君主罗伯特被罗马教廷极其不公正地驱逐出教时，据说他的仆人们把来自他桌上的食物丢了喂狗，拒绝吃他这种人玷污过的东西。不难推测，他们这样做是受了当时国内的教士的指使。

但教廷对教会重要职位的任命权（为了维护这种权力，罗马教廷常常动摇了，有时候甚至颠覆了基督教国家里一些最强大的君主的王位）在欧洲各国已经这样受到了制约或修改，或已被完全放弃，甚至在宗教改革之前就已经开始。由于教士们现在对人民的影响降低，所以国家对教士们的影响也就增大了。因此，教士们扰乱社稷的力量和倾向均比从前小多了。

引发宗教改革的争论最早发生在德国，不久就蔓延到欧洲各地，而当时，罗马教会的权威正处于这种衰落状态。新教义在每一个地方都大受群众欢迎。传播这种新教义的，是狂热的激情，当其攻击既定的权威时，一般都会激起党派精神（the spirit of party）。宣传这种教义的教师虽然可能在其他方面不如许多捍卫原有教会的神职人员有学问，但一般来说，他们似乎更熟悉宗教历史以及教会权威赖以建立的那种思想体系的起源和发展，因而他们几乎在每一次争论中都有一些优势。他们的生活方式是严肃克己的，普通人民把他们一丝不苟的行为和自己的大多数牧师们的混乱生活一对比，就觉得他们分外可敬。在打动人心和吸引新信徒的能力和手段方面，他们也比其对手高出许多，因为这种能力和手段已被教会里尊荣高傲的教士们认为不大有用处而长期抛之脑后。至于新教义，一些人欢迎它是因为它的理智，很多人欢迎它是因为它的新鲜，更多的人欢迎它是因为对腐朽的牧师们的憎恨和鄙视，但绝大多数人欢迎它还是因为四处宣讲它的人那种热烈的和充满激情的雄辩，即使这雄辩常常很粗俗。

新教义几乎在每一个地方都取得了极大的成功。当时与罗马教廷发生龃龉的君主，利用新教义就可以很容易地在自己的国家内推翻教会，而教会既已失去下层人民的尊敬和崇拜，一般都不能做出任何抵抗。罗马教廷曾得罪过德意志北部地区的一些小君主，或许是觉得他们太微不足道，不值得加以操纵。于是，这些小君主就都在自己的国家里进行了宗教改革。古斯塔夫斯·瓦萨把暴虐无道的克里斯丁二世和乌普塞尔大主教特罗尔逐出了瑞典，教皇要偏袒暴君和大主教，古斯塔夫斯·瓦萨就轻易地在国内进行了宗教改革。克里斯丁二世跑到丹麦当了国王，但他的行为仍然令人难以容忍，于是又从丹麦的王位上被赶了下来。可是教皇仍要偏袒他，所以，继登王位的霍尔斯廷的弗雷德里克仿效古斯塔夫斯·瓦萨的榜样，为自己争了口气。伯尔尼和苏黎世的官员和教皇本没有特别的争执，也很容易地在自己的州内进行了宗教改革，只因为那里不久前有些牧师有越轨的行为，因而使整个教士阶层都受到了厌恶和鄙视。

在这种危急的局势下，罗马教廷不得不苦心孤诣地讨好于法兰西和西班牙的强有力的君主，后者当时正兼德意志皇帝。仗着他们的帮助，教廷才得以——虽然不是没有巨大的困难和大量流血——把这些君主领土内的宗教改革运动完全镇压住，或是大大地阻止了其发展。对于英格兰国王，教廷也分明是有意献殷勤的，但在当时的情况下，它如果要这样做就会得罪一个更强大的君主，西班牙国王兼德意志皇帝查理五世。因此，在英格兰，亨利八世虽然自己并不信奉宗教改革派的大部分教义，却由于这种教义的普遍流行，也在国内查禁了所有的修道院，并废除了罗马教会的权威。他竟走得这样远（虽然他不曾走得更远），使宗教改革的拥护者颇为满意，这群改革拥护者在他的儿子继任时掌握了政府，毫无困难地完成了亨利八世所开始的工作。

在某些国家，例如在苏格兰，政府软弱、不得民心，并且基础也不稳固。在那里，宗教改革的力量不但足以推翻教会，而且也足以推翻试图支持教会的政府。

在散布于欧洲各国的宗教改革追随者中间，并没有一个像罗马教廷或罗马全体教会会议那样的最高法庭可以解决他们之间的争执，或以不可违逆的权威为他们规定正统的教义。因此，当一个国家的宗教改革追随者和另一个国家的弟兄们有意见分歧时，由于他们没有一个共同的裁判员可以申诉，争执就不可能得到解决；而他们之间发生这类争执还不少。有关教会管理和教会职务任命权的争执，与市民社会的和平与福利或许是关系最大的。它们因此在宗教改革的追随者中产生了两个主要的派别：路德派与加尔文派，这也是教义和教律曾在欧洲各地由法律加以规定的仅有的两派。

路德的追随者，以及所谓的英格兰教会，或多或少保留了主教管理制度，建立了牧师的等级关系，给予君主在其国内任命主教和宗教法庭其他圣职的权力，从而使君主成为了教会的真正首脑；他们没有剥夺主教在其辖区内任命较小圣职的权力，但即使对这些圣职，也允许并且鼓励君主和所有其他世俗捐助人有推荐权。这种教会管理制度从一开始就是有利于和平和良好的秩序、有利于对世俗君主的服从的。因此，不论何国，这种制度一旦确立之后，就从未引起过骚动或内乱。特别是英格兰教会，总是很有理由地以其原则对君主的无限忠诚来评价自己。在这种管理制度下，教士们自然力图取得君主、宫廷及国中贵族巨绅的欢心，他们所期望得到的升迁主要是要靠这些人的影响。他们有时候难免会通过很下作的谄媚举动去讨好这些人物，但是，他们也常常是通过在自己身上培养最可能得到有身份有地位之人尊重的那些能力和技巧去讨好他们的：通过各种实用或不实用的学问，通过慷慨磊落的举止，通过温文尔雅的谈话,以及,通过对那些荒唐和伪善的苦行主义者的公然蔑视——这些狂热分子之所以宣扬和假装苦行,是为了使自己受到普通人民的崇拜,并使大部分承认自己不能苦行的有身份有财产之人受到人民的厌恶。但是,这些教士,当他们以这等方式讨好上层人物的同时,很容易完全忽视维持他们对下层人民的影响和权威。他们受到上等人物的倾听、看重和尊敬,但当他们受到无知的狂热分子的攻击时,却常常不能在下层人民面前有效地、使听众信服地捍卫自己中庸的、稳重的教义。

相反,茨温克利的追随者,或更妥当地说,加尔文的追随者,每当教会职位空缺,都让教区的人民来选举自己的教士,同时也在教士之间建立了最完全的平等关系。这种制度的前一部分,当其得到贯彻时,似乎除了产生无序和混乱、产生对教士和人民双方的道德的破坏作用之外,没有其他的效果。不过,这种制度的后一部分却产生了非常令人满意的效果。

当各教区的人民拥有选举权时,他们的选择几乎总是处在教士的影响之下,具有极大的偏向性和盲目性。教士们为了保持他们在公众选举中的影响,许多人自己也变成或假装成狂热分子,不仅在民众中煽动狂热,而且也几乎总是选择那些最狂热的候选人。像任命教区神父这样一件小事,几乎总是要在这个教区里引发激烈的争夺,甚至邻近的所有教区都要卷入其中。如果这个教区是在一个大城市里,这种争夺便会把这个城市的居民分成两派;如果这个城市又是一个小共和国,或者一个小共和国的首都,就像瑞士和荷兰许多大城市的情况那样,那么,这两派间的无谓争斗除了激起其他派系的憎恶之外,更有可能让教会在选举完之后又分裂出一个新教派,让国家分裂出一个新党派。因此,在那些小共和国中,当权者很快就发现,为了保持公众间的安宁,必须让自己拥有推荐所有圣职候选人的权利。在苏格兰这个建立过这种长老制度的国家中最大的国家里,推荐权曾于威廉三世即位初期被一项建立长老会的法案废除。实施这项法案的结果,至少是造成了各教区中有些阶级的人可以用很低的价格把选举牧师的权利买到手。由于这种群众选举方式几乎在每个地方都造成了混乱和无序,在这项法案所建立的制度存在了22年之后,安妮女王第十年第十号法令又将其废除了。不过,在苏格兰这样的幅员辽阔的国家,边远教区的骚乱不会像在小国家那样使政府受到滋扰。因此,虽然安妮女王第十年恢复了推荐制度,虽然苏格兰法律规定必须将圣职授予有推荐权者所推荐之人,但教会有时要求(它在这方面的决定并不总是很一致的),在教会授予被推荐人以教区管辖权或所谓的"灵魂职位"之前,还要先征得人民的同意。它至少多次以关心教区和平为由，拖延这种任命生效的时间，直至获得它所要求的"人民同意"。正是这种要求，使得被推荐人周围的某些教士常常有机会对此进行私人干预——有时候是为了得到"人民同意"，更多地是为了阻止"人民同意"；而这样的干预，连同他们为此而培养的鼓动人民的习惯，或许就是现在苏格兰的民众之中和教士之中都残存着古老的狂热精神的主要原因。

教会管理上的长老制度在教士中所确立的平等，首先是职权或宗教管辖权的平等，其次是俸禄的平等。在所有的长老制教会中，职权的平等是完全的，俸禄的平等则不是。不过，两起俸禄之间的差别也没有大到会使小俸禄的所有者要去用下作的谄媚手段讨好有推荐权的人，以求得到较大俸禄的地步。在所有的长老制教会中，当推荐人的权利很完备时，已有地位的教士要取得他的支配人的好感一般都是凭借更高尚、更好的行为：凭他的学问、凭他在生活上的严谨、凭他履行职责时的忠实和勤勉。他们的推荐人甚至常常抱怨他们在精神上的独立性。这种独立性容易让他们的推荐人觉得他们是对以前所得的好处不知感激，但其实顶多也只不过可能是由于他们意识到再没有什么好处可以期待，态度自然显得冷淡而已。因此，荷兰、日内瓦、瑞士及苏格兰长老制教会中的大部分教士，可能是欧洲最有学问、最有礼节、最有独立精神、最值得尊敬的教士。

在教会圣俸全都接近平等、没有任何一份圣俸可能很大的地方，这种圣俸拉平虽然无疑地可能做得过分，却也有一些非常好的效果。一个财产很少的人要想得到尊严，唯一的办法就是当道德模范。轻浮和虚荣的恶习必然使他显得荒唐可笑，而且，很可能也会使他像一个有这种恶习的普通人那样遭到毁灭。因此，在他自己的行为上他不得不遵循最受普通人尊重的那种道德体系。他按他的利益和地位所指引的那样去生活，也就赢得了普通人民的尊敬和爱戴。如果一个人的社会地位和我们比较接近，但我们又觉得他优于我们，那我们自然会对他有一种亲切的感情——普通人民对教士们就是这种感情。而普通人民的善意自然也会激发教士的善意。他开始认真地教导他们，用心地帮助和救济他们。他甚至不会轻视对他如此亲切的人们的偏见，从来不用轻蔑和傲慢的态度对待他们，而这种傲慢态度在富有的和捐赠丰富的教会的骄傲的权贵们身上，我们是常常见到的。因此，长老制教会的教士对普通人民心灵的影响，或许比其他任何国教教会的教士都大。也因此，只有在长老制教会国家我们才能看到，普通人民不需强迫就能完全地、几乎是全体一致地皈依国教。

一个国家如果教会俸禄大多比较低，那大学教职一般就是比教会圣职更好的职位。在这种情况下，大学便可以从国内的所有教士中选拔自己的教员，因为在每一个国家，教士都是学者最多的阶级。反之，当教会有许多俸禄比较高时，那教会自然会把大学中的大部分优秀学者吸收过去，这些学者一般不难找到以帮他们谋到圣职为荣的推荐人。在前一种情况下，全国的知名学者将云集于各大学；在后一种情况下，我们会发现大学很少有知名的学者，而少数最年轻的成员，在他们获得大学有用的足够的经验和知识以前，也可能被教会挖走。据伏尔泰的观察，耶稣会会员波雷，原不算学者中怎样了不起的人物，但在法国各大学的教授中，还只有他的著作值得一读。在一个产生了那么多著名学者的国家，没有一个是大学教授，这看起来是有点奇怪的。著名的加桑迪在青年时代原是埃克斯大学的教授，在他才华开始显现时，有人对他说，如果去到教会，他能找到更加安静和舒适的生活环境，以及从事研究的更好的条件，他立即接受了这种建议。我相信，伏尔泰的观察不仅适用于法国，也适用于所有其他罗马天主教国家。在这些国家，除了在教会不大会有的法律和医学这两个专业方面以外，我们很难发现有什么著名学者会是一个大学教授。在罗马教会之外，英格兰教会是基督教国家中最富有的和受到捐赠最多的教会。因此，在英格兰，教会不断地从大学里挖走它们最优秀、最有能力的成员；其结果是，想要在大学里找到一个身为欧洲知名的杰出学者的老教师，和在任何罗马天主教国家一样困难。相反，在日内瓦，在瑞士的新教各州，在德意志的新教各邦，在荷兰、苏格兰、瑞典、丹麦，这些国家所培养的最著名的学者，虽然不是全部，但至少是大部分，在大学里当教授。在这些国家，教会中所有最著名的学者，都不断被大学吸收过去。

或许值得指出的是，如果除去诗人、少数演说家和少数历史学家，希腊和罗马的绝大部分其他著名学者都是教师，不管是公共教师还是私人教师。他们一般教授哲学或修辞学。从吕西阿斯和伊索克拉底的时代、柏拉图和亚里士多德的时代起，到普鲁塔克和爱比克泰德的时代、苏埃托尼乌斯和昆体良的时代止，似乎都是这样。使一个人必须年复一年地去讲授一门特定的学科，实际上是使他完全掌握那门学科最有效的方法。一个人如果不得不每年讲授同一门学科，只要他不是个什么都做不成的人，他就必然在数年之内完全熟悉这门学科的每一部分；而如果他今年对某个问题还欠斟酌，到明年讲到这同一个问题时，他多半会加以修正。正如成为一个教师肯定是一个只是学者的人的自然职业，这门职业或许同样也是使他获得坚实的学问的那种教育。教会俸禄的拉平自然会使国内大部分的学者被吸收到这样的教师职业中来，在这种职业中，他们能对公众最为有用，同时也能受到他们所能受到的或许是最好的教育。这种职业会使他们的学问尽可能地坚实，也尽可能地有用。

应当指出，各国国教教会的收入，除了从它们特定的土地或庄园产生的收入以外，其余都是国家财政收入为了非国防目的所作的支出中的一部分。例如什一税是一种真正的土地税，教会如不把它收去，土地所有者对国防所能提供的贡献是要大得多的。国家紧急支出的资金，有人说是专靠土地地租，有人说是主要靠土地地租。很显然，教会从这项资金中取去越多，国家能分得的就越少。如果其他一切情形都一样，那教会越富有，君主和人民就越贫穷，国家保护自己的能力也就越弱，这是一个不变的规则。在一些新教国家，特别是在瑞士的新教各州，人们发现，以往属于罗马天主教会的收入，即什一税和教会地产收入，不仅足以支付所有牧师们的适当薪俸，而且只要略加补充甚至不需补充，就能支付国家所有其他的开支。尤其是强有力的伯尔尼州的政府，它从这项收入中积累了一笔非常大的数目，据说有几百万镑，其中一部分储存在州库中，另一部分存在欧洲各债务国的所谓公债中收取利息，主要是法国和英国的公债。伯尔尼或其他新教州的政府花在教会上的钱有多少，我并不知道。根据一项非常精确的记录，1755年，苏格兰教会牧师的总收入，包括教会土地和住宅租金在内，一共只有68514镑1先令5又1/12便士。这一不大的收入为944个教士提供了还算不错的生活费用。而苏格兰教会的全部开支，包括不时用于建造或维修教堂及教士住宅的费用，估计一年不会超过8万或8.5万镑。苏格兰教会得到的捐赠虽然少得可怜，但在维持人民大众的信仰统一和皈依热忱方面，以及在维持秩序、规则和严肃的道德精神方面，都不会比基督教国家中最富裕的教会差。凡是一个国教教会所能产生的一切良好效果，社会方面的也好，宗教方面的也好，其他教会能产生的，苏格兰教会也同样能产生。而瑞士的大部分新教教会，得到的捐赠不会比苏格兰教会多，还能在更大程度上产生这种效果。在瑞士大部分的新教州中，很难找到一个说自己不是新教徒的人。诚然，如果他承认自己是其他教派的信徒，法律就会强迫他离开这个州，但是，这样一种严厉的或者说具有压迫性的法律，如果不是由于牧师的勤勉已经使得全体人民皈依新教（或许只有少数例外），那它是决难在这样一个自由的国家里得到执行的。在瑞士的某些地区，由于新教国家与罗马天主教国家的偶然联合，改宗不是那么彻底，这两种教派就不仅同为法律允许，而且同被定为国教。

不论何种职业，其俸给或报酬似乎都应尽可能与该职业的性质相称。如果报酬过低，很可能导致大部分从业人员的卑劣和无能。如果报酬过高，则更可能导致他们的疏忽和懒惰。一个有巨额收入的人，无论他的职业是什么，都会认为他应该像其他有巨额收入的人那样生活，把他的大部分时间花在欢宴、虚荣和放荡上。但对一个牧师来说，这种生活方式不仅会消耗他应当用来履行职责的时间，而且会把他在普通人民心目中的神圣品格毁于一旦，这种品格本是他能有力量和权威来履行这职责的唯一凭依。

第四节 论维护君主尊严的开支

一国君主，除了履行他的各种职责所必要的支出以外，为了维护他的尊严，也要求有一定的开支。这笔开支随社会发达程度不同而不同，随政府形式的不同而不同。

在富裕的和进步的社会，各阶层人民在住宅、家具、食品、服装以及车马上的花费日益增多，不能期望君主单独抵制这种风尚。因此，他在这些方面的花费自然地、或者说必然地也会日益增多。因为如果不是这样，他就不能保持他的尊严。

在尊严这方面，一国之君在他的臣民面前的尊严要远甚于一个共和国的元首在他的同胞面前的尊严，因此，为了维护他的更大的尊严，就必须有更大的支出。总督或市长的官邸的华丽程度自然不能与国王的王宫相提并论。

本章结论

保卫社会的开支，维护元首尊严的开支，都是为了整个社会的共同利益所做的开支。所以，二者由整个社会的一般收入来支付是合理的，所有的社会成员也应该尽可能地根据他们的能力对社会的一般收入做出贡献。

司法行政支出无疑也可以被看做是为了整个社会的利益所做的开支。所以，它由整个社会的一般收入来支付并没有什么不合适。可是，引起这种开支的人，是那些由于其不公正行为使得他人必须向法庭寻求赔偿或保护的人。而从这种开支获得最直接的利益的人，则是由法庭恢复了他们的权利或保护了他们的权利的人。因此，司法行政支出由他们双方或一方来支付（视不同的情况而定）最为妥当，即是说由法庭手续费来支付。除非罪犯自身没有足够的财产或资金支付这种手续费，否则，这项费用是无需动用社会一般收入的。

为了地方利益或省份利益所做的地方性支出或省份性支出（例如，维持某个城市或地区的警察所需的费用），应当由地方收入或省收入来开支，不应成为社会一般收入的负担。为了社会局部的利益，而增加社会全体的负担，这是不公平的。

维持良好的道路交通，无疑对整个社会有利，所以，其费用由整个社会的一般收入来支付并无不当。不过，从这些设施得到最直接的好处的人，是那些在各地之间运输货物的人，以及消费这些货物的人。所以，英格兰的道路通行税和欧洲其他国家所谓的路捐和桥捐，使这项开支完全由这两种人承担，从而使社会的一般收入减轻了一大负担。

教育机构和宗教指导机构的开支无疑也一样对整个社会有利，因而也可以由整个社会的一般收入来支付，这没什么不妥。但是这种支出如果完全由那些直接从这种教育和指导中得到益处的人支付，或由认为自己可能会需要这种教育或指导的人自愿捐献来支付，也是同样合适的，甚至还更有利。

如果对整个社会有利的机构或公共工程不能由那些从中获得最直接的好处的人维持，那么，在大多数情况下，差额就必须由整个社会的一般收入来弥补。因此，社会的一般收入，除支付国防费用及维护君主尊严的费用外，还必须弥补许多特定收入项目上的不足。这种一般收入或公共收入的来源，我将力图在下章予以说明。

第二章　论一般收入或公共收入的来源

国家收入除了要负担国防费用和维护君主尊严的费用之外，还要负担宪法未规定由某项特定收入支付的其他必要的政府开支。这些收入可以从以下两个渠道获得：第一，专属君主或国家、与人民的收入无关的某种资源；第二，来自人民的收入。

第一节　专属于君主或国家的资金或收入来源

专属于君主或国家的资金或收入来源，由资本或土地构成。

与其他任何资本所有者一样，君主利用其资本获得收入的方式有两种：一种是自己使用资本，一种是把资本贷给别人。他从前一种情况获得的收入为利润，从后一种情况获得的收入为利息。

鞑靼或阿拉伯酋长的收入都是利润。他们是本集团或本部族的主要畜牧者，他们亲自监督管理饲养牲畜，其收入主要来自他们的牲畜的繁殖和产奶。可是，只有在这种最初期、最原始的政府状态下，利润才构成君主制国家公共收入的主要部分。

小共和国有时可以从商业项目的利润中获得很可观的收入。汉堡共和国有一笔不小的收入据说就来自国营酒窖和国营药店。如果统治者有闲暇从事酒或药的生意，那个国家当然不会很大。对于更大一些的国家而言，国营银行的利润是一个收入来源。不仅汉堡如此，威尼斯和阿姆斯特丹也是这样。许多人认为，就连英国这样大的一个帝国，也不容忽视这种收入。按英格兰银行的普通股息 5.5%、资本 1078 万镑计算，在支付管理费用后，每年的净利润据说应为 59.29 万镑。假如政府可以用 3% 的利息把这项资本借过来，自己来管理银行，则每年可得到 26.95 万镑的净利润。不过，经验表明，像威尼斯和阿姆斯特丹那种贵族政治下的有秩序的、谨慎的、节约的政府，才适合管理这种商业企业，而像英格兰这样的政府，能否将这样一种企业的管理放心地托付给它，是大可怀疑的——英格兰政府虽然具有各种优点，但从未以善于理财而著称；在和平时期，它的君主政治容易造成怠惰和疏忽，产生浪费；在战争时期，它的民主政治又容易使得人们不做长远考虑，同样产生浪费。

邮局也是一种商业企业。政府事先投资设立各地的办公场所，购买或租用必要的马匹和车辆，然后从所运物品收取的邮费中获得丰厚利润。我相信，这可能是各类政府唯一经营成功的商业企业。预先投入的资本不是很大，其业务也没有什么秘密，收益不但确定，而且迅速。

但是，君主们也常常经营许多其他的商业项目，他们像普通人一样，想通过成为一般商业领域里的冒险家来改善自己的财产状况，但他们很少能成功。君主经营业务时经常出现的浪费，使得他们几乎不可能成功。君主的代理人以为主人的财富是无穷无尽的，他们不关心货物以何种价格买进，以何种价格售出，也不关心从一地向另一地运输货物的费用是多少。这些代理人过着与君主们一样的富裕生活，有时即使有浪费，他们也可以用恰当的方法捏造账目，得到君主们的财产。据马基雅维利所说，梅迪西斯的洛伦佐并不是一个无能的君主，而他的代理人就是这样经营他的商业的。佛罗伦萨共和国不得不好几次偿还这些代理人的浪费使他卷入的债务。因此，他放弃了他的家族赖以发家的经商事业，在其后半生，他把剩下的财产以及可由他支配的国家收入都投入到了更适合于他的地位的事业和用途。

从来没有两种性格像商人性格和君主性格那样互不相容。如果说英格兰东印度公司的商业精神使得他们成为极坏的君主,那君主精神似乎也使得他们成为极坏的商人。当他们仅仅是商人的时候,他们把自己的商业经营得很成功,能从利润中支付给股东不错的红利;自从他们成为当地的统治者以后,虽说还有300万镑以上的收入,却仍然要乞求政府的特别援助以避免破产。在前一种情况下,该公司在印度的职员都把自己看做是商人的伙计;在目前的情况下,他们却视自己为君主的钦差。

一个国家也可以从货币的利息得到一部分公共收入,就像从资本的利润得到这种收入一样。如果国家积累了一笔财富,就可以将其中的一部分贷与其他国家,或贷与自己的臣民。

伯尔尼州通过将一部分财富贷与外国——也就是说,通过购买欧洲各国的公债,主要是法国和英国的公债——获得了很大的收入。这种收入的安全性依存于,第一,所投资之公债的安全性,或者说管理该公债的政府的信用;第二,与债务国保持长期和平的确定性或可能性。如果发生战争,债务国方面最先采取的敌对行为恐怕就是取消债权国的债权。就我所知,向外国贷出货币的政策是伯尔尼州所独有的。

汉堡市设有一种公家当铺,将钱贷与有抵押品的本国臣民,收取6%的利息。据说,这种当铺向国家提供了15万克朗的收入,按每克朗4先令6便士计算,合33750英镑。

宾夕法尼亚政府没有积累财富,但它发明了一种向国民贷款的办法,不是用实际的货币,而是用一种货币等价物。国民要获得这种证券,须以两倍价值的土地作担保,并要支付利息。此证券规定十五年赎回,在赎回以前,可以像银行券一样在市面上流通,而且由议会法律宣布为本州一切居民之间的法币。节俭而有秩序的宾夕法尼亚政府可以从这种证券的发行中获得一笔不大不小的收入,足以支付该政府每年约4500镑的全部普通支出中的一大部分。这种权宜之计的成功与否必然依存以下三种情况:第一,对金银货币以外的交易媒介的需求,或者说,对必须将很多金银送往国外才能购得的消费品的需求;第二,采用这种权宜之计的政府的良好信用;第三,发行这种证券的时候要适度,信用证券的价值不能超过在没有这种证券时流通中所需金银的全部价值。美洲的其他几个殖民地也曾在其他场合实行过这种政策,但由于缺乏这种适度,多数是造成的混乱多于便利。

可是，资本和信贷具有不稳定、不持久的性质，这使得它们不适于作为能给予政府以安全和尊严的那种确实的、稳定的、恒久的收入的主要来源。一切已经越过游牧阶段的大国政府，其大部分的公共收入都不是得自于上述来源。

土地是具有更稳定、更持久的性质的资源，因此，公有土地的地租是早已越过游牧状态的许多大国公共收入的主要来源。古代希腊和意大利的各共和国，在很长时间内就是从公有土地的产物和地租中获得了大部分用来支付国家必要开支的收入。以往欧洲各国君主的大部分收入在很长时间内也是来自于王室土地的地租。

在近现代，战争和为战争做准备这两件事情占用了所有大国大部分的必要开支。但是在古希腊及意大利各共和国，每一个公民都是战士，服役和为服役做准备都是自己承担费用。所以，在这两件事情上，国家无需支出很多的费用。一宗不太大的地产的地租，就足以支付政府其他所有的必要支出。

在欧洲古代君主国中，当时的风俗习惯就是使人民大众对于战争有充分的准备；当他们走上战场时，他们根据各自所属的封建领地的条件，或是自己承担费用，或是由直属领主承担费用，无需君主增加新的开支。而政府的其他费用，大部分都非常有限。司法行政不仅不会成为开支负担，反而成为收入来源。乡村人民在收获之前和收获之后各要提供三天劳动，这被认为是一种资源，足以用来建造和维修国家商业所需要的所有桥梁、道路和其他公共工程。在当时，君主的主要费用似乎就是他的家庭和宫廷的维持费。因此，他宫廷里的官吏，在当时就是国家的官员。财政大臣替他收租。内务大臣管理他的家庭支出。治安大臣和警卫大臣管理他的厩舍。他的房子通常是城堡形式，看起来就是他所拥有的主要要塞。这种城堡的守护者可以被看做卫戍总督，他们似乎是君主在和平时期所必须维持的仅有的军事官员。在这种情况下，一笔大地产的地租通常就可以负担政府一切必要的开支了。

而欧洲大多数文明君主国的现状是，即使全国土地都属于一个人，从这土地上产生的全部地租，也达不到即使是和平时期征收自人民的正常收入，即是说，达不到政府的正常开支需求。例如，英国政府的正常收入，不仅要包括当年的必要开支，而且还要支付公债利息及清偿一部分公债，加起来每年要达到1000万镑以上。但是，这其中，土地税每年还不到200万镑。而这土地税的来源，不仅是从全国所有的土地地租中抽取1/5（每镑地租抽4先令），而且还要从所有的房屋租金中和资本利息中抽1/5（也是每镑抽4先令），免纳此税的资本，只有贷给国家的资本或用于土地耕作的农业资本。土地税中有相当一部分是来自于房屋租金和资本利息。例如，伦敦市的土地税，按每镑征四先令计，共达 123399 镑 6 先令 7 便士；威斯敏斯特市的土地税为 63092 镑 1 先令 5 便士；白厅宫及圣詹姆斯宫的土地税为 30754 镑 6 先令 3 便士。还有一部分的土地税也是按照相同的方式向国内其他大小城市课征的，这些城市里的土地税几乎全都出自房屋租金或商业资本和借贷资本的利息。因此，按照英国的土地税的数额推算，全英国的土地地租、房租和资本（贷给政府及用于耕作的资本除外）的利息各项收入的总额不会超过 1000 万镑，也就是说不超过英国政府在和平时期征收自人民的正常收入。当然，英国每年为征收土地税而对各种收入所作的估计，总的来看应该是大大低于真实价值的，虽然在某几个郡和地区据说估值差不多等于真实价值。有许多人估计，不算房租和资本利息，单单土地地租一项每年总额就应当有 2000 万镑。这种估计很大程度上是随意做出的，我觉得可能高于实际情况。但如果在目前的耕作状态下，英国的全部土地所提供的地租还没有超过每年 2000 万镑，那么如果这些土地全都属于一个地主，置于他的代办人和代理人的疏忽、浪费和专横的管理之下，收到的地租很可能达不到 2000 万镑的一半，甚至连 1/4 可能都难以达到。英国王室的土地现在所能提供的地租，可能就不及这土地在分属私人所有的情况下所能提供的 1/4。如果王室领地更为广大，那它们的管理或许还要更坏。

人民从土地中获得的收入，不是与土地地租成比例，而是与土地的产物成比例的。除了留作种子的以外，一国土地的全部年产物，就是人民每年所消费的或用来交换其他消费品的东西。无论什么原因使得土地产物减少，它使人民的收入所减少的程度总是大于它使地主们的收入减少的程度。在英国，土地的地租，即归于地主的那部分产物，在任何地方都不超过全部产物的 1/3。如果在某种耕作状态下，土地一年能提供 2000 万镑的地租，地租是全部产物的 1/3，而在另一种耕作状态下，土地只能提供 1000 万镑的地租，地租也是全部产物的 1/3，那么，两相比较，地主们所受的损失只是 1000 万镑，而人民的收入所受的损失则达 3000 万镑（播种的种子不考虑在内）。国家人口减少的数目，就是每年 3000 万镑（扣除种子）根据不同阶层人民的具体生活方式和花费方式所能维持的人数。

虽然现在在欧洲没有任何一类文明国家从国有土地的地租中获取大部分的公共收入，但在欧洲所有的大君主国，王室仍然拥有大片的领地。这些领地一般都是御猎场，但在这些土地上，有时候你走几英里都看不见一棵树。从产物和人口两方面来说，它们都只是荒地，是国家的损失。在每一个欧洲大君主国，出售王室土地都可得到一笔很大的资金，如果用来偿还国债，则可从收回的抵押资源中获得一笔比这种土地过去为王室所提供的更大的收入。在土地和耕种高度改良、出售时能产生丰厚地租的国家，土地一般按照相当于30倍年租的价格出售，而未改良、未耕种、地租低的王室土地，预计会按相当于40倍、50倍或60倍年租的价格出售。王室可以立即享受以这巨大价格赎回抵押资源后所带来的收入。而在几年之中，他们可能还会享受到另一笔收入。当王室土地变为私有财产时，在几年之间就会得到很好的改良和耕种。这些土地的产物一增加，就会增加人民的收入和消费，也会增加国家的人口。而王室从关税和消费税得到的收入，必然随着人民收入和消费的增加而增加。

在文明君主国，王室从其领地所获取的收入，虽然看起来不增加人民个人的负担，但这一收入让社会付出的代价，可能比国王享受的其他任何同等收入让社会付出的代价都大得多。所以，为了社会的利益考虑，应当用某种其他的收入去代替王室的这种收入，将这些土地分配给人民，而最好的办法也许就是向人民公开出售。

用于游乐与观赏的土地，如公园、花圃、散步场所等等，一般都看做是支出的原因而不是收入的来源。在大的文明君主国，这种土地似乎是应当属于王室的唯一土地。

因此，专属于君主或国家的两种收入来源——公共资本和公共土地，作为支付文明大国必要费用的资源是既不适当也不充分的；这种费用的大部分必须由各种税收来支付，换言之，人民必须从自己私人的收入中拿出一部分来上缴给君主或国家，以弥补公共收入。

第二节　论赋税

在本书第一篇已经表明，个人的私人收入最终总是来自于三个不同的来源：地租、利润和工资。每一种赋税，最后必定是由这三种收入来源之一支付，或由它们不加区分地共同支付。我将尽我所能地对以下各点做出清楚的说明：第一，打算对地租课征的税；第二，打算对利润课征的税；第三，打算对工资课征的税；第四，打算不加区分地对这三项私人收入课征的税。由于要分别研究上述四种赋税，因此本章第二节将分为四项，其中三项还得进一步细分。从接下来的论述中可以看出，许多赋税最初是打算加于某项收入来源的，结果却并不是由这项收入来源支付。

在我着手考察各种赋税之前，有必要先说明关于一般赋税的四个原则。

（一）每一个国家的国民都应该尽可能地按照各自能力的大小，即是说按照他在国家保护下所获得的收入的比例，对维持政府做出贡献。一个大国政府的支出对于每个个人而言，就像一宗大地产的管理费对于这宗地产的共同承租人而言一样，每个承租人都应当按照各自在地产中的利益的大小来对管理费做出贡献。所谓赋税的平等或不平等，就看是遵守还是忽视这条原则。无需多说，一个国家的赋税如果仅由上述三种收入来源之中的一种来源负担，而其余两种不受影响，那必然是不平等的。在下面对各种不同的赋税进行考察时，我不会更多地关注这种不平等；在大多数案例中，我将只考察由于某种赋税不平等地落在它所影响的特定私人收入上面而引起的那种不平等。

（二）每个国民必须缴纳的赋税应当是确定的，不能是随意决定的。缴纳的时间、方式和数额，对每一个纳税者及所有其他人都应当是清楚明白的。否则，每个纳税人就会或多或少地为税吏的权力所左右，税吏会乘机向其讨厌的纳税者加重税额，或以加重税额为恐吓，勒索礼物或贿赂。赋税的不确定会鼓励税吏的专横，促进他们的腐化，导致这一类人到哪里都不受欢迎，即使他们并不专横或腐化，也会是这样。在课税中，每一个人纳税的确定性是一件极为重要的事情，从所有国家的经验来看，我相信，极大程度上的不平等也不及极小程度上的不确定的危害那么大。

（三）各种赋税征收的日期和方式应当为纳税者纳税提供最大的方便。地租税或房租税应在通常支付地租或房租的同一时期征收，因为这样安排对纳税者最为便利；或者说，这个时期他最有钱纳税。对作为奢侈品的消费物品所课之税，最终都是由消费者支付的，通常也应采取对他十分便利的方式。他可以在每次购买这类商品时缴纳少许赋税。他有购买或不购买的自由，如果他因为这种赋税的征收而感到困难，那就是他自己的问题。

（四）每种赋税的征收应有所安排，尽可能地使从人民那里征收到的钱或者人民损失的钱不要多于最终国家得到的税收。如果从人民那里所征收的钱或人民所损失的钱远多于国家最终的税收，一般是下面四个方面的原因：第一，征税可能使用了大批官吏，他们的薪水吞掉了大部分的税收，而他们索取的礼金或贿赂对人民则是一种额外增加的负担。第二，它可能妨碍了人民的勤劳，使人民对那些会给许多人提供生计和职业的事业裹足不前，并使本来可以投入这些事业的一些资金缩减乃至消耗一空。第三，对于不幸的逃税未遂者施以没收财产或其他处罚，常常使他们破产，因而社会便失去了由使用他们的资本所能获得的利益。赋税的不明智是逃税的巨大诱因。但对逃税的惩罚又势必随着引诱的增强而增强。这样的法律首先造成了引诱，然后又在本该减轻赋税的情况下按照引诱的大小惩罚逃税的人，这是与一般的司法原则相反的①。第四，税吏频繁的造访以及令人讨厌的稽查常使纳税者遇到许多不必要的麻烦、困扰和压迫。虽然严格地说这种烦扰并不是支出，但如果人民宁愿付钱摆脱这种烦扰，它就的确等于是一种支出。总之，赋税之所以常常给人民造成的负担多于给君主带来的好处，不外乎上述四种原因。

上述四条原则，道理明显，作用显著，每一个国家或多或少都注意到了。它们都从各自的判断出发，尽可能地设法使税收和预先设计的一致，在纳税时间和纳税方式上对纳税人尽可能确定和方便，并参考他们各自的赋税比例，尽可能避免给人民增加更多的负担。但下面对于各时代各国家的主要赋税的简短述评，将表明各国在这方面的努力并未取得相应的成功。

第一项 租金税、土地地租税

对土地地租课征的赋税有两种征收办法，第一，按照某种标准，给不同地区分别评定出一定的地租水平，评定之后就不可以变更；第二，也可以使税额随土地实际地租的变化而变化，随土地耕种的改善或恶化而有增有减。

如果每个地区按某种固定的标准评定土地税——像英国的土地税那样——那么，这种税即使在设立之初是平等的，也必然会随着时间的推移、随着各地耕作上不同程度的改良或懈怠而变得不平等。在英格兰，由威廉和玛丽第四年的法律所设定的各郡和各教区应课征的土地税甚至在设定之初就是不平等的。因此，这种赋税违反了上述四原则的第一条。但它完全符合其他三条。它是完全确定的。纳税的时间就是交租的时间，对纳税人是极方便的（虽然在所有的情况下地主都是实际纳税人，但税款一般都是由佃户先垫交，地主在收取地租时，再减去这一部分）。这项赋税征收时使用的官吏，比能提供差不多相同收入的任何其他赋税征收时使用的官吏都要少。由于一个地区的税额不随地租的增加而增加，君主并不分享地主从土地改良中所得的

---

① 参阅《人类历史纲要》，1774年，作者亨利·霍姆（凯姆斯勋爵），第一卷。这位作者在所引述的地方提出了6条课税的"一般原则"：1."在有机会走私的地方，赋税应当适中。" 2."应当避免征收费用高昂的赋税。" 3."应当避免不确定的赋税。" 4."通过免除穷人的负担和使富人承担负担来纠正赋税的不平等。" 5."应当极力拒绝每一种造成国家贫困的赋税。" 6."应当避免要求纳税人宣誓的赋税。"

利润。这种利润有时诚然会造成同一地区内其他地主的破产，但剩下的地主因此而需要增加缴纳的赋税总是很少的，不会阻碍土地的改良，也不会使土地产物的产量降到本来会有的水平以下。由于它没有减少产物产量的趋势，它也不会有提高产物价格的趋势。所以它不会阻碍人民的勤劳。地主除了纳税的不可避免之外，也不会因此有其他不便。

不过，英国的地主由于土地地租的估值不变而获得的好处，主要是由于与赋税的性质无关的某些外部状况。

自从英国建立土地评估制度以来，部分地由于国家的几乎每个地区都得以繁荣，几乎所有地产的地租都在持续增加，而鲜有下降。因此，几乎所有地主都因为地租估值不变而赚到了按照现有地租应该多缴的那部分赋税。假如国家的状况有所不同，假如地租由于耕种的恶化而逐渐下降，那地主们的情况则会相反。在英国大革命后，地租评估的不变性就对地主有利，对君主不利；换一种情况的话，则可能会对君主有利，对地主不利。

由于赋税是以货币缴纳的，所以对土地的估价是以货币表示的。自从这种评估确定以来，银价一直很固定，铸币的法定标准在重量或纯度方面都没有什么改变。假如银价显著上升，像在美洲银矿发现以前的两个世纪里那样，那估价的确定性将使地主很吃亏。如果银价显著跌落，像在美洲矿产被发现之后至少一个世纪里那样，则估价的确定性会让君主的这部分收入减少许多。假如货币标准有重大改变，同等重量的白银，或被降低面额，或被提高面额——例如，1盎司白银，原来铸成5先令2便士，现在铸成2先令7便士，或铸成10先令4便士——那么，在前一种情况下会损害地主的收入，在后一种情况下会损害君主的收入。

所以说，只要环境发生了变化，这种估价的固定性要么会给纳税人造成巨大不便，要么会给国家造成巨大不便。而在时代的变迁中，这种环境的变化在某个时候是必定会发生的。但各个帝国虽然像人类所有的其他创造物一样，迄今证明全都是要灭亡的，它们却总是想要永远存在下去的。所以，每一种想要和帝国一样永久的制度，不仅应当在某些特定的环境中是方便的，而且应当在所有的环境中都是方便的；或者说，不仅应当适合那些短暂的和偶然的环境，而且也要适合必然的、因而总是相同的环境。

地租税随地租的变化而变化，即随着耕作的改善或懈怠而增减，这被法国的称自己为经济学派的那些学者推崇为最公平的赋税。他们认为，一切赋税最终都要落在土地地租上，因此对土地地租的课税应该平等。说所有的赋税应该尽可能平等地落在承担这些赋税的最终源泉上,这肯定是对的。但是他们用来支持自己的非常微妙的理论的,是形而上学的论证,我们不必进行这种令人不快的讨论,以下的评论足以说明,何种赋税最终出自地租,何种赋税最终出自其他资源。

在威尼斯境内,一切以租约形式交与农夫的可耕土地,都是从地租中征收 1/10 的税。租约要在各省或各地区赋税官所保管的公证记录中登记。如果地主自己耕地,其地租由官吏公平估价,并可以扣减税额的 1/5,因此对这种土地地主只按所估价地租的 8% 而不是 10% 纳税。

这种土地税肯定比英格兰的土地税更加公平。但它或许没这么确定,而税额的评估也可能会常常给地主带来很大的麻烦。它在征收上也可能要耗费更多的费用。

不过,也许可以设计一种管理制度,在很大程度上防止这种不确定和减少这种费用。

比如,可以规定地主和佃户必须共同在公家登记簿上登记他们的租约。如果有隐瞒或伪报出租条件的,可以处以适当的罚金;如果将罚金的一部分给予揭发或证实此情形的一方,那么就可以有效地防止地主和佃户合伙骗取公家的收入,而租约中的所有条件都可以从这种登记簿里完全了解到。

有些地主在重订租约时不是提高租金,而是收取续租费。这种行为一般是挥霍者的做法,他们为了获得一笔现金而放弃了价值要大得多的未来收入。所以,在大多数情况下,这种行为是有害于地主的。它常常有害于佃户,也总是有害于国家。它常常从佃户那里夺走那么大一部分资本,从而使他耕种土地的能力减少那么多,以致他最后只能支付一小笔地租,而他本来是可以支付更多的。凡是降低他的耕种能力的事情,必然会使社会收入的最重要部分降低到它本来会有的水平以下。如果对这种续租费课以比普通地租税更重的税,就可能阻止这种有害的做法,这对所有有关各方,对地主、对佃户、对君主、对整个社会都有很大的好处。

有些租约向佃户规定整个租佃期间必须采用一定的耕种方式、轮种一定的作物。这种条件一般是由于地主自负有优越的知识(在大多数场合,这种自负都是毫无根据的)所产生的结果,应该被看成一种额外的地租,只不过是用劳务支付,而不是用货币支付。为了阻止这种做法(这一般是愚蠢的做法),对这种地租应该估值高一些,从而对它课的税比普通货币地租重一些。

有些地主不收取货币地租,而要求以谷物、牲畜、家禽、酒、油等实物支付地租；有些地主则要求以劳务支付地租。这种地租对佃户的害处总是多于对地主的好处。它们从前者那里收取的或者让他们损失的，总是比后者得到的更多。在每一个实行这种办法的国家，佃户总是穷困潦倒的，实行的程度越高，穷困就越严重。以同样的方式，对这种地租估价高一些，从而对它课的税比普通货币地租重一些，或许可以有效地阻止这种对整个社会有害的做法。

当地主亲自耕作一部分土地时，可以根据邻近的农户和地主的公正判断来估定地租的价值，并给予他适当的减税，只要他所占用的土地的地租不超过一定的数额，像在威尼斯境内所做的那样。重要的是应当鼓励地主耕种一部分自己的土地。他的资本一般比佃户大，技能虽较差，却常能提供更多的产物。地主有能力进行实验，一般也愿意进行实验。实验不成功只对他自己有不大的损失。实验成功，就能对整个国家的土地改良和良好耕种做出贡献。可是，重要的是，减税的幅度应该只鼓励他耕种一定限度的土地。如果大部分的地主被诱使去耕种他们的全部土地，那么，国家就会充满懒惰和浪费的地主管家（为自身利益而不得不在自己的资本和技术所允许的范围内尽力耕作的审慎和勤勉的佃户，将会被这些地主管家所代替），他们胡乱的经营不久就会使耕种质量降低，使土地的年产量缩减，不仅使他们的主人收入减少，而且使整个社会最重要的那部分收入也减少。上述这些管理制度或许能使这种赋税摆脱由于不确定性而给纳税人造成的压迫或不便，同时也可能在土地的日常经营中引进一种对全国的土地改良和耕作改善大有好处的计划或政策。

征收随地租变动而变动的土地税，其费用无疑会比征收固定标准的土地税的费用高一些。征收这种土地税需要在全国各地设置登记机构，有时候还要对地主自行耕种的土地进行评估，这两者都需要额外的支出。不过，这些费用并不算大；其他一些赋税的征收费用比这要多得多，还不能这么容易地带来这么多收入。

对这样一种可变土地税可能提出的最重要的反对理由，似乎是它会妨碍土地改良。君主对改良的支出没有做出贡献，却分享它的利润，地主肯定不会那么愿意进行改良。不过，这个问题或许可以这样来解决：在地主着手改良之前，允许他和税务官一起，根据双方平等选出的一定数目邻近农户和地主的公正判断，确定他的土地的实际价值，然后在一定年限内只按照这种评估课税，使其为改良所支出的费用可以完全得到补偿。这种土地税的一个主要好处就是可以使君主从只关心自己的收入的增长，转向关心土地的改良。

因此，为补偿地主的支出所设定的年限只要能达此目的就好，不宜定得过长，以免君主因为利益太远而失去对改良的关心。可是，与其定得太短，仍不如定得长一些。君主再关心，也弥补不了地主们最小的灰心。君主关心，最多也只不过是对如何在他的大部分领土内促进改良进行泛泛的考虑，而地主关心，则会对如何最有利地使用他的地产上的每一寸土地进行具体的和仔细的考虑。君主应该关心的是用他权力范围内的一切手段，去鼓励地主和农夫；让他们用自己的方式、根据自己的判断去追求自己的利益；给予他们享受自己劳动的全部报酬以最完全的保障；并且，为了让他们的每一部分产物都获得最广阔的市场，在他自己领土内的每个地区建立最方便最安全的水陆交通，并确立最不受限制的向其他国家出口的自由。

如果这样的管理制度能使这种土地税不但不会阻碍土地改良，反而可以促进土地改良的话，那这种土地税就不会使地主感到什么不便了，要说有，那就是无可避免的纳税义务了。

不论社会的状况如何变化，不论农业是进步还是衰退，也不论白银价值和铸币标准如何变化，这样一种赋税不必政府加以关注就能很容易地自行适应实际情况，而且在所有的变动中保持公平和公正。因此，它比总是按照某种固定的评估来课征的土地税更适于作为一种永久的和不变的规定来建立，或者说作为所谓国家基本法来建立。

有些国家不是采用简单明了的登记租约的办法，而是采用对全国土地进行实际测量和评估这种费钱费力的办法。他们或许是担心，出租人和承租人为了诈取公共收入，可能联合起来，隐瞒租约的真实条件。《英格兰土地勘查记录书》似乎就是这种非常准确的测量的结果。

在古代的普鲁士王国，土地税是按实际测量和评估结果课征的，但隔一段时间这种结果就要重新评定。根据这种评估，世俗地主按收入的20%到25%纳税，教士按40%到45%纳税。西里西亚土地的测量和评估是按照当今国王的命令进行的，据说十分精确。根据这种评估，布勒斯洛的主教的土地按地租的25%课税，新旧两教的教士的土地按地租的50%课税；条顿骑士团采邑和马耳他骑士团采邑按40%课税，贵族保有地按38.33%课税，平民保有地则为35.33%。

波希米亚的土地测量和评估工作据说进行了100多年，直到1748年的和平之后，根据现今女王的命令才得以完成。米兰公国的测量从查理六世的时候开始，直到1760年之后才完成。这次测量被誉为前所未有的精准测量。萨沃伊和皮德蒙特的测量则是在已故的萨迪尼亚国王的时代就开始了。

在普鲁士王国，对教会收入课税比对世俗地主课税高得多。教会的收入大部分来自土地的地租，但他们的收入很少用于土地改良，或用来在任何方面对增加人民大众的收入做出贡献。普鲁士国王或许因此认为，教会对国家的紧急费用承担得更多一些是合理的。但在有些国家，教会土地是免缴一切赋税的。在另外一些国家，对教会土地的课税则比其他土地轻得多。在1575年以前，米兰公国的教会土地就只按其价值的1/3纳税。

在西里西亚，向贵族保有地征收的税比向平民保有地征收的税要高出3%。这种差异或许是由于普鲁士国王觉得，前者既然享有种种荣誉和特权，就可以抵偿他略高的赋税负担，同时后者的卑微屈辱也可以由减轻赋税负担得到几分缓解。而在其他国家，赋税制度不是减轻，而是加重这种不平等。在萨尼迪亚国王的领地，以及在法国征收所谓贡赋的各省，其赋税全由平民保有地负担，贵族保有地反而可以得到豁免。按照全面的测量和估价而征收的土地税，不管在起初是多么平等，实行不了多久之后也必然变得不平等。为了防止它变成这样，政府不得不对国内每个农场的状态和产量的所有变化费神加以持续的关注。普鲁士、波希米亚、萨迪尼亚和米兰公国的政府都曾不得不这样做。这种关注与政府的性质非常不相符，因此不可能持续很长时间，即使持续下去了，它给纳税者带来的麻烦和困扰可能也多于它给他们带来的帮助。

1666年，蒙托班课税区所征收的贡税据说是以极精确的测量及评估为准的。到1727年，这种评估已变得完全不公平了。为解决这个问题，政府除了对全区追加征收12万利弗的附加税之外，再也找不出其他较好的办法。按规定这项附加税应针对一切依照旧标准征收贡税的税区征收，但事实上只向依照旧标准课税过低的地区征收，并以此补贴依照旧标准课税过高的地区。比如，两个地区，一个按实际情况应缴纳900利弗，另一个按实际情况应缴纳1100利弗，但按旧的标准，二者都是缴纳1000利弗。在征收附加税后，两者的税额本应都是1100利弗，但这种附加税只向课税过低的地区即后一地区征收，而前一地区则得此补偿，只需缴纳900利弗。政府从附加税上既无所得，也无损失，这种税完全只是用来补救因旧评估所产生的不平等。不过这种办法的使用多是依据税区行政长官的命令，因而在很大程度上一定是独断专行的。

不与地租成比例而与土地产物成比例的土地税

对土地产物课征的赋税实际上就是对地租课征的赋税，这种税虽然最初是由农民垫付，但最终仍由地主负担。当一定比例的农产品被作为赋税支付时，农民必定会尽可能地计算出这一部分产物在当年的价值，然后从同意付给地主的地租中扣除相应的数目。没有一个农民不预先计算支付给教会的什一税（什一税就是以农产品支付的）在当年的价值是多少。

什一税，以及每一种其他的这类土地税，从表面看似乎十分公平，实际上却非常不公平。在不同的条件下，一定比例的农产品在地租中所占的比例非常不同。在某些非常肥沃的土地上，产量很大，其中一半就能补偿农民在耕作中使用的资本和一般利润。另一半产物，或者说另一半产物的价值（二者是一回事），如果没有什一税，他就可以支付给地主作为地租。如果他的产物被拿走 1/10 作为什一税，那他就一定会要求减少地租的 1/5，否则他就无法收回资本连同普通利润。在这种情况下，地主的地租就不是全部产物的一半或 5/10，而是 4/10。与之相反，在比较贫瘠的土地上，土地的产量有时很小，而耕种费用很高，农民要用全部产物的 4/5 才能补偿耕种资本和一般利润。在这种场合，即使没有什一税，地主得到的地租也只不过是全部产物的 1/5 或 2/10。但如果农民再用全部产物的 1/10 来缴纳什一税，而且要求从地租中扣除相同的数额，那地主所得就只剩下全部产物的 1/10 了。也就是说，在肥沃的土地的地租中，什一税有时只抽取 1/5，或每镑 4 先令；而在贫瘠的土地的地租上，什一税有时要抽取 1/2，或每镑 10 先令。

由于什一税通常是一种对地租课征的非常不公平的赋税，所以它是对地主改良土地和农民耕种土地的一大挫抑。当教会不负担改良和生产费用的任何部分，却要分享利润的如此大的份额之时，地主不会去进行最重要但也是最费钱的改良，农民也不会去生产最有价值但也是最费钱的谷物。由于什一税，茜草的栽培在长时期内仅限于荷兰联邦，那是一个长老制教会国家，没有这种破坏性的赋税，它在欧洲独占了这种有用的染料的生产。最近英格兰也开始栽培茜草了，那是因为议会法律规定，种植茜草每亩只纳税五先令，以代替什一税。

正如欧洲大部分地区的教会一样，亚洲许多国家的主要收入都依靠征收不与土地地租成比例而与土地产物成比例的土地税。在中国，君主的收入主要由国家全部土地产物的 1/10 构成。不过，对这所谓的 1/10 所做的估计是相当宽松的，据说在许多省份其实不超过一般产物的 1/30。印度在英格兰东印度公司统治以前，孟加拉政府所征收的土地税据说大约为土地产物的 1/5。古代埃及的土地税据说也是 1/5。

亚洲的这种土地税使亚洲的君主们都关心土地的耕作及改良。中国的君主、孟加拉君主以及古代埃及的君主据说都十分留意建设和维护公路及运河，以便为每一部分土地产物提供自己国内所能提供的最广大的市场，尽可能地增加它们的数量和价值。而教会的什一税要分成许多小部分，每一部分的所有人没有一个会有这样的兴趣。教区的牧师决不会发现修建通向国内偏远地区的道路和运河以扩大他自己教区产物的市场会对他有什么好处。因此，如果这种赋税用来维持国家，它所带来的某些益处尚可在某种程度上抵消其所带来的不便；若用它来维持教会，那么除了不便以外，根本就没什么益处可言。

向土地产物课征的赋税，可以征收实物，也可以按一定的估价收取货币。

教区牧师或住在自己田庄里的小产业绅士，或许会觉得以实物来收取什一税或地租更好。收取的数量不多，针对的区域又小，他们可以亲自监督收取的落实。而一个住在大都市的大产业主，如果他的位于遥远省份的地产的地租也以实物来收取，他就可能因为他的代办人或代理人的玩忽职守——更可能的是欺骗——而遭受损失。君主由于他的征税人员的营私舞弊和巧取豪夺而遭受的损失当然还要大得多。最疏忽大意的私人产业主也比最小心谨慎的君主更能监管到他的仆人；公共收入如果以实物来收取，那最后收到国库的肯定会由于税吏的乱来而只占人民所缴纳的一小部分。然而，中国的一部分公共收入，据说就是这样征收的。官员和税吏无疑感到继续实行这种纳税方式对他们有好处，因为征收实物比征收货币更容易舞弊。

如果土地产物税以货币缴纳，可以按照随市场价格变动而调整估价，也可以保持一种固定的估价，例如对每一蒲式耳小麦总是按同一货币价格估价，无论市场状况如何。按照第一种方式征收的税额，随耕作的改良或懈怠对土地实际产物的影响而变动；按第二种方法所征收的税额，就不但随土地产物的变动而变动，而且会随贵金属价值的变动以及同一面额的铸币在不同的时代所含贵金属数量的变动而变动。因此，第一种方法征收的税额和土地实际产物的价值总是保持着相同的比例，而第二种方法所征收的税额与土地实际产物的比例在不同的时期会非常不同。

不用一定比例的土地产物或一定比例土地产物的价格，而用一定数量的货币，来代替所有土地税或什一税，那就是英格兰收取土地税的做法。这种税，既不会随土地地租的变化而变化，也不会鼓励或妨碍土地改良。许多教区不以实物而以货币征收什一税，就是这种做法。在孟加拉政府治下，印度大部分地区据说是以相当低的货币额来代替向农产品征收 1/5 的实物。此后，东印度公司的某些人员借口把公共收入恢复到它应有的价值，在一些省份里把货币付税改为实物支付。可是，在他们的管理下，这种改变既挫抑了耕作，又使公共收入的征收上出现了新的舞弊机会，结果据说赋税收入大大低于他们接管时的水平。公司人员或许从这种改变中得到了好处，但这是以牺牲他们主人的利益和牺牲那个国家的利益为代价的。

房租税

房屋的租金可以分成两部分：一部分可称为建筑物租金，另一部分一般称为地皮租金。

建筑物租金是建筑房屋时所投入的资本的利息或利润。为了使建筑商和其他行业的人处于同一水平上，这种建筑物租金就必须能够：第一，给予他相当于将资本在有良好保障的情况下贷出时所能得到的利息；第二，使房屋经常保持维修。换句话说，就是要能够使他在一定的年限内收回其建筑房屋所投入的资本。因此，各地的建筑物租金或建筑资本的普通利润，就总是受到货币的普通利息的影响。在市场利率为 4% 的地方，房屋租金在除去地皮租金之后如果还能提供全部建筑费用的 6% 或 6.5%，那或许就可以为建筑人提供足够的利润。在市场利率为 5% 的地方，或许就需要提供 7% 或 7.5%。如果建筑商的利润大大超过与市场利率的这种比例，其他行业上的资本有很多就会被吸引到建筑业来，使它的利润降到应有的水平。如果建筑商的利润大大低于这种比例，该行业的资本有很多就会转移到其他行业去，直至建筑业的利润重新上升到原来的水平。

全部房租中在提供了这种合理利润之后的部分，自然归做地皮租金；如果地皮所有人和房屋所有人是两个人，在大多数情况下，这部分要全部付给前者。这部分租金是房屋居住者为房屋地理位置给其带来的某种真实的或想象的利益而付出的价钱。在远离大都市、可供选用的建筑用地很多的乡村，房屋的地皮租金几乎等于零，或者不超过将地皮用于农业时的租金。大城市附近的郊区别墅，地皮租金有时就高昂得多，那里位置的便利和环境的优美常常可以得到很好的报偿。地皮租金最高的地方一般是首都城市，尤其是这种城市里对房屋的需求最大的特殊地段，不管这种需求的原因是什么，是为了贸易和营业，为了娱乐或社交，还是只为了虚荣和时髦。

如果由住户按照全部房屋租金的一定比例支付房租税，建筑物租金一般不会因此受影响，至少从长期来看是如此。因为，建筑商如果得不到合理利润,他就不得不离开这个行业,而这样一来,就会提高市场对房屋的需求,并很快使建筑商的利润回到与其他行业的同一水平。这种房租税也不会完全落在地皮租金上面;它会被分为两个部分,一部分由住户负担,一部分由地皮所有人负担。

比如,假定有一个人认为他每年能支付60镑的房租,又假定,加在房租上由住户负担的房租税为每镑4先令,或全部租金的1/5。在这种情况下,一所租金60镑的房屋每年需费他72镑,比他设想自己能出得起的多出12镑。因此,他将愿意住差一点的房子或租金为一年50镑的房子,这50镑再加上必须支付的10镑房租税,就是他认为自己每年所能负担的60镑。因为要付税,他将不得不放弃房租高10镑的房子所能提供的一部分特殊便利。之所以说是一部分特殊便利,是因为他不会被迫放弃全部——他会租到一所在没有房租税时以50镑租不到的好房子。因为,房租税既然排除了他对年租60镑房子的竞争,减少了这一价位的房子的竞争者,也就会减少年租50镑的房子的竞争者,依此类推,除了租金最低且无可再减的房子会在一定时间里增加竞争者以外,其他一切房屋的竞争者都会同样减少。但是,如果一种房屋的竞争者减少了,其租金必然会或多或少的下降。而由于这种下降至少从长期来看不会影响到建筑物租金,它最后必然会落在地皮租金上。因此,这种赋税的最终支付会部分地落在住户身上,他为了支付自己的份额,不得不放弃自己的一部分便利;部分地落在地皮所有人身上,他为了支付自己的份额,不得不放弃自己的一部分收入。至于他们两者间最终以什么比例来分担这一支付,或许不是很容易确定的。在不同的情况下,这种分担的比例会非常不同,根据这些不同的情况,这种赋税也会对房屋住户和地皮所有人产生非常不同的影响。

这种税落在不同的地皮租金所有人身上的不平等,完全是由于上述分担比例的偶然不平等造成的。但它落在不同的房屋住户身上的不平等,则除此以外还有其他原因。房租支出在全部生活费中的比例,在财产不同的人那里是不同的。一般说来,在财产多的人那里这个比例高,在财产少的人那里这个比例低。生活必需品是穷人最大的支出。他们经常难以获得食物,所以他们微薄收入中的绝大部分都用在食物上。富人的主要支出则是用在生活奢侈品和虚饰品上面,而一所华丽的住宅又最能衬托和陈列他们所拥有的奢侈品和虚饰品。因此,富人所负担的房租税一般最重,房租税与生活费的比例也是最大。不过这种不平等或许并没有什么不合理。富人不仅应当按照他们收入的比例对公共开支做出贡献,而且应当在这个比例之上再多贡献一些。理应如此。

房屋租金虽然有某些方面与土地地租相似,但有一个方面却是根本的不同。土地地租是为使用一种有生产力的东西而支付的费用。支付地租的土地上就能产出这种费用。房屋租金是为使用一种没有生产力的东西而支付的费用。房屋或房屋占用的地皮都不产出什么东西。因此,支付租金的人必须从其他与房屋毫不相关的收入来源中提取所需的金钱。只要房租税需要由住户承担,它的来源一定和房租本身的来源相同,由他们用收入来支付,不管这收入是劳动工资、资本利润还是土地地租。只要房租税由住户负担,它就是这样一种税,即不单独课于某一种收入来源,而是无区别地课于所有这三种收入来源,它从任何方面看都和其他消费品税具有相同的性质。一般说来,或许没有哪一种开销或消费比房租更能反映一个人到底是奢侈还是勤俭。对这种特殊支出项目按比例课税所得收入,也许在欧洲各地迄今都高于对其他支出项目课税所得的收入。不过,这种税如果太高,大多数人会尽力避免,满足于较小的住房,并把大多数支出转移到其他方面。

如果采用确定普通地租所必要的那种政策,对房租也可以很容易地予以准确的确定。没有人居住的房屋不应该课税。对这种房屋课税,税金就要全部由房屋所有者承担,这样他就是为一种既不为他提供便利也不为他提供收入的东西纳税。如果所有者自己居住,那就不应该按照他的建房费用课税,而应按他的房屋如果出租时的租金课税,租金的数目须公平裁定。如果按照他们的建房费用课税,那么每镑3先令或4先令的税再加上其他赋税,就会使这个国家——我相信,在所有文明国家都是一样——几乎所有的富人和大家族都破产。只要留心考察过本国某些最富有的大家族在城市里的住宅及乡下别墅,就会发现,如果按照这些住宅最初建筑费用的6.5%或7%课税,他们要交的房租就差不多抵得上他们在其地产上收到的全部净租金。诚然,他们建造房屋的费用是连续几代人的积累支出,增添的都是豪华漂亮的部分,但是,与他们投入的资金相比,其交换价值(或者出租价值)却小得多。

与房租相比,地皮租金是更合适的课税对象。对地皮租金课税不会抬高房屋租金。它会完全落到地皮所有者身上,他们总是像垄断者那样行事,向使用他的地皮的人要求他能得到的最大租金。地皮能收到多少租金,取决于竞争者的贫富程度,换言之,取决于竞争者能够出多少资金来满足他对某一特殊地点的爱好。在每一个国家,大都市里的富人竞争者总是最多的,所以那里的地皮租金也总是最高的。由于竞争者的财富不会因为地皮租金税而有任何增加，所以他们也不会愿意为使用地皮而出更多的钱（即这部分租金税）。地皮租金税是由住户垫付，还是由地皮所有者垫付，这不重要。住户如果为地皮租交了税，就会想办法少交地皮租，所以最后支付地皮租金税的人仍然会是地皮所有者。无人居住的房屋的地皮租也不应该课税。

在许多场合，地皮租金及其他普通地租都是所有者不需要劳神费力便可获得的收入。虽然要从这种收入中拿走一部分供国家开支，也不会对任何产业产生妨害。对地皮租金课税以后，土地和社会劳动的年产物、人民群众的真实财富和收入都不会跟之前有什么不同。因此，地皮租金和其他普通地租可能是最适合于负担特殊赋税的收入。

在这点上，地皮租金甚至比普通地租更适于负担特殊赋税。在许多场合，普通地租至少要部分地归因于地主的重视和经营。一项过重的赋税就将挫抑这种重视和经营。而地皮租金，就其超过普通地租而言，完全是因为君主的良好治理。君主的治理保护了全体人民的或者某一特定地方居民的产业，使他们能为其住房所占地皮支付大大超过其实际价值的租金，或者说使这些地皮所有者能够获得的报酬大大超过其地皮被人使用所遭受的损失。对那些借助国家良好的管理而存在的资源课以特殊的赋税，或让这种资源比其他资源对政府的开支做出更大的贡献，那是再合理不过的。

虽然欧洲有许多国家对房屋租金征税，但就我所知，没有一个国家是把地皮租金看成一个单独的征税对象的。那些赋税设计人或许感到，要确定房租中哪一部分属于地皮租金，哪一部分属于建筑物租金，不免有些困难。然而，真的要把它们彼此区分开来，毕竟不是非常困难的事情。

在英国，根据所谓的年土地税法，房屋租金和土地地租按相同的比例课税。各教区和各地区征收房租税所依据的征税估价也总是不变。这种估价最初就是非常不平等的，现在也仍然如此。在王国的大部分地区，对房租征收的税仍比对地租征收的税轻。只有少数几个地区，原来税率很高，房屋租金又大为下降，地租税（每镑 3 先令或 4 先令）据说才和实际房租的课税比例相同。无人租用的房屋虽然根据法律也要纳税，但在大多数地区，却由于估税员的好意而得到免除。这种免除有时会引起某些房屋税率的微小变动，虽然全区房屋的税率总是一样的。由于新建筑物和房屋修理等原因造成房租提高，而房租税没有增加，也导致了某些房租税率的进一步变动。

荷兰的所有房屋一律按其价值课税 2.5%，不管实际的房租是多少，也不管是否有人租住。强迫房主为其并没有出租、因而得不到收入的房屋纳税，而且是这么重的税，未免苛刻。在荷兰，市场利息率不超过3%，对房屋按照其全部价值课征2.5%的税，在大多数场合就要达到建筑物租金的1/3以上，或许是全部租金的1/3以上。当然，他们对房屋的估价虽然非常不平等，但据说总是低于实际价值的。当房屋改建、修缮或扩大时，要重新进行估价，并按新值课税。

英格兰每个时代房屋税的设计者似乎都觉得，要非常准确地评定每间房屋的实际房租是非常困难的。因此，他们按照某些可见的条件来规定税额，他们或许认为，在大多数场合，这些条件同租金保持某种比例。

第一种这样的税是炉捐，也就是每个火炉课税2先令。为了确定屋子里有多少个炉子，收税的官员就必须进入每一个房间。这种讨厌的造访也让这种税变得让人讨厌。所以，在革命后不久，这种税被作为奴隶制度的标志而废除了。

第二种这样的税是对每所住宅课税2先令。有10扇窗的房屋要多缴4先令。有20扇窗或20扇窗以上的房屋要多缴8先令。这项赋税后来改成，20到30扇窗的房屋课税10先令，30扇窗以上的房屋课税20先令。窗户的数目在大多数情况下都可以从外面清数，根本不必进入房屋的每个房间。因此，这种税的收税员造访，就没有炉捐收税员那么令人不快。

这种税后来也被废止，而代之以窗税，它也经历了几次改变和增加。现在（1775年1月）实行的窗税，是在英格兰每栋房子课税3先令、苏格兰每栋房子课税1先令以外，再对每个窗户课税，在英格兰，税率逐渐从不到7扇窗户的房屋最低缴纳2便士的税，上升到有25扇窗户甚至更多窗户的房屋最高缴纳2先令的税。

所有这类赋税遭到反对的主要原因是它们不平等，而且是一种最坏的不平等，因为它们给穷人施加的负担常常比给富人施加的更重。一所在乡村市镇上以10镑出租的房屋，有时比一所在伦敦以500镑出租的房屋有更多的窗户；虽然前者的住户可能比后者的住户穷得多，但就他要按窗税的规定纳税而言，他却必须对国家开支做出更多的贡献。因此，这种税是直接违反上述四个原则中的第一个原则的。不过，看起来并没有与其他三条原则发生矛盾。

窗税及其他所有向房屋课征的赋税，应该都自然具有降低房租的倾向。很显然，一个人付税越多，他所能支付的房租就越少。不过，据我所知，英国自课征窗税以来，各地的房屋租金基本上或多或少都有所上升。这是因为各地房屋的需求在不断增加,并推动房租的提高,这种影响程度要大于窗税使房租降低的程度;这也可以表明国家繁荣,居民收入在增长。如果没有窗税,房租也许会增加得更多。

第二项　利润税或资本收入税

由资本产生的收入或利润分为两个部分:其一是用来支付资本利息的部分,这属于资本所有者;其二是支付利息之后的剩余部分。

利润的后一部分显然不能是直接课税的对象。它是对使用资本的风险和麻烦的补偿,而且在大多数场合只不过是非常微薄的补偿。资本使用者必须得到这补偿,否则他就不能继续使用资本为自己谋利。因此,如果按他的全部利润的比例直接课税,他就不得不提高他的利润率,或将这种负担转嫁到资本利息上,也就是说少付利息。如果他按照纳税的比例提高利润率,那么,虽然这些税款由他垫付,但结果还是要按照他所经营的资本的投资使用方式,由以下两类人中的一种来承担:如果他将其用作农业资本来耕种土地,他只能通过保留更大比例的土地产物(或者说更大比例的土地产物的价格)来提高利润率,而要这样做就只能靠减少地租,所以最终支付此税的就会是地主;如果他将资本用于商业或制造业,他就只能通过提高货物价格来提高利润率,在这种情况下,最终支付此税的就会是消费者。如果他没有提高他的利润率,他就不得不将此税全部转嫁到利润中用作资本利息的那部分之上。他只能向所借资本支付较少的利息,在这种情况下此税最后就会全部由资本利息来负担。反正,他不是用这种方法使自己免于付税,就是用那种方法使自己免于付税。

资本利息乍看起来似乎是和土地地租一样能直接课税的对象。像土地地租一样,资本利息也是扣除对投资风险与麻烦的全部补偿以后的净产物。地租税不能抬高地租,因为土地的净产物在补偿了农夫的资本和合理利润之后,不管课不课税都是剩下这么多,农夫没有更多的产物去增加支付地租;同理,资本利息税也不会抬高利息率。可以认为,一国资本或货币的数量,像土地的数量一样,在税前税后是保持不变的。本书第一篇说过,普通利润率是由可供使用的资本量和投资途径的多少(或者说必须使用资本的业务量)之间的比例决定的,而投资途径的多少不会由于对资本利息课税而增多或减少。所以,可用资本的数量不会因此税而减少,投资途径也不因此减少,那普通利润率必然会保持不变。普通利润率保持不变,投资的风险和麻烦也会保持不变,利润中补偿资本使用者的风险和麻烦的那部分也会保持不变。因此,支付资本利息、属于资本所有者的那一部分余额，也必然保持不变。课税对利润率和利息率都不会有影响。所以说，乍看起来，资本利息也像土地地租一样，似乎是适于直接课税的对象。

可是，有两种不同的情况，使得资本利息远不及土地地租那样适于作为直接课税的对象。

第一，一个人拥有的土地的数量和价值不可能是秘密，总是可以确知的。但一个人拥有的资本的总数却几乎总是一个秘密，很难准确地予以确定，而且，资本额几乎总是不断变化的。在一年之中，常常是在一个月之中，有时是在一天之中，它都或多或少地有增有减。为了向一个人课税而去调查他的私人情况，监视他的财产的变动，会给他带来他不能忍受的无休止的困扰。

第二，土地是无法移动的，而资本却容易转移。土地所有者必然是其土地所在国的公民。资本所有者则可以是一个世界公民，无需专属于一个特定的国家。如果一个国家为了向他征收重税而调查他的财产，烦他，他可能会放弃这个国家，而将资本转移到另一个国家，只要他在那里能更轻松地经营业务或享受财富。通过转移资本，他可能会终止他在原来那个国家所经营的一切产业。资本耕作土地，资本也雇佣劳动。一个国家的赋税如果会把国内的资本赶走，那君主和社会的收入源泉也会枯竭。不仅资本的利润，而且土地的地租和劳动的工资，都必然会因资本的转移而或多或少地有所减少。

因此，试图对资本收入课税的国家，都不是采用这种严格的调查方法，而是不得不满足于采用某种非常宽松的、因而多少有点随意的估算方法。用这种方式估征赋税的不平等和不确定，只能用税额的轻微作为补偿，因此，每一个人都发现自己纳税的税率大大低于他的实际收入，以致即使他的邻居比他纳税低一些他也不介意了。

按照英格兰的所谓土地税法，资本应和土地按同一比例课税。当土地课税为每镑4先令或推定地租的1/5的时候，资本课税也应为推定利息的1/5。当现行的年土地税刚刚实施的时候，法定利息率为6%。因此，每百镑资本应该课税24先令，即6镑的1/5。自从法定利息率降至5%以来，每百镑资本应该只课税20先令。土地税所征收的税额由乡村和一些主要城市分摊，其中大部分来自乡村，而城市负担的部分主要来自房租税。而城市里除房租税以外的其余部分，即对商业资本课征的部分（因为不打算对城市里投入到土地上的资本课税），远低于这些商业资本的实际价值。因此，不论最初的评估可能是多么不平等，城市里也没有起什么骚乱。每个教区和地区仍然按最初的评估来对它的土地、房屋和资本课税,而国家的普遍繁荣在大多数地方都使这些东西的价值大为上升,因此这种不平等现在就更无关紧要了。而且,既然税率不变,那么向个人资本课税时的不确定性也大为降低,就像它也变得不重要了一样。如果说英格兰的大部分土地只是按照其实际价值的一半来课征土地税的,那么,英格兰的大部分资本或许就只是按照其实际价值的1/50来课税的。在有些城市,甚至所有的土地税都向房屋课征,而商业资本则免征,比如威斯敏斯特。伦敦当然是另一回事。

在所有的国家,对私人情况的严格调查都是被小心避免的。

在汉堡,每个居民都必须为其所有的财产向政府缴纳2.5‰的税;由于汉堡人民的财产主要是资本,所以,这项税可以看做是一种资本税。他们每一个人自己估税,然后当着地方长官的面,将本年应缴的税额投入公库,并宣誓这是他所有财产的2.5‰,但并不需要宣布数额,也不就此事接受任何核查。一般认为,这种税的缴纳是十分忠实的。在一个小共和国,人民如果完全信赖官员,深信有必要为维持政府而纳税,并且相信税款会被忠实地用于此目的,这种凭良心自愿纳税的办法有时候是行得通的。这不仅仅限于汉堡人民。

瑞士的翁德沃尔德州常常遭受暴风和洪水的灾害,因而常需筹集临时支出。遇到这种情况,那里的人民就聚集起来,非常坦白地宣布其财产数额,然后据此纳税。在苏黎世,法律规定,在必要的情况下,每一个人要按照他的收入的比例纳税,而他的收入总额他必须宣布并起誓。据说,他们毫不怀疑他们的任何同胞会欺骗他们。在巴塞尔,州政府的收入主要来自对出口货物课征的小额关税。所有的市民都宣誓他们会3个月缴纳一次按法律规定他们应缴的税款。对所有的商人,甚至对所有的旅馆主人,政府都放心地让他们自己登记在境内外出售的货物,每过3个月就让他们自己把记录单(在记录单的下端算出税额)送交财务官。没有人怀疑政府收入会因为这种信任而受到损失。

责成每一个公民公开宣布自己的财产数并起誓,在瑞士的这些州似乎不算是一件困难的事情,但在汉堡这就太难了。因为,从事冒险投机的商业计划的商人都害怕暴露自己财产的真实状况。他们似乎预见到,这样做的结果,常常是信用的破产和计划的失败。而从来不从事这类冒险事业的谨慎和节约的人民却不会感到他们有做出这种隐瞒的必要。

在荷兰,(已故的)奥伦治王子就任总督后不久,对每个公民的全部财产课征2％的税，即所谓50便士取1。每个公民自行估税，按与汉堡相同的方式付税，一般认为，他们纳税的时候也很诚实。因为当时的人民对他们刚通过全面起义而建立起来的新政府极为爱戴。这种税只征收了一次，用以缓解国家的燃眉之急。确实，如果它长期征收，那就太重了。在一个市场利率很少超过3％的国家里，2％的赋税已经超过了一般从资本所得的最高净收入。几乎没有人可以在缴纳该税的同时还保持其资本不受侵蚀。在紧要关头，人民出于爱国热情，可以付出巨大努力，甚至牺牲一部分资本，去挽救国家。但他们不可能在长期内老是这样做，如果他们这样做的话，这种税将使他们倾家荡产，那时候再想去支持国家也无能为力了。

英格兰按照土地税法案对资本课征的赋税，虽然与资本成比例，却并没有要减少或剥夺任何资本的意思。它只是想要成为一种按与土地地租税相同的比例对资本利息课征的赋税，所以，当地租税是每镑4先令的时候，资本利息税也是每镑4先令。汉堡的税，还有翁德沃尔德和苏黎世的更轻的税，用意也同样不是对资本课税，而是对资本的利息或净收入课税。荷兰的税的用意则是向资本课税。

特定用途资本的利润税

在一些国家，政府有时候会对用在某些特定的商业部门上的资本征收特别的资本利润税，有时候会对用在农业上的资本征收特别的利润税。

在英格兰，向小贩和货郎课征的税，向出租马车和黄包车课征的税，还有酒店老板为取得麦酒及火酒的零售执照所缴纳的税，都属于前一类税。在上次战争中，有人提议对商店也征收这种税，提议的人说，进行这次战争是为了保卫国家的贸易，从中受益的商人理应负担一些战争费用。

不过，向特定商业部门征收的资本利润税最终都不是由商人负担（在一般情况下他们必须有合理利润，并且，在自由竞争的地方，他们的所得也很少能超过合理利润），而是由消费者负担。消费者必然要在商品价格中支付商人垫支的赋税，而且一般还要超出一些。

当这种税与商人的营业量成比例时，它最终由消费者支付，且对商人没什么影响。但当它不与营业量成比例，而是对所有的商人按同样的数额课征时，虽然最后也是由消费者支付，却会对大商人有利，对小商人造成一些压迫。对每辆出租马车每星期课税5先令，对每辆黄包车每年课税10先令，当它们各自的业主垫付税款时，税额是与他们各自的业务范围和业务量成比例的。这样课税既不会对大业主有利，也不会对小业主造成压迫。而麦酒贩卖执照每年课税 20 先令，火酒贩卖执照每年课税 40 先令，葡萄酒贩卖执照每年课税 80 先令，对所有零售商都是一样，必然会使大商人得到好处，而给小商人造成压迫。前者会比后者更容易从其货款里找回所垫支的税款。但是，税额的轻微使得这种不平等不是那么重要，并且在许多人看来，挫抑一下小酒店的增多也没有什么不合适的。对商店课税本来是打算大小商店一律相同的，而且似乎只能是这样。如果要按商店的营业范围和营业量的比例课税，就得进行一个自由国家的人民完全不能接受的调查。另一方面，如果税课得有点重，就会对小商人造成压迫，使得几乎所有零售业都落入大商人的手中。大商人一旦建立了垄断权，就会像其他行业的垄断者一样联合起来提高他们的利润，使增加的利润大大超过需要缴纳的税金。这样的话，最终支付商店税的就不是商店主，而是消费者，而且消费者增加支付的还不止这税，还要支付更多。由于这些原因，商店税就被抛在了一边，而代之以1759年的补助税。

法兰西的所谓个人贡税（taille），或许是欧洲所有地区对农业资本的利润课征的最重要的赋税。

在昔日欧洲封建政体盛行的混乱状态下，君主不得不满足于仅对无力拒绝纳税的弱小人民课税。大领主虽然愿意在紧急状况下助君主一臂之力，却拒绝缴纳任何经常性的赋税，君主也无法强迫他们。最初，占据着欧洲的土地的人大部分都是农奴。在大部分欧洲国家，这些人后来都逐渐得到了解放。他们中的一部分人获得了地产的财产权，以贱民条件保有土地，有时归君主管，有时归其他大领主管，像古代英格兰依据官册享有土地的人一样。其他没有获得土地的人，则从他们的领主手里获得了对他们自己所占用的土地的一定年限的租地权，这样他们也不那么依附于其领主了。大领主们看到这些下层人民繁荣和独立起来，既恼火又鄙夷，因而乐得同意君主向他们征收赋税。在某些国家里，这种税的对象只限于那些以贱民条件保有的土地，在这种情况下，可以说这种税就是不动产的贡税。已故的萨迪尼亚国王设立的土地税，在朗格多克、普罗旺斯、多菲那和布列塔尼各省，在蒙托班课税区，在阿让和康顿选举区，以及在法兰西某些其他地区课征的贡税，就是对以贱民条件保有的土地课征的赋税。而在其他地区，这种赋税是向那些租用他人土地的人所获得的预计利润征收的，而不考虑土地的保有条件如何。在这种情况下，这种税可以说是个人的贡税。在法兰西大部分称为"选举区"的省份，贡税就是这一种。不动产的贡税只对一国的部分土地课征，因此必然是一种不平等的税,但它的征收并不总是武断随意的,虽然在某些场合也难免。个人的贡税是打算根据某一阶层人民的利润按比例课征,而这种利润的大小只能进行推测,所以必然既是武断随意的,又是不平等的。

在法国,每年向20个课税区(称为选举区)课征的个人贡税目前(1775年)最多的达到了40107239利弗16苏。各省分摊这种赋税的比例每年都有变化,依枢密院所收到的关于各省作物丰歉程度以及其他可影响它们各自的纳税能力的情况的报告而定。每一课税区又分为若干小选举区,对全区课征的税收总额在各小选举区之间的分配也是一年与一年不同,依向枢密院提出的关于各自能力的报告而定。但即使枢密院有最好的意愿,也不可能使根据这种报告作出的估税额与课税省份或地区的真实能力准确地相符合。无知和误报总是会或多或少地误导即使是最正直的枢密院。一个教区对整个选举区课税额所应分担的比例,每个人对所属教区课税额所应分担的比例,也是按照不同的条件状况每年都有所不同。在前一场合,这种条件状况由选举区的税务官判定,在后一场合,由教区的税务官判定,这两者都或多或少地受到省长的指导和影响。常常误导这些收税人的,不仅是无知和误报,而且还有友情、党派纷争和私人恩怨。很显然,在税额评定以前,任何纳税人都不能确知他要纳多少税。甚至在经过评定之后,他还会不敢确定。如果有任何应当免税的人被课税,如果有任何人被课的税超过他应纳的比例,虽然他当时必须付税,但如果他们提出申诉,并申诉得有理,那么下一年全教区便会追加征收一个附加税额来补偿他们。如果有任何纳税者破产或无支付能力,收税员就必须代他付税,而下一年整个教区也会追加征收一个附加税额来补偿收税员。如果收税员自己也破产了,那选举他的教区必须就他的行为对选举区的总收税官负责。但是,由于总收税官对整个教区提起诉讼是件麻烦的事,所以他会在那个教区中选定五六个最富的人,让他们补偿收税员无力支付的损失,然后再对全教区追加征收以补偿这五六个人。这些追征税就是除了当年的贡税之外还要多收的赋税。

当向某种商业部门的利润课征一种赋税时,商人们都会注意避免使上市的货物过多,这样可以确保销售价格足够偿还他们事先所垫付的税款。有些人从这种生意中抽回自己的一部分资本,于是市场的供应比以前少,货物的价格上升,赋税的最后支付就落在消费者身上。但当赋税课征在农业资本的利润之上时,农民抽回一部分资本是不符合自己的利益的。每个农民占用一定数量的土地,并为此支付地租。为了耕种这些土地,必须要有一定数量的资本，而抽回这种资本的任何一部分，都会影响农民支付地租或者赋税。为了缴纳赋税，减少产量，从而减少市场供应，这决不符合他的利益。因此，这种赋税不能使他提高自己产物的价格，将最后的支付推给消费者而使自己得到补偿。可是，农民也像其他商人一样，必须得到自己的合理利润，否则他就不得不放弃这个行业。在课征此种赋税之后，他只有向地主少付地租才能得到他的合理利润。他必须缴纳的赋税越多，他能提供的地租就越少。如果在租约有效期间课征这种赋税，无疑可能使农民陷入困境甚至破产。在重订租约时，赋税必然会落到地主身上。

在课征个人贡税的国家，农民所纳的税通常与他在耕作时所使用的资本成比例。因此，他常常不敢拥有良马好牛，而是尽量使用那些最差、价值最低的农具去耕种土地。他一般不信任估税员的公正，担心税课得太多，所以总要假装贫困以表示没有能力缴纳。采用这种可怜的策略，他大概是没有认真考虑自己的利益，减少他的产物所损失的，也许比减少他的赋税所节约的更多。这种恶劣耕作的结果是使市场的供给下降，但由此引起的价格轻微上涨，恐怕不能补偿农民因产量减少而遭受的损失，更不能使他向地主支付更多的地租。公家、农民和地主都会因为这种耕作的退化而受到损害。关于个人贡税以许多不同的方式挫抑耕种，因而使大国的主要财富来源枯竭，我在本书的第三篇已经就此做过评述。

北美南部诸州按黑奴人数每年课征的赋税，即所谓的人头税，也可以说是施加在农业资本利润上的一种赋税。由于种植者大部分既是农民又是地主，所以，这种赋税最终就由他们以地主的资格负担，没有任何补偿。

对耕作中使用的奴隶每人课税若干，这在古代欧洲似乎很常见。现在，俄罗斯帝国仍然存在这种税。也许是因为这个缘故，所有种类的人头税都常常被描述成奴隶制度的标志。但是，对于纳税的人来说，任何赋税都不是奴隶的象征，而是自由的象征。诚然，赋税表明他隶属于一个政府，但是，既然他有要纳税的财产，他本人就不可能是某个主人的财产。对奴隶课征的人头税和对自由人课征的人头税是截然不同的。后者是由被课征人自己支付的，而前者是由奴隶之外的阶层的人支付的。后者在大多数情况下是既不平等又武断随意的，前者在某些方面虽然是不平等的——因为不同的奴隶有不同的价值——但在任何方面都不是武断随意的。主人知道他的奴隶人数，就明确地知道他要纳多少税。可是，这些不同的税有着同一个名称，就被视为具有相同的性质。

荷兰对男女仆役按人头所征收的税不是施加在资本上的,而是施加在开支上的,因此和对消费品课征的税相似。英国最近对每个男仆课征的 1 几尼的税,就是这样一种税。它落在中等阶层的人身上最重。一年收入两百镑的人可能会雇佣一个男仆,但一年收入 1 万镑的人却不会雇佣 50 个男仆。这种税对穷人则没有影响。

对某些特定用途的资本的利润课税,不会影响到资本的利息。将资本用于有税项目的人和将资本用于无税项目的人在借钱的时候是一样的,放贷的人不会对前者就收取较少的利息。如果政府试图按照准确的比例对各种用途的资本所产生的收入课税,一般都会落在资本的利息上。法兰西的 20 便士取一的税,和英格兰的土地税是同样一种税,同样是向来自土地、房屋和资本的收入课征的。就其影响资本而言,它虽然不是十分严厉,但却比英格兰土地税对相同对象的征收更准确。在很多情况下,它完全落在资本的利息上。在法兰西,货币常常被投入一种所谓的"年金契约",这是一种永久年金,债务人若能偿还原借金额,随时均可赎回,而债权人则除了在特定场合外不能赎回。这种二十缴一的税虽然针对一切年金征收,但似乎没有使年金率提高。

第一项和第二项的附录

土地、房屋和资财的资本价值税

当财产保持在同一个人手中时,不管对它课征什么永久性的赋税,用意都不是要减少其资本价值或攫取其资本价值的一部分,而只是要得到该财产所产生的收入的一部分。但当财产易主时,即从死者转到生者或从一个生者转到另一个生者手中时,向它课征的赋税就必然要攫取它的资本价值的一部分。

从死者转移给生者的一切财产,以及由生者转移给另一个生者的如土地、房屋等不动产,其转移在性质上都是公开的或者无法长期隐瞒的,因此,对这种转移或交易是可以直接课税的。而资本或动产以货币形式从生者转移到生者,常常是秘密的交易,而且可以永远保密。所以,对这种交易很难直接课税。对其课税采用的是两种间接的方法:第一,规定债务契约必须写在已经支付过一定数额印花税的纸张或羊皮纸上,否则不具有效力;第二,规定这种契约必须登记在一个公开的或秘密的登记册上,并征收一定的登记税,否则同样不具效力。对容易直接课税的财产转移或交易,包括死者将各种财产转移给生者的证明文件,生者将不动产转移给生者的契约,也常常征收这种印花税和登记税。

古代罗马由奥古斯都设立的20便士缴1便士的遗产税，就是针对死者转移给生者的财产所征收的税。迪翁·卡修斯曾详细地记述过这种税。据他所说，这种税针对因死亡而发生的一切继承、遗赠和捐赠行为，但如果受惠者是至亲或穷人，则给予豁免。

荷兰的继承税也属于同一种税。旁系继承（Collateral succession），按亲疏的程度，课税额为继承物总价值的5%到30%不等。旁系遗赠，课税的百分比相同。丈夫向妻子、妻子向丈夫的遗赠，课征1/15的税。要是白发人送黑发人，只课1/20。直接（直系）继承，或者说后辈对前辈的继承，不纳税。父亲的死亡，对和他同住的子女来说，很少会增加收入，一般倒是会大大减少收入，因为他的劳动、他的职务位或他可能拥有的终身年金都要消失。如果还要通过征税再攫取一部分遗产，加重这种损失，那这种税就有点残酷和压迫人了。不过，对罗马法中所说的解放了的子女或苏格兰法律中所说的分了家的子女来说，情形有时可能有所不同，这样的子女已经享有财产、拥有家室、不仰仗父亲而另有独立财源。这样的子女所继承的财产不管有多少，都是对他们财产的实际增加，因此，对他们的继承课税是不会比其他的遗产税更不方便的。

根据封建法律，土地的转移，不管是死者转给生者，还是生者转给生者，都要课税。在古代，这种税是欧洲各国国王的主要收入来源之一。

国王的直接封臣的后代在继承采邑时都要缴纳一定的赋税，一般为一年的地租。如果继承人尚未成年，那么，在其成年之前整个采邑的地租全归国王，国王除了维持该继承人的生活并向寡妇支付她应得的亡夫遗产（当采邑中有应享遗产的寡妇时）外，没有其他负担。当继承人成年时，他还须向国王缴纳另一种税，称为交代税（Relief），一般也是一年的地租。继承人幼年期长，在现代常常使一宗大地产解决它的一切债务，并使宗族恢复昔日的繁荣，在当时却并不产生这种效果。那时，如果幼年期太长，结果不是债务解除，而是地产荒芜。

根据封建法律，不得到他的领主同意，封臣不能转让他的地产，而领主通常要索取一笔金钱才会同意。这笔钱起初是随意索取的，后来在许多国家被规定为土地价格的一部分。有些国家虽然废弃了大部分的封建惯例，但对土地转让课征的这种赋税仍然作为君主收入的一个重要来源继续存在。在伯尔尼州，这种税非常高，贵族保有地要征收其价格的1/6，平民保有地要征收其价格的1/10。在卢塞恩州，对出售土地课税只限于一定地区，并不普遍，但是，一个人如果为了搬迁到其他州而出售土地，则要从销售价格中征收10%。对所有土地或对按某种条件保有的土地的出售收税，这也是许多其他国家的政策，并且都或多或少地成为各君主的一项重要收入。

对这种交易，可以用印花税或登记税的形式间接课税，这种间接课税可以同交易对象的价值成比例，也可以不与之成比例。

在英国，印花税的高低主要不是按照转移或交易的财产的价值（最高金额的交易合同也只需贴18便士或2先令6便士的印花税就足够），而是按照契约的性质决定的。最重的印花税主要针对国王的特许状或某些法律认证书，不考虑对象的价值，每张文书或羊皮纸要贴六镑印花。英国对契约和文书的登记不课税，只是管理登记册的官员收一点手续费而已，这种手续费也只不过是他们劳动的合理报酬，国王不从他们这里获得任何收入。

荷兰既有印花税，又有登记税，有些场合按转移或交易的财产价值的比例征收，有些场合不按比例征收。所有遗嘱都必须写在贴了印花的纸上，该纸的价格与所处理的财产的价值成比例，从3便士或3斯泰弗到300弗洛林（约合我国货币27镑10先令）不等。如果印花价格低于立遗嘱人应当使用的数目，则没收继承的财产。除了汇票和某些其他商业票据，所有其他的契约、债券和合同均须交印花税，不过这种税不随对象价值的升高而升高。所有土地和房屋的出售及抵押都必须登记，在登记时要向国家缴纳相当于出售价格或抵押品价格2.5%的税。出售载重两吨以上的船只也要缴纳此税，不管其有无甲板。这大概是因为船舶被看成一种水上的房屋。动产的出售，当其是由于法庭命令时，也要课2.5%的税。

法国也是同时实行印花税和登记税的。前者被看做是消费税的一部分，在实行这种税的省份，都是由消费税征收人员来征收。后者则被当做国王收入的一部分，由不同的官吏征收。

利用印花或登记来课税的方法都是晚近的发明。可是，在不超过100年的时间里，印花税已在整个欧洲得到了普遍采用，登记税也已非常普通。一个政府向其他政府学习管理方法的时候，学得最快的莫过于从人民的钱包里搜刮金钱的方法。

对从死者转移到生者的财产所征收的税，最终将直接落在接受财产的人身上。对出售土地所征收的税则完全要落在卖主身上。卖主几乎总是处在非卖不可的境地，因此必须接受所能得到的价格。买主很少处在非买不可的境地，因此他只肯给出所愿出的价格。他把购买土地所要支付的价格和赋税放在一起考虑，必须缴纳的赋税越多，他愿意支付的价格就越低。因此，这种税几乎总是由处境困难的人负担，而且常常是使其不堪重负的。对出售新房屋所征收的税，在不出售地皮的情况下，大多由买者负担，因为建筑商必须要获取利润，否则他将不得不放弃这个行业。因此，如果他垫付了税，买者一般都得在房价里还给他。对出售旧房子所征收的税，则一般由卖主承担，理由与出售土地相同，卖主在大多数情况下都是不得不卖。每年推向市场的新建房屋的数量或多或少是由市场需求支配的。如果这种需求无法给建筑商提供利润，他就不会继续建筑房屋。市场上出售的旧房屋的数量却是受偶发事件的影响，这些事件大部分与市场需求没什么关系。比如，一个城市如果发生了两三起大的破产事件，就会有许多房屋要出售，能卖多少价钱就卖多少价钱。对出售地皮所征收的税也由卖主负担，其理由与出售土地相同。借贷字据契约的印花税及登记税全部由借方负担，事实上也总是由他支付的。对法律诉讼所征收的印花税和登记税由诉讼人负担。对于双方而言，这种税都会减少诉讼标的资本价值。为争得一项财产的所费越多，财产到手后的净价值就越少。

对财产的转移或交易所征收的各种赋税会减少财产的资本价值，也必然会减少用以维持生产性劳动的资源。这种赋税或多或少是一种浪费，因为它增加的是只维持非生产性劳动者的君主收入，减少的却是维持生产性劳动者的人民资本。

这种赋税，即使与转移或交易的财产的价值成比例，也是不平等的，因为价值相同的财产转移频率未必相同。当其不与这种价值成比例时——大部分的印花税和登记税都是如此——就更是不平等。不过，在任何场合下这种税都是清楚的和确定的，而不是武断随意的。虽然它们有时会落在暂时无力负担的人身上，但在纳税的时间上总是会给他提供足够的方便。到了要支付的时候，他一般都能拿得出钱来。这种税的征收费用很少，而且通常不会给纳税者增加纳税之外的不便。

在法国，人们对印花税没有太多抱怨，但对登记税却怨言多多。人们提出，这种税非常武断随意，非常不确定，造成收税官吏勒索成风。在大部分反对法国现行财政制度的小册子中，登记税的弊害都是主题之一。不过，不确定性并不必然就是这种赋税的内在性质。如果群众的抱怨是有根据的，那这些弊害的产生也不是由于这种赋税的性质，而是由于课税敕令或法规用语有欠精确和明晰。

抵押契据以及所有关于不动产权利的登记，因其能给予债权人和债务人（或买方和卖方）以极大的保障，对公众是极为有利的。大部分其他种类契约的登记却往往给个人带来不便甚至危险，对公众没有任何好处。大家都认为，既然登记，就不应该保密，应当保密的登记根本就不应该存在。个人信用的安全肯定不应当依赖于下级收税官员的正直和良心这种非常薄弱的保障。但在登记费成为君主收入来源的地方，登记机构通常都无休止地增多，应当登记的契约要登记，不应当登记的契约也要登记。法国就有好几种保密的登记册。这种弊端虽然不是这种赋税的必然结果，却必须承认，它是这种赋税的自然的结果。

英格兰对纸牌和骰子、报纸和期刊征收的印花税，可以说都是消费税，这些税最终都是由使用或消费这些物品的人支付。对麦酒、葡萄酒和火酒的零售执照征收的印花税，虽然可能是打算加在零售商的利润上的，但同样是由消费者最后支付的。这种赋税，虽然和上述对财产转移所课征的印花税使用同一名称，由相同的官吏用相同的方式征收，却具有完全不同的性质，落在完全不同的资源上面。

第三项　劳动工资税

我在本书第一篇已经说过，低级劳动者的工资始终受到两种不同因素的支配，即对劳动的需求以及食物的一般价格或平均价格。对劳动的需求决定着劳动者生活资料的丰裕、适中或短缺的程度，依这需求（对劳动的需求也是对人口的需求）是增加、不增不减还是减少而定。食物的一般价格或平均价格决定了为了让工人购买这些生活资料而每年必须支付给工人的货币数量。所以，当对劳动的需求和食物的价格保持不变时，对劳动工资直接课税一定会提高劳动工资，使其在课税之后还能保持原有水平，而提高的比率要稍高于课税的比率。比如，假定某地对劳动的需求和食物的价格使普通劳动工资为一星期 10 先令，然后对工资课征 1/5 或每镑 4 先令的税。如果对劳动的需求和食物的价格保持不变，劳动者仍须在那里获得每星期 10 先令的自由工资所能购买的生活资料。而为了让劳动者付税之后仍有 10 先令的工资，当地的劳动价格就要提高到 12 先令 6 便士，而不仅是 12 先令；也就是说，为了让他在支付了 1/5 的税之后还有 10 先令，他的工资得上升 1/4，而不仅是 1/5。不管课税的比率如何，劳动工资上升的比率都要高于课税的比率。例如，此税率为 1/10，劳动工资上升的比率就不仅是 1/10，而且得上升 1/8。

所以，对劳动工资直接课税，虽然可能看上去是劳动者自己付的，但其实并不是，甚至连垫付都不是；至少，在课税后对劳动的需求和食物的价格仍保持税前的水平的情况下是如此。在这种情况下，工资税以及超过此税额的若干款项实际上都是由直接雇佣他的人垫付的。至于最后的负担者则会根据不同的场合而由各种不同的人负担。制造业的劳动工资由课税而提高的数额，垫付者为制造业的业主。他有权利而且不得不把垫支的数额以及因此应得的利润转嫁到货物价格上。因此，工资提高的数额及利润增加额最终都是由消费者负担。乡村里的劳动工资由课税而提高的数额，垫付者为农场主。他为维持和以前相同的劳动人数，势必要投入更多的资本。为收回这些资本及其一般利润，他必须留下更多的土地产物或更多的土地产物的价值。为此，他就不得不少付地主地租。因此，劳动工资提高的数额及利润增加额最终都要由地主负担。有些税是部分地落在地租上，部分地落在消费品上的；与此相比——假如税收收入相同的话——直接对工资课税最后引起的地租减少或制造品价格提高要来得更厉害。

如果直接对劳动工资课税没有造成工资相应提高，那一般是因为这些税已经造成了对劳动的需求严重减少。这种税的结果一般是产业的衰退、穷人就业机会的减少、全国土地和劳动年产物的下降。不过，由于此税的存在，劳动价格一定会比没有这种税时要高一些，并且，这上涨的价格以及垫付此价格的人的利润，最终还是要由地主和消费者来负担。

对乡村劳动工资所征收的税并不会按照这种税的比例而提高土地产物的价格，就像农场主的利润税不会按税率提高农产品的价格道理是一样的。

虽然这种税不合理而且很有害，但许多国家都在实行。在法国，贡税中对乡村劳动者和领取日薪的工人课征的部分，就是这种税。这些劳动者的工资按照他们居住地的一般工资率计算，而且为使他们尽可能少承受额外负担，其年收入是按每年不超过两百个工作日估算的。每个人需要缴纳的税额根据外部条件的不同而每年不同，这些外部条件由省长指定的收税员或代表来判定。在波希米亚，由于从1748年开始的财政制度改革，对手工业者的劳动课征一种很重的税。他们分为四个等级：最高一级每年付税100弗洛林（按一弗洛林折合22.5便士计算，达9镑7先令6便士）；第二级每年付税70弗洛林；第三级50弗洛林；第四级包括乡村的手工业者以及城市里最低级的手工业者，每年付税25弗洛林。

创造性的艺术家和自由职业者的报酬必然与较低级的职业保持一定的比例，我在本书第一篇已经说明过。因此，对这种报酬课税也必然会使该报酬按略高于该税的比例而提高。

官员的报酬和各普通行业和职业的报酬不一样,不是由市场的自由竞争决定的,因而并不总是和该职业的性质所要求的报酬相称。在大多数国家,这种报酬大都高于该职业性质所要求的水平;管理政府的人一般都倾向于给自己和直接下属发放高于必要水平的报酬。因此,在大多数场合,官员的报酬是相当有能力承担赋税的。而且,享受公职的人,尤其是待遇较好的公职的人,在所有的国家一般都是遭受嫉妒的对象;对他们的报酬课税,即使比对其他各种收入的课税高一些,也总是非常受人欢迎的赋税。例如,在英格兰,当各种其他收入被认为①依照土地税每镑征收四先令时,对年薪100镑以上的官职(皇室新成家者的年金、海陆军军官的报酬以及少数不太受人嫉妒的官职的报酬除外)每镑薪水课税5先令6便士是很受欢迎的做法。除此之外,英格兰对劳动工资没有其他的直接课税。

第四项　打算不加区分地施加在各种不同收入上的税

打算不加区分地施加在各种收入上的税,就是人头税和消费品税。这种税由纳税者以其收入来支付,不管这收入是土地地租、资本利润还是劳动工资。

人头税

人头税,如果试图使它和每一个纳税人的财产或收入成比例,那它就会变成完全武断随意的。一个人的财产状况每天都有不同,如果不经过无比令人厌烦的调查,并且至少每年修正一次的话,那就只能靠推测。因此,在大多数场合,税额的评估必然要以估税员一时的好恶为转移,也必然会彻底成为武断随意的和不确定的。

人头税如果不和推定的财产相应,而与纳税人的身份相应,则会变得完全不平等。相同身份的人的富裕程度常常是不一样的。

因此,这种税要到了平等就会成为随意的和不确定的,要到了确定和不随意就会成为不平等的。不论赋税是轻是重,不确定性都是很糟糕的。而不平等,如果是轻税还好一点,如果是重税,那也是完全不能忍受的。

威廉三世在位时实行的各种人头税,大部分纳税人都是根据其社会等级来估税的,如公爵、侯爵、伯爵、子爵、男爵、士族、绅士、贵族的长子及末子等。所有财富在300镑以上的店主和商人,即商贾中较富裕的人,按同

---

① "被认为"(is supposed to be)意味着"在名义上是,但实际上不是"。

一税额征税，不管他们的财富差距如何。这里考虑的也是他们的身份而不是他们的财产。有些人的人头税，起初是按照他们被推定的财产来课税，后来改为按照其身份课税。在皇家法庭具有特权的高级律师、事务律师和王室的诉讼监察起初是按照其收入征收每镑3先令的人头税，后来改为按绅士的身份课税。征收一项不很重的赋税，即使是有点严重的不平等也比任何程度的不确定更容易让人接受。

法国自本世纪初以来一直实行的人头税，对最高阶层的人是按他们的身份课税的，税率不变；对较低阶层的人是按他们的推定财产课税的，每年的估税都不相同。宫廷的官员、高等法院的审判官及其他官员、部队的军官等都是按第一种方式课税。各省的较低阶层的人民则按第二种方式课税。在法国，达官显贵们很容易接受即使不太公平的赋税，这种赋税就其对他们的影响而言，并不是很重的，但他们不能忍受省长对税额的任意评估，而该国的下层人民则必须耐心地忍受他们的上级对待他们的作风。

在英格兰，各种人头税从未收足预期会从它们得到的税额，或者说，未收足如果严格征收它们被认为可能收到的税额。而在法国，人头税总是能收足预期的税额。英国政府是温和的，当它对各阶层人民课征人头税时，常常满足于所征收到的金额；不能完纳的人、不愿完纳的人（这种人很多）或因法律宽大而未强制其完纳的人，他们虽然使国家蒙受损失，但政府并没有要求其补偿。法国政府则是比较严厉的，它对每个课税区都征收一定的金额，省长必须竭尽所能去收足这一金额。如果某省抱怨所征收的税太高，可以在次年征收时按照前年多缴纳的比例予以扣减，但在本年度还是要按照估定的税额来征收。省长为确保能收足本税区的税额，有权把税额估得比应收足的税额高一些，这样，因纳税人破产或无力完纳而受到的损失就可以从其余的人的超额征收中得到补偿。直到1756年，这种超额征收都是由省长裁定，但在这一年，枢密院把这项权力据为己有。在法国赋税记录方面信息齐全的人士指出，各省的人头税落在贵族和有特权免纳贡税的人身上比例最轻，落在要缴纳贡税的人身上的比例最重，他们按应纳贡税的数额，每镑课以一定的人头税。

向下层人民征收的人头税就是一种对劳动工资的直接课税，它具有一切工资税的麻烦与不便。

征收人头税的支出很小，而且，如果得到严格的执行，必然会为国家提供一项非常稳定的收入。因为这种缘故，在不把下层人民的安逸、舒适及安全放在眼里的国家，人头税极其普遍。不过，对一个大国而言，从这种税所得到的往往不过是其公共收入的一小部分，而且这种赋税所能提供的金额完全可以用对人民更便利的其他途径去征得。

消费品税①

当不可能按收入的比例用人头税去向人民课税，似乎就引起了消费品税的出现。国家不知道怎样直接地、按比例地对人民的收入课税，它就试图间接地对他们的支出课税，这些支出被认为在大多数场合里与他们的收入是一致的。而对他们的支出课税，就是对支出的目标即消费品课税。

消费品或是必需品，或是奢侈品。

我所理解的必需品，不只是维持生活所必不可少的商品，而且也包括在一国的习俗中维持一个人——哪怕是最底层的人——的体面所不可缺少的东西。例如，亚麻布衬衫。严格地说来这并不是生活必需品，我想，希腊人和罗马人虽然没有亚麻布衬衫，也生活得非常舒适。但在现在，在欧洲的大部分地区，一个领日薪的工人如果没有一件亚麻布衬衫，就羞于在大庭广众中露面。没有这种衬衫会被认为是穷到了可耻的地步，如果不是行为能力糟糕透顶，没有人会到这一步。同样的，习俗也使皮鞋成为了英格兰生活的必需品。最穷的男人和女人，只要还讲点体面，没有一双皮鞋就不敢在公众中露面。在苏格兰，习俗使得皮鞋成为最低阶层的男人们的必需品，但对同一阶层的妇女却不然，她们可以赤脚行走。在法国，皮鞋对于男人或女人而言都不是生活必需品，最低阶层的男女可以穿着木屐或打着赤脚走在别人面前而无伤大雅。所以，对于必需品，我的理解是，底层人民由于自然本性所必需的物品，以及由于涉及体面的规矩习惯所必需的物品。所有其他的东西我称之为奢侈品（这一称呼并没有要责难对它们的适度使用的意思）。例如，英国人喝的啤酒、麦酒、葡萄酒（甚至葡萄酒产国的人喝的葡萄酒），我都称为奢侈品。不论哪一阶层的人，他不饮用这种饮料决不会遭到非难。大自然没有使这类饮料成为维持生活的必须品，任何地方的习俗也没有使它成为维持体面所必不可少的东西。

由于劳动工资部分地是由对劳动的需求、部分地是由生活必需品的平均价格所决定，所以提高必需品的价格必然会提高劳动工资，以便使劳动者仍然有能力购买依照对劳动的需求的状况（不论其为增加、不增不减或减少）

---

① "消费品税"和"消费税"不是一回事。消费品税是对所有消费品课征的税，包括消费税和关税。消费税是对国内商品课征的一般赋税。——译者注。

他们所应该有的各种必需品。对这些必需品课税必然会使其价格提高,并且要略高于税额,因为垫付此税的商人一定要收回这项垫付的金额,同时还要加上垫款应得的利润。因此,这种必需品税必然造成劳动工资按此类必需品价格上升的比例而上升。

所以,对生活必需品课税,所起的作用和对劳动工资直接课税完全相同。劳动者虽然要自己支付此税,但最后并不是由他支付,甚至不是垫付。此税最终总是由他的直接雇主给他增加工资而返还给他。如果雇主是制造业者,他将把增加的工资连同一定的增加利润转嫁到货物的价格上,所以,最后支付此税及其附加利润的将是消费者。如果雇主是农场主,此税就将落在地主的地租上面。

对我所称的奢侈品课税,甚至是对穷人的奢侈品课税,则又另当别论。课税商品的价格的上升,并不一定会引起劳动工资的提高。例如,烟草虽然既是富人的也是穷人的奢侈品,但对这种奢侈品课税不会导致劳动工资的提高。英格兰的烟草税达到烟草原价的3倍,在法国则达到原价的15倍,但这么高的税似乎并没有对劳动工资造成影响。茶和砂糖在英格兰和荷兰已成为底层人民的奢侈品,巧克力在西班牙也是这样,对这些东西课税也没有对劳动工资产生影响。英国在本世纪对酒类所课征的各种税也没人认为对劳动工资产生了影响。对每桶浓啤酒课征3先令附加税,导致黑啤酒的价格上升,然而伦敦普通工人的工资并未因此提高。在这种附加税未征收以前,他们每天的工资约为18、20便士,现在的工资也没有增多。

这类商品的高价格不一定会降低下层人民养家糊口的能力。对朴实勤劳的穷人而言,向这类商品课税的作用类似于颁布禁奢法令,会使他们少用或完全不用那些他们已不再能轻易买得起的奢侈品。由于这种被迫的节约,他们养家的能力不但没有降低,反而常常会因此税而提高。正是这些朴实勤劳的穷人,养活了最多的人口,并提供了最主要的有用劳动力。诚然,并不是所有的穷人都是朴实勤劳的,那些放荡和胡来的人在这些奢侈品的价格上升以后依然会像以前一样欲罢不能,而不会考虑其放纵的行为会给其家庭带来的困境。不过这种胡来的人很少能养育大家庭,他们的孩子很容易因为照料不周、处理不善、缺乏食物或者卫生条件恶劣而夭折,即使孩子体格健壮、能在父母的坏习惯给他带来的苦难中活下来,其父母所作出的榜样也会腐蚀他的心灵,使他长大后不是通过自己的勤劳成为对社会有用的人,而是成为伤风败俗的害群之马。所以,尽管穷人的奢侈品价格上升可能增加这种无节制的家庭的痛苦，从而降低其养家的能力，但不可能大大减少一个国家里有用的劳动力的数量。

而必需品平均价格的任何幅度的上涨，如果劳动工资不相应地增加，必然会或多或少降低穷人养家的能力，从而降低其提供有用劳动的能力，不管对劳动的需求（或对人口的需求）状况是增加、不增不减还是减少。

对奢侈品课税，除被课税的商品以外，不会提高任何其他商品的价格。而对必需品课税，由于会提高劳动工资，必然会提高一切制造品的价格并从而减少它们销售和消费的幅度。奢侈品税最终是由课税品的消费者毫无补偿地支付的，它们会无差别地落在土地地租、资本利润或劳动工资等收入上。对必需品课税，就其对穷人的影响而言，最终总是部分地由地主以减少地租的方式支付，部分地在提高了制造品价格之后由富有的消费者（地主或其他人）支付，而且总要多支付一些。穷人真正的生活必需品（如粗毛织物）的价格如果提高，必须进一步提高穷人的工资以对他们做出补偿。中等和上等阶层的人民，如果明白他们自身的利益，就应当永远反对对生活必需品课征一切赋税，也反对对劳动工资直接课税。两类赋税的最后支付完全落在他们自己身上，并且还要多支付一个额外的数目。地主的负担尤其重，他总是以双重身份付税：作为地主，他要减少地租付税；作为消费者，他要增加支出付税。马修·德克尔爵士观察到，某些赋税转嫁到某些商品的价格上，有时竟会重复积累 4 次或 5 次，确实，对于生活必需品税来说完全就是这样。比如，在皮革的价格中，你不仅必须就你自己的鞋所用的皮革付税，而且必须就制鞋匠和制革匠的鞋所用皮革付税。你还必须就这些工匠在为你服务期间所使用的盐、肥皂和蜡烛付税，乃至为制盐人、制肥皂者、制蜡烛者在生产期间所消费的皮革付税。

在英国，对生活必需品课征的赋税主要就是针对上面提到的这四种商品：盐、皮革、肥皂和蜡烛。

盐是一种非常古老和非常普遍的课税对象。在古罗马就曾课征盐税，我相信现今欧洲每个地区都仍然如此。一个人每年消费的盐量很少，而且是一点一点地购买，于是，似乎就有人认为，即使盐税很重也不会给任何人造成负担。在英格兰，盐每蒲式耳课税 3 先令 4 便士，约为原价的 3 倍。在其他一些国家课税更高。皮革也是一种真正的生活必需品。亚麻布的使用使肥皂也成了必需品。在冬天夜晚很长的地区，蜡烛还是一种必要的生产工具。英国的皮革税和肥皂税都是每磅 1 便士半，蜡烛税则为每磅 1 便士。对皮革的原价而言，皮革税约为 8% 或 10%；对肥皂的原价而言，肥皂税约为 20% 或 25%；蜡烛税约为蜡烛原价的 14% 或 15%。这些税虽然比盐税轻一些，但仍然是很重的。这四种商品都是真正的必需品，如此重税必定会增加那些朴实勤劳的穷人的生活开支，从而必定会引起他们的劳动工资的提高。

在英国这样冬季非常寒冷的国家，燃料严格来说是这个季节的生活必需品，不仅是为了烹调食物，而且也为了在室内工作的工人身体上的舒适。在所有燃料中，煤是最便宜的。燃料价格对劳动价格的影响如此重要，以致英国所有制造业都设立在产煤地区，而在其他地区，由于这一必需品的价格太贵，就没法降低开工的成本。此外，在某些制造业中，煤炭是一种必要的生产工具，比如在玻璃、炼铁和其他冶金业中。如果可以发放奖金，那对将煤炭从富饶地区运往短缺地区发放奖金是再合适不过了。但是立法机关不但不发放奖金，反而对煤炭的沿海运输每吨课税 3 先令 3 便士，就大多数种类的煤炭来说，税额已占出井价的 60% 以上。陆路运输或内陆航运的煤炭则不课税。在煤价自然低廉的地方，煤炭的消费不课税；在煤价自然昂贵的地方，煤炭反要课重税。

这些赋税虽然提高生活必需品的价格，从而提高劳动的价格，但却为政府提供了一笔以其他方式不容易得到的可观收入，因此，总能找到继续课征这些税的理由。如果给谷物发放出口奖金，也会提高生活必需品的价格，产生同样的不良后果，但它不但不能给政府带来收入，反而要支出一笔很大的费用。对外国谷物进口课征高关税（这在普通丰收年份等于禁止进口），以及禁止活牲畜或腌制食物进口（现在因为这类物品短缺，对爱尔兰和英国殖民地的产品暂停适用），这些规定都产生了和对生活必需品课税一样的不良后果，而并没有为政府带来收入。要废除这些规定，只要让民众相信建立它们的那种学说体系是多么菲薄就可以，不需要做其他什么工作。

和英国相比，其他许多国家对生活必需品所征收的税要高得多。许多国家对磨坊里研磨的面粉和粗粉课税，对火炉上烘烤的面包也课税。在荷兰的城市里，据说，此税导致面包的消费价格增加了一倍。为了对住在乡村的居民也部分地课征这种税，每个人每年都要按其消费的面包种类缴纳赋税。比如消费小麦面包的人每年要付税 3 盾 15 斯泰弗，约合 6 先令 9 便士半。这种税以及其他一些同类的赋税提高了劳动的价格，据说使荷兰大部分的制造业都受到了破坏。在米兰公国、热那亚各州、摩德拉公国、帕尔马公国、普拉森舍和瓜斯塔拉公国，乃至教皇领地，也可以看到同类的赋税，只不过没有那样繁重罢了。法国一位颇有名望的学者曾提议改革该国财政制度,用这种最具破坏性的赋税去代替大部分其他的赋税。这正如西塞罗所说的,"哪怕是最荒谬的事,有时候也有一些哲学家主张"。

对畜肉课税比对面包课税更为普遍。当然,畜肉是不是生活必需品还不好说。根据经验,即使没有畜肉,仅凭谷物和蔬菜,辅之以牛奶、干酪、黄油——没有黄油可以用酥油替代,也能提供最丰富、最营养、最卫生、最能增长精神的食物。在许多地方,为着维持体面要求人人穿一件麻衬衫和一双皮鞋,但没有一个地方要求人民必须吃肉的。

对消费品(不论是必需品还是奢侈品)可以用两种方法课税:其一,消费者为其使用或消费某一类型的商品而每年支付一笔税款;其二,对留在商人手中、尚未交付给消费者的货物课税。不能立即用完而可持续使用相当长时间的商品,最适合采用前一种方法课税;可以立即消费掉或消费比较迅速的商品,最适合采用后一种方法课税。马车税和金银器皿税是前一种课征方法的例子,其他大部分的消费税和关税则是后一种课征方法的例子。

一辆马车如果保养得好,可以用10年到12年。在它离开马车制造者之前,或许可以一次性征收一定数额的税。但对购买者来说,为保有马车的特权每年付税4镑,肯定比一次性付给马车制造者40镑或48镑的额外加价(或相当于使用马车期间应付税额的总数)更为方便。金银器皿可以使用100年以上。为每100盎司重的器皿每年付税5先令,约为其价值的1%,对于消费者来说肯定会比一次性付出相当于25年或30年税额的总数更为容易,后者会使器皿的价格至少提高25%或30%。同样,对房屋课征的各种赋税每年由消费者支付较小的数额,肯定比在房屋初建或初售时课征与各年税额之和相等的重税更为方便。

马修·德克尔爵士有一个著名的提议,就是所有的商品,即使是立即消费的或消费迅速的商品,都应当用下面这种方式来课税:商人不垫支任何赋税,而消费者每年支付一定的金额,领取消费某种货物的执照。他的这一方案的目的是想撤销一切进出口税,让商人可以把全部资本和信用都使用在商品购买及船舶租赁上,而不必把其中任何部分用于纳税,这样可以促进所有的对外贸易,尤其是中间商贸易。但是,对立即消费或迅速消费的商品也采用这种方法课税,似乎有以下四种非常严重的弊端。第一,与通常的课税方式相比,这种课税方式更不公平,就是说,不能很好地按照不同消费者的支出和消费成比例地课征。对麦酒、葡萄酒和火酒课征的税由商人垫支,最后是由不同的消费者按照他们各自的消费比例支付。但如果这种税通过购买一张饮酒执照来支付,那么饮酒很节制的人所缴纳的税额按其比例就比酗酒的人缴纳的税额更重,也就是说他的税率更高。宾客较多的家庭纳税就更比宾客较少的家庭轻得多。第二,本来对迅速消费的货物课税的主要便利之一是可以分次支付,但上述课税方式,即每年、每半年或每季度购买一次消费某种货物的执照,会大大降低这种便利。现在每瓶黑啤酒的价格是3便士半,其中对麦芽、酒花、啤酒课征的各种税连同酿酒者为垫付这些税款而要求获得的特别利润共计1便士半。一个工人如果能多付这1便士半,他就可以买一瓶黑啤酒。如果他不能,他就可以只买1品托,同时,如果省多少就是赚多少,他也因为节制而节省了一个法新。他可以每次付每次的税,何时有能力付就何时付,每一次付税都是完全自愿的,他想不付就可以不付。第三,这样课税不太起得到禁奢法令的作用。因为一旦取得执照以后,无论消费者饮酒的数量是多少,他缴纳的税都是一样的。第四,现在一名工人每喝一瓶酒纳一次税,这对他来说没有什么不方便的,但如果要让他一年一次、半年一次或一个季度一次缴纳在这段时间里他应缴纳的全部税额,恐怕这个数目会给他造成很大的困难。因此,很明显,这种课税方式如果要想和现在这种不用强迫的课税方式取得同样多的收入,不靠压迫性的手段是不行的。然而,在有些国家,对立即消费或迅速消费的商品就是以这种方式课税的。荷兰人为获得饮茶的执照就需缴不少的税。此外,我已经说过,该国也按同样的方式对乡村所消费的面包课税。

国产消费税主要是对那些由国内制造且用于国内消费的商品课征的。这种税只对几种使用最广泛的货物课征。课税的商品、各种商品的税率都很清楚,不存在任何疑问。除了前面提到的盐税、肥皂税、皮革税、蜡烛税(或许还可以算上普通玻璃税)之外,这种税几乎完全是对我所说的奢侈品课征的。

关税比消费税更为古老。这种税之所以称之为"关税"①,似乎是表明这种支付形式是远古沿袭下来的一种惯例。它最初似乎被看做是对商人的利润所征收的税。在封建无政府状态的野蛮时代,商人也像城邑中的其他居民一样,都和解放的农奴差不多,人格受到轻视,获得的收益被人嫉妒。大贵族既已同意国王向他们自己的佃农的利润课征贡税,所以对向他们无意保护的这个阶层的人民课征同样的贡税也没有意见。在那个无知的时代,他们不懂

---

① 关税的英文是"custom",又有"习惯"的意思。——译者注。

得商人的利润不应是直接的征税对象,或者说,他们不懂得,这些税最终是都要落在消费者身上的,而且还要比这税支付得更多。

与英国本国商人的收益相比,外国商人的收益还要受到更大的歧视。因此,对后者课税自然比对前者更重。对外国商人和本国商人在赋税上的区别对待起源于无知,又由于垄断精神、即想使本国商人在本国市场和外国市场都占据有利地位,而继续存在了下来。

除了上述区别外,古代的关税向所有各种货物平等课征,不管是必需品还是奢侈品,也不管是出口货物还是进口货物。那时候的人们似乎觉得,没道理对经营一种货物的商人比对经营另一种货物的商人更优待,也没道理对出口商人比对进口商人更优待。

古代的关税分为三种。第一种或许是所有关税中最古老的,是向羊毛和皮革课征的关税。这主要是或完全是一种出口关税。当英格兰建立了毛织物制造业时,为了使国王不致因毛织物出口而丧失他对羊毛课征的关税,于是对毛织物也课征了相同的税。第二种是葡萄酒税,即对每吨葡萄酒征税,称为吨税。第三种是对所有其他货物的课税,按他们的推定价值每镑纳税若干,所以称为镑税。在爱德华三世第四十七年,对所有进出口货物按价值每镑课税6便士,只有羊毛、带毛的羊皮、皮革和葡萄酒除外,这些商品课征特别的税。在理查德二世第十四年,此税提高到每镑1先令,但3年后又降为6便士。亨利四世第二年提高到8便士,第四年又提高到1先令。从这一年到威廉三世第九年,此税一直是每镑1先令。根据同一项议会法令,吨税和镑税都划归国王,称为吨税和镑税补助税。在一个很长的时期内,镑税补助税一直是每镑1先令或5%,关税用语上所谓的补助税一般都是指这5%的税。这种补助税——现在称"旧补助税"——至今仍然按照查理二世第十二年制定的税率表课征。据说在詹姆斯一世以前,就开始使用这种按照税率表确定应纳税商品价值的方法。威廉三世第九、第十年课征的新补助税是对大部分商品额外再征收5%。1/3补助税和2/3补助税合起来又组成另一个5%。1747年的补助税是对大部分商品课征的第四个5%。1759年的补助税是对一些特定商品课征的第五个5%。除了这五种补助税外,对某些种类的货物还偶尔课征一些其他赋税,有时是为了解决国家的燃眉之急,有时是为了按照重商主义体系的原则来调节国家的贸易。

重商主义体系已经逐渐变得越来越流行。旧补助税是不加区别地对进口商品和出口商品一律课征。而后来的四种补助税,以及后来向特定商品偶尔征收的其他赋税，则完全是对进口商品课征，只有少数例外。以前对本国产品或国内制造品出口所课的各种税，大部分被减轻或完全废除，对有些商品的出口甚至还发放奖金。对进口然后又出口的外国商品，有时退还进口时的全部税金，大多数情况下退还其中的一部分。进口时课征的旧补助税在出口时一般退还一半，但进口时课征的后面几种补助税及其他关税大部分商品在再出口时都可以全部退还。这种对出口的偏袒和对进口的挫抑，只对少数几种制造业原材料是例外。我们的商人和制造业者希望这些原材料对他们自己尽可能便宜，对他们的外国对手和竞争者尽可能昂贵。因此之故，一些外国原材料被允许免税进口，比如西班牙羊毛、大麻和粗制亚麻纱等。国产原材料和我国殖民地特产原材料的出口则有时被禁止，有时被课以重税。比如，英国羊毛的出口被禁止；海狸皮、海狸毛和塞内加尔胶的出口被课以重税，自从占领加拿大及塞内加尔以来，英国几乎垄断了这些商品。

我在本书第四篇已经力图表明，重商主义体系对人民大众的收入、对国家的土地和劳动的年产物并不是很有利的。它对君主的收入似乎也没有有利到哪儿去，至少就这一收入依赖于关税而言是如此。

由于这种体系，有几种货物的进口完全被禁止。在某些情况下，这种禁令使得这些商品的进口完全被阻止了，在另一些情况下，这种禁令使得进口人必须走私，这些商品的进口至少也大大减少。比如，它完全阻止了外国毛织品的进口，大大减少了外国丝和丝绒的进口。在这两种情况下，本可从对这些商品进口课征关税而得到的收入就完全落空了。

向许多外国货物进口课征重税以限制它们在英国的销路，这一般说来只是鼓励了走私，从而使关税收入低于课征轻税时可能得到的收入。斯威夫特博士说，在关税的算术中，2 加 2 并不等于 4，有时只能得到 1；就这种重税而言，这句话完全正确。如果不是由于重商主义体系在许多场合让我们把课税当做获得垄断的手段（而不是获得收入的手段），那这种重税是不会被采用的。

对本国产品和制造品出口有时发放奖金，对大部分外国货物再出口实行退税，产生了许多欺诈行为，也引起了对国家收入最具破坏性的走私活动。众所周知，为了得到奖金和退税，人们有时把货物装船出海，但随后又从本国的某个其他地方秘密地重新上岸。由于奖金和退税（其中大部分是通过欺诈得来的）而造成的关税收入损失非常大。截至 1755 年 1 月 5 日为止的一年中，关税总收入为 506.8 万镑。从这笔收入中支出的奖金（虽然该年度对谷物还没有发放奖金),共 16 万 7800 镑。根据退税单及其他证明支付的退税为 215 万 6800 镑。奖金和退税共计 232 万 4600 镑。将这笔金额扣除掉的话,关税收入就只有 274 万 3400 镑;从中再扣除薪俸及其他管理费用等开支 28 万 7900 镑,这一年的关税纯收入就只有 245 万 5500 镑了。海关管理费用相当于关税总收入的 5% 到 6%,而扣除奖金和退税以后则相当于收入的 10% 以上。

由于几乎对所有进口商品都课以重税,所以我国进口商都尽量走私,尽少报关。相反,我国出口商报关的总是比他们实际出口的多,他们这样做有时候是出于虚荣心,摆一个货物出口不纳税的大商人的架子,有时候则是为了获取奖金或退税。因为存在这两方面的欺诈行为,在海关登记册上我国出口数额大大超过了我国的进口数额,这使得那些按所谓贸易差额来衡量国家繁荣程度的政客们感到了极大的欣慰。

所有进口货物,除少数特殊的免税商品外,均须缴纳一定的关税。如果进口的某种商品没有被列进税率表中,就根据进口商的宣誓,按其价值每 20 先令课征 4 先令 9 又 9/20 便士,与五种补助税或五种镑税大致相当。税率表中所列举的商品种类极其广泛,有很多商品是很少使用、人们不熟悉的。由于这个缘故,常常不能确定某种商品应归于哪一类,因而应纳多少税。这样的错误有时会使海关官员下岗,并且常常会给进口商带来很多的麻烦、苦恼和额外开支。因此,在明白、准确、清晰这几点上,关税远不如国内消费税。

要使社会中大多数人能按他们各自的开支的比例对公共收入做出贡献,不必对这种开支的每个项目都去课税。国内消费税被认为和关税一样,都是平等地落在纳税人身上,而消费税只对少数几种使用最广泛和消费最多的货物课征。许多人的意见是,如果管理得当,关税也可以只对少数几种货物课征,这样并不会给国家收入造成任何损失,而对于对外贸易则有巨大的好处。英国现在使用最广泛和消费最多的外国货物似乎主要是外国葡萄酒和白兰地酒,还有美洲及西印度出产的砂糖、朗姆酒、烟草、可可豆,东印度出产的茶、咖啡、瓷器、各种香料及一些纺织品等等。这些商品也许提供了如今的大部分关税收入。除了对这些商品所征收的关税之外,其余大部分对外国商品课征的关税都不是为了增加收入而设置的,而是为了谋求垄断,即要确保国内市场上本国商人的利益。如果废除一切进口禁令,并按经验对外国制造品只课以能为国家提供最大收入的适中关税,那么,我国的工人将仍然能够在国内市场上占据相当有利的位置,而那些现在没有给国家提供收入的货物或仅提供少量收入的货物也将提供丰厚的收入。

高关税,有时因为减少了课税商品的消费,有时因为鼓励了走私,为政府提供的收入常常比课征较轻的关税所能得到的收入更少。

当收入减少是因为消费减少时,唯一的补救办法就是降低税率。

当收入减少是因为鼓励了走私时,一般可以有两种补救的办法:削弱对走私的诱惑,或者增加走私的难度。只有降低关税才能减少对走私的诱惑,只有建立一种最适于阻止走私的管理制度才能增加走私的难度。

从经验来看,我相信消费税法比关税法更能有效地阻止和抑制走私活动。在两种不同赋税的性质所许可的范围内,在关税中引进一种类似消费税的管理制度,走私的难度可能就会大大增加。很多人都认为,要做出这种改变是很容易的。

有人主张,进口那些应缴纳关税的商品的进口商可以将这些商品搬进他们自己的私人仓库,或者,也可以存放在由其自己支付或由国家支付费用的公家仓库里,仓库的钥匙由海关官员保管,只有海关官员在场的时候才可以打开仓库。如果商人将货物运往自己的私人仓库,就应当立即缴纳税金,以后不再退还;并且,海关人员可以随时检查仓库,以确定存货数量和所付税额是否相符。如果他将商品存放在国家的仓库,可以直到将货物取出供国内消费时再付税。如果再出口到国外,这些商品可以完全免税;不过,他必须提供适当的保证担保其商品一定出口。经营这些商品的商人不论是批发商还是零售商,都要随时准备接受海关人员的检查,并且还要提供适当的凭证,证明其商铺或仓库中的全部商品都已缴纳了关税。现在对进口的朗姆酒课征的所谓"货物关税"就是按这种方式征收的,相同的制度或许可以推广应用到对其他进口货物的课税上,只要这些税和消费税一样只针对少数使用最广且消费最多的商品。如果是对所有不同种类的货物课征关税(就像现在这样),那恐怕很难提供容量足够的公共仓库,而且,商人也不会放心将非常精细的,或必须小心保存的商品存放在别人的仓库里。

如果通过这种管理制度能在很大程度上制止走私(即使是在很重的关税下),如果各种关税能根据是否可以向国家提供最多的收入而随时提高或降低,如果赋税总是被用作获取收入的手段而不是用作谋求垄断的手段,那么,只对使用和消费最多的少数商品征收关税,就应该能够获得至少与现在相等的关税纯收入,而且关税还可以变得和消费税一样简单、确定和准确。现在国家由于外国货物再出口在退税以后又重新上岸并在国内消费所损失的收入,在这种制度下可以完全节省下来。单是这项节省的数目已经很大,如果再加上取消对国产货物出口的一切奖金(这些奖金事实上没有一种是以前所付的消费税的退税），那么，在做出这种制度变更之后，关税纯收入完全可以和变更之前相等，这是毫无疑问的。

如果说这样一种制度变更不会使国家收入遭受任何损失，那它就只会使国家的商业和制造业得到很大的好处。不课税的商品将占绝大多数，这些商品的贸易将完全自由，可以出口到世界每一个地方或者从世界每一个地方进口，获得每一分可能获得的利益。这些商品会包括所有的生活必需品以及所有的制造业原材料。由于生活必需品的自由输入会降低它们在国内市场上的平均价格，所以也会降低劳动的价格，而劳动的实际报酬不会减少（因为货币的价值是与它所能够买的生活必需品的数量成比例的，而生活必需品的价值与它所能交换到的货币的数量完全无关。）。劳动的价格降低，国内所有制造品的价格也必然随着降低，从而国内制造品就可以在国外市场上获得优势。由于原料可以自由进口，一些制造品价格下降的幅度可能会更大。比如，如果生丝能从中国和印度免税进口，那英国的丝织品就会比法国和意大利的丝织品售价低得多，也就没有必要再去禁止外国丝绸和丝绒的进口。本国货物的售价低廉，不仅会使我们的工人占有本国市场，而且会使他们极大地支配外国市场。另一方面，即使是课税商品的贸易，也会比现在进行得更加有利。如果这些商品从公家仓库中取出后免税向外国出口，这些商品的贸易也是完全自由的。在这种制度下所有种类的商品的中间商贸易都能享有一切可能得到的利益。如果这些商品从公共仓库中取出后用于国内消费，进口商在有机会向某个商人或某个消费者出售自己的货物以前不必垫付税款，那他就会比在进口时必须立即垫付税款的情况下售价更为低廉。在相同的税率下，即使是经营课税商品的对外消费品贸易，用这种方式进行也会比现在获得更多的利益。

罗伯特·沃波尔爵士著名的消费税计划的目的，就是要设立一种与这里所提议的制度非常相似的、针对葡萄酒和烟草的税制。尽管那时他向议会提出的提案只包含这两种商品，但人们一般都推测，这只是一种更广泛的计划的序幕。因此，与走私商人利益结合在一起的党派激烈地（当然是不公正地）反对这项提案，使得首相也认为最好是把它放弃。由于担心激起相同的反对，他的继任者也不敢重提这个计划。

对从国外进口并供国内消费的奢侈品所征收的税，虽然有时也会落在穷人身上，但主要还是由中产及中产以上阶层的人负担，如对外国葡萄酒、咖啡、巧克力糖、茶、砂糖等征收的关税都属于此类。

对国内生产且国内消费的比较便宜的奢侈品所征的税，是按照每个人消费的比例平等地落在各个阶层的人身上。穷人为他们自己所消费的麦芽、酒花、啤酒和麦酒付税，富人则为他们自己和他们的仆人所消费的这些商品付税。

必须注意的是，在每一个国家，下层人民（或者说中产以下阶层的人民）的全部消费，不论在数量上还是在价值上，都要比中产阶层及中产以上阶层的人民的全部消费大得多。也就是说，下层人民的全部支出比上层人民的全部支出大得多。首先，每一个国家的几乎全部资本，每年都作为生产性劳动的工资，在下层人民中间进行分配。其次，相当大一部分来自地租和资本利润的收入，都作为仆人和其他非生产性劳动力的工资和生活费用，在下层人民中间进行分配。第三，社会资本利润的一部分，是下层人民使用自己的小额资本所得到的收入，属于这一阶层的人民。小店主、小商人和各种零售商每年获得的利润总额很大，构成社会年产值的很大一部分。第四，甚至有一部分土地地租也属于下层人民，其中很大一部分属于比中产阶层略低的人所有，一小部分属于底层人民所有，因为普通的劳动者有时也拥有一两亩土地。所以，下层人民的支出个别地来看虽然很小，但从总量上看，却是社会总支出中最大的一个组成部分；剩下来的供上层人民消费的国家土地和劳动年产物，不论在数量上还是在价值上，总是要小得多。因此，主要针对上层人民的支出而征收的税，比不加区别地对所有阶层人民的支出征收的税要少得多，甚至比主要针对下层人民的支出而征收的税也要少得多。所以，在针对支出行为而征收的各种赋税中，提供收入最多的是针对国产酒类及其所用原料征收的消费税，而这一部分消费税主要是落在普通人民的支出上。1775年7月5日之前的那个年度，这部分消费税的总收入达334万1837镑9先令9便士。

不过，必须永远记住的是，应当课税的是下层人民的奢侈支出而不是他们的必要支出。对他们的必要支出所课的税，最后会完全落在上层人民身上。在所有的情形下，这种税必然会提高劳动工资，或是会减少对劳动的需求。提高劳动工资，这种税的最后支付就会转到上层人民身上；减少对劳动的需求，就会减少国家的土地和劳动的年产物——最后支付所有赋税的源泉。不论这种税会使对劳动的需求降低到什么状态，它都会使工资高于这种状态下本来会有的水平，而所提高的工资最终都会由上层人民来支付。

在英国，如果酿造发酵饮料或蒸馏酒精饮料不是为了销售，而是为了自家享用，都不征收任何消费税。这种免税的目的是为了使私人家庭不受收税人员令人讨厌的拜访与检查，但结果却使酒税给穷人造成的负担重于给富人造成的负担。虽然自己家里酿酒自用的情况不是非常普遍，但还是颇有一些。

在乡村,许多的中等家庭以及几乎所有的富裕家庭都自己酿造啤酒。因此,他们酿造一桶浓啤酒要比普通酿酒商节省8先令,后者除了垫支税款和其他开支之外还必须获得这些垫款的利润。所以,这些家庭饮用的啤酒比普通人所能饮用的同一质量的啤酒每桶至少要少付9先令或10先令,对普通人来说,从酿酒厂或酒店零散地购买啤酒总是更为方便。同样,私人家庭制造自己使用的麦芽,也不受收税人员的拜访和检查;但这种情况下,每个家庭必须按每人7先令6便士缴纳消费税(7先令6便士等于10蒲式耳麦芽的消费税,这个数量是普通家庭的人均消费量)。但其实,在那些喜欢摆办乡村式宴席的富裕大家庭中,其家庭成员所消费的麦芽只占在他们的屋子里消费掉的麦芽的一小部分而已。这样的家庭缴纳的麦芽税应该说是少于他们按其消费量应缴的税额的。然而,或许是由于这种税的原因,或许是由于其他原因,自家制造麦芽并没有自家酿造酒精那样普遍。很难想象,对自家酿造或蒸馏酒精不像对制造麦芽这样课税,究竟有什么正当的理由。

常常有人说,如果把现在对麦芽、啤酒和麦酒课征的各种赋税改为只对麦芽一项货物课征,即使这项麦芽税比以前几种赋税加起来低,也能提供比以前更大的收入。因为,第一,酿酒厂逃避税收的机会比麦芽制造厂更大;第二,自家酿造酒精的人可以免纳一切税(即使取消了酒精税国家损失也不大),而自家制造麦芽的人则不能免税(如果增加麦芽税当然会增加国家收入)。

在伦敦的黑麦酿酒厂,1夸脱麦芽一般酿造两桶半的酒,有时酿造3桶。向麦芽课征的各种税为每夸脱6先令;向啤酒和麦酒课征的各种税为每桶8先令。因此,在黑麦酿酒厂,向每夸脱麦芽及其生产的啤酒和麦酒课征的税为26至30先令。在以普通乡村为销售对象的乡村酿造厂,向每夸脱麦芽及其产物课征的税通常是26先令,很少低于23先令。整个王国平均计算,对每夸脱麦芽及其生产的啤酒和麦酒课征的税估计不会低于24或25先令。但是,如果废除一切啤酒税和麦酒税,而将麦芽税提高3倍,即每夸脱麦芽应纳的税从6先令提高到18先令,从这种单一税种所得到的收入将比现在从各种重税中得到的收入多得多。

麦芽不仅用来酿造啤酒和麦酒,而且用来制造下等火酒和酒精。如果麦芽税提高到每夸脱18先令,那就必须降低对以麦芽作为部分原料的各种下等火酒和酒精所课的消费税。在所谓麦芽酒精中,通常有1/3的原料是麦芽,其余2/3为大麦,或者1/3大麦1/3小麦。在麦芽酒精的蒸馏厂中,走私的机会和诱惑都比在酿造厂或麦芽制造厂要大得多;因为酒精的容积小而价值大,所以走私机会多,因为酒精的税率重,每加仑达到3先令10又2/3便士，所以走私诱惑大。增加对麦芽的课税，降低对蒸馏的课税，走私的机会和诱惑都会减少，国家的收入也可以增加。

酒精饮料被认为有害于普通百姓的健康和道德，所以在过去的某个时期英国的政策是抑制这种饮料的消费。按照这种政策，对蒸馏的减税不应太大，以避免降低此种酒类的价格。要保持酒精的高价格，同时，大大降低啤酒、麦酒这类无碍健康又能振奋精神的酒类的价格。这样，人民可以解除他们现在怨言最重的负担之一，同时国家收入也可以大大增加。

唯一会因这种改革而受到损失的就是这些自家制造麦芽和酿造酒精的富裕家庭。不过，现在上层人民可以免除一种重税，而下层人民却要负担这种重税，无疑是最不公正、最不平等的，即使不实行这种改革，这种免税也应该被废止。然而，正是上层阶级人民的利益妨碍了这项利国利民的改革。

除上述关税和消费税外，还有一些更加间接和更加不公平地影响货物价格的赋税。比如法国所谓的路捐和桥捐。在古老的萨克逊时代这种税叫做通过税，最初其开征的目的似乎与我国收费公路的通行税或航运通行税相同，是为了维护道路或航道。当被用于这样的目的时，这种税最适合按照货物的体积和重量来征收[①]。由于这些税最初是一些地方税和省税，用于地方性的用途，所以它们的征收管理一般都是交给课税所在地的城市、教区或领地自己负责，而这些地方也要对按目的使用这些赋税负责。但在许多国家，并不对此负责的君主却将这项税收的管理权掌握在了自己手里，他一般会将这项赋税的额度大幅提高，但对其使用、应用通常却抛之脑后。如果英国的收费公路通行税成了政府的一项收入源泉，那么，我们也可以从其他国家的例子中看到结果会是什么。这些通行税最终无疑是由消费者承担；但消费者不是按照他的支出来纳税，不是按照他消费的货物的价值来纳税，而是按照这货物的重量和体积来纳税。当这种税不按货物的体积或重量征收，而按其推定价值征收，它就会变成一种内地关税或消费税，大大地阻碍一个最重要的贸易部门，即一国的国内贸易。

一些小国对从其领土内的陆路或水路过境的外国货物征收类似通行税的税。在有些国家，这种税被称为"过境税"。位于波河及其支流沿岸的一些意大利小国就利用这项税取得部分收入。这种税完全由外国人支付，或许是一个国家能向其他国家的国民课征而不在任何方面妨害本国的工商业的唯一的

[①] 参考第五篇第一章第三节第一项，斯密谈到收费公路按货物重量收税时，也指出其使穷人的负担重于富人的负担。——译者注。

税。世界上最重要的过境税是丹麦国王对一切通过波罗的海海峡的商船所征收的税。

关税和消费税大部分是针对奢侈品的税，虽然它们不加区别地落在每一种收入上面，最终由课税商品的消费者支付，但它们并不是平等地或成比例地落在每一个人的收入上。由于一个人的性情决定了他的消费程度，所以一个人纳税的多寡是由他的性情决定，而不一定是和他的收入成比例的；浪费的人纳税超过其收入比例，节俭的人纳税低于其收入比例，两个收入一样的人，浪费的人就比节俭的人纳税多。一个富人未成年的时候，可以从国家的保护中获得很大收入，但他的消费行为对国家做出的贡献通常很少。一个人的收入来源在这一个国家，而自己住在另一个国家，他也不会通过消费对收入来源国的政府的维持做出贡献。如果他的收入来源国像爱尔兰那样没有土地税，对于动产或不动产的转移也不征收任何重税，那他就没有向保护其享有丰厚收入的政府做出任何贡献。在政府附属于或依附于其他国家政府的情况下，这种不平等可能最大。一个在附属国拥有大量财产的人一般会选择居住在统治国。爱尔兰正是处在这样的附庸地位，所以，我们不用奇怪，对居住在外国的本国产业主课税的提议会在那里如此受欢迎。只是，要确定该课税的产业主的具体范围，即何种移居、什么程度的移居才能课税，或课税的准确起止时间，或许是有点困难的。不过，我们撇开类似爱尔兰的这种特殊情况不谈，可以看到，这种奢侈品税造成的纳税的个人之间的不平等其实算不得什么不平等，因为每个人的纳税都是自愿的，他消费或不消费课税的商品完全是由他自己决定的。所以，只要这种税税率适当，课征的商品也适当，他们付税的时候就总是比付其他的税牢骚更少。如果这税是由商人或制造商垫付，最后负担此税的消费者很快就会将税和商品的价格混同起来，忘记自己是支付了税金的。

这种税是（或可以是）完全确定的，应缴纳多少，应何时缴纳，也就是缴纳的数量和时间都能确定，不会有任何疑问。不管英国的关税或其他国家的同类赋税有什么不确定之处，都不会是因为这些税的性质，而是因为课征这种税的法律在措词上不准确或不规范。

奢侈品税一般是零星支付的，也总是可以零星支付的，即纳税者在购买奢侈品的时候，就缴纳相应的税金。在纳税时间和方式上，它是（或可能是）所有赋税中最方便的。总的来说，这种税符合有关课税的四条原则中的前三条，但它在每一方面都违反了第四条原则。

就这种税的征收而言，人民所缴纳的或损失的比实际归入国库的数目要多，而且之间的差额几乎比其他任何赋税都要大。造成这种结果的就是前面说到过的那四方面的原因。

第一，这种税的征收，即使以最适当的方式进行，也要求有大量的关税和消费税官员，他们的薪水和津贴是对人民的实际课税，但不为国库带来任何收入。不过，必须承认，这种支出在英国比在其他大多数国家都要少。在1775年1月5日之前的那一年中，在英格兰消费税专员的管理之下，各种消费税的总收入为550万7308镑18先令8又1/4便士，征收费用花了5.5%。不过，从这个总收入中必须扣除出口奖金及再出口退税，这样的话纯收入就降到了500万镑以下①。盐税也是一种消费税，但由不同的管理部门课征，征收费用更大。关税的纯收入不到250万镑，官员的薪水及其他开支占10%以上。而海关官员的津贴在各处都比他们的薪水多得多，在某些港口甚至是薪水的两到三倍以上。所以，如果官吏的薪水及其他支出为关税纯收入的10%以上，那么，包括薪水和津贴在内的征收此项收入的全部费用就要达到20%或30%以上。消费税的征收人员很少有或根本没有津贴，这个税收部门的管理机构设立还不久，还不像海关那样腐败——海关建立的时间久，许多弊端也逐渐产生并得到容许。如果关税只对少数商品课征，而且按照消费税法征收，每年关税的征收费用就可以节省很多。

第二，这种税对某些产业部门必然会造成某种阻碍或挫抑。由于它们总是提高课税商品的价格，所以它们会挫抑该商品的消费，因而也会挫抑它的生产。如果此商品为本国种植的产物或制造的商品，其生产或制造所使用的劳动就要减少。如果是外国商品，其价格因课税而上升，诚然会使本国的同类商品在国内市场上获得优势、吸引更多的国内资本和劳动，但是，虽然这一特定产业部门得到了鼓励，其他国内产业部门却必然受到挫抑。伯明翰的五金工具制造商购买外国葡萄酒的价格越贵，他为购买该葡萄酒而销售的部分五金工具（或其价格）就越贱。因此，这部分五金工具对他来说价值变小了，他生产这些工具的动力也会变小。一国消费者对另一国的剩余产物付出的越贵，他用来购买它们的那一部分自己的剩余产物（或其价格）就越贱。他自己的那部分剩余产物对他而言价值就变小，他增加其产量的动力也会变小。可见，所有向消费品课征的税都会减少生产性劳动的数量：如果该消费品是国产商品，就会减少生产这种商品的劳动量，如果该消费品是外国商品，就会减少生产购买这一商品的本国商品的劳动量。这种税也会或多或少地改

---

① 这一年度的纯收入在除去所有费用和津贴之后，为4975652镑19先令6便士。

变国民产业的自然方向,不利于国民产业的自然发展。

第三,希望通过走私来逃税常常招致没收财产和其他处罚,使走私人完全破产;违反国家法律的走私者虽然无疑应受谴责或处罚,但他一般不会违反自然正义的法则,如果国法没有把本质上并不是罪恶的行为定为犯罪,他也许在每一方面都是一个优秀公民。一个腐败的政府如果因不必要的支出和滥用公共收入而受到普遍质疑,那保障国家收入的法律也不会得到足够的尊重。当不用伪誓就能找到容易的和安全的走私机会时,许多人会毫不犹豫地进行走私。尽管购买走私商品是对违法(税收法)行为的鼓励,但在许多国家,假装对购买走私商品心存顾忌被看做是一种装模作样的伪善,不但不能博得称赞,反倒被人怀疑比别人更不诚实。由于公众的纵容,走私者常常会受到鼓励继续从事这项生意,甚至自视清白,当税收法要制裁他的时候,他往往会采取激烈的行为来保护他自认为正当的财产。刚开始走私的时候他或许只是一时鲁莽冲动,而不是存心犯罪,但到最后他常常会成为最死硬的、最坚决的违法分子之一。由于走私者的破产,他的资本以前是用来维持生产性劳动的,现在却被纳入国家收入中或税收官员的收入中,用以维持非生产性劳动,因此社会的总资本就会减少,本来会得到维持的有用劳动也会减少。

第四,这种税至少使经营课税商品的商人要经常受到税收人员的频繁拜访和令人讨厌的检查,有时候肯定会使他们受到某些压迫,并总是要面对麻烦和困扰;前面说过,严格说来烦扰并不算是支出,但为摆脱烦扰,人们是愿意支付费用的,所以烦扰的确等于就是支出。消费税法律,虽然能更有效地达到其设立的目的,但在这一方面,却比关税法律更令人讨厌。商人进口课税商品,在缴纳了关税并将货物存入自己的仓库以后,在大多数情况下都不会再受到海关人员的烦扰。如果商品应课消费税,情形就不是如此。商人得不断地接受消费税官员的拜访与检查。因此,消费税比关税更加不受人欢迎,征收消费税的官员也是如此。有人说,这些消费税官员执行职务虽然不比海关官员差,但他们的职责常常迫使他们要找别人的麻烦,所以这些人大多养成了海关官员所没有的冷酷性格。不过这种说法或许只是那些营私舞弊的商人的意见,他们的走私或逃税行为常常被消费税官员阻止或揭发。

英国人民所感受到的消费品税不可避免地会带来的那些不便,并不比政府开支同样大的其他国家的人民所感受的大。我们的状况并非十全十美,有很多方面有待完善,但与大多数邻国相比,我们并不输于人,或许还要比它们好一些。

一些国家认为消费品税就是对商人的利润所课的税,所以每销售一次商品就要课征一次税。如果对进口商或制造商的利润课税，那么，似乎也需要对介于他们和消费者之间的中间商人的利润同等课税。西班牙的消费税似乎就是按照这个原则设立的。这种税针对一切动产和不动产的每次出售课征，起初的税率是10%，后来是14%，现在只有6%。征收这种税不但要监视商品由一地转移到另一地，而且要监视商品由一个商店转移到另一个商店，所以不得不安排许多的税务人员。不仅是某些货物的经销商，而且是每一种货物的经销商，每一个农场主、每一个制造商、每一个商人和店主，都要遭受税务人员的不断拜访和检查。实行此税的国家中的大部分地区的商品都不能远距离销售。各地方的生产都必须和邻近地区的消费相适应。因此，乌兹塔里茨将西班牙制造业的没落归咎于这种消费税。其实，西班牙农业的衰落也可归咎于此税，因为此税不但课征于制造品，而且课征于土地的初级农产品。

那不勒斯王国也有一种类似的税，对所有的契约按照其价值征收3%，因而也对所有的销售契约（发票）征收3%。不过这两者都比西班牙的税轻，而且大部分城市和教区可以支付一种补偿金作为代替。这些城市和教区可以用自己喜欢的方式来征取补偿金，一般是用不干扰当地的贸易的方式。所以，那不勒斯的税不像西班牙的税那样具有破坏性。

大不列颠联合王国所有地区通行的统一的课税制度（只有少数无关紧要的例外），几乎使全国的内陆贸易和沿海贸易都实现了完全的自由。内陆贸易几乎完全自由，大部分货物可以从王国的一端运往另一端，不需要有任何许可证或通行证，也不受收税人员的盘诘或检查。虽然有少数例外，但对国内贸易的任何重要部门都没有妨碍。沿海岸输送的商品需要有证明书或沿海输送许可证，但除煤炭外其余商品几乎都是免税的。这种由于税制的统一而达到的国内贸易自由，可能就是英国繁荣的主要原因之一，因为每个大国必然都是它自己的大部分产品最好和最广阔的市场。如果将同样的税制统一所产生的同样的自由推广到爱尔兰和各殖民地，帝国的伟大和繁荣可能会远远超过今天。

在法国，各省实行不同的税法，需要在国家边境和几乎每一个省的边境设置众多的稽征人员，以阻止某种商品的输入或是对其课税，这使其国内贸易受到很大的干扰。有些省可以缴纳补偿金代替盐税；有些省则完全免征盐税。有些省不设烟草专卖权，而在其他大部分省份则由包税人享有烟草专卖权。消费税（aides，相当于英国的消费税）的征收在不同的省份也大不相同。

有些省不征收这种税，征收补偿金或其他等价物；而在征收此税并实行包税制的省，许多城市和地区还有自己的地方税。他们的关税（traites，相当于英国的关税）将国家分为三个部分：第一部分，实行1664年关税、称为五大包税区的省，包括皮卡迪、诺曼底和王国的大部分内陆省份；第二部分，实行1667年关税、称为外疆的各省，包括大部分的边境省份；第三部分，所谓被当做外国对待的各省，这些省因为被允许与外国进行自由贸易，所以在它们和法国其他省份进行贸易时，对它们实行的税制与对外国实行的税制相同。这些省份是：阿尔萨斯省，梅斯、图尔和凡尔登三个主教教区，以及敦刻尔克、贝昂纳和马赛三个市。在五大包税区（古代将关税分为五大部门，每一部门最初都是由一个特定包税区来征收，所以有这个称呼。现在各部门已经合并在一起了）及所谓外疆各省，许多城市和地区都有自己的地方税。甚至在被当做外国对待的各省也有许多地方税，尤其是在马赛市。实行这么多不同的课税制度，会给国家的内地贸易带来多大的限制，会需要多少税收官员来镇守实行这些税制的省份和地区的边境，已是不言而喻。

除了上述复杂税制所产生的一般限制外，法国的大部分省份还存在着对葡萄酒——这是除谷物之外法国最重要的产物——的贸易的特殊限制，因为某些特定省份和地区的葡萄园比其他省份的葡萄园享有更多的优惠。可以发现，葡萄酒最著名的省份就是在葡萄酒贸易上受到的限制最少的省份。这些省份享有的广阔市场，促进了它们的葡萄园种植和随后的葡萄酒生产。

这种复杂和繁多的税制并不是法国所独有。米兰这个小公国划分为六省，各省各自针对一些不同种类的消费品制定了特别的课税制度。领土更小的帕尔马公国划分为三个或四个省，各省也同样有自己的课税制度。在这种不合理的制度下，如果不是土地非常肥沃，气候非常适宜，这些国家恐怕早已陷入贫穷和野蛮的低级状态。

消费品税可以用两种方法课征：一是由政府设立行政机构征收，在这种情况下，收税人员由政府任命，直接对政府负责，而政府的收入也必定会随征收数目的变化而变化，每年各不相同；二是由政府规定一定的数额，责成包税人征收，在这种情况下，征收人员可以由包税人任命，他们虽然必须按法律所规定的方式征税，但处于包税人的直接监督之下，对他直接负责。最妥善、最节约的收税方法决不是这种包税制度。包税人除了支付规定的税额、人员薪水和所有稽征费用以外，还必须从税收中获得一定的利润，至少是与他所作的垫支、他所承担的风险、他所经历的麻烦以及他处理这么复杂的利害关系所需要的知识和能力相称的利润。如果政府自己设置类似包税人所设的那样的管理机构，由自己直接监督，至少这种利润——通常是一笔非常巨大的数额——是可以节省的。要承包国家的大额税收必须有大资本或大信用，单是这个条件就会使对这项业务的竞争只局限在少数人之间。在少数具有这种资本或信用的人中，又只有少数人才具有必要的知识和经验——这一条件进一步限制了竞争。而这些有资格进行竞争的极少数人知道，他们彼此团结起来会给自己带来更大的利益，于是大家不竞争而改为合作，在包税投标的时候，他们的报价会远低于标的的实际价值。在公共收入采用包税制的国家，包税人一般都是最富有的人。单是他们的财富已足以激起公众的不满，而他们的暴发户般的虚荣和他们炫耀财富的愚蠢卖弄，更会进一步增加人们的愤慨。

公共收入的包税人决不会认为惩罚逃税者的法律过于严厉。纳税人不是他们的臣民，他们自然也不必加以怜悯，而即使纳税人在纳完税之后马上破产，也不会影响他们的利益。在国家处于最紧急状态的时候，君主必定无比关心税收是否能足额征收上来，此时包税人总是会趁机抱怨说，如果没有比现行法律更严峻的法律，他们连平常的税额都不可能付得出来。在这种国家危难时刻，他们的要求通常是有求必应的。因此，税法逐渐变得越来越严厉。最严酷的税法常常出现在对大部分公共收入采用包税制的国家，而最温和的税法则常常出现在君主直接监督税收的国家。即使是一个昏庸的君主，他对人民的同情也远超过包税人。他知道，王室的显赫和持久依存于人民的繁荣，他决不会为了自己的一时之利去有意地破坏这种繁荣。而对包税人来说则不是这样，这些人的显赫常常是人民更加穷困的结果，而不是人民繁荣的结果。

有时候一种税不仅以一定的税额包给包税人，而且还给予包税人对这种课税商品的垄断权。在法国，烟草税和盐税就是用这种方式征收的。在这种场合，包税人从人民那里得到的就不是一种，而是两种过度的利润，即包税人的利润和垄断者的更加过度的利润。烟草是一种奢侈品，每一个人都有买或不买的自由。但盐是必需品，每个人都必须向包税人购买一定的数量；如果他不向包税人购买，就会被认为他会向走私者购买。对这两种商品所课的税都非常重，因此对许多人来说走私的诱惑是不可抗拒的。但同时由于法律的严厉和包税人手下官员的警惕，对诱惑的屈服差不多就等于灭顶之灾。每年都有数百人因走私盐和烟草而坐牢，此外还有很多的人被送上断头台。然而用这种方式征税可以为政府提供很大的收入。1767 年，烟草包税额全年为 22541278 利弗，盐的包税额是 36492404 利弗。从 1768 年起，这两项包税被约定按这个数额持续 6 年。为了君主的收入而把人民的鲜血看得一钱不值的人，或许会赞成这种课税方法。许多其他国家也建立了针对盐和烟草的类似赋税和垄断，特别是在奥地利和普鲁士，以及意大利的大部分邦。

在法国，王室的大部分实际收入是从八个来源获得的，即贡税、人头税、二十取一税、盐税、消费税、关税、官有财产和烟草包税。后五种税在大部分省份都是采用包税制征收。前三种税在各处都是由政府直接监督和指导的税务机构征收。就与从人民那里征收的数额的比例而言，众所周知，前三种税实际上归入国库的数额要比后五种税多，后五种税收的稽征耗费更大，浪费也更大。

法国的财政在现在的状态下似乎可以进行三项明确的改革。第一，废除贡税和人头税，增加二十取一税，使其增加的收入等于前两者的金额，这样既可以保持王室的收入，又可以减少稽征的费用，同时，也可以消除贡税和人头税给下层人民带来的烦扰，而上层阶级的负担也不会比现在更重。前面说过，二十取一税与英格兰所谓的土地税相类似。按公认的说法，贡税最终是由地主负担，而大部分的人头税则是由贡税的纳税人按其缴纳贡税的比例征收，所以大部分人头税最终也是由同一阶层的人负担。因此，虽然二十取一税是按照贡税和人头税两种税的税额进行增加，上层阶级的负担也不会比现在更重。当然，一些个人的负担无疑会加重，因为此前在向不同的人的地产和佃户估征贡税时通常有很大的不平等。这些享有优惠的人的利益以及他们的反对力量，就是最可能阻止这种改革的妨碍。第二，统一法国各地不同的盐税、消费税、关税、烟草税，即统一所有关税和消费税，这样，征收这些税的费用可以大大少于现在，法国的国内贸易也可以如同英国一样自由。第三，将所有这些税全部交给政府直接监督指导的税务机关征收，包税人的过度利润就可以纳入国家收入之中。不过，由于个人的私人利益所产生的反对力量，也很可能阻止后两种改革计划的实施，就像阻止第一种改革计划的实施一样。

法国课税制度在每一个方面似乎都劣于英国的制度。英国每年从不足 800 万的人口中征收到 1000 万镑税款，而且没有哪个阶级在这过程中受到了压迫。根据埃克斯皮里神父搜集的资料，及《谷物法与谷物贸易论》作者的观察，法国的人口，包括洛林和巴尔在内，约为 2300 万到 2400 万，大概是英国人口的 3 倍。法国的土壤和气候好于英国。法国土地的改良和耕种时间比英国长，因此凡是需要长时间来建造和积累的事物法国都比英国多，比如大的城市，比如城市和乡村里便利和坚固的建筑。有这些有利条件，本可以期待法国能征收到 3000 万镑的公共收入，而且像英国征收 1000 万镑一样不费力。不过，根据我所能得到的最好的报告（虽然是非常不完备的报告），1765 年和 1766 年，归入法国国库的全部收入，只有 3.08 亿利弗到 3.25 亿利弗，折合英镑的话，还不到 1500 万镑，即，如果法国人民也按照英国人民的同一比例纳税的话，这还不到预计的一半。可是，众所周知，法国人民受到的赋税的压迫比英国人民重得多。而在欧洲，除英国之外，法国已算是政府最温和、最宽容的大帝国。

在荷兰，对生活必需品课征重税据说破坏了他们主要的制造业，甚至他们的渔业和造船业也逐渐受其影响。英国对必需品所征收的税是微不足道的，迄今没有任何制造业受到课税的破坏。英国制造业负担最重的税只是几种原材料的进口税，特别是生丝进口税。可是，荷兰中央政府及各市的收入据说达 525 万镑英镑以上；由于荷兰人口不超过英国人口的 1/3，所以，按照人口的比例计算，荷兰的赋税肯定要重得多。

在所有适当的课税对象均已课税之后，如果国家因为形势紧急仍然需要继续增加新税，那就必须向不适当的对象征税。因此，或许无法指责荷兰共和国政府对必需品课税，他们尽管已经非常节约，但为了取得独立和维持独立，陷入了耗费巨大的战争，不得不大规模举债。而且，荷兰和西兰岛这种特殊的地方，即使只是为了保持国土不被海水吞没都需要一笔不小的费用，这也使得这两个地区的人民赋税负担大为加重。共和政体似乎是荷兰如今的成就的主要支柱。大资本家、大商业家族要么直接参与政府的管理，要么间接地影响政府。因为他们从这一地位获得的尊敬和权威，他们愿意居住在这个国家，哪怕与欧洲其他地方相比，在这个国家投入资本所获得的收益要小些，在这个国家贷款给别人所获得的利息要低些，以这些收入在这个国家能购买的生活用品也要少些。而这些富有的人居住在荷兰，哪怕那里存在着许多不利的因素，也使荷兰的产业保持着一定程度的活跃。如果国家发生灾难，共和政体受到破坏，统治权落入贵族和军人之手，这些富商的重要性就会完全消失，他们就不会愿意继续居住在这个自己不再受人尊敬的国家。他们会携带资本迁往他国，而荷兰的产业和商业也就会立即跟着支持它们的资本来个大转移。

第三章　论公债

在商业和制造业不发达的古代初级社会，人们对于只有商业和制造业才能带来的高档消费品还一无所知，如我在本书第三篇所说的，拥有大笔收入的人除了养活尽可能多的人之外，没有其他的花费或享用其收入的方法。当时，拥有大笔收入，就是拥有对大量的生活必需品的支配权。而生活必需品主要是粗衣陋食的原料,如谷物、牲畜、羊毛、生皮等。当商业和制造业没有产品来给这些收入的拥有者提供交换其消费后剩余部分的机会时,他就只能用这些剩余的东西去为尽可能多的人提供衣食。在这种情况下,富贵之人的主要目标,就是不求奢靡但求好客,不求显摆但求慷慨。而这,我在本书第三篇也曾说过,是不会使他们破产的。或许,那时也有虚浮的享乐,即使是聪明人放纵于其中也会导致沦落,比如热衷于斗鸡就曾毁过许多人。但我相信,由于这样一种好客和慷慨而破产的人是不会很多的,尽管奢靡的好客和出风头的慷慨使很多人破产。在我们的封建祖先中,同一家族长期保有同一地产的事实,充分说明了人们在生活上量入为出的一般倾向。虽然大地主经常摆办的乡村宴席在我们现在看来不符合经济型的生活秩序,但我们必须得承认,他们至少还是知道节约,一般不会将全部收入都花光。他们通常有机会卖掉一部分羊毛和生皮换取货币。这些货币的一部分,他们或许会拿来购买当时的环境能向他们提供的少量的虚饰品和奢侈品,而另一部分他们通常会储藏起来。事实上,他们除了把节省下来的货币储藏起来,确实没其他的事可做。经商,有失绅士的体面;放债,当时被看做是高利贷,国法不容,更不是绅士所为。此外,在那些个暴力横行、动荡不安的时代,最好是手头能储存一点货币,万一哪一天被赶出了自己的家园,也能携带一些有价值的东西去避难。使他有必要储存货币的动荡环境也使他有必要藏匿货币。常常有埋藏物或无主财宝被发现,足以证明当时储存和藏匿货币或财宝是常有的事。出土的埋藏物在当时甚至是君主收入的一个重要部分。然而在现在,即使是整个王国的埋藏物,也许也比不上一个拥有良好产业的绅士的私人收入。

节约与储存的习惯,流行于民众之间,也同样流行于君主之间。我在本书第四篇已经说过,在没有商业和制造业可言的国家,统治者所处的境地自然会使他为了积蓄而节俭。在那种情况下,即使是君主的开支也不能听任虚荣心的引导,追求宫廷的华丽装饰。那个苍白的时代也只能为他的宫廷提供一些朴素的装饰品。常备军在当时是不必要的,因此即使是君主的支出,也只能像其他大领主一样,用来奖励佃户或款待家臣门客。虚荣总是导致浪费,而奖赏和宴客则很少会导致浪费。因此,欧洲所有的古代君主都储藏有财宝。据说,每一个鞑靼酋长在现在仍有财宝。

在充满各种昂贵奢侈品的商业国家,君主也像其国内的大领主一样,自然会把他的很大一部分收入用来购买这些奢侈品。他自己的国家及邻近各国供给他许多昂贵的装饰物,这些装饰物成就了他的宫廷的毫无意义的壮观华丽。君主下面的贵族们因为同样的爱好（当然，他们的奢侈要比君主略逊一筹），遣散了家仆，解放了佃农，逐渐变成了一个不能再呼风唤雨的普通有钱人。影响了这些贵族的享乐主义激情也影响了君主。在他的领土内，所有的有钱人都在享乐，怎么能唯独指望他一个人无动于衷呢？假使他没有（但其实他很可能会）把大部分的收入用于享乐而造成国防力量减弱，那么，超过维持国防需要的那一部分收入大概是不能幸免了。他的平常开支已经等于他平常的收入，开支不超过收入就是万幸了。再也不能指望他自己集聚财富了，当特别紧急的状况要求做出特别开支时，他只能要求他的臣民给予特别的援助。自1610年法国国王亨利四世死后，人们认为在欧洲的大国君主中只有普鲁士现国王及前国王积累了不少的财富。为了积累财富而节约开支，在共和政府之中也已和在君主政府之中一样少见。意大利各共和国、荷兰联邦共和国都是债务缠身。伯尔尼州政府是欧洲唯一积累了财富的共和政府，瑞士的其他州都没有。像那些大国的国王喜欢宫廷的奢华一样，小共和国也追求壮观的场景，至少追求楼宇和其他公共建筑的堂皇，这从他们外表肃穆的议会大厅就可见一斑。

一个国家平时不节约，一旦打仗就得举债。当战争爆发时，他们国库里的钱一般只足以供应平时建制的普通开支。而在战争中，为了保卫国家，必须有3倍或4倍于普通支出的建制，因而必须有平时的3倍或4倍的收入。假定国王有（事实上他很少有）按照他要增加的支出的比例来增加收入的直接手段，他的赋税收入（他要增加的收入必定由此而来）也要等课税之后10到12个月才能进入国库。但在战争爆发的时候，或者说在战争可能爆发的时候，陆军必须增兵，舰队必须装备，驻军的城市必须进入防御状态，这些部门都必须供应武器、弹药和给养。在这个必须立即做出巨大开支的危急时刻，是不能等待慢慢征收的新的赋税收入到位的。因此，在这种紧急状态下，政府除了借债，没有其他的资源。

商业社会如此这般地改变了政府的精神，使其因不再节俭而孕育了借债的必要性，同样，也是商业社会使民众产生了贷款的能力和意向。商业社会孕育了借债的必要性，也为借债提供了便利。

一个拥有众多商人和制造商的国家，必然也有许多这样的人，通过他们之手的不仅有他们自己的资本，还有所有贷款给他们或将货物信托给他们的人的资本，这些资本在他们手中流过的次数，与一个不做生意或不营业而靠固定收入为生的人的私人收入在他自己手中流过的次数相比，要来得更频繁。这样一个人的收入流过他手中一般每年只有一次，但从事回收迅速的贸易的商人,其全部资本和信贷一年可能从他手中流过两次、三次、四次。因此,拥有众多商人和制造商的国家,必然有很多人随时可以贷巨资给政府,只要他们愿意。所以说商业国家的人民有贷款的能力。

一个国家如果没有正规的司法行政,其人民对自己的财产没有安全感,契约的落实得不到法律的支持,政府的权威无法强制有能力还债的债务人偿还债务,那么,这个国家的商业和制造业不可能长期繁荣。也就是说,商业和制造业繁荣的国家,民众对政府的公正通常要有一定的信任度。在普通情况下,大商人和大制造商信任政府对其财产的保护,同样,在紧急情况下,他们也会信任政府对其财产的使用。他们贷款给政府,一刻也不会削弱自己经营贸易或制造业的能力。相反,他们一般会增强这种能力。国家的紧急需要使政府在大多数情况下愿意以极有利于借款人的条件借款。政府给予原始债权人的债券可以转让给任何其他的债权人,并且,由于人民普遍信任政府的公正,债券在市场上的售价一般高于最初支付的数额。商人或有钱人通过把钱借给政府而赚钱,他的交易资本不但不会减少,反而会增加。如果政府允许他最先应募新的借款,他一般会视为对他的优待。所以说商业国家的人民有贷款的意向或意愿。

这种国家的政府,很容易产生这样的惰性思想,即认为不管怎么样,在非常时期,人民反正有能力并愿意把钱借给他。它预见到借款的方便,因此,在平时也就放弃了节约的责任。

在社会的初级状态下,没有大商业或大制造业资本。许多人储存和藏匿货币,是因为他们不相信政府的公正,并且担心万一他们储存的货币被人知道或发现就会立即被掠走。在这种状态下,很少的人有能力、更没有人会愿意在紧急情况下借钱给政府。君主感到他必须通过节省来为这种紧急情况做准备,因为他预见到借款是不可能的。或者说,这种先见之明进一步加强了他节俭的自然倾向。

在欧洲各大国,巨额债务的积累过程是非常一致的;目前,各国都感受到了它的压力,长此以往甚至可能因此破产。国家也像私人一样,在最开始借款的时候可以说是凭"人格信用",不指定或抵押任何特定资源来保证偿还债务;当这种办法借不到钱时,他们就通过指定或抵押特定资源来继续借款。

英国的所谓无担保公债,就是用前一种方法借入的。这类公债有两种,一种是没有利息或设定没有利息的债务,类似于私人记账债务;一种是有利息的债务,类似于私人用期票或汇票确立的债务。构成第一种债务的,通常有对特别服役所欠的债务,或者对没有固定经费或尚未付给报酬的各种服役所欠的债务；陆军、海军及军械方面临时开支的一部分；外国君主补助金的未付款；海员工资的欠款等等。有时为支付这部分债务、有时为其他目的而发行的海军债券和财政部债券，通常构成第二种债务。财政部债券的利息是自发行之日算起的，海军债券的利息是自发行6个月后算起的。英格兰银行或者自己按时价贴现这种债券，或与政府议定以某种报酬为条件替它流通财政部债券，即按照券面价值接受债券、支付到期利息，使得这些债券得以保值，也便利了它们的流通，从而使政府常常能借到巨额的这类公债。在法国，由于没有银行，国家债券有时以60%或70%的折扣①出售。在威廉国王大改铸的时代，当英格兰银行认为应当停止它的平常业务时，财政部的债券和符契据说要以25%至60%的折扣出售；这种跌价当然部分地是由于通过革命建立的新政府的稳定性尚不太确定，但部分地也是由于缺乏英格兰银行的支持。

当这种光凭信用的办法行不通时，政府为了筹款不得不指定或抵押某些特定的公共收入来担保偿还债务。在不同的情况下，这一招也有两种不同的方式。有时政府只在短期内做出这种指定或抵押，如一年或数年，有时候则是永久性的。在前一情况下，指定的收入来源是被认为足以在限定时间内支付借款的本金和利息的；在后一情况下，指定的收入来源被认为仅够支付利息或与利息相等的永久年金，但政府只要偿还所借本金，随时可以赎回这项收入。以前一种方法借款，称为预支法；以后一种方法借款，称为永久付息法，或简称付息法。

在英国，每年的土地税和麦芽税是常规的预支款项，政府为此在这些赋税的课税法令中不断插入借款条款。款项一般由英格兰银行垫付，收取利息（革命之后利率为3%到8%），税款陆续收上来以后再偿还垫付款项。如果税款不足（此事常有），则由次年的税款补足。国家唯一尚未抵押的重要收入，每年就这样在到手之前先已用掉了。就像一个等不及收入到手的、只顾眼前的挥霍者一样，国家也是不断地向其代理人和经理人借款，不断为使用自己的钱而支付利息。

在威廉国王统治的时代及安妮女王统治的大部分时代，永久付息的借款方法还不为人所熟悉，当时大部分新税仅课征一个短时期（4到7年），每年大部分的支出是靠这些预支的借款。税收所得常常不足以在规定期限内偿还借款本息，于是不得不延长课税期限去补足还款缺口。

1697年，根据威廉三世第八年第二十号法令，一些即将期满的赋税的征

---

① 这里"60%或70%的折扣（discount）"，指扣掉60%或70%，只剩原值的40%或30%。——译者注。

收年限被延长至1706年8月1日，汇总为一个总基金，用以弥补这些税还款时的不足。这就是当时所谓的第一次总抵押或总基金。由这一延长期负担的资金缺口为5160459镑14先令9又1/4便士。

1701年，这些税，以及一些其他的税，又因为同一目的延长到1710年8月1日，称为第二次总抵押或总基金。这次的资金缺口为2055999镑7先令11又1/2便士。

1707年，这些税进一步延长到1712年8月1日，作为新借款的还债基金，称为第三次总抵押或总基金。用它作为抵押借入的数额为983254镑11先令9又1/4便士。

1708年，所有这些税的征收年限又延长到1714年8月1日，作为新借款的还款基金，称为第四次总抵押或总基金（吨税和镑税这两种旧补助税只有一半作为这一基金的一部分，已被联合条约取消的苏格兰亚麻进口税也除外）。用它借入的款项为925176镑9先令2又1/4便士。

1709年，所有这些税的征收年限，为了同一目的又延长到1716年8月1日，称为第五次总抵押或总基金（吨税和镑税这两种旧补助税现在全都不纳入这一基金）。用它借入的款项为922029镑6先令。

1710年，这些税又延长到1720年8月1日，称为第六次总抵押或总基金。用它借入的款项为1296552镑9先令11又3/4便士。

1711年，相同的这些税（此时它们已须提供四种预支款项的本息），以及其他一些税，被定为永久征收的税，作为支付南海公司的资本利息的基金，该公司在这一年借给政府9177967镑15先令4便士，用来还债及弥补税收不足。这次借款是当时前所未有的最大借款。

在此时期以前，为支付借款利息而永久课征的赋税，据我所知只有为支付英格兰银行和东印度公司借给政府的款项的利息而课征的赋税（本还打算向一家计划中的土地银行借款，由这些赋税支付利息，但没有借成）。当时英格兰银行的贷款金额为3375027镑17先令10又1/2便士，年息6%，要支付的年金或利息为206501镑13先令5便士。东印度公司的贷款为320万镑，年息5%，要支付的年金或利息为16万镑。

1715年，根据乔治一世第一年第二号法令，那些担保英格兰银行年息的税以及由这项法令定为永久征收的其他一些税，合并成为一个共同基金，称为"总基金"。此基金不仅用以支付银行的年金，也用来支付其他的年金和债务。此基金后来由乔治一世第三年第八号法令和第五年第三号法令予以扩充，加进去的几种税同样也成了永久征收。

1717年，根据乔治一世第三年第七号法令，又有其他几种赋税被定为永久征收，合并成另一个共同基金，称为"一般基金"，用以支付某些年金，这些年金每年的总额为724849镑6先令10又1/2便士。

根据这些法令，以前只短期预支的赋税现在大部分变成了永久征收，税款作为基金，只用来支付连续预支的那些借款的利息，而不是用来偿还本金。

假如只用预支的办法筹款，那么，政府只要注意两点，就可以在数年之内使国家收入摆脱负债。第一，不要使还款基金所承担的债务超过它在限定期间内所能偿还的金额；第二，在第一次预支未还清以前，不要做第二次预支。但欧洲大多数国家的政府都做不到这两点。他们往往在第一次预支时就超过了还款基金所能承担的金额；即便不超过，也往往在第一次预支尚未还清以前就进行了第二次和第三次的预支，使基金的负担过重。这样，基金就变得不足以支付它所借款项的本息，于是不得不只用它来支付借款的利息（或等于利息的永久年金）。这样盲目的预支，必然会导致采用更具破坏性的永久付息办法。一旦采取这种办法，国家摆脱债务的期限就由固定的时限变得遥遥无期了，但是，由于用这种新方法在任何情况下都能比用旧的预支法筹到更大的款项，所以，当人们一旦熟悉了新方法以后，在国家面临重大的紧急情况时，政府一般都会舍弃旧方法而采用新方法。政府在处理公共事务时关心的主要是解决眼下的燃眉之急。至于国家收入在未来如何摆脱债务，他们留给后来人去操心。

在安妮女王统治期间，市场利率由6%下降至5%，在她统治的第十二年，5%的利率被宣布为私人抵押借款的最高合法利率。在英国的大部分短期赋税变成永久赋税并在总基金、南海基金和一般基金之间分配以后不久，国家的债权人也像私人债权人一样，被说服接受5%的利息。这么一来，由短期转为长期的大部分公债借款就产生了1%的节余，或者说由上述三大基金支付的年金就节余了1/6。这一节余使用作还债基金的各种税收在支付所担保的各项年金之后还有巨额剩余，为嗣后所谓的"偿债基金"奠定了基础。1717年，这一剩余额达323434镑7先令7又1/2便士。1727年，大部分公债的利息进一步降至4%；1753年和1757年，又分别降至3.5%和3%；这种利息的降低进一步增加了偿债基金。

偿债基金虽然是为偿还旧债而设立的，但对于举借新债也提供了很大的便利。它是一种补助基金，在国家有紧急需要时，总是可以用它去做抵押，弥补其他用以借款的基金的不足。至于英国是经常用偿债基金来偿还旧债还是经常用它来举借新债，慢慢地就会十分清楚。

除了预支和永久付息这两种借款方法以外,还有两种介乎于这二者之间的方法,即定期年金借款法和终生年金借款法。

在威廉国王及安妮女王统治时代,常以定期年金债券借入巨额款项,期限有长有短。1693年,议会通过法案,借入100万镑,年金为14%,即每年14万镑,定期16年。而早在1691年,议会通过法案借款100万镑,终身返还年金,在今天看来条件是对债权人非常有利的,但应募没有满额。次年,不足之数以14%的终身年金债券借款补足,债权人7年多便可收回本金。1695年,允许购有此项年金债券的人向财政部换取另外一项为期96年的年金债券,只需每100镑债券多交63镑现款。换句话说,14%的96年期年金债券与14%的终身年金债券之间的差额只卖了63英镑,或者说,只卖了相当于4年半年金的价钱。不过条件虽如此有利,但因为当时的政府地位不稳,所以竟找不到几个买主。安妮女王在位的时候,既曾以终身年金债券借入过款项,也曾以32年、89年、98年、99年的定期年金债券借过款。1719年,32年期年金债券的所有者被说服以其所有债券换取每股等于11年半年金的南海公司股本,此外,对那些该年金到期应付未付的欠款也发给等价的南海公司股本。1720年,其他期限长短不同的年金债券大部分也都归入了南海公司的这一基金。当时每年应付的长期年金是666821镑8先令3又1/2便士。而这些长期年金当时没有纳入这一基金的剩余部分,到1775年1月5日,只有136453镑12先令8便士。

在1739年及1755年的两次战争中,用定期年金债券或终身年金债券借入的款额极少。而98年期或99年期的年金债券,其价值按道理应该差不多与永久付息债券相等,因而人们可能会认为,这应该可以借到差不多相同的款项。但是,为家庭置备产业和为遥远未来作打算而购买公债的人,不会愿意购买价值不断减少的公债。所以,长期年金债券的价值虽然按道理差不多和永久付息债券相等,但仍找不到和后者同样多的买主。新债的认购人通常都打算尽快抛出其认购的公债,所以愿意买可由议会赎还的永久付息债券,而不愿购买具有同等数额,但不能赎还的长期年金。永久付息债券的价值可以认为总是不变的,或几乎不变的,因而比后者更便于转让。

在上述两次战争期间,定期年金债券或终身年金债券,都是除给予年金或利息外,还给新借款应募者一种奖金。这种奖金不是作为偿还所借货币的年金,而是作为对出借人的一种附加奖励。

终身年金的发放有时候采取两种不同的方式:或是对单个的人终身发放,或是对一群人终身发放,后者在法国称为唐提式年金,唐提是其发明人的名字。当年金是对单个的人终身发放时，年金领取人死亡即解除了国家收入对他的负担。如果发放的是唐提式年金，国家收入的负担要等到这一群人全都死亡后才能解除，这一群人有时为20人，或者30人，活着的人继承在他们之前去世的人的年金，最后的生存者，则继承全部年金。用相同的收入做抵押，发放唐提式年金总能比对单个的人发放年金借到更多的款项。生者可以享受死者权利的年金，实际上比对单个的人发放的等值年金更有价值，因为每个人对于自己的运气，自然都有几分自信，这实际上也是彩票成功的原理。因此，这种年金债券的售价通常高过其面值。也因此，在发行年金债券筹借款项的国家，政府一般会选择发放唐提式年金而不发放针对单个的人的年金。在筹到的款项最多的办法与解除国家收入负担最快的办法之间，政府几乎总是会选择前者的。

  法国公债中由终生年金债券构成的部分要比英国大得多。据波尔多议会1764年向国王提交的备忘录所载，法国全部公债为24亿利弗，其中以终身年金债券借入的为3亿利弗，占全部公债的1/8。每年要为这些债券发放的年金为3000万利弗，相当于全部公债的预计利息1.2亿利弗的1/4。我十分清楚，这些数字不大精确，但既然是一个如此重要的机构所提供的，我想距离真实情况应该不远。造成英法两国借款方法不同的，不是两国政府对解除公共收入债务负担的渴望程度不同，而完全是由于贷款人的观点和利益不同。

  英国政府所在地是世界上最大的商业都市，因此把钱贷给政府的一般是商人。商人贷出款项不是要减少其商业资本，相反是要增加其商业资本，所以，除非他们有望通过出售新买的债券获取利润，否则他们是不会认购的。但如果他们购买的不是永久年金债券，而是终身年金债券（不管是自己的还是其他人的终身年金），他们就不太容易通过转售获取利润。他们自己的终身年金在出售时总要受损失，因为没有人在购买与自己年龄及健康状况差不多的其他人的终身年金时会出比自己的终身年金更高的价钱。至于第三人的终身年金，对于买卖双方来说诚然是价值相等，但它的实际价值在发行的那一刻就开始减少了，而且只会越来越少。所以，终身年金债券不可能像永久年金债券那样，成为实际价值浮动不大的、便于转让的资本。

  法国政府所在地不是大的商业都市，因此把钱贷给政府的人中商人不占那么大的比例。政府在紧急状态下的借款多半来自于那些和财政有关的人，如包税人、收税员、宫廷银行家等等。这种人出身寒微，但常常有巨大财富，极为骄傲。他们不屑和同等身份的女性结婚，而较有身份的女性又不屑和他们结婚。因此，他们常常决心过独身生活，既没有自己的家庭，也不太与其他亲戚往来，只求自己这一生过得好就行了，并且对于他们的财产随他们的生命而终止也不很介意。此外，不愿结婚或生活状况使之不适于或不便于结婚的富人，在法国比在英格兰多得多。对于这些很少为后人打算或不必为后人打算的独身者而言，将其资本换成一种不长不短、相伴一生的收入，这是再合适不过的事情了。

大部分现代政府在和平时期的常规开支等于或差不多等于它的常规收入，在发生战争时，它们既不愿也不能按照支出增加的比例来增加它们的赋税收入。它们不愿，是因为害怕突然增加如此巨额的赋税会触怒人民，使他们厌恶战争；它们不能，是因为它们并不清楚要增加多少赋税才能提供所需的收入。举债的便捷使得各国政府摆脱了这样的困窘。用借债的方法，它们只要稍稍增加赋税，就能每年筹集到战争所需的经费，尤其是用永久付息的办法，它们只要最轻微地增加赋税就能每年筹集到最大的款项。在大的帝国，住在首都以及远离战场的各省的人民，许多人都感觉不到战争带来的不便；对于有闲情逸致的人而言，从报纸上了解本国军队的战绩反倒是一种时趣。这种时趣可以补偿他们战时所纳税额略超出平时所纳税额所受的损失。恢复和平倒是让他们扫了兴，因为和平使他们的时趣终止，让他们对战争长期进行可能带来的关于征服与国家荣光的无数希望化作泡影。

当然，和平的恢复也不会使他们解除大部分战时课征的赋税负担。这些税已经抵押，用来支付进行战争所借公债的利息。如果在支付公债利息和政府的常规开支以后，旧税连同新税产生的收入还有剩余，那么这些剩余也会转入用来偿还债务的偿债基金。只是这种偿债基金即使不被挪作他用，通常也远远不够在和平有望继续的期间内偿付全部战争债务；况且，这一基金几乎总是被挪作其他用途。

征收新税的唯一目的，只是为了支付用它们作担保所借款项的利息。若有剩余，那剩余的部分也一般是计划或预料之外的，所以数目不会很大。偿债基金的产生，通常是由于后来应付利息的降低，而不是由于所收到的税额超过了应付利息或年金的数额。1655年荷兰的偿债基金，以及1685年教皇领地的偿债基金，都是这样形成的，所以说，这种基金往往不足以偿付债务。

在太平时期如果需要有特别的开支，政府总是会觉得挪用偿债基金来应付这种开支比课征新税更加方便。每一种新税都会被人民立即感受到，因而总会引起怨言，招致反对。增加的税种越多，所课各税的负担就越重，人民对于增加新税的怨言就越大，于是无论另课新税还是加重旧税，都会变得越加困难。而暂时停止偿还债务，人民是不会立即感受到的，也就不会引起怨言或牢骚。挪用偿债基金始终是摆脱目前困境最简单易行的方法。公债积累得越多，就越需要研究如何减少债务，滥用偿债基金就变得越危险、越具有毁灭性；但公债越不可能大幅减少，挪用偿债基金来应付和平时期的各种特别开支的可能性和必然性也越大。因为，当一国国民已经负担了过重的赋税时，除非有新的战争，除非要报国仇、救国难，人民是不可能再默默承受新的赋税的，所以说偿债基金常会被挪用。

在英国，从我们首次应用永久付息这种毁灭性的办法以来，和平时期公债的减少从来没有和战时公债的增加保持任何比例。英国现在的巨额公债，就是在 1688 年开始、1697 年订立里斯韦克条约后结束的那次战争中开始奠定的。

1697 年 12 月 31 日，英国的长短期公债，共达 21515742 镑 13 先令 8 又 1/2 便士。其中有相当大一部分是用短期预支借入的，还有一部分是用终身年金债券借入的，所以在 1701 年 12 月 31 日以前，不到四年的时间，一部分已还清，一部分收归国库，共计减少 5121041 镑 12 先令 3/4 便士。在如此短的时期内偿还了如此多的公债，实为前所未有。因此，当时剩下的公债只有 16394701 镑 1 先令 7 又 1/4 便士。

在始于 1702 年、终于乌特勒支条约签署的那次战争中，公债继续增多。1714 年 12 月 31 日，公债数额达 53681076 镑 5 先令 6 又 1/12 便士。应募的南海公司长短期基金使公债进一步增加，因此在 1722 年 12 月 1 日又达到了 55282978 镑 1 先令 3 又 5/6 便士。1723 年开始还债，但非常缓慢，到 1739 年 12 月 31 日，即在 17 年的太平年月中，所偿还的公债的金额，只有 8328354 镑 17 先令 11 又 2/13 便士。当时，公债的余额还有 46954623 镑 3 先令 4 又 7/12 便士。

始于 1739 年的西班牙战争以及紧随其后的法兰西战争，使公债进一步增加。到 1748 年 12 月 31 日，在战争由埃克斯·拉·查培尔条约结束以后，公债已达 78293313 镑 1 先令 10 又 3/4 便士。在 1739 年之前的 17 年太平年月中只不过偿还了 8328354 镑 17 先令 11 又 2/13 便士，而不到 9 年的战争却使公债又增加了 31338689 镑 18 先令 6 又 1/6 便士。

在佩兰执政时期，公债利息下降（或至少是采取了降低利息的措施），从 4% 降至 3%，于是偿债基金有所增加，偿还了一部分公债。1755 年，在最近一次战争爆发之前，英国的长期公债为 72289673 镑。1763 年 1 月 5 日，在缔结和约时，长期公债已达 122603336 镑 8 先令 2 又 1/4 便士，尚有短期公债 13927589 镑 2 先令 2 便士。但是由战争所造成的支出并没有随着和约的缔结而终结，到1764年1月5日，长期公债已增至129586789镑10先令1又3/4便士（增额中一部分为新公债，一部分则为由短期公债转成的长期公债），而当年及次年还有9975017镑12先令2又15/44便士的短期公债（根据《英国商业及财政的考察》中的可靠数据）。所以，按照这一数据，1764年英国的所有公债，包括长期公债和短期公债，共达139561807镑2先令4便士。此外，授予1757年新公债应募者作为奖金的终身年金，按相当于14年的年金估计，约为472500镑；授予1761年和1762年新公债应募者作为奖金的长期年金，按相当于27年半的年金估计，为6826875镑。在大约7年的和平年月中，佩兰先生谨慎和爱国的政府只还掉了不到600万镑的旧债，但在持续时间差不多相同的战争中，却举借了7500万镑以上的新债。

到1775年1月5日，英国长期公债为124996086镑1先令6又1/4便士。短期公债，除去一大笔皇室债务后，为4150236镑3先令11又7/8便士。两者合计129146322镑5先令6便士。依此计算，11年太平时期偿还的公债仅为10415474镑16先令9又7/8便士。然而，即使是这么少的偿还额，也不全是来自国家常规收入的节余，还有许多是由一些与国家常规收入无关的特殊收入偿还的。这其中有连续三年对土地税每镑增加1先令的附加税税款，有东印度公司为其所占领土缴纳的200万镑补偿金，还有英格兰银行为更换特许状缴纳的11万英镑。此外，还有几种款项也应算作特殊收入，它们得自最近这次战争，应视为这次战争费用的扣除额。主要有：

	镑	先令	便士
法国战利品收入	690449	18	9
法国俘虏赔偿金	670000	0	0
割让各岛所得的款项	95500	0	0
合计	1455949	18	9

假如在这个数目上再加上查特姆伯爵和卡尔克拉弗先生的账目上的余额、其他军费的同类节余以及上述从银行、东印度公司和土地税附加税所得的三项款项，总数一定大大超过500万镑。可见，在和平时期，由国家常规收入的节余所偿还的公债，平均起来每年尚未达到50万镑。自实现和平以来，由于部分公债的偿还、部分终身年金债券的满期以及利息由4%降至3%，偿债基金无疑已大大增加，如果和平一直持续下去，现在或许可以每年从中提取100万镑用以还债，而去年就是还了100万镑的。但是，与此同时，大笔的皇

室债务仍然未付，而我们现在又卷入了新的战争，这次战争期间要付出的费用也许和以前历次战争的费用同样巨大①。在下一场战役结束以前将要举借的新债，或许会和由国家常规收入的节余已偿还的所有旧债差不多。因此，想用现在国家的常规收入可能获得的节余去清偿全部公债，那完全是一种幻想。

有位学者认为，欧洲各负债国的公债，尤其是英格兰的公债，是国家其他资本之外的一项巨大的累积资本，通过它的作用，国家的贸易得以扩大，制造业得以发展，土地得以开垦和改良，比只靠其他资本所取得的效应要大得多。但他没有考虑到，最初的债权人贷与政府的资本，从贷与的那一刻起，已从起资本作用的一部分年产物变成了起收入作用的一部分年产物，从维持生产性劳动者变成了维持非生产性劳动者，一般是在一年之中就花光或浪费了，甚至连在未来带来再生产的希望也没有。作为贷出资本的回报，债权人诚然得到了一笔公债年金债券，在大多数场合高于原有价值。这笔年金债券无疑代替了他们的资本，使他们可以在和以前相同的范围内甚至在更大的范围内进行他们的贸易或实业，也就是说，他们能用这种债券作担保，向他人借入新的资本，或将其出售，从他人得到一笔自己的资本，等于或多于他们贷与政府的资本。可是，他们这样从他人购得或借入的新资本一定是国内本已存在的，也一定是像其他资本一样用来维持生产性劳动的。当它进入贷款给政府的人手中以后，虽然在某些方面对他来说是新资本，但对国家来说却不是这样；它只是从某种用途中抽出转做其他用途的资本。虽然它代替了贷款人借给国家的资本，却没有代替国家所丧失的资本。如果贷款人没有将他的资本贷与国家，那国家用以维持生产性劳动的资本或年产物就有两份，而不只是一份。

如果政府的开支是从自由的或未被抵押的赋税收入中支取，那么情况则是，一部分私人收入只是从维持一种非生产性劳动转到维持另一种非生产性劳动。诚然，他们缴纳的税款肯定有一部分会积累成为资本，用以维持生产性劳动，但大部分可能还是被花在了维持非生产性劳动上面。不过，以这种方式支出的国家费用，虽然会或多或少地阻碍新资本的进一步积累，但不一定会破坏任何实际已经存在的资本。

如果政府的开支是靠举债，那该国原有的一些资本就会逐年受到破坏，因为以前一部分用来维持生产性劳动的年产物或社会收入被转用于维持非生产性劳动。不过，如果在这种情况下筹集到了足够应付同一开支的收入，人

---

① 这次战争的花费被证明比以前的各次战争的花费还要大，公债增加了1亿镑以上。在11年和平时期中，只偿还了1000万镑多一点的债务，但在七年战争时期，举债却达1亿镑以上。

民的赋税负担就会比应有的轻,个人的收入负担也必然较小,因而他们将一部分收入节省下来积累成为资本的能力所受到的削弱也较轻。如果说借债的方法比从一年的赋税收入中支取费用的方法破坏了更多的旧资本,那它同时也较少阻碍新资本的积累或获得。在借债制度下,私人的节俭和勤劳更容易弥补政府的浪费和奢侈可能造成的社会总资本的流失。

不过,只有在战争持续期间,借债制度才相对于另一制度有这样的好处。如果战争的费用总是由当年征收的赋税收入来支付的话,那么带来这一非常收入的各种赋税持续的时间也不会比战争长。与借债制度相比,私人积累资本的能力在战时虽然要小些,但在和平时期会更大。战争不一定会导致任何旧资本的破坏,而和平则会促成更多新资本的积累。战争一般会更快地结束,也不会那么随便地开战。因为在战争持续期间,人民疲于对战争的全部负担,很快就会对战争感到厌倦,而政府为了迎合人民的意愿,也就不会使战争的持续时间超过其限度。预见到战争的沉重和不可避免的负担,会使人民在没有真实的或确定的利益要去争取时不肯轻易地主战。与借债制度相比,私人积累能力受到损害的机会要少些,时间也要短些。反过来,这种能力处在饱满状态之下的时间则要比在借债制度下可能会有的情况长久得多。

此外,债务一经增加,它所造成的赋税的增多即使在和平时期有时也会削弱人民的积累能力,就像另一种制度(从赋税中提取支出的制度)在战时那样。英国在和平时期的收入目前每年有1000万镑以上。如果可以自由支配、不做抵押,且管理得当,足以在不借1先令新债的情况下进行一场最激烈的战争。现在采用了有害的借债制度,英国居民现今的私人收入在平时的负担、他们的积累能力在平时受到的削弱,也就像在耗费最大的战争中一样。

有这样一种说法,支付公债利息犹如右手把钱交给左手。钱没有流出国门,只是一部分人的一部分收入转到了另一部分人手中,国家没有损失一个法新。这种辩解完全是以重商主义体系的诡辩为基础的,在我已经对这个体系作出了详细的考察之后,或许再没有必要对它说些什么了。此外,它假定全部公债都是属于本国人民的,事实上并非如此;荷兰人,以及其他几个国家,就拥有我国公债的巨大份额。但即使全部公债都属于本国人民,也不会因此而减少公债的弊害。

土地和资本是全部的私人收入和公共收入的两个原始来源。资本支付农业、制造业或商业上的生产性劳动的工资。这两项原始收入来源的管理权和支配权属于两类不同的人群:土地所有人,资本所有人或使用人。

土地所有人为了自己的收入,会愿意尽其所能地使其地产保持良好的状态,他们会建造和修缮佃户的房屋,建设和维护必要的沟渠和围堰,以及开展地主分内的耗资不菲的各种改良。但是由于课征各种土地税,地主的收入可能会降低不少,而且,由于对生活必需品和便利品所课的各种赋税,使原本已经减少的收入的实际价值变得更小,以至于他会发现自己完全不能开展或维持那些耗资不菲的改良。而当地主不能尽其本分,佃户也就会完全不能尽他自己的本分。由于地主的困难增加,国家的农业必然衰落。

当由于对生活必需品和便利品课税而使资本所有人或使用人发现,他从资本获得的收入在这一国家不能买到同等收入在另一国家所能买到的生活必需品和便利品时,他们便会倾向于把他们的资本转往另外的国家。当此类赋税的征收使全部或大部分的商人及制造业者(即是说,全部或大部分的资本使用者)不断受到税收人员恼人扰人的拜访时,那这种转移的意向很快就会变成实际行动了。资本一经转移,靠此资本支持的该国产业必将衰落,继农业的萧条之后,就是商业和制造业的崩溃。

将土地和资本收入的大部分从这两大收入来源的所有人和使用人——即对每一寸土地的良好状况和每一分资本的良好经营有直接兴趣的人——移交给另一批人(没有这种特殊兴趣的国家债权人),最后必然会造成土地的荒芜、资本的浪费或转移。国家债权人对国家的农业、制造业和商业的繁荣无疑也会关心,因而对土地的良好状况和资本的良好经营也会关注。如果这些部门中的任何一个发生全面的衰落,各种赋税的收入就会不够支付他应得的年金或利息。但国家债权人只就其作为国家债权人而言,对于某块特定土地的良好状态或某项特定资本的良好经营是不感兴趣的。作为国家债权人,他对于这一土地或资本既不了解,也无从视察。他不可能关照到它们。它们的毁灭常常不为他所知,也不可能直接影响他。

举债的方法,已使得每一个采用此方法的国家变得衰弱。意大利各共和国似乎是首先开始采用举债方法的。热那亚和威尼斯是意大利各共和国中仅存的两个可以看做保持独立的国家,均由于举债而走向衰弱。西班牙似乎是从意大利各共和国那里学得了举债的方法,但相对于它的天然实力而言,它受到了更大程度的削弱(也许是因为它的税制比它们的税制更不明智)。西班牙的债务有长远的历史。它早在16世纪末就已债台高筑,那时距离英格兰借入第一个先令大约还有100年。法国尽管自然资源丰富,也在同样沉重的债务负担下变得举步维艰。荷兰共和国因负债而衰弱的程度也与热那亚或威尼斯不相上下。一种在每一个国家都造成衰弱或荒废的做法,难道独独在英国就能被证明是完全无害的吗?

有人会说，其他国家的税制都不如英国的税制。我也相信事实是这样。但应当记住的是，即使是最贤明的政府，在竭尽了所有适当的课税对象之后，遇有紧急需要也必须借助不适当的税收。贤明的荷兰政府有时候也不得不求助于某些不适当的赋税，这些赋税就像西班牙的大部分赋税一样不方便。如果英国在国家收入的债务负担得到很大程度的解除以前发生新的战争，又如果在战争过程中所耗费用和上次战争一样多，那英国的课税制度可能也会变得像荷兰一样，甚至像西班牙一样具有压迫性。的确，拜我国现行课税制度所赐，我国产业迄今受到的拘束很小，即使在耗费最大的战争中，个人的节俭和谨慎似乎也能（通过存款和积蓄）弥补由于政府的奢侈和浪费所造成的社会总资本的流失。在上一次战争，也是英国历来战争费用最大的一次战争结束时，英国的农业和战前一样繁荣，制造业和战前一样兴盛，贸易和战前一样广泛。可见，支持所有不同生产部门的资本必定和战前相等。自从实现和平以来，农业得到了进一步的改良，房屋租金在全国每一个城市和村庄均有上升，这证明了人民的财富和收入的增长；大部分旧税、特别是消费税和关税的主要部门每年收入的不断增长，也证明了消费的增长，从而证明了支持消费的生产的增长。英国今日似乎轻而易举地担起了重负，这在半个世纪以前是无人相信的。然而，我们切不可因此就仓促断言，英国能承担得起任何负担，甚至也不要过于相信，它还能承担比现在再重一点的负担而不遇到巨大困难。

当国债积累到一定程度时，我相信它很少能得到公正的和彻底的偿还。国家收入上的负担，如果说曾经有过解除，也总是通过倒账（bankruptcy）解除的；即使有时候是挑明了的倒账，有作伪的还款，但永远都是实实在在的倒账。

提高铸币名义价值（即面值），是公债假偿还之名，行倒账之实的惯用伎俩。例如，如果通过议会法律或国王命令，宣布一枚6便士银币抵1先令，20枚6便士银币等于1英镑，那么，按旧的面值借入20先令或约4盎司白银的人，在新的面值下，只需20枚6便士的银币或不到2盎司的白银便可偿还其债务。按这种方式，英国约1.28亿英镑的国债，只需大约6400万镑的现时货币就可以还清。这当然只是一种作伪的偿还，国家债权人实际上应得的每一英镑都被骗去了10先令。而且，受害对象将不仅仅限于国家债权人，每一个私人领域的债权人也会遭受相应的损失；而这对国家债权人并无任何好处，在大多数场合倒是一个巨大的额外损失。诚然，如果国家债权人对其他人也有很多欠债，他可以用国家付给他的铸币去偿付自己的债权人，从而在某种程度上弥补由国债所受的损失。但在大多数国家，国家债权人大部分都是富人，他们对其余的同胞而言，更多的是处于债权人的地位，而不是处于债务人的地位。因此，这种作伪的偿还在大多数情况下不是减轻而是加重国家债权人的损失，而且，没给国家带来任何好处，还把灾难推及到其他无辜人民的身上。它造成了私人财富全面的和最有害的颠倒，因为它一般会使懒惰、浪费的债务人大占勤劳节俭的债权人的便宜，从而它将大部分的国家资本从可能增加和改善这一资本的人手中转移到了可能会滥用和糟蹋这一资本的人手中。如果国家已经到了有必要宣布自己破产这一步，那也就像私人到了这一步一样，应该直接地、公开地承认自己的破产，这是对债务人的名誉损害最小、对债权人的利益损害也最轻的办法。为了掩饰真实破产的耻辱，采取这种极容易被看破同时又是极端有害的欺骗手法，这个国家的名誉倒是不要也罢。

然而，无论古今，几乎所有的国家走到这一步时都常常会耍这种手段。在罗马和迦太基的第一次战争结束时，罗马人降低了阿斯——他们用来衡量所有其他货币价值的铸币或面值——的价值，从包含12盎司的铜减到只包含两盎司的铜；也就是说，他们用两盎司铜来表示过去总是代表12盎司铜的货币面值。用这种方法，罗马共和国过去所欠的巨额公债，它现在就只需偿还1/6了。如此突然和如此重大的倒账，按我们今天的设想，一定会引起公众的巨大哗然，但实际上却是风平浪静。决定这一举措的法律也像其他关于货币的法律一样，是由一个护民官提出并由人民议会通过的，而且可能是一项非常受欢迎的法律。在罗马，也像在所有其他的古代共和国一样，穷人常常欠着富贵之人的钱，富贵之人为了在每年的选举中得到穷人的选票，常以极高的利息贷款给他们，他们一旦不偿还，很快就会积累成一笔债务人无法偿还、其他人也无法代还的巨额债务。债务人畏惧逼债的严重后果，不得不在没有其他好处的情况下投票给债权人推荐的候选人。但是，尽管当时的法律禁止行贿受贿，候选人的慷慨布施以及元老院不时命令发放的谷物在罗马共和国晚期却是贫民获得生活资料的主要来源。因此，为摆脱债权人的控制，贫民们不断要求完全取消他们的债务，或通过新的法案，允许他们只偿还积欠债务的一定部分就算还清全部债务。将所有铸币的实际价值减少到其原有价值的1/6，使他们能以所欠款项的1/6还清全部债务，这等于是最有利的新法案。富人和要人为满足人民的要求，在有些时候不得不同意取消债务和引进新法案的法律；不过，他们同意这样的法律只是部分地为了满足人民。另外，他们也想借此解除国家的负担，从而恢复政府的元气，因为他们自己就是这个政府的主要领导者。用这种方法，1.28亿镑的债务，一下子就会减为21333333镑6先令8便士。在罗马和迦太基的第二次战争期间，阿斯进一步贬值,首先从含铜两盎司降至一盎司,后来又从一盎司降至半盎司,即是说减到了最初价值的1/24。如果把罗马上述三次货币贬值合并成一次进行,那么一笔1.28亿我国现币的债务,就可以立即减至5333333镑16先令8便士。也就是说,即使是英国的巨额债务,也可以很快还清。

我相信,采用了这种办法的国家,其铸币的价值都是越来越低于原来的价值,其同一面值铸币的含银量都是越来越少。

为了同一目的,各国有时候也在铸币标准成色上掺假,即是说,在铸币中掺杂更多的合金。例如,每重1磅的我国银币,如果不是按现行标准掺入18本尼威特①的合金,而是掺入8盎司的合金,那么,1英镑或20先令这样的银币就只等于我国现行货币的6先令8便士的价值。也就是说,6先令8便士的现币的含银量可以抵得上一个英镑的面值。这种在铸币成色上掺假的做法,和法国人所谓的直接增加或提高货币面值的做法在效果上是一样的。

直接增加或提高铸币面值总是——就其性质而言也必定会是——公开的和挑明了的行为。这种办法就是直接让重量较轻的货币使用以前重量较大的货币的名称。与之相反,在成色上掺假一般是一种秘密的行为。这种办法就是铸币厂发行成色较低的同一面值的货币,但尽量使它的重量、体积和外观与以前的货币相同。当法国国王约翰为了偿还债务而在铸币中掺假时,铸币厂的所有官员都得发誓对此保密。这两种行为都是不公正的,但是简单地提高面额是公开的、粗暴的不公正行为,而在成色中掺假则是阴险的、欺诈的不公正行为。所以,后者一旦被发现(它绝不可能长期不被发现),总是要比前者激起更大的民愤。我们可以看到,提高了面值的铸币很少被还原其本来的重量,但成色中掺了假的货币则常常被还原到以前的成色;因为除此之外,没有其他平息民愤的办法。

在亨利八世统治末期和爱德华六世统治初期,英格兰铸币不但面值有提高,而且成色也掺假。在詹姆斯六世幼年时期,苏格兰也发生了这种欺诈行为。这两种做法在很多其他国家也时有发生。

英国的国家收入在开支了平时的常规经费以后的剩余部分如此之少,想借此完全解除国家收入上的负担,或者至少向着这一目标迈进,似乎是全然无望的。如果不是国家收入大大增加,或者国家支出大大减少,这种负担的解除显然是难以做到的。

实施更平等的土地税、更平等的房租税,以及上一章所提到的对现行关

---

① 本尼威特(pennyweight),英国金衡单位,等于1/20盎司。——译者注。

税和消费税制度的改革，或许可以在不增加主要阶层人民的负担而只是把这一负担平摊到全体国民身上的条件下增加国家收入。然而，最乐观的设计者也不敢指望，这样增加的收入会使国家有可能完全解除债务的负担，甚至不敢指望国家在太平时期能在这方面取得重大进展，使得自己能在下一次战争中阻止或补偿公债的进一步积累。

如果把英国的课税制度推广到帝国的所有地区（不论其居民是英国人还是欧洲人），收入也许有望大大增加。可是要做到这一点，依据英国宪法的原则，必须要在英国议会中，或者可能的话在大英帝国的总议会中，公平地、平等地给予所有这些不同地区以议席，其席位数与其纳税数额的比例，应与英国席位数与英国纳税数额的比例相同。的确，许多有权力者的私人利益以及人民大众牢不可破的偏见现在是这一改革的障碍，使得要实现这一改革困难重重，甚至根本不可能。不过，如果不去判断这种统一究竟是可行还是不可行，在这样一部理论性的著作中，或许还是可以考虑一下，英国的课税制度究竟在多大程度上适用于帝国的所有地区，如果这样施行以后可以得到多大的收入，以及这种统一会怎样影响帝国各地区的幸福和繁荣。这样一种设想，最坏也不过是被看做一种新的乌托邦，虽然不会有莫尔的旧乌托邦那么有趣，但总不至于更为无用、更为虚幻。

英国税收主要由四个税种构成：土地税、印花税、各种关税和各种消费税。

就缴纳土地税的能力而言，爱尔兰无疑与英国不相上下，而美洲及西印度殖民地当有过之而无不及。在地主不用负担什一税或济贫税的地方，他肯定比在必须负担这两种税的地方更有能力缴纳土地税。而什一税，在不征收代金而必须以实物缴纳的地方，会比实际为每镑5先令的土地税更多地减少地主得到的地租。这种什一税在大多数场合达到了土地的真实地租或者说在完全付清农民的资本连同他的合理利润以后的地租的1/4以上。如果不算所有的代金收入和移交私人的教会财产，英国和爱尔兰的全部教会什一税估计在600万镑或700万镑以上。如果英国和爱尔兰不征什一税，两地的地主就能多提供600万镑或700万镑的土地税，而其负担不会比现在他们之中大部分人的负担更重。美洲没有什一税，因此更有能力缴纳土地税。诚然，美洲和西印度的土地大多不是租给农民种的，因此没有地租簿可作为依据来课征土地税。但是，在威廉和玛丽第四年，英国的土地税也不是按照任何地租簿来征收的，而是按照一种非常宽松和不准确的估值来征收的。美洲的土地，可以按照相同的方法去估值，或者也可以像米兰公国及奥地利、普鲁士和萨迪尼亚等国最近所做的那样，依据准确测量的结果作出公平的估价。

印花税，在所有法律程序和动产不动产转移契约相同或大体相同的国家，显然可以不加更改地推行。

英国的关税制度推广到爱尔兰和各殖民地，如果同时也伴随着对其贸易自由的扩大（从公正的角度来说理应如此），对这两者就有最大程度的好处。现在压制爱尔兰贸易的一切不公平的限制，还有对美洲商品所设的列举与非列举的区别，都会因此而完全终止。菲尼斯特雷角以北的各个国家会对美洲的所有产物开放自己的市场，就像该海角以南各国现在对美洲的一些产物开放自己的市场一样。由于这种关税制度的统一，大英帝国所有地区之间的贸易，也会像现在不列颠沿海贸易一样自由。这样，大英帝国就会在自己的领土内为各属地的一切产物提供一个巨大的国内市场。这么大的一个市场，很快便会使爱尔兰和各殖民地因关税的增加而增加的负担得到补偿。

英国的税收制度应用到帝国各个不同的地区，唯一需要根据各地不同情况进行修改的是消费税制度。它应用到爱尔兰时可能不需要做任何修正，因为爱尔兰的生产和消费与英国的生产和消费性质完全相同。而美洲和西印度的生产和消费的性质与英国完全不同，把英国的消费税制度应用到这些地方时就必须做出某些修改，就像在英格兰生产苹果酒和啤酒的各郡县实施这种赋税也要做出修改一样。例如，美洲人平常很喜欢饮用一种由糖蜜制成的发酵饮料，他们也称之为"啤酒"，但和我们的啤酒完全不同。这种饮料只能保存几天的时间，不像我们的啤酒那样能在大酿造厂制造和储存待售，所以每个私人家庭必须自己酿造，就像烹调自己的食物一样。但是，如果让每一个私人家庭都像我们的麦酒店老板和以贩卖为目的的酿造商一样受到收税人员令人讨厌的拜访和调查，那是与自由完全相违背的。如果为了公平的缘故，认为有必要对这一饮料课税，那可以对它的制造原料课税——可以在原料的加工地课税，如果贸易环境不适合课征这种消费税，那就在其进口到消费地时课税。对输入美洲的糖蜜，除了英国议会对其征收每加仑1便士的税外，用其他殖民地的船舶进口到马萨诸塞湾的糖蜜，每大桶还要征收8便士的地方税；由北部殖民地出口到南卡罗来纳的糖蜜，每加仑还要征收5便士的地方税。如果这些方法都不方便，那就可以对每个消费这种饮料的家庭课税——或像英格兰向私人家庭征收麦芽税一样，按家庭人数课税；或像荷兰一样，按照家庭成员的年龄和性别课税；或者也可以按马修·德克尔爵士所提议的在英格兰对所有消费品课税的办法课税。虽然我们说过，他提议的这种课税方式，当应用于迅速消费的物品时，不是很方便的方式，但是，在没有更好的办法时，也不妨拿来用一用。

砂糖、甜酒和烟草，在任何地方都不是生活必需品，但几乎到处都是大众消费的对象，因而是极适宜的课税对象。如果和殖民地的税制统一能够实现，对这些商品课税可以在它们离开制造商或种植者之前课征；如果这种课税方式不适合这些人的情况，他们可以将货物先存放在制造地或运抵的帝国港口的公共仓库中，由货物所有者和税收人员共同管理，在将其卖给消费者、国内消费零售商或出口商时，再行课税。当提出的货物准备出口时，可以免税，但须做出合适的担保，确保商品是出口的。如果英国与各殖民地统一，现行税制需要进行大的修改，这几种商品征税方式的修改或许是主要的。

将这样的课税制度推广到帝国的所有不同地区可以带来多少收入，无疑是不可能比较准确地确定的。用这种制度，在英国不到 800 万的人口中每年课征的收入在 1000 万镑以上。爱尔兰有 200 多万人口。北美的人口，根据其议会收到的报告，12 个联邦有 300 多万。不过，这份报告可能有些夸大，其目的或许是为了鼓励他们自己的人民，或许是为了威胁我国的人民。所以，我们不妨假定，我国北美及西印度各殖民地的人口合计不会超过 300 万，整个大英帝国在欧洲和美洲的人口加起来不会超过 1300 万。如果说这种课税制度在不到 800 万的居民中能征收到 1000 万镑以上的收入，那么，它在 1300 万居民中就应该征收到 1625 万镑以上的收入。从这项收入（假如这种制度能带来这项收入的话）中，必须减去爱尔兰和各殖民地通常用来支付各自的政府费用的收入。爱尔兰的行政费和军费连同公债利息，按 1775 年 3 月以前的两个年度平均计算，每年不到 75 万英镑。美洲和西印度主要殖民地的收入，根据一份十分准确的报告，在这次骚乱开始以前，每年为 14.18 万镑。不过在这份报告中，没有算上马里兰、北卡罗莱纳以及我国最近在大陆和各岛取得的领地的收入，这部分估计有 3 万或 4 万镑。因此，为了取个整数，让我们假定支持爱尔兰以及各殖民地的政府所必要的收入为 100 万镑。从而还剩下 1525 万镑可以用来支付帝国的一般开支和偿还公债。如果英国现在的收入还能在和平时期每年节省 100 万镑用来还债，那么从这一增加后的收入里就可以节省出 625 万镑用来还债。这样一笔巨大的偿债基金还可因为前一年偿还的债务不用再支付利息而每年有所增加，以这种方式快速增长，可能用不了多少年就可以清偿全部债务，从而完全恢复帝国的活力。同时，人民将可以解除一些最沉重的赋税负担，如对生活必需品和制造业原料的课税。这样劳动人民就可以生活得好一些，他们的劳动成本将下降，他们送往市场的产品也将更便宜。他们的产品价格的低廉会增加对这种产品的需求，从而会增加对生产这种产品的劳动的需求。对劳动的需求增加会增加劳动就业的人数，也会改善他们的状况。他们的消费会增加，对他们消费的物品保持课税而产生的收入也会随之增加。

然而，从这种课税制度产生的收入，可能并不会按照纳税人数的比例而立即有所增加。对于帝国领土内以前没有课征过某些赋税、现在刚开始课征的属地，在一段时间内将会放宽纳税的要求，而且即使开始在所有的地方都严格课征这些赋税，也不会在所有地方都按照纳税人数的比例获得相应的收入。在一个穷国，对课征关税和消费税的主要商品消费很小，而在居民稀少的国家走私的机会又非常多。在苏格兰的下层人民中麦芽酒饮料的消费非常少，按与居民人数和税率（苏格兰与英格兰的麦芽税税率由于麦芽的质量差别而有不同）的比例来看，它课征的麦芽、啤酒和麦芽酒消费税带来的收入也比英格兰少。这些部门的消费税，我认为苏格兰不会比英格兰有更多的漏税现象。而蒸馏酒的消费税和大部分关税，按其与人口数量的比例来看，苏格兰比英格兰低，则不仅是因为课税商品的消费较小，也是因为走私更为方便。爱尔兰的下层人民比苏格兰的下层人民还要贫穷，其国内的许多地区同样也是人烟稀少。因此在爱尔兰，课税商品的消费按其与人口的比例来说比苏格兰更少，而走私则差不多同样方便。而在美洲和西印度，即使是最低阶层的白人也比英格兰同一阶层的人状况要好，他们对自己喜欢的各种奢侈品的消费或许要大得多。诚然，美洲南部各殖民地和西印度群岛的居民大部分是黑人，他们由于处于奴隶状态，社会地位肯定比苏格兰或爱尔兰最穷的人还要低。但是，我们不能因此就设想，他们比英格兰的最下层人民吃得更差，所消费的可课税物品更少。他们的主人为了自己的利益，会让他们吃得好，睡得香，以便让他们能好好工作，就像他对待自己的牲畜也会是这样一样。因此，几乎在所有的地方黑人都和白人仆役一样，有朗姆酒、糖蜜和针枞酒的配给，即使对这些物品课征一些赋税，这种配给可能也不会取消。所以，美洲和西印度群岛对课税商品的消费，按与其居民人数的比例来说，或许不在大英帝国任何一个地区之下。诚然，美洲的人口密度比苏格兰或爱尔兰要小得多，因此走私的机会也大得多。但是，如果把现在对麦芽和麦芽饮料征收的各种税变为单一的麦芽税，在消费税这一最重要的部门的走私机会就会完全杜绝。如果关税不是对所有进口货物课征，而是只对少数几种最通用和消费最多的货物课征，并且按照消费税法课征，那么走私的机会即使不能完全消除，也会大大减少。显然，经过这两种非常简单和非常易行的改革，从关税和消费税获得的收入，按其与消费的比例来说，在人口最稀少的地方或许也会和目前在人口最稠密的地方一样大。

诚然，有人说，美洲人没有金币或银币；美洲的内部贸易用一种纸币来进行，他们偶尔得到的金银都送到了英国，用来购买我们的商品。而没有金银就不可能纳税。我们已经得到了他们的所有金银，怎么还能再向他们索要他们没有的东西呢？

然而，美洲现在缺少金银并不是因为那个地方贫穷，不是由于那里的人民没有能力购买这些金属。在一个工资比英格兰高得多而食品的价格比英格兰低得多的国家，大部分的人民肯定会有财力购买更多的金银，如果他们这样做有必要或者有好处的话。因此，这种金属的稀少一定是他们选择的结果，而不是必然的结果。

使金银币成为必要的或方便的货币的，是国内贸易与对外贸易。

在本书第二篇已经指出，每个国家的国内贸易至少在和平时期可以用纸币来进行，其便利程度和金银币几乎相同。美洲人总是愿意把更多的资本投入到土地的耕作和改良之中并由此获取利润，因而，如果他们可以省下花在金银这么昂贵的交易媒介上的费用，而把本来必须用来购买这些金属的那部分剩余产物用来购买生产工具、衣料、家具以及建筑和扩大他们的农场和种植园所必需的铁器，也就是说，不购买死的资本，而只购买活的生产资料，就为他们提供了方便。各殖民地政府都发现，给人民提供国内贸易周转所需的或超出这一所需的纸币，对自己有利。有些殖民地政府，尤其是宾夕法尼亚州政府，还以一定的利息把这种纸币贷给人民从而获得一笔收入。其他如马萨诸塞州政府，一有急需，便发行纸币来支付国家费用，然后在它认为方便的时候再按照纸币逐渐跌落到的价格将其赎回。1747年，该殖民地即以其所发行的纸币的1/10偿还了它的大部分公债。如果可以在国内的交易中节省用于金银币的支出，就可以为种植者带来方便；而殖民地政府给这些种植者提供这样一种媒介，帮他们省下这种费用的同时，也给自己带来了方便（尽管也会附带很多的负面作用）。纸币过多，必然会把金银驱逐出殖民地的国内贸易领域，正如纸币过多曾把金银逐出苏格兰大部分国内贸易领域一样；在这些国家，造成纸币过多的，不是贫穷，而是其人民的事业心和进取精神，是他们想把所有能得到的资本都变成活的生产资料的渴望。

在各殖民地与英国进行的贸易中，所使用的金银的多少完全要视需要多少而定。在不需要使用金银的场合，金银就很少出现。在有必要使用金银的场合，金银通常就能被找到。

在英国与产烟殖民地间进行的贸易中，英国货物通常以长期信用的方式，先行赊给殖民地的人，然后再按照一定的价格以烟草支付。对殖民地的人而言，用烟草支付比用金银支付更为便利。对于一个商人来说，用自己所经营的货物去支付他的往来客户卖给他的货物，总是比用货币支付更为便利的。这样的商人不需要将他的一部分资本以现金的方式存在手里以应付不时之需。他手里可以持有更多的货物，因而可以把生意做得更大。当然，一个商人的往来客户很少会全部都对从对方手里接受其货物作为自己货物的支付感到便利。不过和弗吉尼亚和马里兰做生意的英国商人恰好是一批特殊的客户，他们觉得接受烟草来作为他们售给这些殖民地的货物的支付比接受金银更为便利。他们可以从烟草的销售中牟取利润，而不能从金银的销售中得到任何利润。因此，金银在英国和产烟殖民地的贸易中很少出现。马里兰和弗吉尼亚在它们的对外贸易中也和在国内贸易中一样不需要这些金属。因此，它们的金银货币的数量据说比其他美洲殖民地都要少。然而，它们的繁荣程度和富裕程度，并不比其他邻近的殖民地差。

在北部各殖民地，新英格兰的四个州、宾夕法尼亚、纽约、新泽西等地，输往英国的产物的价值，比它们为自己使用、以及为其他殖民地使用（在这场合，它们担任中间商）而由英国输入的制造品的价值要小，因此，这之间的差额它们就必须以金银支付给母国，而它们通常都能找到这项金银。

在盛产食糖的各殖民地，每年输往英国的食糖的价值比它们从英国输入的所有货物的价值总额大得多。如果必须为这些殖民地每年送往母国的食糖和朗姆酒支付资金，那英国每年就不得不送出与差额相等的巨额货币，这样，对西印度的贸易就会被某类政治家看做极端不利的了。但现实情况是，许多产糖大农场的主要所有者都住在英国，他们的地租都是以他们自己的农场的产品，即食糖和朗姆酒支付给他们的。因此这一部分输入的殖民地产品是无需支付的。而与西印度进行贸易的商人为自己的业务每年在这些殖民地所购买的食糖和朗姆酒，比他们每年在那里所卖掉的货物价值要小。这个差额倒是必须由殖民地以金银来支付，而他们通常也是能找到这笔款项的。

各殖民地偿付英国货款的困难和不规则程度，和它们各自所欠的数额大小没有关系。通常北部各殖民地要用货币支付相当大的贸易差额，而产烟各殖民地则不需要用货币支付差额，或者只支付小得多的差额，但是，一般来说，前者总能按期支付，而后者却不能按期支付。我们向各产糖殖民地收取货款的困难程度，和它们各自所欠数额的大小关系很小，倒是和它们各自的未耕地的数量关系很大。未耕地越多，殖民地人民就越容易受到开荒垦殖的诱惑，他们会把更多的资本投入到这上面去，从而就越不容易偿还欠款。反之，未耕地越少，结果就正相反。因为这个原因，从牙买加这个大岛——这里现在仍有非常多的未耕地——所得到的货款，比从较小的岛屿如巴巴多斯、安提瓜和圣克里斯托弗等地得到的货款更不规则、更不确定，后面这些岛屿这些年来已完全开垦，因此给种植者提供的投机机会较少。最近取得的格林纳达、多巴哥、圣文森特和多米尼加各岛，为这种投机开辟了新的园地，而这些岛屿最近付款的不规则和不确定，与牙买加没有什么两样。

因此，就大部分殖民地来说，其金银现在如此稀少，并不是由于贫困。殖民地人民对活的生产资料有巨大的需求，对他们而言，手里死的资本越少就越便利，因此他们会满足于一种虽然没有金银那么实在，但却比金银更廉价的交易媒介。他们因此可以将那部分金银的价值转用在生产工具、衣料、家具以及建设和扩大其农场和种植园所必需的铁器上。在那些没有金银币就不能进行交易的业务部门，他们似乎总是能找到必要的金银以供使用；如果有时候找不到的话，也不是由于他们的贫困，而是由于他们的事业心过了头。他们付款时拖延和不确定，不是因为他们穷，而是因为他们太想致富了。即使以后殖民地赋税收入中超过他们自己的行政和军事上的必要开支的部分都必须以金银的形式交到英国，他们也有足够的财力买到所需的这些金银。诚然，在这种场合，他们不得不将现在用来购买活的生产资料的那部分剩余产物用来购买死的资本。在国内进行交易时他们不得不使用一种昂贵的而不是廉价的交易媒介，购买这种昂贵媒介的费用可能会多少抑制他们改良土地的进取心。但是，美洲收入的任何部分也许都不必以金银的形式交到英国。可以将一部分美洲的剩余产物委托给特定的英国商人或公司，他们为这些货物向美洲方面支付由他们开出并承兑的汇票，然后美洲以这种汇票上缴他们的收入，英国财政部再拿此汇票找那些特定的商人或公司换成金银；这样，在整个业务过程中，美洲或许将无需输出1盎司的金银。

要爱尔兰和美洲对英国清偿公债做出贡献，这并不有违公道。英国的公债，原是为了支持由革命所建立的政府而欠下的。正是由于这个政府，爱尔兰的新教徒才得以在本国享有现在所享有的全部权力，他们的自由、他们的财产、他们的宗教才能够得到保护；也是由于这个政府，美洲的一些殖民地才得到了它们现在的特许状并建立了现在的宪法，而美洲所有的殖民地也是因这个政府而获得了从未曾享有过的自由、安全和财产。借入的这些公债不仅是为了保卫英国，而且也是为了保卫帝国的所有不同地区；尤其是最近这次战争中借入的巨额公债，以及上次战争中借入的大部分公债，其本来用途可以说都是为了保护美洲。

和英国合并之后，爱尔兰除了获得贸易自由之外，还会获得其他非常重要的好处，这些好处补偿它可能因合并而增加的赋税负担绰绰有余。苏格兰归并于英国后，其中，下层人民完全摆脱了以前贵族政府的权力对他们的压迫。贵族权力在爱尔兰压迫更甚，其受害者也更多，如爱尔兰与英国合并，大部分人民也同样会从贵族的压迫下得到解放。与苏格兰贵族不同，爱尔兰贵族的形成，不是基于门第和财产这些受尊敬的自然差别，而是基于所有差别中最可憎的差别，即宗教和政治偏见的差别，这种差别比其它差别更能助长压迫阶层的傲慢无礼和被压迫阶层的不满与愤怒，使得同国居民间相互怀抱的敌意，大于异国人民间相互怀抱的敌意。如果爱尔兰不归并于英国，其居民在今后的数十、数百年间，都不会把他们自己看成是同一个国家的人民。

在美洲各殖民地，从来没有形成过压迫性的贵族政治。然而，即使是他们，如与英国合并，在幸福与安定方面，也会受益匪浅。至少，他们可以由此摆脱在小民主政体下必然会发生的那种你死我活的党争，这种党争常常分裂人民的感情，并扰乱貌似民主的政府的安定。如果美洲和英国完全脱离关系——除非用这种合并去防止，否则很可能发生——这种党争会比以前恶劣10倍。在目前的骚乱开始以前，宗主国的强大压力，常常能抑制这种党争，使其不致发展成为野蛮和相互侮辱的行径。如果没有这一强大压力，恐怕这种党争很快就会诉诸暴力而造成流血的惨剧。在所有统一于一个政府下的大国，边远地区的党派精神一般都比帝国中心地区的党派精神弱得多。这些省份与首都距离遥远，与党派和野心家你争我夺的中心地带距离遥远，这使得它们较少卷入任何斗争党派的观点，使它们成为对各党派的行为不偏不倚的旁观者。党派精神在苏格兰就不像在英格兰那样盛行。如果实现合并的话，党派精神在爱尔兰大概比在苏格兰更没有市场，而各殖民地或许不久就会享受在不列颠帝国任何地区都从未有过的和谐与团结。诚然，爱尔兰和各殖民地的赋税负担会比现在重。但是，如果兢兢业业地把国家收入用来偿还国债，大部分的赋税是不会长期征收下去的，英国的公共收入很快就会降到只需支付和平时期的普通开支的水平。

东印度公司所取得的领土，无疑是属于国王的，也就是说，是属于大不列颠国家与人民的。这些领土可能成为我们另一个收入来源，比上述各收入来源都要充足。与英国相比，这些国家据说更肥沃，更广阔，按与其面积的比例来说，也更富有，更人丁兴旺。要从那里得到巨大的收入，或许无需再对它们课征新税，因为那里的赋税已经达到甚至超过了极限。更适当的办法，或许不是加重而是减轻这些不幸的国家的负担，不是通过加征新税，而是通过防止已经缴纳的税款被盗用和滥用，去增加收入。

如果英国无法从上述这些来源获得大幅增加的收入，那么，剩下的唯一办法就是减少开支。在赋税的征收方式和公共收入的使用方法这两方面，英国虽然都有改进的余地，但与它的邻国相比，它至少还算是节约的。而英国在和平时期为了自身的防御而支出的军事费用，比在财富或实力方面可以和它竞争的任何欧洲国家都要小。因此，这些项目似乎没有一种是可以大大缩减开支的。在这次骚乱开始以前，英国在维持殖民地的平时建制上的开支不小，而如果不能从它们取得任何收入的话，这项费用，无疑是应该完全节省下来的。不过，这些殖民地的经常支出再大，和我们在战时为了保卫它们而耗费的费用相比，却是微不足道的。前面说过，上次战争，完全是为了殖民地而发动的，使英国耗费了9000万镑以上。主要为保护殖民地而引起的1739年西班牙战争，以及由此次战争惹起的法兰西战争，英国的耗费超过了4000万镑，这项费用按道理大部分应该由殖民地负担。在这两次战争中，英国为殖民地所付出的代价，是西班牙战争开始前英国公债的两倍以上。如果不是由于这两次战争，那些公债到现在或许已经完全还清；而要不是为了殖民地，前一次战争或许不会发生，后一次战争更不会发生。英国为它们支出了这么大的费用，就因为它认为这些殖民地是它的省份的缘故。但是，对帝国的维持既未贡献收入，又未贡献军力的地方，是不能被视为帝国省份的。它们或许只能被看做帝国光环上的漂亮点缀。但如果帝国不再能够应付维持这种点缀的费用，它就应该放弃它们；如果它不能按照支出的比例获得收入，它至少应该量入为出。尽管各殖民地拒绝向英国纳税，但如果它们仍被视为大英帝国的省份，那在未来的战争里，为了保卫它们，可能还得让英国付出和在以前的战争中一样巨大的代价。百余年来，英国统治者曾让人民在对他们于大西洋西岸拥有一个巨大帝国的想象之中感到快慰。然而这一个帝国，迄今仍只存在于想象之中。迄今为止，它不是一个帝国，而是一个建立帝国的计划；不是一个金矿，而是一个开发金矿的计划。这个计划已经使英国耗费了巨额开支，如果继续这样进行下去，还将耗费巨额开支，并且，还收不到一点利润——前面说过，殖民地贸易垄断的结果，对人民大众来说只有损失没有利益。现在正是时候，我们的统治者要么实现这个他们自己，或许还有人民一直沉迷于其中的黄金梦，要么使自己从这个美梦中清醒过来，并且努力使人民也清醒过来。如果这计划不能实现，就应当将它放弃。如果大英帝国的某些省份不能对整个帝国的维持做出贡献，英国就应当在此时使自己免除在战时保卫这些省份、在平时维持它们的民事或军事建制所做的支出，并努力使自己对未来的展望和设计适应自己的真实状况。